제4판

파이썬을 이용한 통계적 머신러닝

박유성 지음

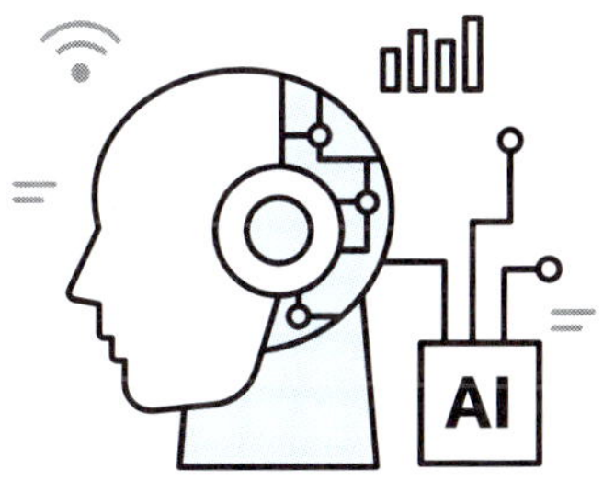

자유아카데미

머리말

머신러닝은 주어진 데이터만을 이용하여 예측, 분류, 차원축소, 생성, 재생 등을 실행하는 데이터과학 모형을 말한다. 통계학에서는 데이터에 대한 가정을 바탕으로 상당한 수준의 통계적, 수학적 지식을 이용하여 추정, 검정, 예측 등의 통계적 추론을 하게 된다. 그러나 머신러닝은 데이터에 대한 가정 없이 주어진 데이터만으로 좋은 통계적 추론을 도출할 수 있도록 데이터의 split, sample weights, resampling, randomization 등으로 통계학의 기본조건을 충족시키고 있다. 그러므로 통계학의 기본조건이 무엇인지를 알아야 머신러닝의 근간을 이해할 수 있고 이를 바탕으로 자신만의 성능이 우수한 머신러닝 모형을 개발할 수 있다.

통계학의 기본조건은 주어진 데이터가 미지의 모집단으로부터의 임의표본이며, 이러한 임의표본은 반복해서 추출할 수 있다는 가정이다. 임의표본이란 표본이 미지의 모집단으로부터 $i.i.d$ 하게 추출되었다는 의미로, 간단하게 말해서 주어진 데이터가 미지의 모집단을 잘 대표하게 뽑혔다는 말이 된다. 두 번째 가정인 반복적 임의표본추출은 통계학의 이론적 추론을 가능하게 하여 수리통계학과 확률론의 근간을 제공한다.

그러나 실제 문제에서는 데이터셋 하나만 관측되었을 뿐이다. 머신러닝에서는 데이터의 shuffling을 전제로 한 split과 resampling을 통해, 통계학의 임의표본과 반복추출된 임의표본을 실제로 구현해서 다양한 통계적 추론을 하게 된다. 이 이상의 추가적인 수학적, 통계적 지식은 불필요하다. 통계학에서처럼 모형은 맞지만 모형에 있는 모수만 모른다는 불합리한 가정도 하지 않으며, 단지 데이터의 split을 통해 모형이 맞는지 그리고 모수추정이 제대로 되었는지를 쉽게 점검할 수 있다. resampling을 통해 보다 정밀한 통계적 추론이 가능하고 특히 bagging이라는 앙상블러닝을 실행할 수 있다. 표본별 중요도에 따라 가중치를 부여하는 것을 표본 weights라고 한다. 표본 weight는 K-nearest neighborhood를 기반으로 하는 모든 통계적 기법과 최첨단 모형인 boosting에서 사용하며 머신러닝에서 모수를 추정하기 위한 목적함수인 손실함수에 이용된다. randomization은 모형이 불필요한 잡음(noise)마저 학습했는지를 점검하는 중요한 수단이다.

그러므로 split, sample weights, resampling, 그리고 randomization라는 keyword를 가지고 이 책을 읽고 이해한다면 여러분은 통계적 기본원리와 머신러닝의 방법론이 어떻게 융합되었는지를 습득했다고 생각해도 된다. 그러면 이 책의 주제인 통계적 머신러닝에 이어서 공부해야 할 딥러닝, 강화학습, XAI, 그리고 필요시 시계열분석까지 AI 분석 모형들의 여행을 큰 어려움 없이 나아갈 수 있을 것이다. 이러한 관점에서 제1장을 꼼꼼히 읽어 보고 주어진 코드를 실행해 보는 것은 앞의 네 가지 keywords를 체험적으로 이해할 수 있도록 해준다.

좋은 책을 위해 최선을 다했지만 부족한 부분이 있을 수 있다. 이 점은 양해를 바라며, 출간 후에 나올 수 있는 수정사항 등은 자유아카데미 홈페이지 자료실(www.freeaca.com)에 제공할 예정이니 참고 바란다. 끝으로 이 책의 개념도를 그려준 박진세 군에게 감사의 마음을 전하며, 끊임없는 성원과 사랑으로 지원을 아끼지 않은 사랑하는 아내와 딸아이에게도 감사한 마음을 전한다.

저자 박유성

차례

Chapter 3 데이터 시각화

Chapter 4 K-Nearest Neighbors

Chapter 5 로지스틱 회귀 분류

Chapter 6 판별분석과 단순베이즈모형

Chapter 7 분류와 회귀나무

Chapter 8 써포트벡터머신

Chapter 9 차원축소

Chapter 10 오차분석, 자료분할, 초모수 조절

Chapter 11 회귀분석

Chapter 12 군집

Chapter 13 앙상블학습

Chapter 14 XGBoost, LightGBM, CatBoost의 비교와 특성

Chapter 15 Bagging과 Boosting

Chapter 16 XGBoost, LightGBM, CatBoost의 초모수의 특성과 튜닝

Chapter 17 메타모형과 모형자동화

Chapter 18 감성분석

Chapter 1

통계학의 원리와 머신러닝

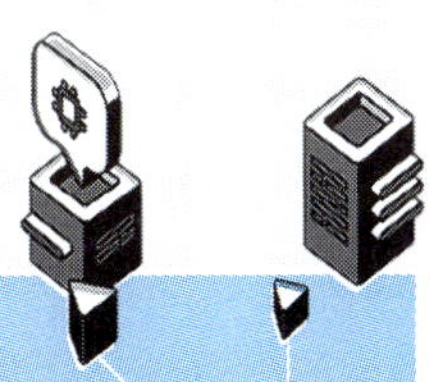

이미지, 문서, 음악, 비디오 등을 포함한 모든 데이터는 숫자(number)로 제공된다. 통계학이나 머신러닝은 숫자로 제공된 데이터를 기반으로 분류(classification), 회귀(regression), 군집(clustering), 차원축소(dimension reduction), 예측(forecasting) 등의 자료분석을 목적으로 한다. 이는 양질의 데이터에 대한 이해가 필수적임을 의미한다. 이미지, 문자 등을 포함하여 모든 데이터는 숫자로 제공된다. 아래 그림은 9자 이미지 자료로 흰색은 255, 검은색은 0으로 0~255 사이의 숫자로 이미지 자료가 구성된 것을 보여주고 있다.

그림 1-1 이미지 자료

1.1 좋은 데이터란?

데이터를 이해하기 위해 가장 간단한 이항분류(binary classification) 문제를 고려해 보자. 스팸 메일 여부, X-ray 사진에 의한 암 여부 판별 등이 이항분류의 예이며 관측치는 0 또는 1이 된다. Y=0이면 그룹 0, Y=1이면 그룹 1을 의미한다. 이런 데이터가 100개 관측되었고 이 중 1이 65번 관측되었다면, $P(Y$=1)=0.65로 추정하게 된다. 사실 $P(Y=1)=p$는 모르는 값이며 Y의 cdf(cumulative distribution function)는 $F(y)=P(Y\leq y),\ y=0,1$으로 정의된다. <그림 1-2>(a)와 <그림 1-2>(b)는 각각 $p=0.7$과 $p=0.4$일 때의 cdf를 보여주고 있다. 즉, $p=0.7$일 때는 확률

0.3으로 $Y=0$의 값을 가지며 확률 0.7으로 $Y=1$ 값을 가지게 된다. 이는 Y가 불확실성을 가지고 있는 변수이며 이를 확률변수(random variable)라고 한다.

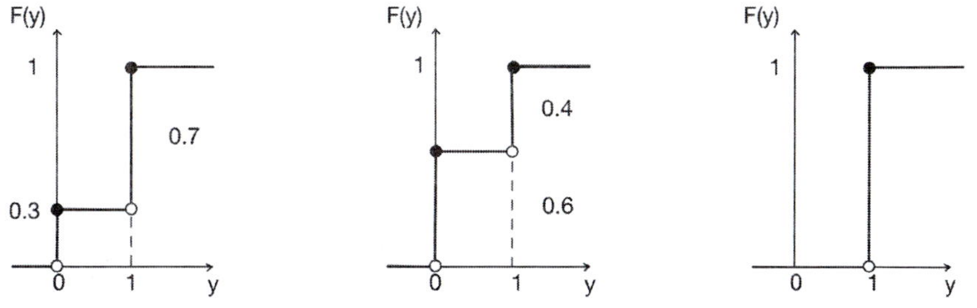

(a) $p=0.7$일 때의 cdf (b) $p=0.4$일 때의 cdf (c) 확률변수가 아닐 때

그림 1-2 이항분포함수

<그림 1-2>(a)와 <그림 1-2>(b)의 $F(y)$는 확률이므로 0~1 사잇값을 가지게 된다. <그림 1-2>(a)에서 0~1 사잇값을 임의(random)로 추출하여 이 값을 u로 표기한다. 만약 이 값이 0.3보다 작으면 $Y=0$(그룹 0), $0.3 \le u \le 1$이면 $Y=1$(그룹 1)을 관측하게 된다. 동일한 절차를 반복하여 이를 $y_1, y_2, \cdots, y_n$으로 표기하면 이를 임의표본(random sample)이라고 한다. 물론 $y_1, y_2, \cdots, y_n$은 각각 0 또는 1 값을 갖게 되며 이 임의표본을 추출한 <그림 1-2>(a)를 모집단(population)이라고 한다. $p=0.7$로 가정했지만 실제로는 모르는 값이므로 <그림 1-2>(a)와 (b)의 모집단은 알지 못하고 오직 임의표본 $y_1, y_2, \cdots, y_n$만 관측된다. 이를 데이터라고 하며 <그림 1-2>의 모집단은 p만 알면 되므로 $y_1, y_2, \cdots, y_n$이 <그림 1-2>(a)의 임의표본이면 이 중 70% 정도가 1값일 가능성이 높을 것이며, 또한 n이 클수록 $\frac{1}{n}\sum_{i=1}^{n} y_i \simeq 0.7$에 가까워질 것이다. 이를 일치추정치(consistent estimate)라고 한다. 즉, 임의표본은 모집단에 대한 정보를 왜곡 없이 가지고 있는 데이터라고 할 수 있다.

표본 $y_1, y_2, \cdots, y_n$ 중 일부는 <그림 1-2>(a)에서, 일부는 (b)에서 임의 추출한 것이라면 같은 모집단(identical)에서 뽑힌 표본이 아니므로 임의표본이 아니다. $\frac{1}{n}\sum_{i=1}^{n} y_i$가 <그림 1-2>(a)의 $p=0.7$이나 <그림 1-2>(b)의 $p=0.3$의 추정치가 될 수 없으므로 좋은 데이터의 전제조건은 identical을 만족해야 한다. 또 다른 조건은

임의표본 간의 독립성(independence)이다. 예를 들어, i번째 표본 y_i를 $F(y)=0.2$에서 추출한 후, 그 근방에서 다음 표본을 추출하게 되면 표본이 갇히게 되어(trapping) y_{i+1}이 y_i에 의존하게 된다. 이 경우 $Y=0$이 모집단 분포보다 더 많이 뽑히게 된다. 이러한 독립성이 위배된 $y_1, y_2, \cdots, y_n$에서 계산된 $\frac{1}{n}\sum_{i=1}^{n} y_i$는 모수 p의 좋은 추정치가 될 수 없게 된다. 그러므로 모집단의 모수를 잘 추정할 수 있는 좋은 데이터의 전제조건은 $i.i.d$(identically independently distributed)를 만족하는 임의표본이어야 한다. 임의표본이어야 미지의 모집단을 관측치가 잘 대표할 수 있기 때문이다. 참고로 <그림 1-2>(c)에서 $F(y)$를 0~1 사이의 어느 값을 임의 추출하더라도 $Y=1$이 되므로 임의표본에는 불확실성이 없게 된다. 이러한 cdf를 가진 변수는 확률변수가 아니며 통계분석 대상이 아닌 상수이다.

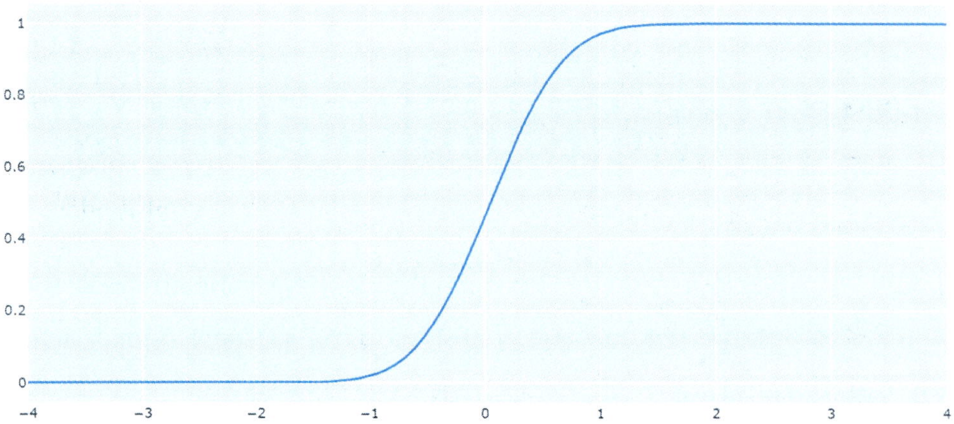

그림 1-3 평균이 0.05, 분산이 0.25인 정규분포 cdf

<그림 1-3>은 평균이 0.05이고 분산이 0.25인 정규분포 cdf를 보여주고 있다. <그림 1-2>와 동일하게 0~1 사이의 값을 임의로 추출하여 대응하는 x축의 값이 임의표본이 된다. 그림에서 볼 수 있듯이 $0.2 \le F(y) \le 0.8$에 대응하는 임의표본 값 y는 $-0.36 \le y \le 0.45$이므로 임의표본 중 60%는 -0.36~0.45 값을 가지게 된다. 임의표본으로 계산된 $\bar{y}=\frac{1}{n}\sum_{i=1}^{n} y_i$와 $\frac{1}{n}\sum_{i=1}^{n}(y_i-\bar{y})^2$는 정규분포의 평균 μ와 분산 σ^2의 좋은 추정치임을 보장받을 수 있다.

1.2 모형과 오차항의 역할

임의표본의 개념을 바탕으로 실제 문제의 관점에서 임의표본을 논의해 보자. 실제 문제에서는 오직 n개의 표본 $y_1, y_2, \cdots, y_n$만 가지고 있다. 앞에서 논의한 내용을 수식으로 표현하면 다음과 같다.

$$y_i = \mu + \epsilon_i \tag{1.1}$$

y_i가 i번째 mail이 spam인지 아닌지를 나타내는 이항분류 값일 때, 즉, i번째 mail을 spam으로 분류하면 $y_i = 1$, spam이 아니라고 분류하면 $y_i = 0$값을 가지게 된다. 그러나 이러한 분류는 사람이 하는 것이므로 오류가 존재할 수밖에 없게 되고 식 (1.1)에 ϵ_i로 표현하고 있다. 이 오류는 평균이 0이라고 가정한다. 0보다 크면 mail을 분류하는 사람이 일부러 spam으로 분류하는 경향이 있다는 말이 되고 0보다 작다면 가능한 한 mail을 spam이 아니라고 분류하는 경향이 있다는 말이 된다. 이를 bias라고 한다. 그러므로 ϵ_i가 평균이 0이고 $i.i.d$하지 않으면 표본 $y_1, y_2, \cdots, y_n$는 식 (1.1)의 모수 μ 추정에 잘못된 정보를 주게 된다. ϵ_i의 평균이 0이고 $i.i.d$하다는 가정에서 100개의 mail이 왔을 때, 이 중 35개를 spam 메일로 분류하면 (1.1)에서 $\mu = p$가 되며 $\bar{y} = \frac{1}{100}\sum_{i=1}^{100} y_i = 0.35$로 p를 추정하게 된다.

이제 y_i가 시점 i에서 우리나라의 전력소비량이라고 가정하자. 전력소비량은 예견되지 못한 사건이나 기온 등의 외부 환경에 의해 변동될 수밖에 없다. 식 (1.1)의 관점에서 볼 때, 시점과 관계없이 평균 전력소비량 μ에 평균이 0인 예견하지 못한 요인(ϵ_i)이 합해져서 y_i가 관측된 것으로 가정하고 있다. 평균 전력소비량이 시점과 관계없이 동일하고 ϵ_i가 $i.i.d$하다면 $\bar{y} = \frac{1}{n}\sum_{i=1}^{n} y_i$가 μ의 좋은 추정치가 된다. 그러나 ϵ_i가 $i.i.d$일 가능성은 매우 낮다. 평균 전력소비량은 한여름이나 한겨울에 늘어날 수밖에 없고, 경제성장과 더불어 시간이 갈수록 평균 전력소비량은 증가하기 때문이다. 이러한 이유로 대부분의 경우 식 (1.1)을 다음과 같이 수정하게 된다.

$$y_i = \mu_i + \epsilon_i \tag{1.2}$$

즉, y_i를 결정하는 데 중요한 역할을 하는 특성변수(feature) $\boldsymbol{x} = (x_1, \cdots, x_k)$를 도입하여 $\mu_i = g(\boldsymbol{x}_i)$으로 정의한다. spam mail일 경우, spam mail을 분류하는 사람의 숙련도나 spam mail을 걸러내는 장치의 성능변화 등이 특성변수의 예이며, 우리나라의 전력소비량의 경우, 온도, 계절, GDP 증가율 또는 시간 등이 특성변수의 예이다. 특성변수는 통계학에서 독립변수(independent variable), 경제학에서 사용하는 외생변수(exogenous variable)와 동일하다. 여기에서 g를 모형이라고 말하고 특별한 경우를 제외하고 거의 모든 머신러닝과 딥러닝에서는

$$g(\boldsymbol{x}_i) = h(w_0 + w_1 x_{1i} + w_2 x_{2i} + \cdots + w_k x_{ki})$$

으로 정의한다. 이처럼 특성변수를 모수 w_j로 선형결합하는 모형을 선형모형이라고 하며 h는 연구목적이 분류인지 회귀인지에 따라 결정되는 함수로 일반적으로 분류일 경우는 $h(x) = \dfrac{1}{1+e^{-x}}$, 회귀일 경우는 $h(x) = x$이다.

모형 (1.2)에서 $\mu_i = g(\boldsymbol{x}_i)$로 정의하면 표본은 $(y_1, \boldsymbol{x}_1), (y_2, \boldsymbol{x}_2), \cdots, (y_n, \boldsymbol{x}_n)$이 된다. 여기에서 y_i는 예측대상이므로 목적변수(target variable)라고 한다. 예를 들어, $h(x) = x$이면 모형 (1.2)는

$$y_i = w_0 + w_1 x_{1i} + w_2 x_{2i} + \cdots + w_k x_{ki} + \epsilon_i, \quad i = 1, 2, \cdots, n \tag{1.3}$$

이 된다. 모형 (1.3)에서 모수 w_j는 목적변수 y를 설명하는 특성변수 x_j의 기여도 또는 가중치라고 한다. $\hat{w}_j$를 w_j의 추정치라고 할 때, $\hat{y}_i = \hat{w}_0 + \hat{w}_1 x_{1i} + \cdots + \hat{w}_k x_{ki}$를 목적변수 y_i의 예측치라고 하며 이러한 $\hat{w}_0, \hat{w}_1, \cdots, \hat{w}_k$는 실측치 y_i와 $\hat{y}_i$이 최대한 가깝도록 추정되어야 한다. 그런데 모형 (1.3)에 대한 이러한 논의가 그럴듯해 보이지만, 다음과 같은 의문이 생기게 된다.

(1) ϵ_i는 특성변수가 설명하지 못한 부분인가? 역할은 없나?

(2) 모형 (1.3)이 맞나?

모형 (1.2)의 $y_i = \mu_i + \epsilon_i$는 데이터 = 참값 + 잡음을 의미한다. μ_i가 참값이며 통계학에서는 모수라고 말한다. ϵ_i는 잡음(noise)이며 통계학에서는 평균이 0이고 $i.i.d$한 확률변수라고 말한다. 즉, ϵ_i는 y_i를 설명하는 데에 전혀 기여하지 못하는 값으로 μ_i를 추정하는 데 사용되지 않아야 할 잡음이다. μ_i는 형태도 구조도 알 수 없는 미지의 값이므로 특성변수와의 관계가 선형인지 비선형인지도 알 수 없는 모수이다. 모형 (1.2)와 같이 $\mu_i = h(w_0 + w_1 x_{1i} + w_2 x_{2i} + \cdots + w_k x_{ki})$으로 놓는 것은 단순하게 선형모형이 특성변수 x_j와 y와의 관계를 설명하기 쉽기 때문이다. 이러한 관점에서, 특히 데이터분석의 관점에서 ϵ_i는 특성변수가 설명하지 못한 부분이다. 그러므로 $\hat{\mu}_i$을 μ_i의 추정치라고 할 때, ϵ_i의 추정치인 잔차 $y_i - \hat{\mu}_i$는 임의성(randomization)을 가져야 한다. 즉, 잔차가 ϵ_i의 좋은 추정치라면, 잔차에는 y_i를 설명하기 위한 정보가 더 이상 남아 있지 말아야 하며 $i.i.d$한 확률변수의 임의성도 잃지 말아야 한다. 잔차에 y_i를 설명하기 위한 정보가 남아 있다면 $\hat{\mu}_i$은 과소적합(underfit) 되어 있다는 의미이다. 잔차가 임의성을 잃어버렸다는 말은 $\hat{\mu}_i$가 잡음마저 학습했다는 의미로, 이 경우 $\hat{\mu}_i$는 과대적합(overfit) 되었다고 말하고 다른 데이터에서는 사용할 수 없게 되어 모형의 일반화에 실패했다고 한다. 과소적합과 과대적합은 제10장에서 자세하게 논의될 것이다.

μ_i를 모르기 때문에 의문 (2)의 답은 당연하게 "모른다"가 맞다. 의문 (2)는 데이터분석의 관점에서 특성변수를 이용하여 μ_i를 설정할 수밖에 없기 때문에, 필요한 모든 특성변수를 포함하지 않았을 때도 발생하게 된다. 의문 (2)가 함의하고 있는 의문은 "모형 (1.3)과 같은 선형모형이 맞는다는 보장은 없지만, 모형 (1.3)이 틀린 모형이면 어떤 현상이 일어나는 거지? 반면, y_i와 $\hat{y}_i$가 모든 i에 대해 일치할 정도로 가깝다면 모형 (1.3)은 맞는 모형 또는 좋은 모형이라고 할 수 있는가?", "모형 (1.3)이 잡음마저 학습하면 어떤 현상이 일어나지?"이다.

이에 대한 답을 구하기 위해 다음과 같은 모형으로부터 200개의 표본을 구해보기로 하자.

$$y_i = 1 + 2x_i + 3x_i^2 + \epsilon_i, \;\; \epsilon_i \sim N(0, 18^2)$$

여기에서 x_i는 -5,0~5.0의 값으로 −5.0으로부터 0.05씩 더해서 200개의 값을 생성한 후, $1+2x_i+3x_i^2$에 $N(0,18^2)$로부터 추출한 ϵ_i를 더해서 200개의 표본 (x_i, y_i)를 생성하였다. 그러므로 $y_i = 1+2x_i+3x_i^2+\epsilon_i$, $\epsilon_i \sim N(0, 18^2)$는 모집단이며, 실제 데이터 분석에서는 오직 200개의 데이터만 가지고 모집단은 알 수 없지만 비교를 위해 안다고 가정한다.

앞에서 생성된 200개의 표본을 플롯하면 아래와 같이 2차함수 형태를 보인다.

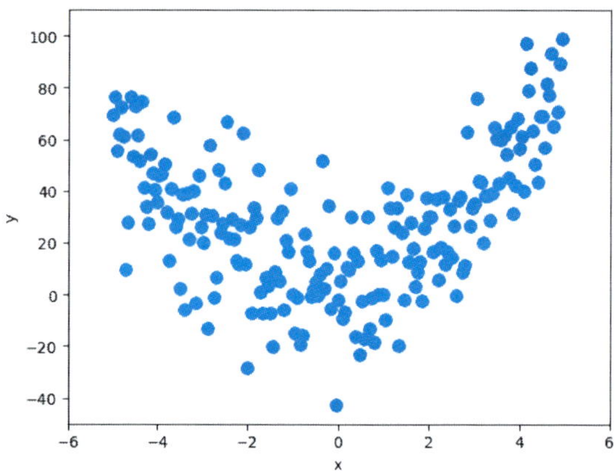

위 200개의 데이터를 이용하여 MSE=$\frac{1}{200}\sum_{i=1}^{200}(y_i-\hat{y}_i)^2$를 최소로 하는 2차함수의 추정치는

$$\hat{y}_i = 4.24 + 2.22x + 2.63x^2$$

이며 MSE=338.6로 계산되었다. 데이터가 2차함수에서 생성되었으므로 위와 같이 추정된 모형이 가장 좋을 것이다. 그러나 절편추정치는 참값 1에 비해 매우 큰 것을 볼 수 있다. $e_i = y_i - \hat{y}_i$으로 정의된 오차를 잔차(residual)라고 하며 ϵ_i의 추정치이다. 아래 그림은 200개의 데이터와 추정된 2차 함수와 겹쳐서 보여주고 있으며 오른쪽 그림은 잔차이다. 잔차플롯을 보면 잔차(y축)가 0을 중심으로 빠르게 진동하는 것을 볼 수 있다. μ_i가 2차함수이고 2차함수로 추정된 모형이 맞으므로 잔차는 ϵ_i의 특성을 잘 보여주고 있다.

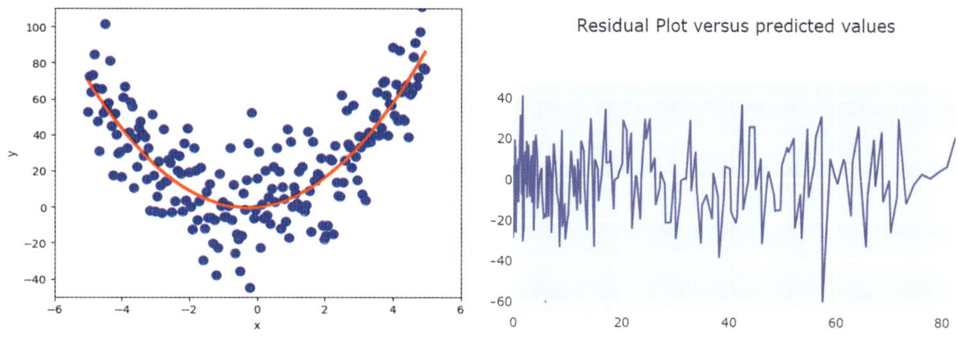

그림 1-4 2차함수모형의 적용과 잔차

다음은 200개의 데이터에 1차함수모형을 적합한 결과를 보여주고 있다. 당연하지만, 1차함수모형의 MSE=868.9으로 계산되어 2차함수모형보다 모형의 성능이 많이 떨어진 것을 볼 수 있다. 아래 그림에서 볼 수 있듯이 추정된 1차함수는 2차함수와 다르게 200개 자료 산포도의 중심을 지나지 못했으며 잔차플롯은 잔차가 0을 중심으로 움직이지도 않고 잔차가 trend를 가지고 있어 $i.i.d$한 ϵ_i와는 거리가 있는 것을 볼 수 있다. 이러한 현상은 1차함수모형은 과소적합된 모형이므로 잔차에 y_i의 정보가 남아 있기 때문에 나타난다.

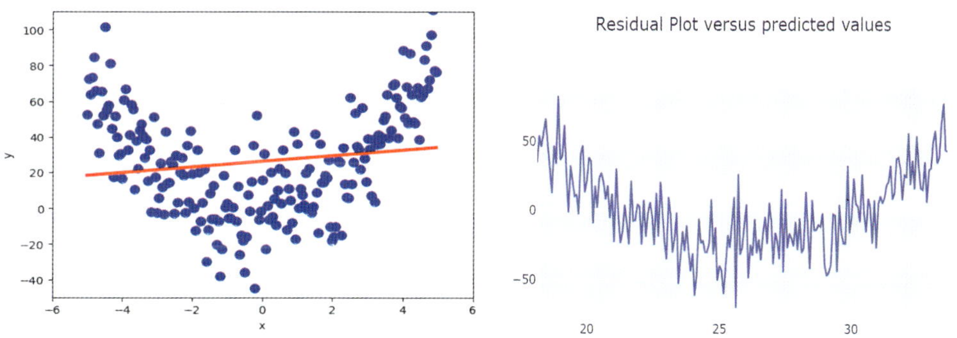

그림 1-5 1차함수모형의 적용과 잔차

다음 그림은 200개의 데이터에 21차함수모형을 적용하여 추정한 21차함수모형과 잔차를 보여주고 있다. 참고로 21차함수모형의 MSE=280.89로 2차함수모형의 MSE=338.6보다 작게 나타나, 21차함수모형이 참모형인 2차함수모형보다 성능이 우수한 것으로 나타났다. <그림 1-5>의 왼쪽 그림에서 볼 수 있듯이 추정된 21차 함수모형은 데이터의 중심을 잘 지나고 있으며 잔차플롯은 0은 중심으로 빠르게 진동하고 있다.

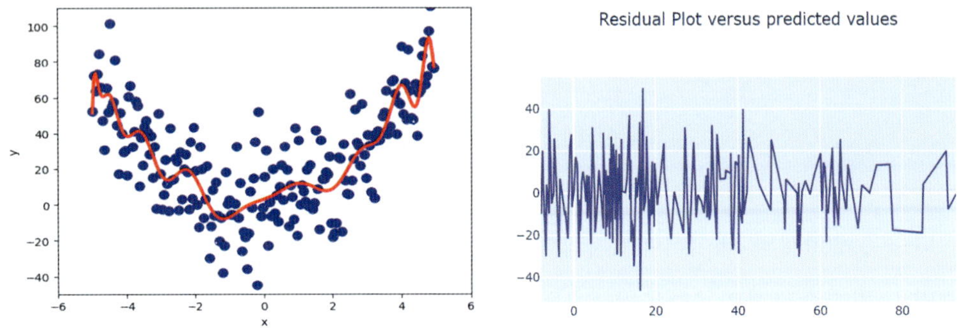

그림 1-6 21차함수모형의 적용과 잔차

<그림 1-6>에서 볼 수 있듯이 21차함수모형이 참모형인 2차함수모형보다 더 우수하다. 이런 결과가 나온 근본적인 이유는 21차함수가 참모형보다 훨씬 복잡한 모형이기 때문이다. 그러면 무조건 복잡한 모형이 좋은 걸까? 아니다. 전혀 그렇지 않다. 이를 살펴보기 위해 2차함수 $y_i = 1 + 2x_i + 3x_i^2 + \epsilon_i,\ \epsilon_i \sim N(0, 18^2)$에서 200개의 표본을 10번 반복하여 매번 추정된 2차함수모형과 21차함수모형을 그려보면 <그림 1-7>과 같다.

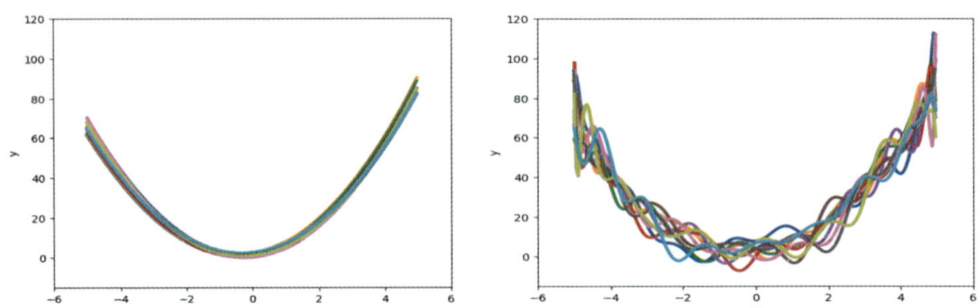

그림 1-7 10개의 데이터셋에 추정된 2차함수모형과 21차함수모형

10개의 데이터셋은 오직 오차항 ϵ_i만 다르므로 모형은 가능한 한 잡음(ϵ_i)에 영향을 받지 않는 모형이 좋은 모형이다. <그림 1-7>에서 추정된 10개의 2차함수모형은 거의 겹쳐 보일 만큼 모형의 변화가 없으나, 21차함수는 엿가락처럼 10개의 21차함수의 계수가 다르게 추정된 것을 볼 수 있다. 즉, 21차함수는 학습(learning)하지 말아야 할 잡음마저 학습했기 때문에 <그림 1-7>과 같은 현상이 발생한 것이며, 추정된 21차함수는 데이터에 과대적합되었다고 말한다. 모형이 과대적합되면 모형을 추정한 데이터에만 모형의 성능이 우수하고 다른 데이터에서는 모형의 성능이 급격하게 나빠진다. 따라서 모형의 randomization에 실패했으며 결과적으로 모형의 일반화가 실패했다고 말한다. 그러나 앞의 예제와 다르게, 실제 데이터분석에서는 오직 하나의 데이터셋만 있으므로 <그림 1-7>과 같은 방법으로 과대적합여부를 점검할 수 없다. 다음 절에서 이에 대한 답을 찾아보고 머신러닝에서 빈번하게 사용되는 resampling에 대해 논의해 보자.

1.3 데이터의 split, weight, 그리고 resampling

n개의 데이터(즉, $(y_i, x_i),\ i = 1, 2, \cdots, n$)가 주어져 있을 때, 모형의 과소 및 과대적합(underfit 및 overfit)을 점검하는 가장 효율적인 방법은 데이터를 split하여 모형을 학습시키는 학습데이터(training data)와 모형의 과소 및 과대적합을 점검하는 시험데이터(test data)로 나누는 것이다. 학습데이터의 크기와 시험데이터의 크기 비율은 7:1, 8:1, 또는 9:1이 되도록 한다. 이는 신뢰성 있는 모형의 모수를 추정하기 위해서이다. 여기에서 split의 의미는 데이터를 충분하게 섞은 후, 두 개로 분리한 데이터의 분포가 같아야 한다는 의미를 가진다. 미지의 모집단에서 생성된 n개의 데이터를 같은 분포를 가진 두 개의 데이터로 나눔으로써 미지의 모집단에서 두 개의 데이터를 생성하는 효과를 갖도록 하기 위함이다.

학습데이터에서 모형의 모수를 추정하고 MSE와 같은 손실함수값으로 모형의 성능을 측정한 후, 학습데이터에서 추정된 모형을 시험데이터에 단순적용하여 학습데이터에서 사용한 손실함수로 모형의 성능을 측정한다. 학습데이터의 모형성능은 우수하지만 시험데이터에서의 모형성능이 많이 떨어지면 이 모형은 과대적합되었다고 말할 수 있다. 학습데이터의 잡음마저도 학습해서 시험데이터에서의 성능이 급격하게 하락하기 때문이다. 물론 데이터의 크기가 충분하게 크지 않다면 두 개 이상으로 데이터를 split 할 수 있다. 예를 들어, 데이터를 5등분하여 돌아가면서 각 1/5등분을 시험데이터로 하고 나머지 4/5등분을 학습데이터로 하면 5쌍의 학습데이터와 시험데이터가 나오게 된다. 5개 학습데이터의 성능의 평균과 5개 시험데이터의 성능을 비교하여 과대적합 여부를 판단할 수 있다. 학습데이터와 시험데이터 모두에서 모형의 성능이 나쁘면 이 모형은 과소적합되었다고 할 수 있다. 이에 대한 자세한 내용은 제10장에서 다룰 것이다.

데이터를 학습데이터와 시험데이터로 split한 후, 학습데이터를 반복해서 임의표집해서 학습데이터를 계속해서 만들어 낼 수 있다. 앞에서 설명한 바와 같이 학습데이터를 생성한 모집단을 모르므로 학습데이터로부터 원하는 만큼의 학습데이터를 만들자는 아이디어이다. 예를 들어, 학습데이터가 200개의 표본으로 구성되어 있다면 표본을 잘 섞은 다음 1개의 표본을 뽑고 다시 집어넣은 후 다시 1개의 표본을 뽑는 과정을 200번 반복하면 200개 표본을 가진 새로운 학습데이터가 만들어진다. 또다시 원래의 학습데이터에서 앞의 과정을 되풀이하면 2번째 새로운 학습데이터가 만들어지므로 이러한 과정을 999번 반복하면 크기가 200개인 표본으로 구성된 학습데이터가 1,000개 만들어진다. 표본을 뽑을 때 잘 섞어서 1개를 뽑는다는 의미는 각 표본이 뽑힐 확률이 동일하게 1/200이라는 의미이고 이렇게 표본을 뽑는 방법을 임의표집이라고 한다.

이러한 과정을 boostrapping이라고 말하며 머신러닝에서 유용하게 사용되는 기법이다. 예를 들어, 선형모형 $y_i = \theta_0 + \theta_1 x_{1i} + \theta_2 x_{2i} + \epsilon_i$을 크기가 200개인 1,000개의 학습데이터에 반복 적용하여 모수를 추정하게 되면 1,000개의 $\theta_0, \theta_1, \theta_2$의 추정치를 구할 수 있게 된다. 1,000개 추정치의 하위 2.5% 값과 상위 97.5%가 95% 신뢰구간이 되며, 1,000개 모수 추정치의 평균이 모수추정치가 된다. 동시에 y_i의 예측치는 1,000개의 $\hat{y}_i$의 평균값으로 구한다. 이러한 boostrapping은 제13장에서 다루는 앙상블러닝 모형에서 적용된다.

임의표집은 각 표본이 뽑힐 확률을 동일하게 부여하여 각 표본의 중요도가 동일하도록 하고 있다. 그러므로 표본이 뽑힐 확률을 다르게 주면 표본의 중요도를 다르게 조절한다는 의미가 된다. 예를 들어, 선형모형 $y_i = \theta_0 + \theta_1 x_{1i} + \theta_2 x_{2i} + \epsilon_i$을 데이터에 적용한 후, 특정표본들의 잔차가 크다면 이 표본의 잔차에 비례하여 가중치를 부여하여 새로운 학습데이터를 만들고 이 학습데이터에 동일한 모형을 적용하면 가중치를 부여한 특정표본들의 잔차는 줄어들게 된다. 이러한 표본의 가중치를 조절하는 방법은 최첨단(state of the art) 머신러닝인 boosting의 근간이 된다.

지금까지 논의된 split, resampling, 표본가중치의 개념을 간단한 코딩을 통해 이해도를 높여보도록 하자. 아래는 9개의 표본으로 구성된 데이터를 보여주고 있다. 목적변수값이 0 또는 1이므로 이는 분류 문제가 된다. 즉, 특성변수 x로 그룹 0인지 1인지를 분류하기 위한 데이터셋으로 생각하면 된다.

```
import numpy as np
x=np.array([10,20,30,40,50,60,70,80,90])
y=np.array([0,0,0,0,0,1,1,1,1])
data=list(zip(x,y))
data=np.array(data)
print(data)
```

```
[[10  0], [20  0], [30  0], [40  0], [50  0], [60  1], [70  1], [80  1], [90  1]]
```

다음은 데이터셋의 index를 shuffling하여 9개 표본을 shuffling한 프로그램이다. 이렇게 shuffling하여 예를 들어, 첫 6개의 표본을 학습데이터로 나머지 3개의 표본을 시험데이터로 분리(split)하게 된다.

```
permutation=[]
i=0
while len(permutation)<9:
    u=np.random.rand()
    k=int(u*9)
    if k not in permutation:
        permutation.append(k)
print(np.array(permutation))
data[permutation]
```

```
[7 5 8 4 0 6 2 3 1]
array([[80, 1],[60, 1],[90, 1],[50, 0],[10, 0],[70, 1],[30, 0],[40, 0],[20, 0]])
```

다음은 boostrapping을 1번 실행하여 9개의 새로운 데이터셋을 생성하는 과정을 보여주고 있다. index=6인 표본이 3번 뽑히고, index=3인 표본이 2번 뽑힌 것을 볼 수 있다. 뽑힌 표본을 다시 집어넣고 shuffling하여 표본 하나를 뽑기 때문에 이러한 현상이 일어난다.

```
permutation=[]
i=0
while len(permutation)<9:
    u=np.random.rand()
    k=int(u*9)
    permutation.append(k)
print(np.array(permutation))
data[permutation]
```

```
[0 6 5 6 3 6 2 3 4]
array([[10, 0],[70, 1],[60, 1],[70, 1],[40, 0],[70, 1],[30, 0],[40, 0],[50, 0]])
```

아래 프로그램은 $y=0$에 가중치를 0.3을 주고 $y=1$에 가중치를 0.7을 주어 resampling한 결과를 보여주고 있다. $y=0$인 표본이 뽑혔을 때 0.3의 확률로 채택하고, $y=1$인 표본이 뽑혔을 때 0.7의 확률로 채택하므로 원래의 데이터셋에서는

$y=1$인 표본의 개수가 4개였으나 5개로 변한 것을 볼 수 있다. $y=1$에 가중치를 높임으로써 $y=1$에 대한 예측 정밀도를 높이게 된다.

```
new_data=[]
i=0
while len(new_data)<9:
    u=np.random.random()
    index=np.random.randint(0,len(data))

    if data[index,1]==0 and u<=0.3:
        new_data.append(data[index])
    elif data[index,1]==1 and 0.3<u<=1:
        new_data.append(data[index])
    i+=1
print(i)
new_data=np.array(new_data)
print(new_data)
```

```
[[60  1],[40  0],[30  0],[80  1],[70  1],[70  1],[70  1],[50  0],[50  0]]
```

1.2절에서 논의한 2차함수모형 $y_i = 1 + 2x_i + 3x_i^2 + \epsilon_i,\ \epsilon_i \sim N(0, 18^2)$에서 새롭게 생성한 200개의 표본으로부터 MSE를 최소로 한 추정식은

$$\hat{y}_i = -1.64 + 2.11x + 3.24x^2 \tag{1.4}$$

이다. 당연하지만, 참모형으로부터 생성한 또 다른 표본을 적용하면 다른 추정식을 가지게 되므로 1.2절의 추정치와 다름을 볼 수 있다. 이는 우리가 일반적으로 배우는 frequentist 통계학의 최대 약점이다. 실제 문제에서 미지의 참모형에서 오직 하나의 데이터셋만 있으므로 운수가 좋으면 좋은 추정치 및 추정식을 가지게 되고 운수가 나쁘게 데이터셋이 참모형을 대표하지 못하면 나쁜 추정치와 추정식을 가지게 된다. 이러한 추정치를 이용하여 구한(우리가 알고 있는) 신뢰구간(confidence interval), 검정(test), 예측구간(predict interval)은 얼마나 믿을 수(trust) 있을까? 상당한 수준의 통계적 지식을 바탕으로 구한 이러한 복불복 통계적 추론 방식을 data scientist는 배워야 할까?

이에 대한 답변을 스스로 찾기 위해 boostrapping 결과를 아래와 같이 정리해 보자. 전체 코드는 출판사의 홈페이지에서 다운로드 받길 바란다. 앞에서 생성한 200개의 표본을 1,000번 반복 boostrapping하여 200개의 표본으로 구성된 1,000개의 데이터셋을 만든 후, 2차함수를 반복 적용하여 구한 boostrap 추정식은

$$\hat{y}_i = -1.58 + 2.13x + 3.24x^2$$

으로, 원래의 200개의 표본으로만 추정된 식 (1.4)보다 intercept $\hat{a}$는 참값 1에 더 가까워진 것을 볼 수 있다. 아래의 출력에서 1,000개 추정치의 평균이 boostrap 모수 추정치이며 일반적으로 boostrap 추정치가 식 (1.4)의 추정치보다 통계적으로 더 우수한 것으로 증명되었다. 더군다나, 아래에서 볼 수 있듯이 $\hat{a}$의 95% 신뢰구간은 (-5.06, 1.94)이고 90% 신뢰구간은 (-4.58, 1.56)으로 계산되고 x의 계수 $\hat{b}$와 x^2의 계수 $\hat{c}$의 신뢰구간도 구할 수 있다. 특별한 통계적 지식 없이 resampling만으로 통계적 추론을 할 수 있다는 것을 보여준다.

```
def resample_est(n_iter=10, frac=0.5,data=data):
    pop_sample=[]
    for _ in range(n_iter):
        resample=data.sample(frac=frac,replace=True)
        popt, _ = curve_fit(func_2, resample['x'], resample['y'])
        pop_sample.append(popt)
    est_params=pd.DataFrame(pop_sample, columns=['a','b','c'])
    print(f'n_iter={n_iter}',f'sample size={len(data)}',f'fraction={frac}')
    print(est_params.describe())
    print('========================================')
    print(est_params.quantile(q=0.025))
    print(est_params.quantile(q=0.975))
    print('----------------------------------------')
    print(est_params.quantile(q=0.05))
    print(est_params.quantile(q=0.95))
```

```
resample_est(n_iter=1000, frac=1.0)
```

```
n_iter=1000 sample size=200 fraction=1.0
                 a            b            c
count  1000.000000  1000.000000  1000.000000
mean     -1.579230     2.129935     3.236093
std       1.814584     0.465907     0.175984
min      -6.934813     0.693389     2.678524
25%      -2.781377     1.818869     3.118963
50%      -1.565755     2.120247     3.237034
75%      -0.401736     2.440472     3.349349
max       3.900880     3.718242     3.821007
========================================
a   -5.061812
b    1.246519
c    2.902391
Name: 0.025, dtype: float64
a    1.943818
b    3.045317
c    3.581108
Name: 0.975, dtype: float64
------------------------------------------
a   -4.578877
b    1.372695
c    2.944384
Name: 0.05, dtype: float64
a    1.563211
b    2.942060
c    3.531263
Name: 0.95, dtype: float64
```

1.4 통계적 머신러닝, 딥러닝, 그리고 강화학습

통계적 머신러닝은 회귀모형, 로지스틱 회귀모형, random forest, XGboost 등 전통적 통계분석 모형과 거의 일치하므로 오직 2D 텐서 데이터만 적용가능하다. 1개의 표본이 하나의 행으로 정의되어 있고 n개의 표본으로 데이터가 구성되어 있으면 이를 2D 텐서 데이터라고 한다. 이러한 2D 데이터의 형태 때문에 2D 데이터를 tabular 데이터라고도 말한다.

곧이어 설명할 딥러닝과 강화학습은 2D 텐서 이상의 데이터에 적용할 수 있으나, 3D 텐서 이상의 데이터에 우수한 성능을 보여준다. 3D 텐서 데이터는 하나의 표본이 2D 텐서로 정의되어 있으며 제18장의 감성분석(sentimental analysis)이나 머신번역 등에 사용되는 텍스트 데이터가 대표적이다. 4D 텐서 데이터에서는 하나의 데이터가 3D 텐서로 정의되며 사진 등 이미지 데이터가 대표적이다. 동영상은

5D 텐서 데이터이며 하나의 표본이 4D 텐서로 정의되어 있다. 그러나 중요한 것은 2D 텐서 데이터를 3D, 4D, 5D 텐서 데이터로 어렵지 않게 변경할 수 있으며 3D 텐서 데이터를 2D, 4D, 5D로 간단한 numpy 함수로 변경할 수 있다는 점이다. 그러므로 제공되는 데이터의 텐서에 따라 통계적 머신러닝, 딥러닝, 강화학습을 선택하는 것이 아니라, 데이터분석 목적에 어떤 머신러닝 기법이 가장 우수한 성능을 보일 것인지에 따라 데이터의 텐서를 조절해서 분석해야 한다.

딥러닝 모형은 특성변수의 선형결합과 비선형변환 과정을 반복하여 y를 가장 잘 설명하는 최적의 특성변수를 만들어서 목적변수 y를 예측 또는 분류하는 모형이다. MLP, CNN, RNN 아키텍처로 대표되는 딥러닝 모형은 이미지 자료와 머신번역 등에 뛰어난 성능을 보여주고 있다. 최적의 특성변수는 딥러닝 모형의 은닉층의 선형결합 모수추정 과정, 소위 역전파(backpropagation) 과정을 통해 만들어진다.

이러한 딥러닝 기법은 강화학습에 사용된다. 그러나 강화학습에서는 딥러닝 기법을 이용하기 위해 목적함수(target function)의 추정이 전제되어야 한다. 강화학습은 로봇과 같은 agent가 주어진 환경에 최선의 action을 선택하도록 하는 학습 방법이다. 최선의 action을 정의하기 위해 action의 결과로 보상(reward)을 부여하고 agent의 목적을 달성할 때까지 최대의 보상합을 갖는 가장 짧은 action 시리즈를 만들어 내도록 한다.

자율주차 시스템을 학습하는 예를 들어보자. 주차환경에 따라 어느 정도 핸들을 꺾을 것인지, 앞으로 가야 하는지, 뒤로 가야 하는지 등이 action이며 action을 취하면 주차환경이 바뀌고, 이에 따라 새로운 action을 취하며, 궁극적인 목적은 최단시간에 주차를 시키도록 시스템을 구축하는 것이다. 이때 옆에 주차된 차를 추돌하거나 잘못 주차하면 음의 보상을 주고, 주차를 제대로 하면 양의 보상을 준다. 이처럼 강화학습은 수많은 시행착오를 거쳐 스스로 답을 찾아가는 학습 방법이므로 가상 시뮬레이션 공간에서 학습시킨 후, 실제 상황에서 최종 학습을 시키는 절차를 따르게 된다.

지금까지의 논의를 바탕으로 통계학, 통계적 머신러닝, 딥러닝, 그리고 강화학습 간의 관계를 아래 그림과 같이 정리할 수 있다. 전통적인 통계학에서 정의된 모집

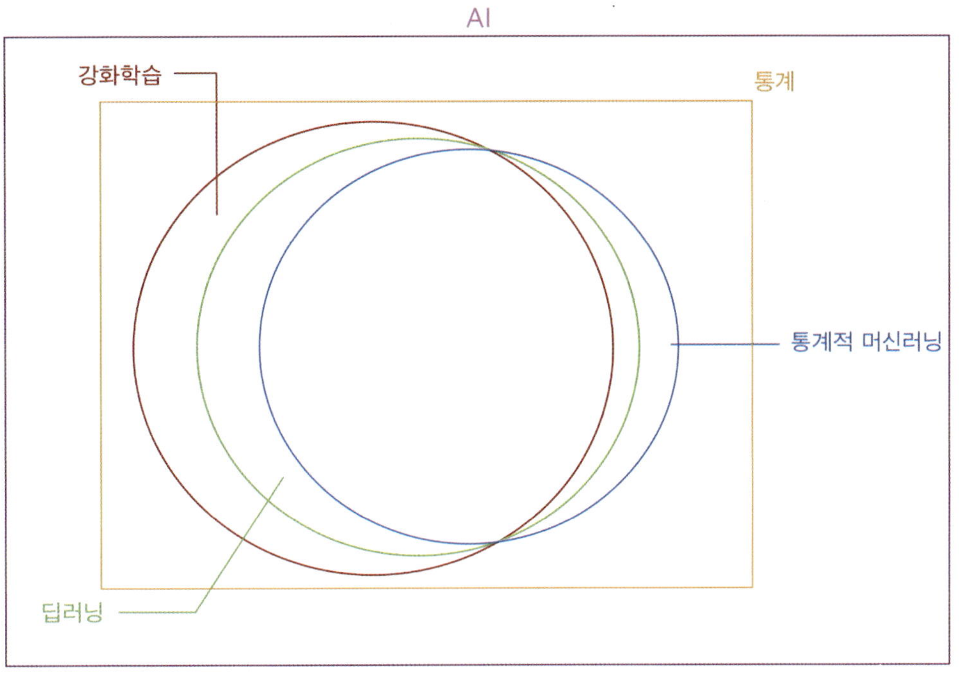

그림 1-8 AI, 통계학, 통계적 머신러닝, 딥러닝, 그리고 강화학습

단, 임의표본, 모형의 설계와 모수추정, 그리고 이러한 통계적 기법을 기반으로 하는 통계적 머신러닝, 딥러닝, 강화학습의 관계를 <그림 1-8>을 통해 보여주고 있다. AI(Artificial intelligence)의 핵심 기법인 통계적 머신러닝, 딥러닝, 그리고 강화학습은 근본적으로 통계학을 기본으로 하고 있고 통계적 머신러닝과 딥러닝의 공통점이 통계적 머신러닝과 강화학습과의 공통점이 더 많다는 것을 볼 수 있다. 이 세 머신러닝에 포함되지 않는 AI 영역은 사물인터넷(IoT), 신뢰할 수 있는 빅데이터를 처리하고 저장하는 블록체인(Blockchain), VR(virtual reality, 가상현실), AR(augmented reality, 증강현실) 등이 있다.

1.5 AI 모형과 손실함수

모형을 정의하기 위해 y_i를 i번째 목적변수 관측치, $\boldsymbol{x}_i$를 대응하는 특성변수라고 표기하자. 여기에서 y_i와 $\boldsymbol{x}_i$는 텐서로 정의되어 있다. 통계학을 포함하여 AI 모형은 크게 4가지 조건부 확률로 분류하여 설명할 수 있다.

1. 모형 I: $P(y_i|\boldsymbol{x}_i)$

모형 I은 가장 많이 쓰이는 모형으로 특성변수 $\boldsymbol{x}$가 주어져 있을 때 목적변수 y의 조건부 확률로 표현된다. 모형의 입장에서 볼 때 특성변수 $\boldsymbol{x}_i$를 입력하면 y_i의 예측치를 출력하는 구조를 가진 모형을 말한다. 통계적 머신러닝에서 회귀모형(regression model, 제11장), 로지스틱 회귀모형(제5장), 서포트벡터모형(support vector model, 제8장, 제11장), 판별분석(discriminate analysis, 제6장), 앙상블러닝(random forest, XGBoost, LightGBM, CatBoost 등, 제13장부터 제17장까지)이 있다. 이 모형들은 모두 목적변수 y_i가 관측되므로 모형으로 예측된 $\hat{y}_i$의 성능을 측정할 수 있다. 이처럼 $\hat{y}_i$의 예측오차를 최소화하도록 y_i가 코치 역할을 하므로 이를 지도학습(supervised learning)이라고 한다. 모형 I에 해당하면서 y_i가 관측되지 않는 비지도학습(unsupervised learning)은 군집분석(K-means, DBSCAN, HDBSCAN, 제12장)이 있다. 군집분석은 통계적 머신러닝 모형으로 특성변수를 이용하여 적절한 개수의 군집으로 데이터를 분류하므로 군집이 목적변수 역할을 하지만 군집은 관측되지 않고 분류의 결과로 군집이 결정된다. 딥러닝에서는 이미지 식별, 한 이미지 안에 있는 여러 객체를 동시에 분류하는 객체분할, 실시간으로 지정된 이미지를 탐색하여 사각박스로 식별하는 R-CNN과 YOLO, transformer나 BERT로 대표되는 머신번역, 그리고 이미지를 재생하는 GAN 등이 모형 I에 속하며 강화학습에서는 정책기반 강화학습(A2C, A3C, ACER, TRPO, PPO 등)과 가치기반 강화학습(DQN, Dual DQN, C51, QR-DQN 등)이 모형 I에 해당한다.

2. 모형 II: $P(\boldsymbol{x}_i|\boldsymbol{x}_i)$

이 모형에서는 $\boldsymbol{x}_i$를 입력해서 이 $\boldsymbol{x}_i$를 재생(generation)하는 모형군을 말한다. $\boldsymbol{x}_i$의 차원을 축소하되 $\boldsymbol{x}_i$가 가지고 있는 정보손실 없이 차원 축소된 $\boldsymbol{x}_i^*$를 생성하는

모형과 입력된 x_i의 특성을 그대로 유지하면서 분포적으로 동일한 새로운 x_i를 생성하는 모형으로 구분할 수 있다.

통계적 머신러닝에서는 차원축소기법(PCA, MDS, manifold learning, t-SNE 등, 제9장)이 모형 II에 해당하며, 딥러닝에서는 차원축소기법인 AutoEncoder, 표본 x_i의 통계적 특성을 유지하면 창조적인 x_i를 재생하는(예를 들어, 모네 그림을 학습하여 모네 화풍을 그대로 재생한 그림) GAN 모형 등이 있다. 강화학습에서는 모방학습의 DAgger, IRL, GAIL 등의 모형이 있으며, 예를 들어 베스트 드라이버의 운전법을 자율자동차에 학습시키는 모형이 모방학습이다.

3. 모형 III: $P(y_t|y_{t-1}, y_{t-2}, \cdots)$

이 모형은 자료의 순서가 중요한 정보를 가지고 있을 때 y_t를 예측하기 위해 y_t의 과거치를 입력하는 모형이다. 통계적 머신러닝에서는 모든 시계열 자료분석이 이 모형군에 속하고, 딥러닝에서는 RNN(recurrent neural network)과 GPT(generative pre-trained transformer) 모형이 이 모형군에 속한다. 강화학습에서는 Markov process를 이용하므로 강화학습에 있는 거의 모든 모형은 모형 III에 해당한다.

4. 모형 IV: $P(y_t|y_T, y_{T-1}, \cdots, y_{t+1}, y_{t-1}, y_{t-2}, \cdots)$

모형 III과 더불어 자료의 순서가 중요한 정보를 가지고 있는 모형으로 과거 시점뿐만 아니라 미래시점 정보를 양방향으로 이용하여 시점 t의 목적변수 y_t를 예측하는 모형이다. 최근에 개발된 딥러닝 머신번역 모형인 transformer, BERT, DistilBERT, 다언어 번역모형인 XLM 등이 모형 IV를 기반으로 하고 있다.

4개의 모형 중 모형 I은 대부분의 머신러닝 및 딥러닝 모형에서 가장 유용하게 사용되고 있다. 머신러닝에서 손실함수는 목적변수 y의 예측치 $\hat{y}$의 거리를 측정하는 측도이며 이 손실함수를 최소로 하는 모형의 모수를 추정할 수 있도록 하는 목적함수(target function)이다. 동일한 모형이라고 할지라도 손실함수가 다르면 모형의 추정치는 다르게 된다. 즉, 연구목적에 따라 손실함수를 연구자가 선택해야 한다. 앞에서 논의한 2차함수모형을 다시 고려해 보자. 물론 이 2차함수모형은 선형 회귀모형에 해당한다.

$$y_i = w_0 + w_1 x + w_2 x^2 + \epsilon_i$$

이 모형에 손실함수로 MSE, 즉 $L(\boldsymbol{w}) = \frac{1}{n}\sum_{i=1}^{n}\epsilon_i^2$를 최소로 하는 w_0, w_1, w_2를 추정하는 손실함수와 pinball 손실함수 $L_\tau(\boldsymbol{w}) = \frac{1}{n}\sum_{i=1}^{n}[\tau \max(\epsilon_i, 0) + (1-\tau)\max(-\epsilon_i, 0)]$, $0 \le \tau \le 1$를 적용하여 w_0, w_1, w_2를 추정하고자 한다. pinball 손실함수에서 $\tau = 0.5$이면 $L_{0.5}(\boldsymbol{w}) = 0.5\frac{1}{n}\sum_{i=1}^{n}|\epsilon_i|$으로 MAE(mean absolute error)가 됨을 알 수 있다. <그림 1-9>는 MSE, pinball 손실함수에서 $\tau = 0.05, 0.25, 0.5, 0.75, 0.95$를 지정한 후 모수를 추정하고 이를 그림으로 보여주고 있다. MSE가 손실함수이면 x가 주어졌을 때 y의 평균값을 지나는 추세선을 추정하고 pinball 손실함수는 x가 주어졌을 때 y의 $100 \times \tau$ percentile를 지나는 추세선을 추정한 것을 볼 수 있다. 이처럼 동일한 2차함수 선형회귀모형을 적용하더라도 손실함수에 따라 완전히 다른 모수를 추정하므로 연구목적에 따라 손실함수를 선택하여야 한다. 예를 들어, 예측치의 95% 구간을 구하고자 할 때 pinball 손실함수에서 $\tau = 0.025, 0.975$를 선택하여 모형의 모수를 추정하면 된다.

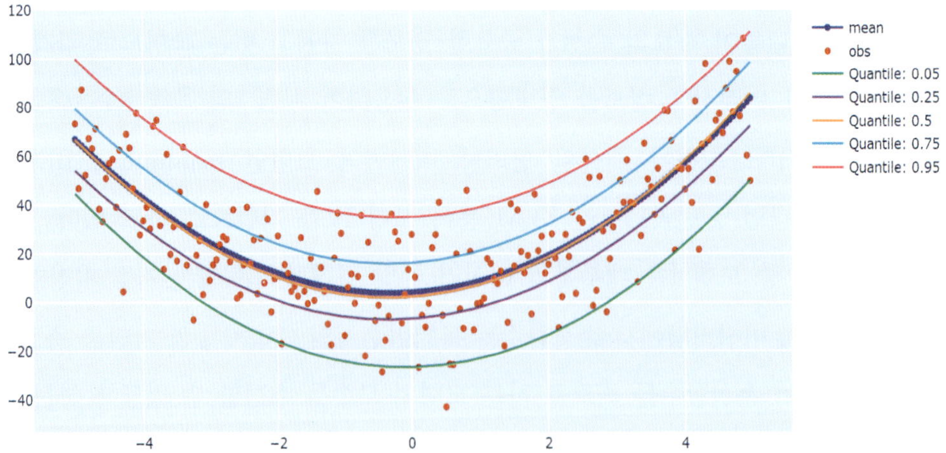

그림 1-9 손실함수에 따른 2차함수 추정치(MSE: mean, pinball loss: Quantile)

목적변수 y가 범주형이면 y는 1 또는 0 값을 가지게 된다. 관심 있는 특정범주에 표본이 속해 있으면 1, 그렇지 않으면 0 값을 갖도록 목적변수값을 전환했기 때문이다. 그러므로 분류 문제는 특성변수로 표본이 특정범주에 속할 확률, 즉 $P(y_i = 1|\boldsymbol{x}_i)$을 추정하게 된다. 간단하지만 가장 널리 사용되는 방법은 다음과 같다. $z_i = w_0 + w_1 x_{1i} + \cdots + w_k x_{ki}$으로 정의한 후 이를 sigmoid 함수에 대입, 즉 $p(\boldsymbol{x}_i) = \frac{1}{1+e^{-z_i}}$으로 하면 이 $0 \le p(\boldsymbol{x}_i) \le 1$이 되므로 $P(y_i = 1|\boldsymbol{x}_i)$의 좋은 추정모형이 된다. 물론 앞에서 사용한 MSE $\frac{1}{n}\sum_{i=1}^{n}(y_i - p(\boldsymbol{x}_i))^2$가 최소가 되는 모수 $w_0, w_1, \cdots, w_k$를 추정해도 되지만,

$$-\frac{1}{n}\sum_{i=1}^{n}(y_i \log p(\boldsymbol{x}_i) + (1-y_i)\log(1-p(\boldsymbol{x}_i)))$$

를 최소로 하는 $w_0, w_1, \cdots, w_k$를 추정하는 손실함수를 일반적으로 사용한다. 이 손실함수를 binary crossentropy라고 하며 $y_i = 1$이면 $\hat{p}(\boldsymbol{x}_i) = 1$, $y_i = 0$이면 $\hat{p}(\boldsymbol{x}_i) = 0$으로 추정되면 MSE와 동일하게 최솟값을 가지게 된다. 그러나 $y_i = 1$일 때 $\hat{p}(\boldsymbol{x}_i)$가 0에 가깝게 잘못 추정될수록 $\log \hat{p}(\boldsymbol{x}_i)$가 $-\infty$로 접근하므로 binary crossentropy는 잘못된 추정치일수록 더 큰 penalty를 주는 손실함수이다.

손실함수 MSE와 binary crossentropy는 통계학의 추론에서 가장 널리 사용하는 우도함수(likelihood function)로 설명이 가능하다. 아래의 선형회귀모형에서

$$y_i = w_0 + w_1 x_{1i} + w_2 x_{2i} + \cdots + w_k x_{ki} + \epsilon_i, \quad i = 1, 2, \cdots, n$$

오차항 ϵ_i가 평균이 0이고 분산이 σ^2인 $i.i.d$한 확률변수이면 ϵ_i의 음의 로그우도함수는 MSE와 같다는 것을 보여줄 수 있다(11.4절 참고). 그러므로 통계학의 최대우도추정치는 MSE를 최소로하는 추정치와 같게 된다. 한편, 범주형자료에서

$$p(\boldsymbol{x}_i) = \frac{1}{1+e^{-z_i}}, \; z_i = w_0 + w_1 x_{1i} + \cdots + w_k x_{ki}$$

으로 정의할 때, y_i가 0 또는 1 값을 갖는 $i.i.d$한 Bernoulli 확률변수이면 음의 로그우도함수가 binary crossentropy가 됨을 보일 수 있다(5.2절 참조).

1.6 자료분석 절차, 모형의 요약

머신러닝은 손실함수를 최소화하는 과정에서 모형과 모수를 조율하는 초모수(hyper parameter)가 있다. 이 초모수는 데이터로 추정할 수 없는 모수이며 선택에 의해 결정된다. 이를 위해 학습데이터를 다시 학습데이터와 검증데이터(validation data)로 분류하여, 이 검증데이터로 초모수를 선택한다. 이 책에서는 통계적 머신러닝만 다루므로 데이터 구조는 2D 텐서를 가정한다.

자료분석 절차를 요약하면 다음과 같다. 생소한 용어와 모형은 곧 배우게 될 것이다. AutoViz를 이용하여 데이터의 시각화로 변수들의 분포적 특성, 목적변수와의 관계 등 변수선택과 모형설정에 필요한 정보를 파악한다. Bamboolib을 이용하여 결측치, 이상치, 불균형 자료가 있는지를 파악하고 범주형자료의 수량화 등 자료의 사전정리 과정을 걸친 후 예측력 지수로 특성변수를 선택한다. 데이터를 학습데이터, 검증데이터, 시험데이터로 분류한 후, 필요하면 PCA, MDS, t-SNE 등을 이용하여 특성변수의 차원을 줄이거나, 모형의 정밀화를 위해 K-means, DBSCAN, HDBSCAN 등 군집분석을 할 수 있다. 군집분석으로 2개 이상의 군집을 만든 후, 군집별로 모형을 구축하면 된다. 다음 단계는 회귀나 분류를 위한 모형을 선택하는 단계이다. 그러나 분석목적이 회귀이든 분류이든 관계없이 CatBoost를 적용해 보기를 권고한다. CatBoost는 특성변수가 범주형이든, 연속형이든, 심지어 텍스트 범주형이든 관계없이 one-hot encoding과 같은 별도의 수량화 과정도 필요 없으며, 해석이 용이하고 모형의 성능도 매우 우수한 모형이기 때문이다. CatBoost 모형을 학습데이터에 학습시키고 이 학습된 모형을 검증데이터에 적용하여 두 데이터에서의 성능이 비슷하도록 초모수를 조절한다. 초모수가 결정되면 학습데이터와 검증데이터를 합친 데이터에 CatBoost 모형을 재학습한다. 데이터가 크면 클수록 손실함수를 최소화하는 모형의 성능이 향상되기 때문이다. 이렇게 학습된 CatBoost 모형을 시험데이터에 적용하여 과대 적합이 발생하면 모수 규제화 등을 통해 문제를 해결한다.

최종 단계로, 분석목적이 분류이면 로지스틱 회귀모형, SVM, 판별분석, random

forest, XGBoost, LightGBM 등의 모형성능과 CatBoost의 모형 성능을 비교하고, 분석목적이 회귀이면 회귀모형, SVM, random forest, XGBoost 등의 모형의 성능을 CatBoost의 성능과 비교하여 가장 우수한 모형을 최종 모형으로 결정한다. 그리고 모형의 해석을 위해 특성변수의 중요도와 각 특성변수의 목적변수에 대한 기여도 등을 논의하는 절차를 따른다.

<표1-1>은 통계적 머신러닝의 목적과 학습 방법을 중심으로 간략하게 표로 정리한 것이다. <표1-1(a)>는 머신러닝의 모형, 모형의 목적, 머신러닝 학습 구분을 정리하였으며, <표1-1(b)>는 모형에 대한 모형진단과 초모수 선택을 위한 주제와 목적을 정리하였다.

표 1-1 머신러닝 모형과 모형진단

(a) 머신러닝 모형과 목적

learning	목적	구분
K-nearest neighbors(KNN)	분류, 회귀(4장)	지도학습
Kernel smoothing	density estimation(4장)	
Logistic regression	분류(5장)	지도학습
Discriminant analysis	분류(6장)	지도학습
Naive Bayes	분류(6장)	지도학습
Classification and Regression Tree(CART)	분류, 회귀(7장)	지도학습
Support vector machine(SVM)	분류(8장), 회귀(11장)	지도학습
Kernelized SVM(kernel trick)	비선형분류(8장), 비선형회귀(11장)	지도학습
Principal component analysis, Kernelized PCA	차원축소(9장)	비지도학습
Linear discriminant analysis(LDA), MDS, Manifold learning	차원축소(9장)	지도학습
Regression(OLS)	회귀(11장)	지도학습
RANSAC	로버스트 회귀(11장)	지도학습
clustering, Hierarchical clustering	군집(12장)	비지도학습
Bagging, Boosting	분류, 회귀(13장)	지도학습
Random forest, XGBoost, LightGBM, CatBoost	분류, 회귀 (13장, 14장, 15장, 16장, 17장)	지도학습
XGBoost, LightGBM, CatBoost의 초모수	분류, 회귀(16장)	지도학습
meta model, model automation	분류, 회귀(17장)	지도학습
Sentiment analysis	분류, 회귀, 문서분석(18장)	지도학습

(b) 모형진단과 규제화

주제	목적
특성변수 선택	최적모형을 위한 특성변수 선택(2장)
불균형자료(imbalance data)	SMOTE, ADASYN(2장)
데이터 시각화	AutoViz, Bamboolib, Plotly(3장)
L_1, L_2 규제화	과대적합 방지, 특성변수 선택(2장,11장)
Gradient decent	손실함수 최소(2장)
Cross-validation(CV)	과대 및 과소 적합 진단, 초모수 선택(10장)
Nested cross-validation	machine learning의 최종 성능 점검(10장)
초모수조절(grid search, random search, Bayesuian search)	CV를 이용한 최적 초모수의 선택 (10장, 16장)
pipeline	machine learning의 여러 기법을 통합처리(10장)

통계적 머신러닝과 딥러닝을 실습하고 실제 자료에 직접 응용할 수 있는 유용한 데이터셋은 다음과 같다.

1. Kaggle: www.kaggle.com/

   Kaggle은 데이터 과학자와 머신러닝 분석자들을 위한 가장 큰 모임터(community)이다. 온라인 머신러닝 경연장이며 경연을 위한 수많은 자료가 제공되어 있다. 간단한 절차만 밟으면 자료를 다운받을 수 있다.

2. US Government Open Data: www.data.gov/

   농업, 기상, 금융등 수천 개의 데이터를 제공하고 있다.

3. Indian Government Open Data: http://data.gov.in/

   인도의 인구 통계, 교육, 경제, 산업 등의 자료를 제공하고 있다.

4. Amazon Web Service Data: http://registry.opendata.aws/

   NASA NEX 데이터, 독일뱅크 공공자료 등을 제공하고 있다.

5. Google Dataset Search: http://toolbox.google.com/datasetsearch
   수많은 공공자료를 제공하고 있으며 조만간 가장 큰 공공자료 공급처가 될 것으로 예상된다.

6. UCI ML Repository: http://archive.ics.uci.edu/ml/
   머신러닝과 딥러닝 실습을 위한 잘 알려진 데이터 저장소이다.

1.7 Data Scientist에 필요한 AI 지식

Data scientist가 되기 위해 수리통계학이나 확률론 같은 이론통계적 지식보다는 앞에서 논의했던 임의표본, 데이터 shuffling, resampling 등과 같은 통계학의 개념적 이해, 손실함수의 역할, 손실함수를 최소화하기 위한 gradient descent(제2장 참조), 초모수 조절, 규제화의 통계적 의미 등의 이해, 그리고 텐서의 관점에서 데이터의 구조를 이해하고 해석하며 이를 바탕으로 텐서의 변환을 할 수 있어야 한다. 이를 위한 가장 쉽고 확실한 방법은 직접 코딩을 통해 구현해 보는 것이다.

이 책에서 논의하는 통계적 머신러닝을 학습하고 나면 text와 image 데이터에 대해 성능이 우수한 딥러닝을 학습해야 한다. 딥러닝은 Tensorflow나 Pytorch와 같은 high-end 프로그램 인어를 새로 익혀야 한다. 얼핏 보기에 통계적 머신러닝 모형에 비해 매우 복잡해 보이지만, MLP, CNN, 그리고 RNN 아키텍처의 원리와 구조만 이해하면 딥러닝 모형은 오히려 통계적 머신러닝 모형보다 배우기 쉽다.

통계적 머신러닝과 딥러닝을 배운 후 반드시 공부해야 할 분야는 XAI(explainable AI)이다. 통계적 머신러닝에서 성능이 우수한 앙상블러닝과 딥러닝 모형은 치명적인 약점이 있다. 이들 모형들은 내부적으로 특성변수가 어떤 구조로 목적변수를 예측하는지에 대한 설명을 거의 할 수 없는 black-box 모형에 해당하기 때문이다. 모형의 설명가능성 문제를 근본적으로 해결하는 도구가 XAI이다. AI 모형을 적합시키고 예측했을 때, 이 예측모형에서 어떤 특성변수가 얼마나 중요하지, 특정표본의 예측 결과에 대한 각 특성변수의 기여도는 어떠한지, text 자료 또는 이미지 자료인 경우 어떤 단어(또는 단어모임) 또는 이미지의 어떤 부분이 예측 결과에 중요한 기여를 하는지, 각 특성변수값이 변할 때 예측값은 어떤 방향으로 얼마만큼 변화하는지, 특성변수들 간의 교호작용은 어떠한지, 특정 클래스에 소속되기 위해서 결정적인 역할을 하는 특성변수 값은 무엇인지, text나 이미지는 어떠한지, 원래 클래스에서 다른 클래스 또는 목표 클래스로 변경하기 위해서는 어떤 특성변수를 얼마만큼 변경해야 하는지, 이미지의 어떤 부분을 어떻게 변화시키면 되는지 등의 질문에 대한 답변이 XAI의 핵심적인 내용이다. 특히, XAI는 AI에 대한 전문지식이 없는 산업현장과 연구 분야에 있는 end-user도 AI 모형의 예측 결과를 쉽게 이해하고 진단할 수 있도록 한다.

XAI를 공부하면 시계열 모형을 추가로 공부하기를 권장한다. 통계적 머신러닝이나 딥러닝 모형에서는 서로 간에 독립인 수많은 표본을 대상으로 하는 소위 횡단면자료(cross-sectional data)를 대상으로 하고 있다. 그러나 주식이나 기온과 같은 데이터는 시간순서대로 데이터가 관측되고 관측치는 서로 간에 독립이 아닌 소위 시계열 데이터 또는 종단면자료(longitudinal data)에 해당된다. 시계열 데이터는 시간 순서를 유지해야 하므로 모형의 점검을 위한 데이터의 shuffling이 불가능하므로 머신러닝과 딥러닝 기법을 그대로 적용할 수 없다. ETS, AutoARIMA, SARIMAX, Kalman filter, Theta model, NeuralProphet, N-BEATS 등은 대표적으로 공부해야 할 시계열 분석모형들이다.

연습문제

1 이항분류에서 precision, recall, accuracy를 정의하고, 검정에서 정의되는 type I error와 type II error를 recall의 관점에서 설명하라.

2 $y_1, y_2, \cdots, y_n$이 주어진 표본이고 $n = 100$일 때 학습데이터:시험데이터=4:1로 분리하는 과정을 Uniform 분포를 이용하여 설명하라.

Chapter 2

사전과정과 최적화

preprocessing/optimization

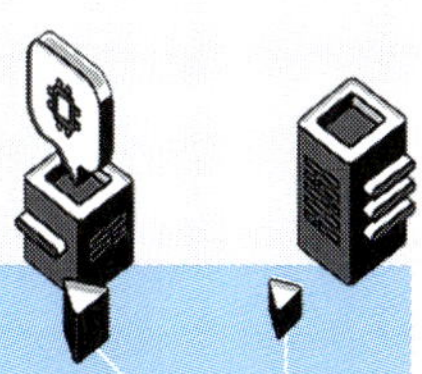

파이썬은 머신러닝 알고리즘을 수행할 수 있는 많은 라이브러리를 제공하고 있다. 통계적 머신러닝의 모든 분석은 파이썬의 scikit-learn 라이브러리(http://scikit-learn.org)를 이용하여 분석한다. scikit-learn은 머신러닝 알고리즘에 포함된 함수들을 풀기 위한 라이브러리로 변수는 특성변수(feature variable)와 목적변수(target variable)로 구성되어 있다. 특성변수는 독립변수(independent variable) 또는 외생변수(exogenous variable)라고도 하며 보통 x 변수라고 한다. 이 x 변수는 형태(shape)가 [n_sample, n_features]인 2D 텐서 자료로 되어 있다. 예를 들어, $x = [1, 2, 3, 4, 5]$와 같이 1차원 자료일 때 그대로 사용하면 의미상으로 표본이 하나이고 특성변수가 5개인 자료가 되지만, 이 자료는 scikit-learn의 입력자료로 사용할 수 없다. 그 이유는 2차원 텐서 자료가 아니기 때문이다. 하나의 표본자료로 사용하고자 하면 x1 = [np.newaxis,:]로 2차원인 행벡터, 즉 $[[1, 2, 3, 4, 5]]$로 전환하여야 한다. $x = [1, 2, 3, 4, 5]$가 5개의 표본이고 특성변수가 1개인 자료라면 x2 = x[:, np.newaxis]인 2차원 열벡터 자료로 변환시켜 사용하여야 한다. 즉, $[[1], [2], [3], [4], [5]]$로 전환하여야 한다. 목적변수는 우리가 예측하고자 하는 변수로서 y변수라고 표기하며 종속변수(dependent variable) 또는 내생변수(endogenous variable)라고도 한다. y변수의 형태도 2D 텐서 자료이지만 변수의 수는 1개인 경우가 일반적이다. 2개 이상의 y를 예측하여야 하는 다변량 분석인 경우 y변수도 2개 이상의 변수를 가질 수 있다. 그러므로 자료의 형태는 x변수와 동일한 형태로 [n_sample, n_features]이다. 즉, scikit-learn에서의 자료의 형태는 2차원 텐서(tensor)이다. scikit-learn 라이브러리를 이용하는 절차를 정리하면 다음과 같다.

1. 적절한 모형추정 클래스를 scikit-learn으로부터 호출(import)한다.
2. 모형추정 클래스에 필요한 초모수(hyperparameter)들의 값을 부여하여 클래스를 객체화(object-oriented)한다.
3. 2D 텐서인 x변수와 y변수를 정의한다.
4. fit() 함수를 이용하여 학습데이터(training data)에 모형을 적합시킨다. 필요시 검증데이터(validation data)에 적합된 모형을 적용하여 초모수를 조절(tuning)한다.

5. 새로운 데이터(test data)에 predict( ) 또는 transform( ) 함수를 이용하여 적합된 모형을 적용한다.

2.1 실수자료로의 전환(vectorization)

범주형 자료(categorical data), 텍스트(text) 자료, 이미지 자료 등을 실수로 구성된 [n_sample, n_features]의 형태로의 전환, 새로운 특성변수의 생성, 결측자료의 대체(imputation)는 머신러닝 알고리즘 적용을 위한 필수적인 사전과정이며 이를 vectorization이라고 한다. [n_sample, n_features]를 2차원 자료라고 하며 일반적으로 행렬이라고 한다. 그러나 머신러닝에서는 2차원 텐서(2-dimensional tensor)라고 하며 주로 딥러닝에서 사용하는 용어이다.

먼저 범주형 자료의 수량화를 살펴보기 위해 다음의 예제를 살펴보자.

```
# 범주형 자료의 수량화
x=[{'city':'seoul','temp':10.0}, {'city':'Dubai','temp':33.5}, {'city':'LA','temp':20.0}]
x
```

```
(out) [{'city': 'seoul', 'temp': 10.0},
       {'city': 'Dubai', 'temp': 33.5},
       {'city': 'LA', 'temp': 20.0}]
```

x는 dictionary 데이터의 list이다. city라는 key로 분류한 Seoul, Dubai, LA를 각각 범주형 수량화 자료로 변환하기 위해

```
from sklearn.feature_extraction import DictVectorizer
vec=DictVectorizer(sparse=False)
```

```
vec.fit_transform(x) # X를 범주형 수량화 자료로 변환
```

```
(out) array([[ 0. ,  0. ,  1. , 10. ],
             [ 1. ,  0. ,  0. , 33.5],
             [ 0. ,  1. ,  0. , 20. ]])
```

Dictionary data를 수량화하기 위한 DictVectorizer 클래스를 호출한 후 이 클래스를 vec로 객체화한다. 이를 x변수에 적용하면 Seoul은 [0, 0, 1]로, Dubai는 [1, 0, 0]으로, LA는 [0, 1, 0]으로 범주형 수량화를 하게 된다. 이와 같은 수량화를 one-hot 벡터라고 한다. 좀 더 자세한 논의는 2.3절의 실제 자료분석에서 다루어질 것이다. 범주형 자료로의 수량화 순서는 알파벳 순서이며 sparse=False를 부여함으로써 위와 같은 범주형 수량화 결과를 볼 수 있다.

예제에서는 city가 세 개뿐인 간단한 자료이지만, 만약 city가 1,000개이면 범주형 변수가 1,000개 생기게 되어 x변수가 지나치게 늘어나게 된다. 분석하고자 하는 데이터에 이와 같은 범주형 변수가 여러 개 있다면 x변수의 크기로 인해 연산을 위한 메모리 공간이 부족할 수 있다. 위의 예제에서 city가 1,000개이면 표본 하나는 온도와 오직 하나의 1 그리고 999개의 0으로 구성된 범주형 특성변수로 구성되게 된다. 이처럼 몇 개의 변수값을 제외하고 모든 다른 변수값이 같으면 이를 sparse 관측치라고 하며 범주형 수량화는 대표적인 sparse 데이터이다. 이 경우, 온도 값의 위치인 [행, 열], 그리고 범주형 자료에서 1의 위치인 [행, 열]을 key로 하고 이 key에 대응하는 온도값과 1값을 부여해주면 메모리 공간을 획기적으로 줄여줄 것이다. 이는 sparse=True를 부여해줌으로써 실현할 수 있다.

```
vec1=DictVectorizer() # 메모리를 줄이기 위해 sparse=True
x1=vec1.fit_transform(x)
x1
```

```
(out) <3x4 sparse matrix of type '<class 'numpy.float64'>'
        with 6 stored elements in Compressed Sparse Row format>
```

DicVectorizer 클래스는 sparse=True가 디폴트이다. 그러므로 객체화 vec1은 sparse 행렬이며 위의 결과와 같이 오직 6개만 0이 아니므로 6개의 위치 key와 대응되는 값이 저장되었다는 메시지를 출력한다. sparse 압축을 풀어서 원래의 범주형 자료를 출력하고 특성변수의 이름을 확인하고 싶을 때

```
x1.toarray() # 배열로 변경
vec1.get_feature_names()
```

```
(out) ['city=Dubai', 'city=LA', 'city=seoul', 'temp']
```

를 출력한다. 그러므로 해당 자료는 첫 번째 열의 Dubai, 두 번째 열의 LA, 세 번째 열의 Seoul, 네 번째 열은 temp임을 알 수 있다. 또한 sparse 행렬 x1은 scikit-learn에서 풀지 않은 상태로 그대로 사용할 수 있다.

다음은 text 데이터의 수량화에 대해서 살펴보자.

```
# 텍스트자료의 수량화
text=['떴다 떴다 비행기 날아라 날아라',
      '높이 높이 날아라 우리 비행기',
      '내가 만든 비행기 날아라 날아라',
      '멀리 멀리 날아라 우리 비행기']
text
```

```
(out) ['떴다 떴다 비행기 날아라 날아라',
       '높이 높이 날아라 우리 비행기',
       '내가 만든 비행기 날아라 날아라',
       '멀리 멀리 날아라 우리 비행기']
```

데이터에 text는 문자형 데이터(따옴표)이고 4개의 문서로 구성되어 있다. 이러한 text의 수량화는 CountVectorizer 클래스를 이용한다.

```
from sklearn.feature_extraction.text import CountVectorizer
vec2=CountVectorizer()
t=vec2.fit_transform(text).toarray() # text를 수량화 배열 자료로 변환
import pandas as pd
t1=pd.DataFrame(t, columns=vec2.get_feature_names())
t1
```

(out)

	날아라	내가	높이	떴다	만든	멀리	비행기	우리
0	2	0	0	2	0	0	1	0
1	1	0	2	0	0	0	1	1
2	2	1	0	0	1	0	1	0
3	1	0	0	0	0	2	1	1

CountVectorizer는 디폴트가 sparse=True이며 sparse 압축을 풀기 위해서는 toarray 함수가 필요하다. CountVectorizer 클래스의 결과, 열은 모든 문서(이 예제에서는 4개의 문서)에 나타났던 단어로 구성되고 하나의 행은 하나의 문서이며 각 숫자는 문서에 나타난 단어의 횟수를 의미한다. 열에 나타난 단어는 가나다순(영문인 경우 알파벳순)으로 자동으로 정렬된다. 예를 들어, 첫 번째 문서에서는 '날아라'가 2번, '떴다'가 2번, '비행기'가 1번이고 나머지 단어는 나타나지 않았으므로 0값이 부여되었다. 그러므로 text 데이터에서 문서는 1개의 표본이 되고, 문서 전체에 한 번 이상 나타난 단어들이 특성변수가 된다.

그런데 CountVectorizer에 의한 단어의 출현 횟수는 정보가치의 오류를 범할 수 있다. 영어의 경우 is, the, a 같은 단어는 중요한 정보를 제공하지 않지만 대부분의 문서에 자주 나타난다. 때문에 문서의 특성을 출현 횟수가 많은 단어로 표현하는 것은 문제가 될 수 있다. 이런 이유로 전체문서에서 출현 비중이 높은 단어에는 상대적으로 낮은 가중치(weight)를 주고 반대로 출현 비중이 낮은 단어에는 상대적으로 높은 가중치를 부여하는 Term Frequency Inverse Document Frequency(TFIDF) 기법을 이용한다. 여기에서는 간략하게 TFIDF의 계산 방법만을 소개하기로 한다. 자세한 내용은 제18장 감성분석(sentiment analysis)에서 다룬다.

```
# TFIDF
from sklearn.feature_extraction.text import TfidfVectorizer
tfid=TfidfVectorizer()
x2=tfid.fit_transform(text).toarray() # 높은 빈도는 낮은 가중치, 낮은 빈도는 높은 가중치
x3=pd.DataFrame(x2,columns=tfid.get_feature_names())
x3
```

(out)

	날아라	내가	높이	떴다	만든	멀리	비행기	우리
0	0.450735	0.000000	0.00000	0.86374	0.000000	0.00000	0.225368	0.000000
1	0.229589	0.000000	0.87992	0.00000	0.000000	0.00000	0.229589	0.346869
2	0.569241	0.545415	0.00000	0.00000	0.545415	0.00000	0.284620	0.000000
3	0.229589	0.000000	0.00000	0.00000	0.000000	0.87992	0.229589	0.346869

통계적 머신러닝과 딥러닝의 최적화는 특성변수의 척도(scale)에 민감하게 반응하며 모형의 성능이 여기에 크게 의존하는 경우가 많다. 이를 방지하기 위한 특성변수의 변환은 표준화(standardization)와 정규화(normalization)가 있다. 표준화는

$$x_{std} = \frac{x - mean(x)}{sd(x)}$$

으로 정의되고 $mean(x)$는 특성변수 x의 평균, $sd(x)$는 x의 표준편차이다. 정규화는

$$x_{nor} = \frac{x - \min(x)}{\max(x) - \min(x)}$$

으로 정의된다.

특성자료의 분포가 bell-shape이거나 이상치가 있을 경우에는 표준화를 사용하는 것이 더 좋다. 특히 이상치가 있을 때 정규화로 특성변수를 변환하면 정상적인 관측치를 너무 작은 값으로 변환하게 되어 모형의 성능을 떨어뜨리는 원인이 되기도 한다. 이 경우 외에는 모두 정규화가 표준화보다 유용한 것으로 알려져 있다(Burkov,

2019).

다음의 자료를 통해 목적변수 y에 대해 특성변수 x로 선형회귀모형을 적합하기에는 부적절함을 알 수 있다.

```
# 특성변수 생성
import plotly.express as px
import numpy as np
X=np.array([1,2,3,4,5])
Y=np.array([5,3,1,5,8])
fig=px.line(x=X,y=Y) # 선형회귀를 하기에는 부적합
fig.update_layout(width=500,height=380)
fig.show()
```

(out)

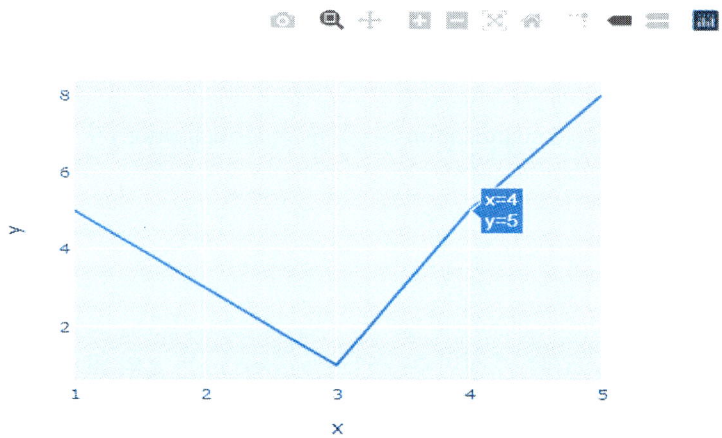

그림 2-1 x, y 데이터에 대한 scatter plot

선형관계가 아닌 자료에 대해 비선형모형 등과 같은 좀 더 복잡한 모형을 적합할 수 있지만 x^2와 x^3을 특성변수로 추가하여 이를 선형모형으로 적합하는 방법을 고려하여 보자. 이를 특성변수의 생성이라고 하며 다음과 같은 절차로 특성함수를 생성할 수 있다.

```
from sklearn.preprocessing import PolynomialFeatures
fg=PolynomialFeatures(degree=3, include_bias=True) # include_bias는 절편항 여부
x1=fg.fit_transform(x[:,np.newaxis]) # 3차까지 생성
x1
```

```
(out) [[  1.   1.   1.   1.]
       [  1.   2.   4.   8.]
       [  1.   3.   9.  27.]
       [  1.   4.  16.  64.]
       [  1.   5.  25. 125.]]
```

위의 코드에서는 degree=3을 부여하여 x^2, x^3을 새로운 특성변수로 생성하였고, 첫 열은 모두 1로 y절편(intercept term)을 추가한 것임을 알 수 있다. 만약 y절편을 포함하고 싶지 않은 경우, fg=PolynomialFeatures(degree=3, include_bias= False)로 수정하면 된다. 위의 예제에서 특성변수가 2개 이상일 때, 예를 들어 x1 x2가 있을 때 degree=3을 지정하면 $x1^2$, $x1x2$, $x2^2$, $x1^3$, $x1^2x2$, $x1x2^2$, $x2^3$으로 특성변수가 생성된다. 이때 $x1^ix2^j\,(i=1,2,\ j=1,2)$를 교호작용이라고 한다.

이미 언급하였지만 scikit-learn은 특성변수 x가 2차원 자료만 작동한다고 강조한 바 있다. x=np.array([1, 2, 3, 4, 5])는 1차원 자료이므로 fg.fit_transform(x)를 실행할 경우 오류가 발생하게 된다. 그러므로 x[:, np.newaxis]와 같은 2차원 자료인 열벡터로 수정해야만 한다. 열벡터로 전환함으로써 5개의 자료는 5개의 표본으로 인식되고 표본을 하나씩 입력하여 절편(bias), x, x^2, x^3을 출력하는 scikit-learn의 전형직인 자료입력·출력구소를 따르게 된다.

```
from sklearn.linear_model import LinearRegression
import plotly.graph_objects as go
reg=LinearRegression()
reg.fit(x1,y)
yfit=reg.predict(x1) # 적합값
fig=go.Figure()
fig.add_trace(go.Scatter(x=X,y=Y,mode='lines',name='origin'))
fig.add_trace(go.Scatter(x=X,y=yfit,mode='lines+markers', name='fitted'))
fig.show()
```

(out)

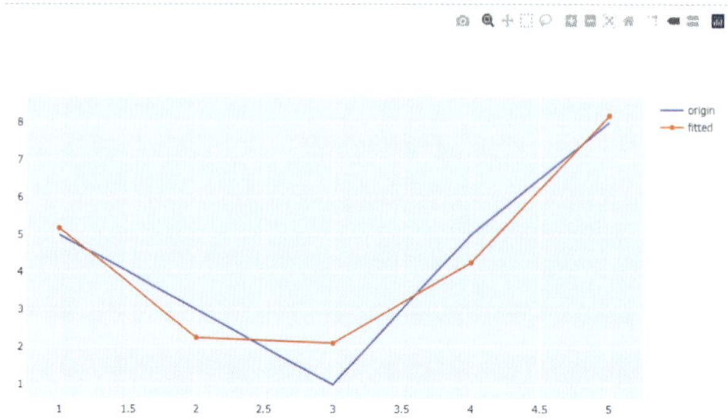

그림 2-2 원래의 데이터와 적합값

위의 그림은 추가적으로 생성된 x^2, x^3을 이용하여 선형회귀모형을 적합시키고 원래의 값을 $y = \beta_0 + \beta_1 x + \beta_2 x^2 + \beta_3 x^3$ 모형에 의해 적합한 예측치 yfit을 비교하고 있다.

결측치가 있을 때 scikit-learn은 작동하지 않으므로 결측치를 우선적으로 해결해야 한다. 부록 파이썬의 이해 8장 판다스에 dropna()나 fillna()가 있으나, 여기에서는 특성변수의 평균(mean), 중위수(median), 최빈수(most frequent value)로 결측치를 대체하는 방법을 논의하고자 한다.

```
# 결측자료 대체
x_miss=np.array([[1,2,3,None],[5,np.NaN,7,8],[None,10,11,12],[13,np.nan,15,16]])
x_miss
```

```
(out) array([[1, 2, 3, None],
             [5, nan, 7, 8],
             [None, 10, 11, 12],
             [13, nan, 15, 16]], dtype=object)
```

출력 결과에서 볼 수 있듯이 Numpy에서는 np.nan, np.NaN, None이 모두 결측치를 의미한다.

```
from sklearn.impute import SimpleImputer
im=SimpleImputer(strategy='mean')
im.fit_transform(x_miss) # 열의 평균값으로 대체
```

```
(out) array([[ 1.        , 2.        , 3.        , 12.        ],
             [ 5.        , 6.        , 7.        , 8.         ],
             [ 6.33333333, 10.       , 11.       , 12.        ],
             [13.        , 6.        , 15.       , 16.        ]])
```

각 특성변수 x1, x2, x3, x4 별로 각각의 평균값으로 결측치를 대체하였음을 알 수 있고, 'mean' 대신 'median' 또는 'most frequent value'로 대체할 수 있다. 이러한 사전과정을 적용하고 이를 받아서 다시 또 다른 사전과정을 거친 후, scikit-learn의 모형을 적용하는 일은 여간 귀찮은 일이 아닐 것이다. 이와 같은 과정을 한 번에 해결하는 방법이 pipeline 라이브러리이다. 예를 들어, pipeline을 이용하면 x_miss 데이터의 결측치를 'mean'으로 대체하고 x1 ~ x4와 교호작용까지 포함하여 degree=2로 특성변수를 생성한 후, 이를 회귀모형에 적합시키는 과정을 한 번에 할 수 있다. pipeline의 사용은 10.4절에 자세하게 설명되어 있으므로 여기에서는 간략하게 소개하기로 한다.

```
# pipeline library를 이용한 결측자료 대체 및 특성변수 생성
import pandas as pd
from sklearn.pipeline import make_pipeline
from sklearn.linear_model import LinearRegression
from sklearn.preprocessing import PolynomialFeatures
from sklearn.impute import SimpleImputer
y=pd.Series([2,5,1,6])
model=make_pipeline(SimpleImputer(strategy='mean'),PolynomialFeatures(degree=2),LinearR
egression())
model.fit(x_miss,y)
model.predict(x_miss) # 이 자료에서는 관측치는 4개, 특성변수 14개로 완전 적합됨.
```

```
(out) array([2., 5., 1., 6.])
```

이 모형은 관측치 수(4개)보다 특성변수 수(14개)가 훨씬 많기 때문에 완전 적합된

결과를 보여준다. 실제 자료분석에서는 관측치의 숫자가 특성변수 숫자보다 훨씬 크기 때문에 이 예제는 가상임을 유념하여야 한다.

2.2 자료의 특성

scikit-learn을 적용하여 본격적인 자료분석을 하기 전에 특성변수의 선택, 특성변수의 특징, 이상치의 존재유무, 특성변수들 간의 관계 등을 파악하여야 한다. 특별한 통계적인 기법보다는 탐색적 기법(exploratory technique)을 주로 이용한다. 부록 파이썬의 이해 제9장 그림 그리기에 있는 seaborn plot은 탐색적 기법을 위한 좋은 도구를 제공한다. 제3장에서 논의할 plotly 라이브러리를 이용한 시각화는 자료의 구조와 형태를 파악하는 데 중요한 역할을 하게 된다. 특히 plotly.express의 scatter와 scatter_matrix는 전체 자료의 분포적 특성뿐만 아니라, 변수 간의 관계를 쉽게 파악할 수 있는 box-whisker 플롯, 히스토그램, violin 등의 정보를 한눈에 파악할 수 있는 정보를 시각적으로 제공하고 있다. plotly.graph_objects는 2차원뿐만 아니라 3차원 시각화를 유연하게 구현할 수 있으며, 특히 3차원 시각화는 좌우이동, 360° 회전, 줌인, 줌아웃을 커서로 간단하게 조작할 수 있다. 또한 커서를 그림에 대면 자료정보를 제공하므로 특성변수의 선택과 선형모형 또는 비선형모형 선택을 위한 사전정보를 직관적으로 살펴볼 수 있다. plotly가 제공하는 쌍방향 시각화(interactive visualization) 기능은 data scientist에게 필수적인 머신러닝의 시각화에 크게 기여할 것으로 기대된다. 자료의 시각화는 제3장에서 자세하게 논의될 것이다.

2.3 사례분석

Kaggle에서 내려받은 자료를 이용하여 특성변수에 대한 자료의 사전정리과정을 논의하고자 한다. 체인 편의점 일일판매액을 예측하기 위한 자료이며 Kaggle에서 경연을 위한 자료로 이용되고 있다.

자료를 내려받기 위해 www.kaggle.com으로 들어간 후 새로운 account를 생성하고 www.kaggle.com/c/rossmann-store-sales/data에서 자료를 다운로드한다. zip을 풀어서 적절한 폴더에 저장하였다고 가정한다.

```
import pandas as pd
df1=pd.read_csv("C:/Users/yspark/Desktop/머신러닝교재/rossmann-stores-sales/
train.csv",engine='python')
df1.shape()
```

```
(1017209, 9)
```

편의점 자료는 C:/Users/yspark/Desktop/머신러닝교재/rossmann-stores-sales에 저장되어 있으며 train.csv(excel file이며 변수 자료는 ","로 구분되어 있다.)를 불러내어 pandas 자료로 만든 후 df1으로 자료명을 부여하였다. 특성변수명과 형태를 보기 위해 df1.head()를 실행하면 다음과 같다.

```
df1.head()
```

	store	DayOfWeek	Date	Sales	Customers	Open	Promo	StateHoliday	SchoolHoliday
0	1	5	2015-07-31	5263	555	1	1	0	1
1	2	5	2015-07-31	6064	625	1	1	0	1
2	3	5	2015-07-31	8314	821	1	1	0	1
3	4	5	2015-07-31	13995	1498	1	1	0	1
4	5	5	2015-07-31	4822	559	1	1	0	1

```
df2=pd.read_csv("C:/Users/yspark/Desktop/머신러닝교재/rossmann-stores-
sales/store.csv",engine='python')
df2.shape()
```

```
(1115, 10)
```

```
df2.head()
```

	Store	StoreType	Assortment	Competition Distance	CompetitionOpenSinceMonth	CompetitionOpen SinceYear	Promo2	Promo2Since Week	Promo2Since Year	PromoInterval
0	1	c	a	1270.0	9.0	2008.0	0	NaN	NaN	NaN
1	2	a	a	570.0	11.0	2007.0	1	13.0	2010.0	Jan,Apr,Jul,Oct
2	3	a	a	14130.0	12.0	2006.0	1	14.0	2011.0	Jan,Apr,Jul,Oct
3	4	c	c	620.0	9.0	2009.0	0	NaN	NaN	NaN
4	5	a	a	29910.0	4.0					

store.csv는 df2로 pandas 데이터의 형태로 전환되었고 1,115개의 관측치와 10개의 변수로 구성되어 있다. 간략하게 변수를 설명하면 두 개의 데이터셋에 있는 Store는 편의점 고유번호이고 Sales는 Date 변수에 기록된 날짜의 매출액을, Customers는 해당 날짜에 편의점을 방문한 고객 수를, Open은 해당 날짜에 편의점을 열었는지(1) 또는 닫았는지(0)를, StateHoliday는 공휴일(a), 부활절(b), 크리스마스(c), 나머지는 0을, SchoolHoliday는 학교 휴일 유무를, StoreType은 a, b, c, d로 4가지로 분류되어 있고, Assorttment는 a, b, c로 3개의 종류로, CompetitionDistance는 가장 근접한 경쟁 가게까지의 거리를, CompetitionOpenSince[Month/Year]는 가장 근접한 경쟁 가게의 개업 기간(월 단위)을, Promo는 promotion 행사가 있었는지 여부를 나타낸다. 기타 3개의 변수는 Promo와 연관된 변수들이다.

가장 먼저 해야 할 일은 df1과 df2를 Store 변수로 하나의 데이터셋으로 만드는 것으로 다음의 프로그램으로 실행한다.

```
df=pd.merge(df1,df2,on='Store')
df.shape
```

```
(1017209, 18)
```

자료의 크기는 1,017,209개로 df1과 동일하고 변수는 총 18개로 구성된 자료가 df로 정의되어 있다. 18개 변수의 자료 타입을 알기 위해 df.dtypes를 실행하면 다음과 같다.

```
df.dtypes
```

```
Store                         int64
DayOfWeek                     int64
Date                         object
Sales                         int64
Customers                     int64
Open                          int64
Promo                         int64
StateHoliday                 object
SchoolHoliday                 int64
StoreType                    object
Assortment                   object
CompetitionDistance         float64
CompetitionOpenSinceMonth   float64
CompetitionOpenSinceYear    float64
Promo2                        int64
Promo2SinceWeek             float64
Promo2SinceYear             float64
PromoInterval                object
dtype: object
```

위의 결과에서 int64는 정수형, float64는 실수형, object는 문자형 자료 타입을 말해주고 있다.

```
print(len(df['Store'].unique()))
print(len(df['Date'].unique()))
print(df['DayOfWeek'].value_counts())
```

```
1115
942
5    145845
4    145845
3    145665
2    145664
7    144730
6    144730
1    144730
Name: DayOfWeek, dtype: int64
```

앞의 출력 결과에 따라, 편의점의 총수는 1,115개이고 942개의 서로 다른 날짜에서 자료가 관측되었으며 요일은 비교적 골고루 분포되어 있음을 알 수 있다. 다음은 부록에 포함되지 않은 판다스의 중요한 기능 중의 하나이다. 시간자료를 분류하는 것으로 익혀두면 매우 유용하다.

```
import numpy as np
df['Date']=pd.to_datetime(df['Date'],infer_datetime_format=True)
df['Month']=df['Date'].dt.month
df['Quarter']=df['Date'].dt.quarter
df['Year']=df['Date'].dt.year
df['Day']=df['Date'].dt.day
df['Week']=df['Date'].dt.week
df['Season']=np.where(df['Month'].isin([3,4,5]),'Spring',
                    np.where(df['Month'].isin([6,7,8]),'Summer',
                        np.where(df['Month'].isin([9,10,11]),'fall',
                            np.where(df['Month'].isin([12,1,2]),'winter','None'))))
print(df[['Date','Year','Month','Day','Week','Quarter','Season']].head())
```

```
         Date  Year  Month  Day  Week  Quarter  Season
0  2015-07-31  2015      7   31    31        3  Summer
1  2015-07-30  2015      7   30    31        3  Summer
2  2015-07-29  2015      7   29    31        3  Summer
3  2015-07-28  2015      7   28    31        3  Summer
4  2015-07-27  2015      7   27    31        3  Summer
```

pd.to_datetime은 Date 변수를 년도, 월, 계절 등으로 분류할 때 쓰는 함수이고 infer_datetime_format=True는 날짜변수 분류작업 속도를 높이기 위해 사용한다. np.where(A,a,b)는 조건 A를 만족하면 값 a를 부여하고 만족하지 못하면 값 b를 부여하는 if and else문이다. 출력 결과를 보면 Year, Month, Week, Quarter, Season 변수가 잘 생성되었음을 알 수 있다.

아래 프로그램 결과를 통해 Promo, Promo2, SchoolHoliday, Open 변수는 0 또는 1값만 갖는 이항변수이고 목적변수인 Sales는 20000 이하가 대부분임을 알 수 있다.

```
df.hist(figsize=(20,10))
```

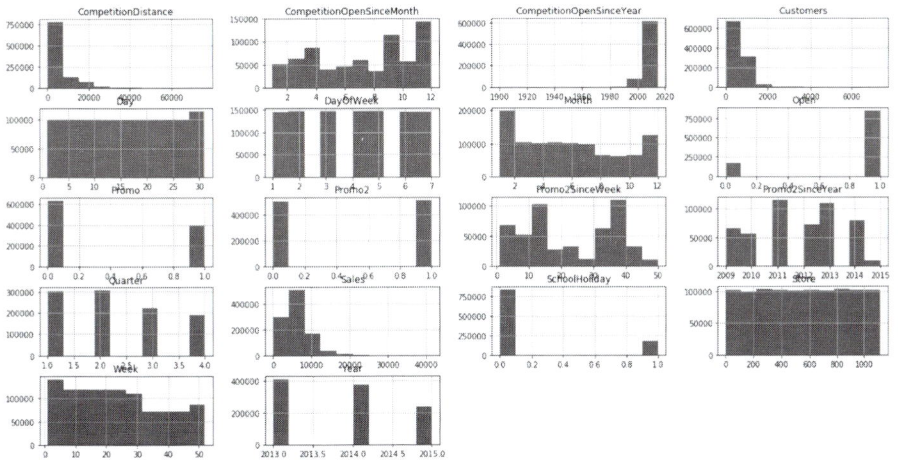


```
df.isnull().sum()/df.shape[0]*100
```

```
Store                        0.000000
DayOfWeek                    0.000000
Date                         0.000000
Sales                        0.000000
Customers                    0.000000
Open                         0.000000
Promo                        0.000000
StateHoliday                 0.000000
SchoolHoliday                0.000000
```

```
StoreType                    0.000000
Assortment                   0.000000
CompetitionDistance          0.259730
CompetitionOpenSinceMonth   31.787764
CompetitionOpenSinceYear    31.787764
Promo2                       0.000000
Promo2SinceWeek             49.943620
Promo2SinceYear             49.943620
PromoInterval               49.943620
Month                        0.000000
Quarter                      0.000000
Year                         0.000000
Day                          0.000000
Week                         0.000000
Season                       0.000000
dtype: float64
```

앞에 제시된 그림은 자료의 결측 정도를 보기 위한 프로그램과 출력 결과이다. 자료의 결측치가 10% 이하이면 결측치를 대체하기 위한 노력을 할 필요가 있지만, 30% 이상이면 해당 변수를 제거하는 것이 모형의 임의성을 피할 수 있는 거의 유일한 방법이라고 할 수 있다. 0.26% 정도의 결측치를 보이고 있는 CompetitionDistance 변수를 자신의 mode 값으로 다음과 같이 대체하자.

```
df['CompetitionDistance']=df['CompetitionDistance'].fillna(df['CompetitionDistance'].mode())
df['CompetitionDistance'].isnull().sum()
```

```
0
```

위의 출력 결과는 결측자료의 대체가 잘 되었음을 보여주고 있다.

다음은 30% 이상의 결측을 보이는 변수를 제거하고 범주형 자료를 one-hot 벡터로 자료를 변환하여 보자.

```
from sklearn.preprocessing import LabelEncoder,OneHotEncoder
n_columns=['Customers','Open','Promo','Promo2','StateHoliday','SchoolHoliday','CompetitionDist
ance']
categ_columns=['DayOfWeek','Quarter','Month','Year','StoreType','Assortment','Season']
```

LabelEncoder는 범주형 변수를 0 ~ (범주수 − 1)로 수치화하고 OneHotEncoder는 Label encoding된 자료를 one-hot encoding으로 전환하는 class 함수이다. n_columns는 결측치가 많은 자료를 제외한 변수들을 모아놓았고 categ_columns는 범주형 변수들을 모아놓은 변수이다.

다음은 label encoding과 one-hot 코딩을 처리하기 위해 dummy라는 함수를 만든 프로그램이다. 이어지는 프로그램에 의해 dummy 함수의 요소인 데이터셋 df를 제공할 것이며 col은 categ_columns에 있는 변수를 하나씩 제공하게 된다. 그러므로 예를 들어, DayOfWeek가 col로 dummy 함수에 할당되면 DayOfWeek의 클래스가

1부터 7로 부여되어 있고(lab.classes_) aa는 클래스에 0 ~ 6으로 클래스에 따라 label encoding한다. DayOfWeek를 DayOfWeek_1, DayOfWeek_2, …, DayOfWeek_7로 새로운 변수를 부여하고(column_names=[col+'_'+ str(i) for i in lab.classes_]) one-hot encoding(ohe.fit_transform(aa))을 실행한다.

```
def dummy(data,col):
    lab=LabelEncoder() #0~c-1로 클래스 부여
    aa=lab.fit_transform(data[col]).reshape(-1,1)
    ohe=OneHotEncoder(sparse=False)
    column_names=[col+'_'+ str(i) for i in lab.classes_]
    return(pd.DataFrame(ohe.fit_transform(aa),columns=column_names))
```

```
fdata=df[n_columns]
for column in categ_columns:
    temp_df=dummy(df,column)
    fdata=pd.concat([fdata,temp_df],axis=1)
fdata.head()
```

	Customers	Open	Promo	Promo2	StateHoliday	SchoolHoliday	CompetitionDistance	DayOfWeek_1	DayOfWeek_2	DayOfWeek_3	DayOfWeek_4	DayOfWeel
0	555	1	1	0	0	1	1270.0	0.0	0.0	0.0	0.0	
1	546	1	1	0	0	1	1270.0	0.0	0.0	0.0	1.0	
2	523	1	1	0	0	1	1270.0	0.0	0.0	1.0	0.0	
3	560	1	1	0	0	1	1270.0	0.0	1.0	0.0	0.0	
4	612	1	1	0	0	1	1270.0	1.0	0.0	0.0	0.0	

```
fdata.shape
```

```
(1017209, 44)
```

one-hot encoding을 실시한 후 변수가 44개로 증가한 것을 확인할 수 있다. fadata에 있는 변수 타입을 구해보면 다음 프로그램 결과에서 볼 수 있듯이 아직 문자형 변수가 존재함을 알 수 있다.

```
fdata.dtypes.unique()
```

```
array([dtype('int64'), dtype('O'), dtype('float64')], dtype=object)
```

다음 프로그램에 의해 변수타입이 'object'인 변수는 StateHoliday임을 알 수 있다.

```
fdata['StateHoliday'].unique()
```

```
array(['0', 'a', 'b', 'c'], dtype=object)
```

이미 변수의 정의에서 논의하였듯 '0'은 휴일이 아닌 날을, 'a'는 공휴일, 'b'는 부활절, 그리고 'c'는 크리스마스를 의미한다. 그러므로 StateHoliday 변수는 one-hot encoding으로 처리하여야 하지만, 휴일과 휴일이 아닌 이항변수로 분류하더라도 분석에 큰 영향이 없을 것으로 판단되어 다음과 같이 휴일이 아니면 0, 휴일이면 1값을 부여하여 이항변수로 전환하고 있다.

```
fdata['StateHoliday']=np.where(fdata['StateHoliday']=='o',0,1)
```

2.4 불균형자료(Imbalanced data)의 처리

머신러닝의 목적이 분류(classification)일 때, 특정 클래스의 관측치가 다른 클래스에 비해 매우 낮게 나타나면 이러한 자료를 불균형자료라고 한다. 금융회사에서 차주가 디폴트 가능성이 있는지를 예측하고 싶다고 하자. 그런데 금융회사의 차주 중 98%는 디폴트가 없는 정상 고객이고 오직 2%만 디폴트 고객인 경우, 새로운 차주가 있을 때 디폴트를 무조건 정상 고객으로 판정하더라도 98%의 정밀도를 보일 것이다. 그러나 디폴트 고객을 디폴트로 분류하는 확률은 0%가 되어 은행의 입장에서 이러한 분류는 문제가 있을 것이다. 디폴트 고객을 디폴트라고 예측할 확률(이를 recall이라고 한다)을 높이기에는 디폴트 사례가 너무 적은 것이 불균형자료의 약점이다. 불균형자료의 문제점을 해결하는 방법은 과소표집(undersampling)과 과대표집(oversampling)이 있다. 과소표집은 다수클래스(major class)의 표본을 임의로 학습데이터로부터 제거하는 것이며, 과대표집은 소수클래스(minor class)의 표본을 복제하여 이를 학습데이터에 추가하는 것을 말한다. 과소표집은 모형이 다수클래스에 과대적합되는 것을 방지하는 역할을 한다. 과대표집의 대표적인 방법은 합성관측치(synthetic sample)를 생성하는 방법으로 합성소수표집법(synthetic minority oversampling technique, SMOTE)과 조절합성표집법(adaptive synthetic sampling method, ADASYN)이 있다. SMOTE와 ADASYN은 근본적으로 같은 방법이며 소수클래스에 속한 각각의 관측치에 대응하는 합성관측치의 생성 방법에만 차이가 있다. 소수클래스를 위한 합성관측치의 수는 다수클래스에 속한 관측치의 수와 같도록 생성한다.

먼저 SMOTE에 대해 설명하도록 하자. 소수클래스에 속한 i번째 관측치의 특성변수 $\boldsymbol{x}_i$에 대해 k-nearest neighbors 셋 S_i를 생성한다. 단 k개의 neighbors는 모두 소수클래스에 속한 관측치이다. 그러면 새로운 합성관측치 $\boldsymbol{x}_{syn}$는

$$\boldsymbol{x}_{syn} = \boldsymbol{x}_i + \lambda(\boldsymbol{x}_k - \boldsymbol{x}_i)$$

으로 생성된다. 여기에서 $\boldsymbol{x}_k$는 S_i에서 임의로 뽑은 소수클래스의 관측치이며 λ는 0 ~ 1의 값으로 균등분포에서 임의로 추출한 값이다. 이러한 절차를 소수클래스에 속한 모든 관측치에 대해 반복적으로 실시한다.

다음으로 ADASYN은 SMOTE와 동일하지만, 소수클래스에 있는 각 $\boldsymbol{x}_i$에 대응하여 생성된 합성표본수를 S_i 안에 포함된 다수클래스의 표본수에 비례하도록 추출한 것만 차이가 있다. 여기에서 다수클래스는 해당 소수클래스에 속하지 않은 클

래스를 의미한다. 다수클래스에 속한 표본이 많을수록 소수클래스에 속한 표본을 분류하기가 어려우므로 ADASYN에서는 다수클래스의 수에 비례하여 소수클래스의 합성표본을 더 추출한다.

SMOTE와 ADASYN을 실행하기 위해서는 Anaconda prompt에서 "pip3 install imblearn"을 먼저 실행하여야 한다. 아래 프로그램은 인위적으로 3개 클래스를 가진 2000개의 불균형자료(클래스1: 클래스2: 클래스3=3%:7%:90%)를 생성하여 SMOTE와 ADASYN을 적용하고 있다. 원래의 자료는 클래스1: 클래스2: 클래스3=64:141: 1795이며, SMOTE에 의해 합성표본의 결과는 클래스1: 클래스2: 클래스3=1795: 1795:1795, ADASYN에 의한 결과는 클래스1: 클래스2: 클래스3=1795: 1805: 1795으로 균형자료로 변한 것을 볼 수 있다.

```
from collections import Counter
from sklearn.datasets import make_classification
from imblearn.over_sampling import SMOTE, ADASYN
X, y = make_classification(n_classes=3, weights=[0.03, 0.07,0.9],n_features=10,
n_clusters_per_class=1, n_samples=2000, random_state=10)
print('Original dataset shape %s' % Counter(y))
```

```
Original dataset shape Counter({2: 1795, 1: 141, 0: 64})
```

```
sm = SMOTE(random_state=42)
X_res, y_res = sm.fit_resample(X, y)
print('Resampled dataset shape %s' % Counter(y_res))
```

```
Resampled dataset shape Counter({2: 1795, 1: 1795, 0: 1795})
```

```
ada=ADASYN(random_state=0)
X_syn,y_syn=ada.fit_resample(X,y)
print('Resampled dataset shape from ADASYN %s' % Counter(y_syn))
```

```
Resampled dataset shape from ADASYN Counter({1: 1805, 2: 1795, 0: 1795})
```

2.5 특성변수의 선택

목적변수를 잘 설명하는 특성변수의 선택은 불필요한 특성변수를 제거하여 일반화가 가능한 모형을 구축하는 데 중요한 역할을 할 뿐만 아니라 특성변수가 너무 많아 특성변수의 차원을 줄이는 데 기여하는 통계적 기법이다. 특성변수의 선택기준은 목적변수를 얼마나 잘 설명하는지를 측정하는 통계량이다. 대표적인 통계량은 χ^2와 F 통계량이다. 어떤 특성변수의 χ^2 또는 F값이 크면 클수록 그 특성변수는 목적변수를 설명하는 기여도가 높다고 할 수 있다.

먼저 목적변수가 클래스로 분류가 목적일 때 사용되는 χ^2와 F 통계량을 논의하여 보자. χ^2와 F 통계량의 정의와 성질은 수리통계학에서 구체적으로 배워야 하지만 여기에서는 직관적인 방법으로 설명하고자 한다. 통계량이 제곱합의 형태, 예를 들어 SSE(sum of squared errors)와 같이 제곱합이면 χ^2 통계량으로 생각하면 되고 χ^2 통계량의 비율로 정의된 통계량은 F 통계량으로 간주하면 된다.

χ^2 통계량을 설명하기 위해 <표 2-1>을 고려하여 보자. 총 100개의 빈도 중에 클래스 0에는 15개, 클래스 1은 80개, 클래스 2는 5개가 관측된 간단한 예제이다. 이 자료에 대해 예를 들어, 클래스 0: 클래스 1: 클래스 2=$\frac{1}{3}:\frac{1}{3}:\frac{1}{3}$이라고 주장할 수 있는지를 검정하고자 하면 이론적으로 클래스 0은 33.3개, 클래스 1은 33.3개, 그리고 클래스 2도 33.3개가 되어야 할 것이다. <표 2-1>의 실제 관측치가 얼마나 $\frac{1}{3}:\frac{1}{3}:\frac{1}{3}$과 다른가를 측정하기 위해 클래스별로 $\frac{(\text{관측빈도}-\text{이론빈도})^2}{\text{이론빈도}}$를 계산하여 합을 구하면

$$\frac{(15-33.3)^2}{33.3}+\frac{(80-33.3)^2}{33.3}+\frac{(5-33.3)^2}{33.3}=3126.3$$

이 된다. 제곱합의 형태이므로 이는 χ^2 통계량이다. 이 값이 얼마나 큰지는 χ^2 분포표에 의한 p-value로 판단하게 된다. p-value가 작으면 작을수록 이 값은 매우 큰 값이라고 말하며, 보통 p-value가 0.05보다 작으면 <표 2-1>의 관측치는 $\frac{1}{3}:\frac{1}{3}:\frac{1}{3}$

이라고 말할 수 없게 된다. 이러한 기본적인 개념으로 χ^2 통계량에 따른 특성변수 선택을 논의하여 보자.

표 2-1 3개 클래스의 빈도

class	0	1	2
빈도	15	80	5

표 2-2 특성변수 x_1과 x_2, 그리고 목적변수 y

x_1	1	1.5	1.5	1.5	1	2	0.5
x_2	0.2	0.5	2.0	3.0	0.2	0.1	0.3
y	0	0	1	1	2	2	2

표 2-3 실수형 특성변수의 χ^2

	관측치		이론치		χ^2	
y	x_1	x_2	x_1	x_2	x_1	x_2
0	2.5	0.7	2.57	1.8		
1	3	5.0	2.57	1.8	0.107	7.99
2	3.5	0.6	3.86	2.7		

<표 2-2>는 2개의 특성변수 x_1과 x_2, 그리고 목적변수 y로 구성된 총 7개의 표본을 보여주고 있다. 목적변수는 3개의 클래스 0,1,2로 구성되어 있고 클래스 0과 1은 2번 관측되고 클래스 2는 3번 관측된 것을 볼 수 있다. 특히 특성변수 x_1과 x_2는 <표 2-1>과 다르게 빈도수가 아닌 실수값임을 알 수 있다. <표 2-3>과 같이 y 클래스별로 특성변수의 합을 구한 후, 특성변수 x_1과 x_2의 이론치를 다음과 같이 구한다. 클래스의 관측확률이 0:1:2=$\frac{2}{7}$: $\frac{2}{7}$: $\frac{3}{7}$이고 x_1의 총합은 9, x_2의 총합은 6.3이므로 x_1의 클래스별 이론치는 $9\times\frac{2}{7}:9\times\frac{2}{7}:9\times\frac{3}{7}$=2.57:2.57:3.86이고 x_2는 $6.3\times\frac{2}{7}:6.3\times\frac{2}{7}:6.3\times\frac{3}{7}$=1.8:1.8:2.7이 된다. 비록 특성변수 x_1과 x_2가 빈도수가 아니라 할지라도, 이를 빈도수로 간주하여 $\frac{(\text{관측치}-\text{이론치})^2}{\text{이론치}}$를 구하면

$$x_1\text{은 } \frac{(2.5-2.57)^2}{2.57}+\frac{(3-2.57)^2}{2.57}+\frac{(3.5-3.86)^2}{3.86}=0.107$$

$$x_2\text{는 } \frac{(0.7-1.8)^2}{1.8}+\frac{(5.0-1.8)^2}{1.8}+\frac{(0.6-2.7)^2}{2.7}=7.99$$

이 된다.

그러므로 x_2가 x_1보다 y클래스를 분류하는 데 훨씬 유용한 특성변수가 된다. x_2가 큰 값을 가지면 y클래스가 1일 가능성이 높기 때문이다. 참고로 χ^2는 자유도에 따라 p-value를 구하는데 자유도는 (클래스의 수-1)이다. 그러므로 <표 2-1>과 <표 2-2>에 의한 χ^2의 자유도는 모두 2가 된다.

<표 2-2>에서 x_{ij}를 i번째 클래스에서 j번째로 관측된 x값이라고 하자. 예를 들어, x가 x_2이면 $x_{10}=2.0$이다. 다음과 같은 모형을 고려하여 보자.

$$x_{ij}=\mu+\alpha_i+\epsilon_{ij},\ \ i=0,1,\cdots,I,\ j=0,1,\cdots,J_i \tag{2.1}$$

예를 들어, $x=x_2$이면 $i=0,1,2$이고, $i=0,1$일 때 $j=0,1$, $i=3$일 때 $j=0,1,2$이다. 여기에서 $\sum_{i=0}^{I}\alpha_i=0$로 제약조건을 부여한다. 이 제약조건이 없으면 α_i는 추정할 수 없기 때문이다. α_i는 클래스 효과로 $\alpha_i=0$이면 i번째 클래스는 전체평균 μ와 같다는 의미이다. 이제 $\hat{\mu}$와 $\hat{\alpha}_i$를 μ와 α_i의 추정치라고 할 때, $\sum_i\sum_j(x_{ij}-\hat{\mu}-\hat{\alpha}_i)^2$은 모형 (2.1)의 잔차제곱합이다. 만약 x_{ij}가 클래스를 분류하는 데 전혀 기여하지 못한다면 $\alpha_0=\alpha_1=\cdots=\alpha_I=0$가 될 것이고 모형 (2.1)은

$$x_{ij}=\mu+\epsilon_{ij} \tag{2.2}$$

가 된다. 모형 (2.2)에서 μ의 추정치를 $\tilde{\mu}$라고 한다면 $\sum_i\sum_j(x_{ij}-\tilde{\mu})^2$는 모형 (2.2)의 잔차제곱합이 된다. $\sum_i\sum_j(x_{ij}-\tilde{\mu})^2$는 $\sum_i\sum_j(x_{ij}-\hat{\mu}-\hat{\alpha}_i)^2$보다 항상 크므로 $\sum_i\sum_j(x_{ij}-\tilde{\mu})^2-\sum_i\sum_j(x_{ij}-\hat{\mu}-\hat{\alpha}_i)^2\geq 0$이며, 이 값이 0이면 $\alpha_0=\alpha_1=\cdots=\alpha_I=0$를 의미하므로 x_{ij}는 클래스를 구분하는 데 기여를 전혀 하지 못한다는 결론을 내릴 수 있다. 반면에, 모형 (2.1)의 잔차가 모형 (2.2)보다 잔차가 훨씬 작다면

$\sum_i\sum_j(x_{ij}-\tilde{\mu})^2$-$\sum_i\sum_j(x_{ij}-\hat{\mu}-\hat{\alpha_i})^2$이 큰 값을 갖게 된다. 이는 0이 아닌 α_i가 존재하게 되고 x_{ij}는 클래스를 구분하는 데 기여한다는 의미를 갖게 된다.

$$F=\frac{\frac{1}{I}[\sum_i\sum_j(x_{ij}-\tilde{\mu})^2-\sum_i\sum_j(x_{ij}-\hat{\mu}-\hat{\alpha}_i)^2]}{\frac{1}{N-I-1}\sum_i\sum_j(x_{ij}-\hat{\mu}-\hat{\alpha}_i)^2}$$

으로 F 통계량을 정의한다. 여기에서 N은 관측치의 총수이다. F 통계량의 분모 분자가 모두 제곱합의 형태이므로 χ^2분포를 따르고 당연히 자유도가 있게 된다. 분모의 자유도는 $\sum_i\sum_j$의 개수가 N이고 제곱합을 계산하기 위해 $\hat{\mu}$와 $\hat{\alpha_i}$을 추정하여야 한다. 추정하여야 할 모수는 총 (I+1)개(1개의 μ와 제약조건 때문에 I개의 α_i)이므로 원래의 자유도 N에서 $(I+1)$개의 자유도를 잃어버려 분모의 자유도는 $N-I-1$이 된다. 동일한 방법으로, $\sum_i\sum_j(x_{ij}-\tilde{\mu})^2$의 자유도는 $N-1$이 된다. 그러므로 분자의 자유도는 $N-1-(N-I-1)=I$가 된다. F 통계량이 클수록 특성변수 x_{ij}는 목적변수 y의 클래스를 분류하는 데 기여도가 높아진다고 해석한다. 그러므로 <표 2-2>에서 x_1과 x_2 각각에 대해 F 통계량을 구해 이 값이 큰 특성변수가 y의 클래스를 분류하는 데 기여도가 높다고 판정하게 된다.

χ^2나 F는 특성변수와 목적변수가 선형관계일 때 잘 적용된다. 특성변수와 목적변수의 관계가 비선형일 때 비모수적 기법인 mutual information이 있으나 자세한 설명은 이 책의 수준을 넘어서므로 생략하기로 한다. 관심 있는 독자는 Ross(2014)와 Kraskov 외(2004)를 참고하길 바란다.

목적변수가 실수형일 때, 즉 회귀가 목적일 때를 고려하여 보자. 회귀에서도 χ^2 통계량이 있으나 F 통계량과 근사적으로 같으므로 F 통계량만 고려하기로 하자. y_i와 x_j를 각각 목적변수 y와 특성변수 x의 i번째 관측치라고 정의할 때

$$y_i=\beta_0+\beta_1x_i+\epsilon_i,\qquad i=1,2,\cdots,n \tag{2.3}$$

를 고려하여 보자. $\widehat{\beta_0}$와 $\widehat{\beta_1}$을 각각 β_0와 β_1의 추정치라고 하면 $\sum_i(y_i-\widehat{\beta_0}-\widehat{\beta_1}x_i)^2$는 모형 (2.3)의 잔차제곱합이 된다. 만약 x_i가 y_i를 설명하는 데 기여하지

못하면 $\beta_1 = 0$가 되므로 모형 (2.3)는

$$y_i = \beta_0 + \epsilon_i \tag{2.4}$$

가 된다. $\sum_i (y_i - \widetilde{\beta_0})^2$는 모형 (2.5)의 잔차제곱합이 되며 F는

$$F = \frac{\sum_{i=1}^{n}(y_i - \widetilde{\beta_0})^2 - \sum_i (y_i - \widehat{\beta_0} - \widehat{\beta_1} x_i)^2}{\frac{1}{n-2}\sum_i (y_i - \widehat{\beta_0} - \widehat{\beta_1} x_i)^2}$$

으로 정의된다. 결과적으로 y가 클래스인 경우의 F와 이론적으로 동일하다는 것을 알 수 있다. 그러므로 F값이 클수록 특성변수 x는 목적변수 y를 설명하는 데 기여도가 높다고 할 수 있다. 특성변수와 목적변수가 비선형 관계라고 판단이 되면 mutual information을 이용하여야 한다.

지금까지 논의한 내용을 간략하게 정리하면 다음과 같다. 특성변수 각각에 대해 χ^2 또는 F를 구하고, 만약 특성변수가 목적변수를 비선형적으로 설명한다는 근거가 있으면 mutual information을 구한다. 이 통계량을 기준으로 큰 순서로 특성변수를 선택하면 된다. 예를 들어, 100개의 특성변수가 있을 때, 가장 큰 F 통계량 순서로 특성변수 20개를 선택하거나, p-value 기준으로 p-value가 0.05보다 작은 특성변수만을 선택하여 특성변수를 줄이게 된다. 이러한 특성변수선택은 sklearn의 SelectKBest를 이용하여 실행하며 적용사례에서 자세하게 논의할 것이다.

sklearn에서는 특성변수선택을 위해 SelectFromModel도 제공하고 있다. SelectFromModel은 특정 모형 내에서 특성변수를 선택하는 방법이다. 예를 들어, 앞으로 배울 로지스틱 회귀(logistic regression)모형, random forest, XGBoost 등의 모형 내에서 특성변수의 중요도(feature importance)를 기준으로 특성변수를 선택할 수 있다. 특성변수의 중요도는 회귀모형에서는 회귀계수의 비중(총회귀계수합에서 차지하는 비중. 그러므로 특성변수가 표준화되었을 때 사용할 수 있다.)으로 정의된다. random forest나 XGBoost에서는 오차제곱합을 줄이는 기여도로 정의되며 이는 제13장에서 다시 논의할 것이다. 제11장 회귀분석에서 자세하게 논의할 $L1$ 규제화

도 모형 내에서 특성변수선택 기법 중 하나이다.

제1장의 데이터분석과정에서 CatBoost를 첫 분석모형으로 추천한 바 있다. CatBoost와 더불어 2D 텐서 데이터분석에서 가장 우수한 성능을 보이는 모형은 XGBoost와 LightGBM이다. 이들 세 boosting 기법은 base learner로 의사결정나무(decision tree)를 사용하고 있다. 의사결정나무는 특성변수와 목적변수의 선형관계 및 실수형 여부와 관계없이 적용할 수 있는 모형이다. 이러한 의사결정나무의 유연성은 특성변수를 선택하기 위한 소위 예측력지수(predictive power score, PPS)를 제공하고 있다. PPS는 Pearson 상관계수가 지닌 약점을 보완한 지수로 0 ~ 1값을 갖는다. 0은 해당 특성변수가 목적변수를 설명하는 데 전혀 기여하지 않는다는 것을 의미하고, 1은 목적변수를 완벽하게 설명한다는 의미가 있다.

Pearson 상관계수는 변수 간의 대칭적 선형성만 설명하고 범주형 변수에는 적용할 수 없다. 여기에서 대칭적이라는 의미는 변수 A와 B의 상관계수와 B와 A의 상관계수가 같다는 의미이다. 그러나 예를 들어 A가 3개의 값을 가지고 있고 B가 100개의 다른 값을 가지고 있다면, A는 B를 설명하지 못하지만 B는 A를 설명할 가능성이 클 수밖에 없어 변수 간의 예측은 상호 비대칭적인 경우가 많다.

PPS는 이러한 Pearson 상관계수의 약점을 보완한 지수로 두 변수의 관계가 선형 여부, 실수형 여부, 그리고 대칭성 여부와 관계없이 변수 간의 예측력을 측정하는 방법론이다(Wetschoreck, 2020). 여기에서 방법론이라고 쓴 이유는 변수 간의 PPS를 구하는 방법이 유일하지 않으며, PPS를 계산하는 측도에 따라 PPS는 다른 값을 가질 수 있기 때문이다. 이제 제3장에서 소개하는 시각화 GUI(graphical user interface)인 Bamboolib에서 정의한 PPS로 PPS의 계산 방법을 설명하고자 한다.

두 변수 A와 B가 있을 때 변수 A에 대한 변수 B의 PPS를 구하여 보자. 먼저 변수 A가 실수형일 때를 고려하여 보자. 의사결정나무를 이용하여 변수 B로 A를 예측한 후, MAE(mean absolute error)를 계산한다. 이 MAE의 최솟값은 0이며 이 경우 변수 B는 변수 A를 완벽하게 설명한다는 의미가 된다. MAE의 최댓값은 변수 B가 A를 전혀 설명하지 못할 때이므로 평균모형의 MAE가 된다. 즉, 변수 A의 평균값이 A의 예측치가 되므로 변수 A의 표본 MAE가 MAE의 최댓값이 되게 된다. 예를 들어, A가 주식수익률이고 B가 코스피지수라고 하면 코스피지수를 특성변수로 의사결정나무를 적합해서 A를 예측하였을 때의 MAE = 0.3라고 가정하고, A의 평균수익률로 A의 주식수익률을 예측하면 이는 평균모형이 되며 이때의 MAE = 0.8이라고 가정하자. 그러면 변수 A에 대한 변수 B의 PPS는

$$PPS = \frac{B\text{를 이용한 예측모형 } MAE - \text{평균모형 } MAE}{MAE\text{의 최솟값} - \text{평균모형의 } MAE} = \frac{0.3 - 0.8}{0 - 0.8} = 0.4$$

가 된다. PPS의 분모는 최상모형 MAE에서 B가 A를 전혀 설명하지 못할 때의 MAE를 뺀 값이므로 일종의 표준화 지수이다. 그러므로 MAE 대신 MSE(mean squared error)를 사용하면 다른 PPS를 구할 수 있지만, PPS는 특성변수선택을 위한 지수이므로 척도가 MAE이든 MSE이든 관계없다.

이제 변수 A가 범주형일 때를 고려하여 보자. 이해를 돕기 위해 A가 3개의 그룹변수라고 가정하자. A가 목적변수이고 B가 특성변수이므로 B를 입력하여 의사결정나무를 학습시킨 후, A를 예측하여 precision, recall, f1을 계산할 수 있다. precision은 예측 그룹별로 예측치가 실제 그룹을 맞춘 비율이고 recall은 실제 그룹을 제대로 예측한 비율을 말한다. f1은 precision과 recall의 조화평균이며 좀 더 상세한 정의와 설명은 제8장을 참고하길 바란다. precision, recall, f1 중 어느 것을 사용하여도 되지만 f1을 이용하여 변수 A에 대한 변수 B의 PPS를 구하기로 하자. f1의 최댓값은 1(즉, B가 A를 완벽하게 설명)이고 최솟값은 평균모형으로부터 계산된 f1이다. 평균모형은 A의 그룹을 3개의 그룹 중 빈도 가장 높은 그룹으로 모두 예측하는 모형이다. 평균모형의 f1 = 0.4라고 가정하고 변수 B를 이용한 의사나무모형의 f1 = 0.8이라고 가정할 때,

$$PPS = \frac{0.8 - 0.4}{1 - 0.4} = \frac{2}{3}$$

가 된다. 최상모형의 f1 = 1이기 때문이다. PPS의 실제 응용과 Pearson 상관계수와의 비교는 제3장에서 논의할 것이다.

이제 SelectKBest의 적용사례를 살펴보기로 하자. digit 데이터는 0 ~ 9까지의 숫

자이미지(3D 텐서)를 2D 텐서로 전환한 자료이다. 아래 프로그램과 같이 특성변수는 64개로 구성되어 있으며, 목적변수 y는 0 ~ 9까지의 숫자범주를 나타내고 있다. 특성변수선택은 sklearn.SelectKBest 클래스를 이용한다.

```
from sklearn.datasets import load_digits
from sklearn.feature_selection import SelectKBest, chi2, f_classif, mutual_info_classif
x,y=load_digits(return_X_y=True)
x.shape
```

```
(1797, 64)
```

```
import numpy as np
print(x[:2])
print(np.unique(y))
```

```
[[ 0.  0.  5. 13.  9.  1.  0.  0.  0.  0. 13. 15. 10. 15.  5.  0.  0.  3.
  15.  2.  0. 11.  8.  0.  0.  4. 12.  0.  0.  8.  8.  0.  0.  5.  8.  0.
   0.  9.  8.  0.  0.  4. 11.  0.  1. 12.  7.  0.  0.  2. 14.  5. 10. 12.
   0.  0.  0.  0.  6. 13. 10.  0.  0.  0.]
 [ 0.  0.  0. 12. 13.  5.  0.  0.  0.  0.  0. 11. 16.  9.  0.  0.  0.  0.
   3. 15. 16.  6.  0.  0.  0.  7. 15. 16. 16.  2.  0.  0.  0.  0.  1. 16.
  16.  3.  0.  0.  0.  0.  1. 16. 16.  6.  0.  0.  0.  0.  1. 16. 16.  6.
   0.  0.  0.  0.  0. 11. 16. 10.  0.  0.]]
[0 1 2 3 4 5 6 7 8 9]
```

아래와 같이 SelectKBest를 sb로 객체화하고 목적변수 y가 범주형이므로 χ^2 통계량으로 가장 큰 χ^2값을 갖는 20개의 특성변수를 선택하고 있다. 만약 F나 mutual information을 이용하여 특성변수를 선택하려면 score_func이 callable이기 때문에 from sklearn.feature_selection import f_classif mutual_info_classif으로 미리 호출하여 score_func=mutual_info_classif으로 지정할 수 있다. 만약 목적변수가 회귀이면 f_regression 또는 mutual_info_regression을 미리 호출하고 score_func에 지정하면 된다.

```
sb=SelectKBest(score_func=chi2,k=20)
x_new=sb.fit_transform(x,y)
x_new.shape
```

```
(1797, 20)
```

get_support() 함수를 이용하여 어떤 특성변수가 선택(True)되었는지를 알 수 있으며 scores_ 속성으로 각 특성변수의 χ^2값, 그리고 pvalue_ 속성으로 각 특성변수의 p-value를 출력할 수 있다.

```
sb.get_support()
```

```
array([False, False, False, False, False,  True,  True, False, False,
       False, False, False, False,  True, False, False, False, False,
       False,  True,  True,  True, False, False, False, False,  True,
       False,  True, False,  True, False, False,  True,  True, False,
       False, False, False, False, False,  True,  True,  True,  True,
       False,  True, False, False, False, False, False, False, False,
       True, False, False, False,  True, False, False,  True,  True,
       False])
```

```
sb.scores_
```

```
array([          nan,  811.90700411, 3501.28249552,  698.9252572,
        438.52969882, 3879.81925999, 3969.45823205, 1193.5608181,
         24.79521396, 2953.83108764, 2583.65198939,  388.24205944,
        824.69094853, 3676.48924765, 1983.5796061,  597.24198237,
          8.95886124, 1924.21690377, 2409.27140681, 3556.31594594,
       4871.94194551, 4782.19921618, 2155.17378998,  376.76583333,
          7.90090158, 2471.82418401, 4515.48149826, 2986.64314847,
       3724.09567634, 3208.64686641, 5138.07412439,   35.71270718,
                 nan, 5688.25079535, 5262.46646904, 3165.0605867,
       3231.63943369, 2532.99695611, 3288.81403655,           nan,
        142.85082873, 3863.85787901, 6416.0867248, 5448.25154235,
       4079.73153383, 2134.02540236, 4486.34097862,  313.53898127,
```

```
  70.39927392,   449.72327313,  2801.97224468,  1527.54519627,
1653.15892311,  3073.99803898,  5251.21748723,   683.88227339,
   9.15254237,   851.06791492,  3800.2473108,   730.92975659,
1859.53966338,  4379.2250408,  5059.00551511,  2281.32864013])
```

```
sb.pvalues_
```

```
array([           nan, 5.81310493e-169, 0.00000000e+000, 1.17740541e-144,
       8.11314242e-089, 0.00000000e+000, 0.00000000e+000, 2.97727113e-251,
       3.20626273e-003, 0.00000000e+000, 0.00000000e+000, 4.41344943e-078,
       1.02825052e-171, 0.00000000e+000, 0.00000000e+000, 8.18335060e-123,
       4.41080315e-001, 0.00000000e+000, 0.00000000e+000, 0.00000000e+000,
       0.00000000e+000, 0.00000000e+000, 0.00000000e+000, 1.23435651e-075,
       5.44163062e-001, 0.00000000e+000, 0.00000000e+000, 0.00000000e+000,
       0.00000000e+000, 0.00000000e+000, 0.00000000e+000, 4.45801029e-005,
                   nan, 0.00000000e+000, 0.00000000e+000, 0.00000000e+000,
       0.00000000e+000, 0.00000000e+000, 0.00000000e+000,             nan,
       2.65875300e-026, 0.00000000e+000, 0.00000000e+000, 0.00000000e+000,
       0.00000000e+000, 0.00000000e+000, 0.00000000e+000, 3.49452723e-062,
       1.27145348e-011, 3.28604761e-091, 0.00000000e+000, 0.00000000e+000,
       0.00000000e+000, 0.00000000e+000, 0.00000000e+000, 2.01600539e-141,
       4.23314114e-001, 2.14859356e-177, 0.00000000e+000, 1.54562173e-151,
       0.00000000e+000, 0.00000000e+000, 0.00000000e+000, 0.00000000e+000])
```

다음은 선택된 30개의 특성변수를 PCA를 통해 3개의 차원으로 축소하고 이를 3D 시각화를 통해 살펴보고자 한다. PCA는 제9장에서 논의할 예정이며, 3D 시각화를 위한 plotly는 제3장에서 다룰 예정이다. 따라서 이를 염두에 두고 지금은 결과만 살펴보도록 하자. 특성변수선택과 PCA를 연속적으로 실행하기 위해 2.1절에서 사용한 pipeline을 사용하였다(pipeline에 대한 자세한 논의는 10.4절에서 다룰 예정이다). 아래 프로그램은 30개의 특성변수를 선택(default로 F 통계량을 이용함)하고 PCA를 통해 3개의 특성변수로 차원축소하고 있다.

```
#!pip install plotly
from sklearn.pipeline import make_pipeline
from sklearn.decomposition import PCA
```

```
import pandas as pd
import plotly.express as px
md1=make_pipeline(SelectKBest(k=30),PCA(n_components=3))
x_new=md1.fit_transform(x,y)
```

아래 프로그램은 3개로 차원축소된 특성변수를 DataFrame으로 pandas 데이터를 만들고 있다.

```
df1=pd.DataFrame({'X':x_new[:,0],'Y':x_new[:,1],'Z':x_new[:,2],'C':y})
df1.head()
```

	X	Y	Z	C
0	0.276610	21.055586	−12.079220	0
1	3.802448	−20.682748	8.281836	1
2	2.109798	−6.277895	2.485724	2
3	−12.256830	4.399582	14.436131	3
4	21.243272	−0.852449	−1.784017	4

아래 그림은 plotly.express를 이용한 3D 시각화로 세 개의 특성변수와 클래스(color='C'로 지정)를 보여주고 있다. 10개의 숫자범주를 3개의 특성변수로 구별하기에는 문제가 있어 보인다.

```
fig=px.scatter_3d(df1,x='X',y='Y',z='Z',color='C')
fig.show()
```

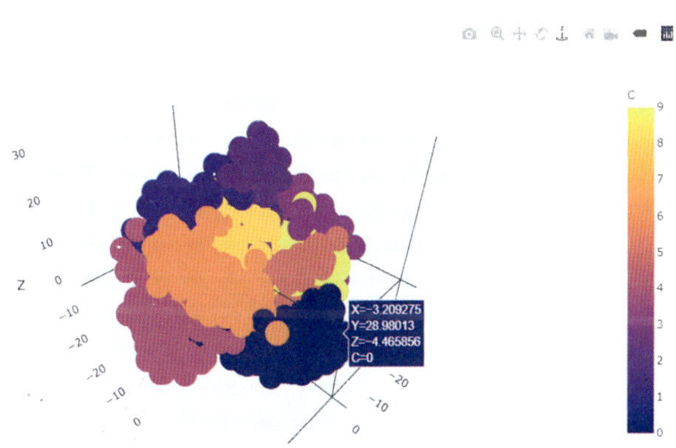

이를 해소하기 위해 비선형 PCA인 kernelPCA를 이용하여 30개의 특성변수를 6개의 특성변수로 차원축소하고, 이 중 첫 3개의 PCA를 이용하여 그림을 그리면 아래와 같이 숫자 1과 숫자 6을 쉽게 구분할 수 있음을 알 수 있다.

```
from sklearn.pipeline import make_pipeline
from sklearn.decomposition import KernelPCA
import pandas as pd
import plotly.express as px
md2=make_pipeline(SelectKBest(k=30),KernelPCA(kernel='rbf',n_components=6))
x_new2=md2.fit_transform(x,y)
```

```
df2=pd.DataFrame({'X':x_new2[:,0],'Y':x_new2[:,1],'Z':x_new2[:,2],'C':y})
df2.head()
```

	X	Y	Z	C
0	−0.004879	−0.004892	−0.013003	0
1	−0.001904	−0.000930	−0.002036	1
2	−0.001876	−0.000907	−0.001985	2
3	−0.001904	−0.000926	−0.002028	3
4	−0.001874	−0.000906	−0.001983	4

```
fig=px.scatter_3d(df2,x='X',y='Y',z='Z',color='C')
fig.show()
```

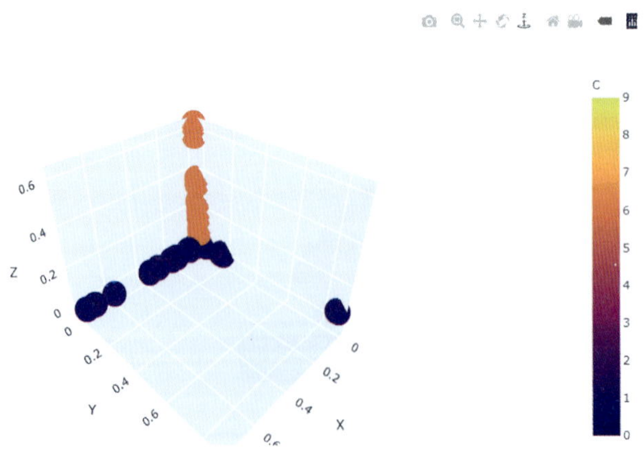

추가적으로 6개의 특성변수 중 나머지 3개의 축으로 그림을 그리면 아래와 같이 0, 1, 2를 구별할 수 있는 특성변수임을 보여주고 있으며, PCA를 통해 분류를 쉽게 할 수 있는 새로운 특성변수를 만들 수 있다는 것을 보여주고 있다. 그러므로 제9장에서 논의할 차원축소기법은 차원축소가 본래의 목적이지만 회귀와 분류의 성능을 높이는 새로운 특성변수를 만드는 기법으로도 해석할 수 있다.

```
df3=pd.DataFrame({'X':x_new2[:,3],'Y':x_new2[:,4],'Z':x_new2[:,5],'C':y})
fig=px.scatter_3d(df3,x='X',y='Y',z='Z',color='C')
fig.show()
```

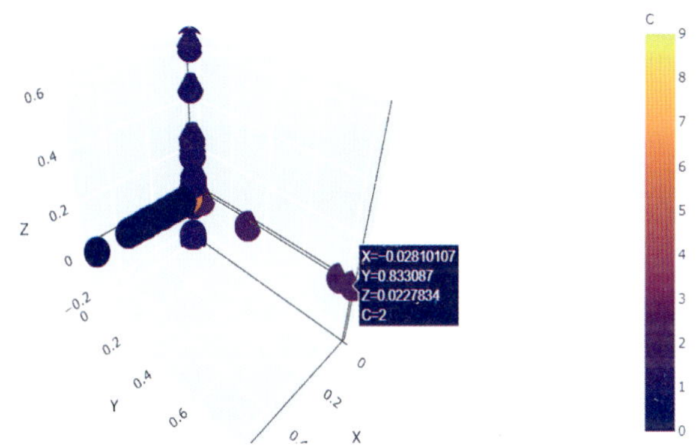

2.6 손실함수와 최적화(optimization)

머신러닝의 학습(learning)은 통계학의 추정문제와 동일하다. 딥러닝의 초기 버전인 신경망은 미리 정해진 학습규칙이 있었지만 근본적인 한계에 부딪히게 되어 추정 문제에 예측치와 실제치의 거리를 평가하는 손실함수(loss function)를 도입하게 되었다. 추정에 있어서 통계학의 손실함수에는 평균제곱오차(mean squared error) 또는 음의 로그우도함수가 있으며 머신러닝에서도 동일한 손실함수를 사용한다.

2.6.1 손실함수

머신러닝의 목적이 회귀일 때, 가장 일반적으로 사용되는 손실함수는 평균제곱오차(mean squared error: MSE)로 $\frac{1}{n}\sum_{i=1}^{n}(y_i-\hat{y}_i)^2$으로 정의된다. 여기에서 y_i는 목적변수 y의 i번째 관측치이며 $\hat{y}_i$는 대응되는 예측치, 그리고 n은 배치 또는 총 표본의 크기이다. 배치는 총 표본을 일정한 크기로 분할한 것이다. 손실함수 MSE를 최소화한다는 것은 $\hat{y}$가 특성변수 x들의 선형결합 후, 비선형변환이므로 실제 관측치 y에 가장 가까운 선형결합 모수를 추정하는 것과 동일하다.

머신러닝의 목적이 분류일 때, 가장 많이 사용하는 손실함수는 categorical cross entropy이다. 이해를 돕기 위해 3개의 클래스가 있을 경우를 고려하여 보자. y_i가 첫 번째 클래스이면 $y_i=(1,0,0)$, 두 번째 클래스이면 $y_i=(0,1,0)$, 세 번째 클래스에 속해 있으면 $y_i=(0,0,1)$으로 one-hot 벡터로 변환시킨 값이라고 하자. $p_i(k)$를 y_i가 k번째 클래스($k=1,2,3$)에 속할 확률이라고 하면 $\hat{y_i}$은 y_i의 예측치로, 예를 들어 $\hat{p}_i(1)<\hat{p}_i(3)<\hat{p}_i(2)$이면 $\hat{y}_i=(0,1,0)$가 된다. 여기에서 $\hat{p}_i(k)$는 $p_i(k)$의 추정치이다. 물론 $p_i(k)$는 특성변수 x들을 모수로 선형결합 후 비선형 변환한 것이다. 그러면 i번째 자료의 categorical crossentropy는 다음과 같이 정의된다.

$$CE_i=-\sum_{k=1}^{3}y_{ik}\log p_i(k)$$

여기에서 y_{ik}는 y_i의 3개의 값 중 k번째 값을 말한다. 예를 들어, y_i가 두 번째 클래스에 속하면 $y_i=(0,1,0)$이므로

$$CE_i=-(0\cdot\log p_i(1)+1\cdot\log p_i(2)+0\cdot\log p_i(3))=-\log p_i(2)$$

가 된다. 이 손실함수 CE_i는 $p_i(2)=1$이 되면 최솟값을 가지게 된다. 즉, y_i가 2번째 클래스에 속할 확률을 1로 추정하게 되면 CE_i가 가장 작게 된다.

클래스가 오직 두 개일 경우의 CE_i를 i번째 자료의 binary crossentropy라고 하며

$$CE_i=-y_i\log p_i-(1-y_i)\log(1-p_i)$$

가 된다. 여기에서 y_i는 1 또는 0이며 p_i는 y_i가 1이 될 확률추정치이다. $-y_i\log p_i$은 $y_i = 1$인 클래스에 속하였을 때의 손실이며 $-(1-y_i)\log(1-p_i)$은 $y_i = 0$인 클래스에 속하였을 때의 손실이므로 p_i가 0에 가까울수록 작아지게 된다. p_i의 추정치 $\hat{p}_i > 0.5$이면 $\hat{y}_i = 1$로 예측하게 된다. $y_i = 1$일 때 p_i가 0에 가까우면 $\log p_i$가 $-\infty$로 접근하므로 잘못 추정할수록 더 큰 penalty를 주도록 하는 손실함수이다. binary crossentropy는 categorical crossentropy의 특별한 경우가 된다. 당연하게 배치나 총 표본에 대해 손실을 평가해야 하므로 c개의 클래스가 있을 때의 categorical crossentropy는

$$CE = \frac{1}{n}\sum_{i=1}^{n} CE_i = -\frac{1}{n}\sum_{i=1}^{n}\sum_{k=1}^{c} y_{ik}\log p_i(k)$$

으로 정의되며, binary crossentropy는

$$BE = \frac{1}{n}\sum_{i=1}^{n} CE_i = -\frac{1}{n}\sum_{i=1}^{n}(y_i\log p_i + (1-y_i)\log(1-p_i))$$

로 정의된다. 이러한 손실함수를 통계적 관점에서 살펴보면 다음과 같다.

$y_i = h(\boldsymbol{x}_i, \boldsymbol{w}) + \epsilon_i$라고 정의하고 ϵ_i가 평균이 0이며 분산인 σ^2인 서로 간에 독립인 정규확률변수라고 하면 $\epsilon_i = y_i - h(\boldsymbol{x}_i, \boldsymbol{w})$이므로 $\epsilon_1, \epsilon_2, \ldots, \epsilon_n$의 우도함수(likelihood function)는

$$L = \Pi_{i=1}^{n}\frac{1}{\sqrt{2\pi\sigma^2}}e^{-\frac{1}{2}\left(\frac{y_i - h(\boldsymbol{x}_i, \boldsymbol{w})}{\sigma}\right)^2}$$

이 된다. 이 우도함수에 log를 취하면

$$\log L = -\frac{n}{2}\log(2\pi\sigma^2) - \frac{1}{2}\sum_{i=1}^{n}(y_i - h(\boldsymbol{x}_i, \boldsymbol{w}))^2/\sigma^2$$

가 된다. $\log L$을 최대화하는 모수 w를 최대우도추정치(maximum likelihood

estimate)라고 한다. 그런데 $\log L$를 최대화하는 w를 구하는 문제는 $\sum_{i=1}^{n}(y_i - h(\boldsymbol{x}_i, \boldsymbol{w}))^2$를 최소화하는 w를 구하는 문제와 동일하다. 이러한 w의 추정치를 $\hat{w}$로 표기하면 $h(\boldsymbol{x}_i, \hat{w})$가 $\hat{y_i}$가 되므로 $\sum_{i=1}^{n}(y_i - h(\boldsymbol{x}_i, \hat{w}))^2 = \sum_{i=1}^{n}(y_i - \hat{y_i})^2$이 됨을 알 수 있다. 그러므로 손실함수 MSE는 오차항이 정규분포일 때 음의 로그우도함수와 같게 된다. 특히

$$h(\boldsymbol{x}_i, \boldsymbol{w}) = w_0 + w_1x_1 + w_2x_2 + \cdots + w_kx_k$$

이면 익히 알고 있는 선형회귀모형이 되며 손실함수를 최소화하는 $\hat{\boldsymbol{w}}$는 최대우도 추정치일 뿐만 아니라 최소제곱추정치(least squared estimatate)도 된다.

손실함수 categorical crossentropy를 통계적 관점에서 살펴보기 위해, 다음과 같은 범주형분포(categorical distribution) 확률변수 y_{ik}를 고려하여 보자. 여기에서 i번째 관측치가 클래스 k에 속하면 $y_{ik} = 1$이고 속하지 않으면 $y_{ik} = 0$이다. $k = 1, 2, \ldots, c$에 대해(즉, 총 c개의 클래스), $P(y_{ik} = 1) = p_i(k)$로 표현하면 i번째 관측치가 클래스 k 소속으로 관측될 확률은

$$\Pi_{k=1}^{c} p_i(k)^{y_{ik}}$$

이 된다. 예를 들어, i번째 관측치가 두 번째 클래스에 소속되어 있으면 $y_{i2} = 1$이고 $y_{ik} = 0,\ k \neq 2$이므로 $\Pi_{k=1}^{c} p_i(k)^{y_{ik}} = p_i(2)$가 된다. 모든 n개의 관측치가 서로 간에 독립이라는 가정에서의 우도함수는

$$L = \Pi_{i=1}^{n} \Pi_{k=1}^{c} p_i(k)^{y_{ik}}$$

이며 양변에 로그를 취해 구한 로그우도함수는

$$\log L = \sum_{i=1}^{n} \sum_{k=1}^{c} y_{ik} \log p_i(k)$$

가 된다. 이 로그우도함수의 음의 값이 앞에서 정의한 categorical crossentropy와 일

치함을 알 수 있다. 그러므로 $\log L$을 최대화하는 $p_i(k)$를 구한다는 것은 categorical crossentropy를 최소화하는 $p_i(k)$를 구하는 것과 동일한 문제가 된다. $p_i(k)$는 특성변수 $\boldsymbol{x}$를 이용하여 구하며 다음과 같이 정의된 softmax 함수로 추정된다.

$$p_i(k) = \frac{e^{\boldsymbol{w}_k^T \boldsymbol{x}_i}}{\sum_{j=1}^{c} e^{\boldsymbol{w}_j^T \boldsymbol{x}_i}}$$

즉, $p_i(k)$의 추정은 가중치 $\boldsymbol{w}_1, \boldsymbol{w}_2, \ldots, \boldsymbol{w}_c$를 통해 구현된다. 여기에서 $\boldsymbol{w}_j^T$는 j번째 가중치 모수벡터 $\boldsymbol{w}_j$의 전치벡터(transpose vector)이다. i번째 관측치의 클래스는 $p_i(k)$가 가장 큰 값을 갖는 클래스로 할당한다. 참고로 binary crossentropy는 독립인 베르누이(Bernoulli) 분포의 음의 로그함수와 일치하며 확률 p_i는 다음과 같이 정의된 sigmoid 함수를 이용하여 추정하게 된다.

$$p_i = \frac{1}{1 + e^{-\boldsymbol{w}^T \boldsymbol{x}_i}}.$$

클래스가 $c(>2)$인 경우에도 sigmoid 함수를 이용하여 c개의 클래스를 분류할 수 있다. 첫 번째 클래스와 나머지 클래스, 두 번째 클래스와 나머지 클래스, 그리고 이를 반복하여 마지막 c번째 클래스와 나머지 클래스로 총 c개의 이항(binary)분류 쌍을 만든 후, i번째 관측치에 대한 binary crossentropy는

$$-\sum_{k=1}^{c} [y_{ik} \log p_i(k) + (1 - y_{ik}) \log (1 - p_i(k))]$$

이 된다. 예를 들어, i번째 관측치가 두 번째 클래스에 속하면 $y_{i2} = 1$이고 나머지는 모두 0이 되므로 위의 binary crossentropy는

$$-[\log p_i(2) + \sum_{k=1, k \neq 2}^{c} \log (1 - p_i(k))]$$

이 된다. 모든 배치 또는 총 표본에 대해 손실을 계산하여야 하므로 binary crossentropy는

$$-\frac{1}{n}\sum_{i=1}^{n}\sum_{k=1}^{c}[y_{ik}\log p_i(k)+(1-y_{ik})\log(1-p_i(k))]$$

이 된다. i번째 관측치의 클래스는 $p_i(k)$의 추정치 $\hat{p}_i(k)$가 가장 큰 값을 갖는 클래스로 할당한다. 이러한 분류를 하나-나머지(one Versus rest: oVr) 분류라고 하며 그림으로 표현하면 <그림 2-3>과 같다.

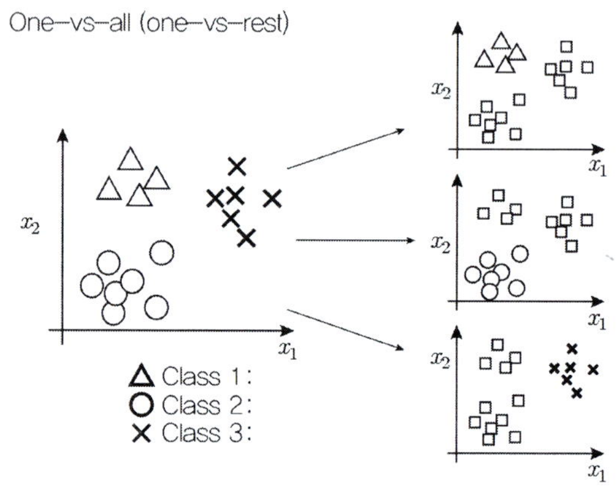

그림 2-3 하나-나머지 분류

분류에 대해 간략하게 정리하면 다음과 같다. 다항분류일 경우, softmax 함수를 이용하여 i번째 표본이 클래스 k일 확률 $p_i(k)$, $k=1,\cdots,c$를 특성변수로 구한다. 즉, 특성변수를 모수로 선형결합한 후 softmax 함수로 비선형 변환하여 $p_i(k)$를 추정하게 된다. 관측된 목적변수 y_i가 클래스 1에 n_1개, 클래스 2에 n_2개, ..., 클래스 c에 n_c개가 있다고 가정하면 손실함수인 categorical crossentropy는

$$CE=-\frac{1}{n}\left(\sum_{i=1,i\in class1}^{n_1}\log p_i(1)+\sum_{i=1,i\in class2}^{n_2}\log p_i(2)+\cdots+\sum_{i=1,i\in classc}^{n_c}\log p_i(c)\right)$$

으로 정의된다. 이항분류도 동일하게 sigmoid 함수에 의해 i번째 표본이 클래스 1

일 확률 p_i를 특성변수로 구한 후, 대응되는 binary crossentropy는

$$BE = -\frac{1}{n}\left(\sum_{i \in class1} \log p_i + \sum_{i \in class0} \log(1-p_i)\right)$$

이 된다. 이러한 관점에서 볼 때, 다항분류를 이항분류로 반복하는 하나-나머지 분류 방법도 $p_i(k)$를 sigmoid 함수로 구하고

$$CE = -\frac{1}{n}\left[\sum_{i \in class1} \log p_i(1) + \sum_{i \notin class1} (1 - \log p_i(1))\right]$$
$$- \cdots - \left[\sum_{i \in class\,c} \log p_i(c) + \sum_{i \notin class\,c} (1 - \log p_i(c))\right]$$

으로 손실함수를 설정하여도 된다.

2.6.2 최적화

머신러닝의 학습은 손실함수를 최소화하는 모수 w를 찾는 것을 말하며 이를 최적화(optimization) 과정이라고 한다. 이제 $w \in R^{k \times 1}$은 추정하여야 할 가중치모수라고 하고 $l(w)$를 손실함수라고 표기하자. 그러면 $\frac{\partial l(w)}{\partial w} = 0$은 $l(w)$를 최소화하는 전제조건이다. 아주 간단한 경우를 제외하고 $\frac{\partial l(w)}{\partial w} = 0$을 만족하는 w를 바로 찾는 데 어려움이 있기 때문에, 대신 $\frac{\partial l(w)}{\partial w} = 0$을 만족하는 w를 순차적으로 찾는 방법을 사용한다. 다음은 테일러 전개(Taylor expansion)에 의한 $l(w)$의 1차 근사식이다.

$$l(w^{(t+1)}) = l(w^{(t)}) + \left[\frac{\partial l(w^{(t)})}{\partial w^{(t)}}\right]^T (w^{(t+1)} - w^{(t)}) \tag{2.5}$$

여기에서 $w^{(t)}$는 t번째 w의 추정치를 말한다. $w^{(t)}$보다 $w^{(t+1)}$이 좀 더 좋은 추정치가 되기 위해서는 $l(w^{(t+1)}) < l(w^{(t)})$를 만족하여야 한다. 이를 위해 식 (2.5)에서 $\left[\frac{\partial l(w^{(t)})}{\partial w^{(t)}}\right]^T (w^{(t+1)} - w) < 0$이어야 하며, $l(w^{(t+1)})$과 $l(w^{(t)})$의 차이가 가장

크기 위해서는 $\frac{\partial l(\boldsymbol{w}^{(t)})}{\partial \boldsymbol{w}^{(t)}}$와 $\boldsymbol{w}^{(t+1)} - \boldsymbol{w}^{(t)}$가 정확하게 반대로 움직여야 하므로

$$(\boldsymbol{w}^{(t+1)} - \boldsymbol{w}^{(t)}) \propto -\frac{\partial l(\boldsymbol{w}^{(t)})}{\partial \boldsymbol{w}^{(t)}}$$

이어야 한다. 이는 아래와 같이 재표현될 수 있다.

$$\boldsymbol{w}^{(t+1)} = \boldsymbol{w}^{(t)} - \eta \frac{\partial l(\boldsymbol{w}^{(t)})}{\partial \boldsymbol{w}^{(t)}} \tag{2.6}$$

여기에서 $\eta > 0$이며 η를 학습률(learning rate)이라고 한다.

식 (2.5)의 $l(\boldsymbol{w})$가 거의 변화가 없을 때까지 식 (2.6)을 반복하여 $\boldsymbol{w}$를 최신화하는 방법을 기울기하강법(gradient descent)이라고 한다. 최솟값에 가까울수록 $\frac{\partial l(\boldsymbol{w}^{(t)})}{\partial \boldsymbol{w}^{(t)}}$가 0에 가까운 값이므로 아주 약간 $\boldsymbol{w}$를 최신화하게 된다. 그러므로 η가 작으면 $\boldsymbol{w}$의 최신화가 너무 느려지고 η를 크게 하면 최솟값 근처에서 진동이 일어나 수렴하지 못하는 일이 발생하게 된다.

<그림 2-4>에 $\boldsymbol{w}$의 최신화를 나타내었다. 하나의 $\boldsymbol{w}$에 대해서 손실함수가 아래로 볼록한 형태일 때 기울기하강법이 최신화되는 모습이다.

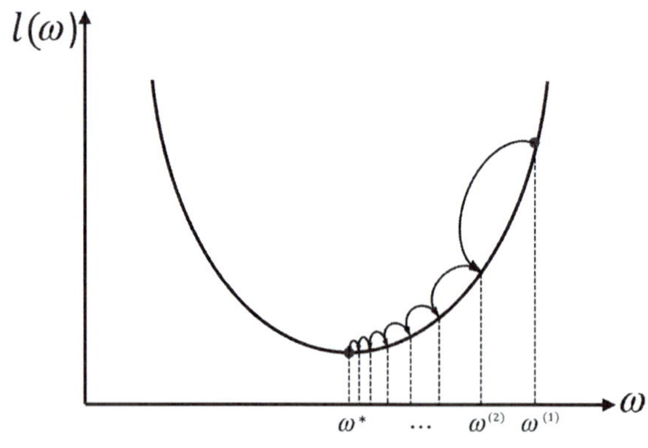

그림 2-4 기울기하강법에 의해 최신화되는 모습

또한 미분값이 양수인 지점에서 초깃값을 설정하였을 때, 손실함수를 최소로 만들어

주는 w 값을 찾기 위해 점점 더 작은 w로 최신화되는 모습을 볼 수 있다. $\boldsymbol{w}^{(t+1)} = \boldsymbol{w}^{(t)} - \eta \frac{\partial l(\boldsymbol{w}^{(t)})}{\partial \boldsymbol{w}^{(t)}}$이므로 η에 대해 미분을 취해 $l(\boldsymbol{w}^{(t+1)})$을 최소화하는 η를 찾으면

$$\frac{l(\boldsymbol{w}^{(t+1)})}{\partial \eta} = [\frac{\partial l(\boldsymbol{w}^{(t+1)})}{\partial \boldsymbol{w}^{(t+1)}}]^T \frac{\partial \boldsymbol{w}^{(t+1)}}{\partial \eta} = -[\frac{\partial l(\boldsymbol{w}^{(t+1)})}{\partial \boldsymbol{w}^{(t+1)}}]^T \frac{\partial l(\boldsymbol{w}^{(t)})}{\partial \boldsymbol{w}^{(t)}} = 0$$

이 된다. $[\frac{\partial l(\boldsymbol{w}^{(t+1)})}{\partial \boldsymbol{w}^{(t+1)}}]^T \frac{\partial l(\boldsymbol{w}^{(t)})}{\partial \boldsymbol{w}^{(t)}} = 0$(이는 두 개의 벡터가 직교한다는 의미임)이며 $\boldsymbol{w}^{(t+2)}$는 $-\frac{\partial l(\boldsymbol{w}^{(t+1)})}{\partial \boldsymbol{w}^{(t+1)}}$에 비례하고 $\boldsymbol{w}^{(t+1)}$은 $-\frac{\partial l(\boldsymbol{w}^{(t)})}{\partial \boldsymbol{w}^{(t)}}$에 비례하므로 $\boldsymbol{w}^{(t+1)}$과 $\boldsymbol{w}^{(t+2)}$는 서로 간에 직교하면서 $l(w)$를 최소화하는 방향으로 진행한다. 이러한 $l(w)$의 최소화를 최급하강법(steepest descent)이라고 한다. 예를 들어, 산을 하산할 때 3시 방향으로 하산하였다면 다음 발걸음은 12시 방향 또는 6시 방향으로 내디뎌 하산하는 경우로 상상하면 될 것이다.

기울기하강법이나 최급하강법은 모든 자료로부터 산출된 손실함수를 이용한 최적화 방법이다. 이에 반해서 확률적 기울기하강법(stochastic gradient descent)은 하나의 관측 자료로 만들어진 손실함수를 최신화한다. n개의 자료가 있을 때 이를 잘 섞은 후(shuffling), 순서대로 하나의 관측치로 만들어진 손실함수를 최신화하므로 n번의 최신화가 이루어진다. 반면, 기울기하강법과 최급하강법은 n개의 자료를 모두 이용하므로 1번의 최신화가 일어나게 되며 이를 1 epoch라고 한다. 최솟값을 찾기 위해 최소한 20~50번의 epoch가 필요한데, 확률적 기울기하강법은 1 epoch에 n번의 최신화가 이루어지므로 기울기하강법이나 최급하강법보다는 수렴속도가 매우 빠르다는 장점이 있다. 하지만 수렴방향이 일정하지 않고 매우 불규칙하여 자료의 shuffling이 잘 이루어지지 않으면 수렴이 잘되지 않는 단점이 있다. 그렇지만 이러한 불규칙성 때문에 국소점(local minimum)에 잘 빠지지 않는다는 장점도 있다.

확률적 기울기하강법의 단점을 보완하는 방법에는 작은 배치(mini batch)를 이용한 기울기하강법이 있다. 즉, 총 n개의 관측치를 크기가 p인 작은 배치로 임의로

분할한 후, 이 p개의 관측치로 손실함수를 계산하여 최신화한다. 예를 들어, $n=k\times p$이면 1 epoch에 k번 손실함수의 최신화가 이루어진다. 이러한 배치 기울기하강법은 빅데이터에 적용되는 딥러닝에서 주로 사용된다. 딥러닝에는 여기에 소개한 기울기하강법 이외에 여러 가지 하강법이 존재한다. 이는 딥러닝을 다룰 때 자세하게 다루어질 것이다.

식 (2.5)에서 테일러 전개는 1차까지 전개하여 손실함수를 근사하였으나 2차 미분인 헤이지안 행렬(Hessian matrix)을 이용하여 2차 함수까지도 근사시킬 수 있다. 하지만 빅데이터에서 헤이지안 행렬은 너무 클 뿐만 아니라 역행렬이 존재하지 않을 경우가 많기 때문에 통계학에서 주로 쓰이는 뉴톤(Newton) 기울기하강법 등은 거의 사용하지 않는다.

제약조건이 있는 손실함수의 최적화에는 라그랑지 승수법(Largrange multiplier)을 사용하게 된다. w_1, w_2, w_3가 추정하여야 할 모수이며 제약조건이 $w_1+w_2=2$, $w_1\le 1$, $w_1-w_2\ge 0.5$인 경우를 고려하여 보자.

이러한 제약조건은 $w_1+w_2-2=0$, $w_1-1\le 0$, $w_2-w_1+0.5\le 0$으로 재표현하여 제약조건을 0과 같거나 작게 표현할 수 있다. 즉, 등식제약조건을 $e(\boldsymbol{w})$, 부등식 제약조건을 $g(\boldsymbol{w})$라고 하면 위의 세 제약조건은 $e_1(\boldsymbol{w})=0$, $g_1(\boldsymbol{w})\le 0$, $g_2(\boldsymbol{w})\le 0$으로 표현된다.

손실함수가 $l(\boldsymbol{w})$으로 표기되고 등식제약조건이 l개, 부등식 제약조건이 m개 있을 때 라그랑지 목적함수는

$$LM(\boldsymbol{w},\boldsymbol{\lambda},\boldsymbol{\beta})=l(\boldsymbol{w})+\sum_{i=1}^{l}\lambda_i e_i(\boldsymbol{w})+\sum_{j=1}^{m}\beta_j g_j(\boldsymbol{w})$$

로 정의된다. 제약조건 $e_1(\boldsymbol{w}),\dots,e_l(\boldsymbol{w})$와 $g_1(\boldsymbol{w}),\dots,g_m(\boldsymbol{w})$하에서 $l(\boldsymbol{w})$를 최소화하는 $\boldsymbol{w}$는 아래 세 개의 조건을 모두 충족하는 $\boldsymbol{w}$가 된다.

(i) $$\frac{\partial LM(\boldsymbol{w},\boldsymbol{\lambda},\boldsymbol{\beta})}{\partial\boldsymbol{w}}=\frac{\partial l(\boldsymbol{w})}{\partial\boldsymbol{w}}+\sum_{i=1}^{l}\lambda_i\frac{\partial e_i(\boldsymbol{w})}{\partial\boldsymbol{w}}+\sum_{j=1}^{m}\beta_j\frac{\partial g_i(\boldsymbol{w})}{\partial\boldsymbol{w}}=0$$

(ii) $\dfrac{\partial LM(\boldsymbol{w}, \boldsymbol{\lambda}, \boldsymbol{\beta})}{\partial \boldsymbol{\lambda}} = 0$, 즉 $e_i = 0, i = 1, \ldots, l$

(iii) 모든 $j = 1, \ldots, m$에 대해, $\beta_j g_j(\boldsymbol{w}) = 0$ 그리고 $g_j(\boldsymbol{w}) \leq 0$. 단, $\beta_j \geq 0$.

이러한 제약조건이 있는 최적화의 예는 제8장에서 다룰 것이다.

연습문제

1 SMOTE와 ADASYN에서 k-neigbors를 조절하여 변화에 대해 논의하라.

2 특성변수의 선택에서 교재에 있는 digit 데이터를 이용하여 목적변수가 분류일 때 chi2, f_classif, mutual_info_classif를 적용한 결과를 비교하라.

Chapter 3

데이터 시각화

Data visualization

데이터의 시각화는 데이터의 형태와 분포를 이해하고 목적변수를 포함하여 변수 간의 관계를 파악해서 머신러닝 모형을 선택하고 설정하는 데 중요하고 유용한 정보를 제공한다. 데이터의 시각화는 Matplotlib, Seaborn, Plotly, AutoViz, Bamboolib 등이 있다. Matplotlib, Seaborn, Plotly는 그래프의 타입과 시각화를 위해 필요한 변수를 일일이 지정하여야 하지만, AutoViz는 단 한 줄의 코드로 시각화된 데이터를 모두 출력하는 라이브러리이고, Bamboolib은 자료의 다양한 시각화뿐만 아니라 결측치 처리, 데이터 변환, 변수의 선택과 제거 등의 자료의 사전정리과정을 프로그램 없이 구현할 수 있는 GUI(graphic user interface)이다. Matplotlib와 Seaborn은 별도로 제공된 부록에 자세하게 수록되어 있으므로 참고하길 바란다.

3.1 AutoViz

AutoViz는 범주형, 실수형 자료를 포함하여 텍스트자료도 별도의 처리 없이 단 한 줄의 코드로 데이터 시각화를 매우 빠르게 구현할 수 있으며 텍스트자료의 word cloud를 자동으로 제공한다. AutoViz를 통해 머신러닝 분석을 위한 특성변수를 선택하고 모형을 설정하는 데 유용하고 다양한 시각화 정보를 한눈에 파악할 수 있으므로, 데이터 wrangling 단계를 완성하면 우선적으로 AutoViz를 실행해보는 것이 좋다. AutoViz를 실행하기 위해

```
pip install autoviz
```

를 실행하여 AutoViz를 설치한다. 아래와 같이 AutoViz_Class를 호출한 후 AV로 객체화한 것을 볼 수 있다. AutoViz의 시각화 그림을 Jupyter Notebook에 출력하기 위해서는 아래와 같이 %matplotlib inline을 실행하여야 한다.

```
from autoviz.AutoViz_Class import AutoViz_Class
%matplotlib inline
AV = AutoViz_Class()
```

다음은 Auto.csv 데이터를 불러내서 pandas 데이터로 변환한 후 첫 5개의 자료를 보여주고 있다. AutoViz의 적용을 위해 반드시 pandas 데이터로 변환해야 하는 것은 아니다. mpg는 목적변수로 gallon당 mileage이며 변수 name은 텍스트 자료임을 볼 수 있다.

```
import pandas as pd
filename='C:/Users/user/Desktop/머신러닝교재/datasets-master/Auto.csv'
auto_data=pd.read_csv(filename)
auto_data.head()
```

	mpg	cylinders	displacement	horsepower	weight	acceleration	year	origin	name
0	18.0	8	307.0	130	3504	12.0	70	1	chevrolet chevelle malibu
1	15.0	8	350.0	165	3693	11.5	70	1	buick skylark 320
2	18.0	8	318.0	150	3436	11.0	70	1	plymouth satellite
3	16.0	8	304.0	150	3433	12.0	70	1	amc rebel sst
4	17.0	8	302.0	140	3449	10.5	70	1	ford torino

다음과 같이 한 줄의 코드를 입력하고 실행하면 필요한 거의 모든 시각화된 데이터를 출력한다. depVar='mpg'를 지정하면 목적변수와 다른 특성변수와의 관계를 보여주기 때문에 가급적 지정해주면 좋다. 아래에서 보여주고 있는 출력결과는 실제 결과의 일부분이다. 변수 name에 대한 word cloud도 보여주고 있다.

```
df_auto=AV.AutoViz(filename, depVar='mpg')
```

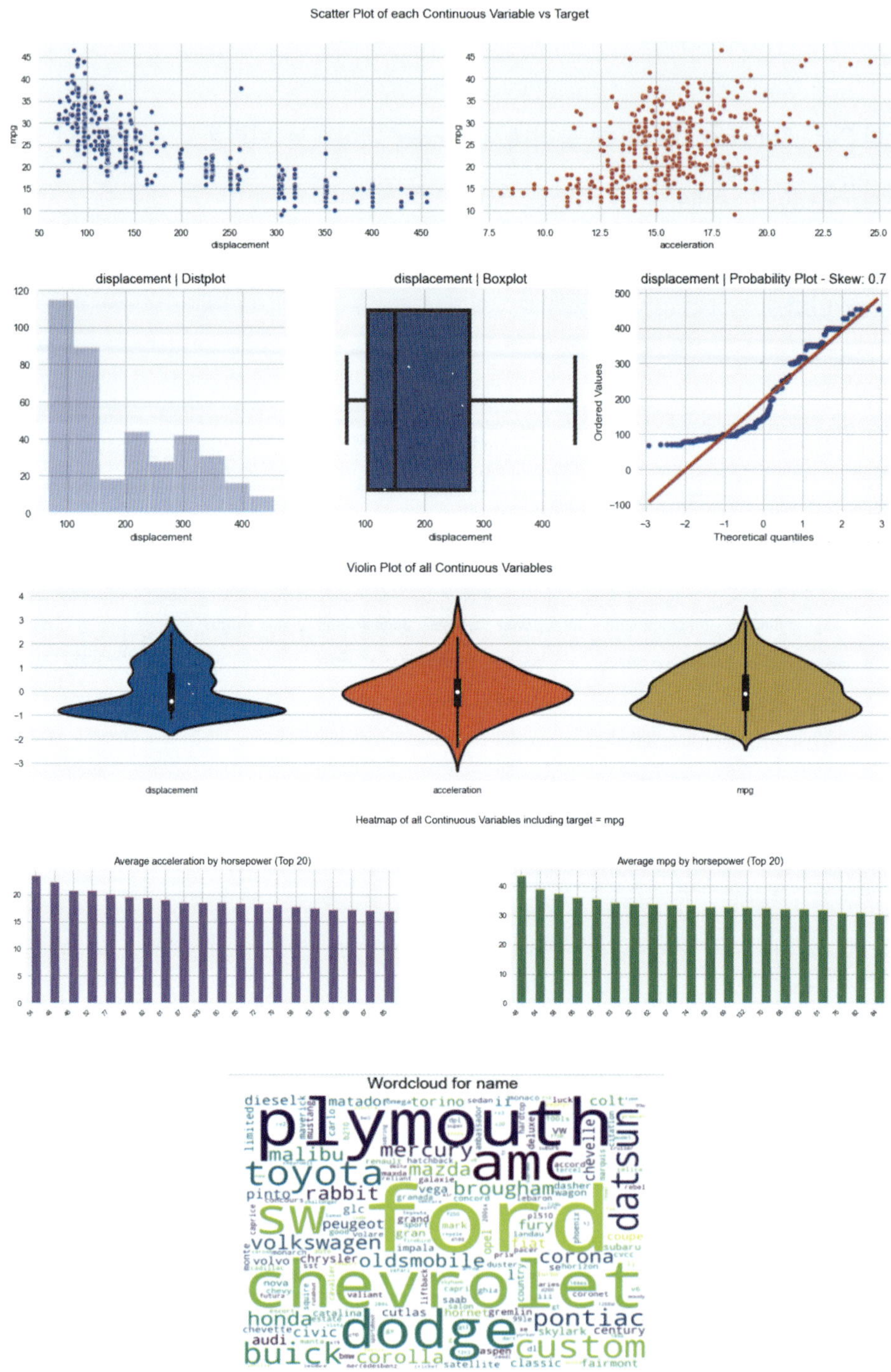

word cloud가 실행되지 않으면 nltk_data가 설치되지 않았기 때문이다. 아래 코드를 실행하면 왼쪽 상단에 NLTK Downloader 창이 나타나고 Download Directory에 "C:nltk_data"(Window인 경우)를 지정한 다음 Download 키를 클릭하면 된다. 그러나 한글에 대한 word cloud는 Autoviz에서 아직 제공하지 않고 있다.

```
import nltk
nltk.download()
```

다음 프로그램은 앞에서 정의한 pandas 데이터 auto_data를 사용하고자 할 때 dfte=auto_data로 지정해주고 filename=" "와 같이 공백으로 지정하여야 한다. Lowess=True를 주면 데이터를 구간으로 나눈 후 회귀선을 구하는 Lowess(locally weighted scatterplot smoother)를 제공한다. default는 False이다. 아래 출력은 Lowess=True 결과만 보여주고 있다.

```
filename=''
df_auto=AV.AutoViz(filename, depVar='mpg',dfte=auto_data,lowess=True)
```

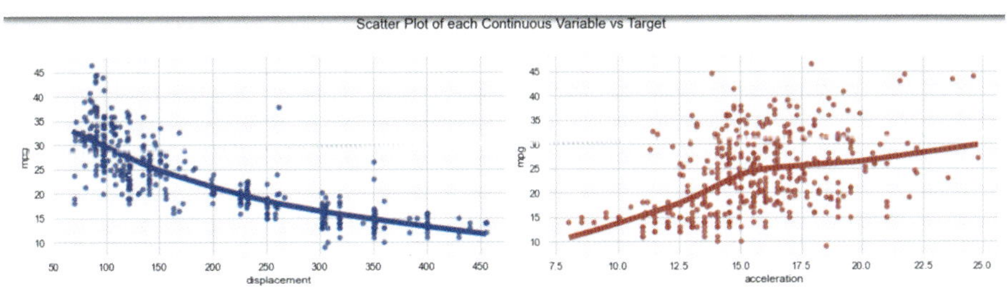


```
Using Lowess Smoothing. This might take a few minutes for large data sets...
Number of All Scatter Plots = 3
```

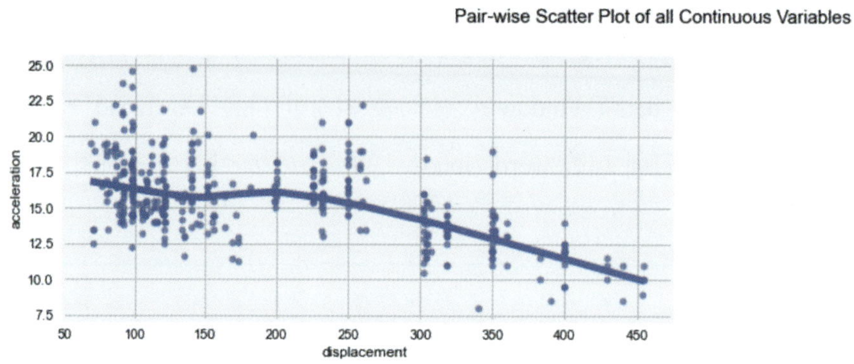

3.2 Bamboolib

Autoviz는 데이터 시각화를 자동으로 구현하여 변수의 특성을 전반적으로 파악할 수 있게 해주지만 결측치 처리, 자료의 변환, 필터링 등 자료의 wrangling을 포함한 자료의 사전정리과정이 불가능하고, 맞춤형 시각화나 변수탐구(data exploration) 등에는 한계가 있을 수밖에 없다. Bamboolib은 data scientist에 의해 개발된 GUI(graphical user interface)로, pandas Dataframe 데이터의 사전정리과정, 시각화, 데이터 탐구를 코드 없이 쉽고 빠르게 할 수 있도록 하는 라이브러리이다. Bamboolib은

https://docs.bamboolib.8080labs.com

의 <Getting Started>를 클릭하면 설치 및 사용법이 자세하게 설명되어 있다. <intallation instruction>을 클릭하면 Bamboolib의 가상환경(virtual environment)을 설치할 수 있는

Install bamboolib in a new Anaconda environment

가 나타난다. 이를 클릭하면 22개 행으로 구성된 코드를 볼 수 있을 것이다. 이 코드의 오른쪽 상단에 있는 두 개의 겹친 네모를 클릭하여 이 코드를 복사한 후, Anaconda prompt에 붙여넣기하고 실행하면 Bamboolib의 가상환경 설치가 완료된다.

이제 Jupyter Notebook에서 New notebook을 열면 기존의 "Python3"와 새로운 "bamboolib"를 볼 수 있을 것이다. bamboolib를 클릭하면 Jupyter Notebook이 열리고 아래와 같이 pandas와 bamboolib를 호출한 후, bamboolib에 내장된 titanic_csv를 출력하면 출력창에 bamboolib UI 버튼과 titanic 데이터가 나타난다.

```
import bamboolib as bam
import pandas as pd
df = pd.read_csv(bam.titanic_csv)
df
```

Show bamboolib UI

	PassengerId	Survived	Pclass	Name	Sex	Age	SibSp	Parch	Ticket	Fare	Cabin	Embarked
0	1	0	3	Braund, Mr. Owen Harris	male	22.0	1	0	A/5 21171	7.2500	NaN	S
1	2	1	1	Cumings, Mrs. John Bradley (Florence Briggs Th...	female	38.0	1	0	PC 17599	71.2833	C85	C
2	3	1	3	Heikkinen, Miss. Laina	female	26.0	0	0	STON/O2. 3101282	7.9250	NaN	S
3	4	1	1	Futrelle, Mrs. Jacques Heath (Lily May Peel)	female	35.0	1	0	113803	53.1000	C123	S
4	5	0	3	Allen, Mr. William Henry	male	35.0	0	0	373450	8.0500	NaN	S
...	...	...	...	...	...	...	...	...	...	...	...	...
886	887	0	2	Montvila, Rev. Juozas	male	27.0	0	0	211536	13.0000	NaN	S
887	888	1	1	Graham, Miss. Margaret Edith	female	19.0	0	0	112053	30.0000	B42	S
888	889	0	3	Johnston, Miss. Catherine Helen "Carrie"	female	NaN	1	2	W./C. 6607	23.4500	NaN	S
889	890	1	1	Behr, Mr. Karl Howell	male	26.0	0	0	111369	30.0000	C148	C
890	891	0	3	Dooley, Mr. Patrick	male	32.0	0	0	370376	7.7500	NaN	Q

891 rows × 12 columns

bamboolib UI 버튼을 클릭하여 bamboolib를 열면 다음을 볼 수 있다. 참고로 bamboolib을 이용한 데이터 처리를 하면 python 코드가 자동으로 생성되어 이 코드를 필요에 따라 사용할 수 있도록 하고 있다.

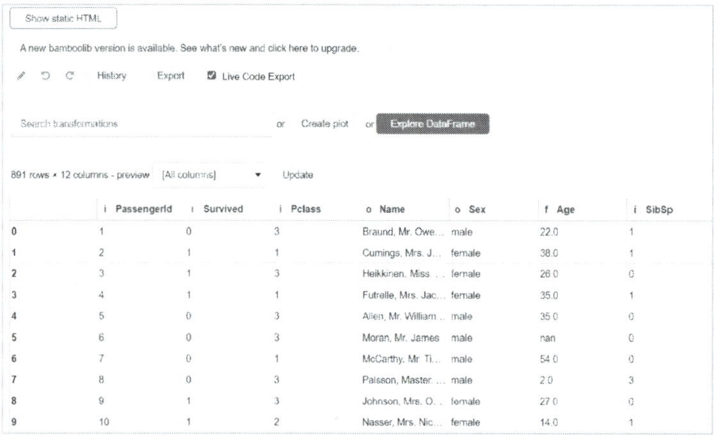

위 그림에서 나타난 버튼들을 차례대로 설명하면 다음과 같다. 코드를 편집하기, 직전에 실행한 코드를 undo, redo, 현재까지 실행한 코드의 내역(history), 그리고 코드나 데이터를 내보내기(Export) 버튼이 있으며 이 버튼들을 Global controls라고 말한다. 두 번째 줄에 있는 창은 자료의 변환, 그림 그리기, 데이터 탐구 등 Bamboolib의 핵심적인 기능을 실행하는 창으로 구성되어 있다.

먼저 자료의 변환(data transformation)을 고려하여 보자. 자료의 변환은 자료의 필터링(filtering), sorting, 그룹화(groupby), 합류(joins), 그리고 변수의 선택 및 제거, 범주형 자료에 대한 one-hot encoding, 결측치의 제거 및 대체 등의 기능을 포함하고 있다. 두 번째 행에 있는 <Explore DataFrame>을 클릭하면 다음과 같이 변수의 type과 결측치 여부를 볼 수 있다.

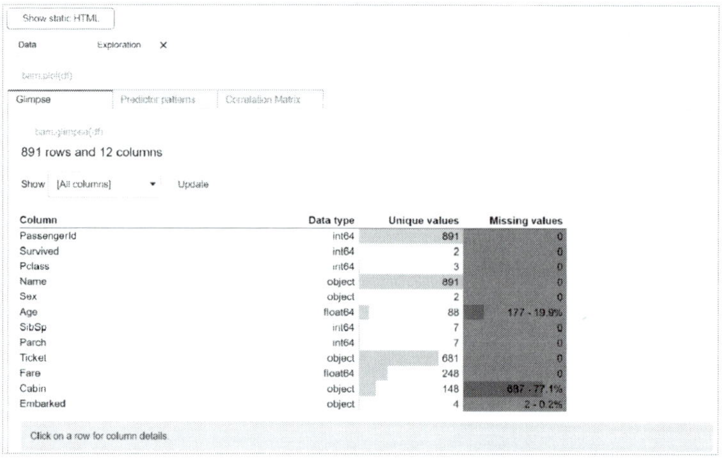

앞 그림에서 볼 수 있듯이 변수 Age는 19.9%가 결측이고 변수 Cabin은 77.1%, 그리고 Embarked는 0.2%가 결측으로 나타났다. 그러므로 아래와 같이 변수 Age의 결측자료는 "Drop missing values"를 <search transformations>에서 선택하여 제거하고, 변수 Cabin은 "Select or drop columns"를 선택하여 결측률이 77.1%에 달하는 변수 Cabin을 특성변수에서 제거하며, Embarked는 자료 type이 object(범주형)이므로 "Find and replace missing"을 선택하여 변수 Embarked의 median으로 대체하였다. 아래 그림에서 볼 수 있듯이 세 변수에 대한 결측치 처리가 자동으로 코딩된 것을 볼 수 있다.

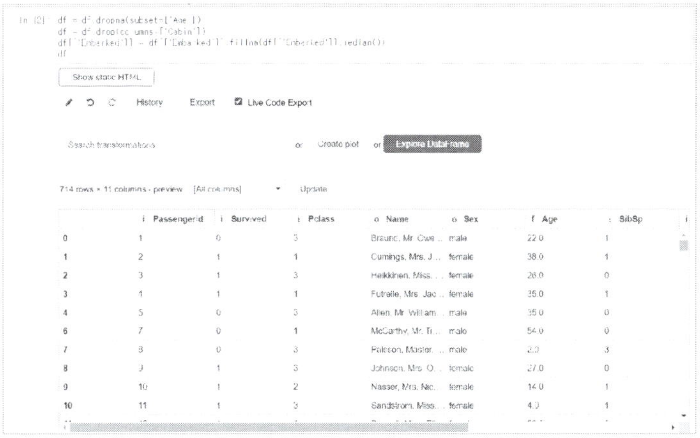

<search transformers> 창에서 "Filter rows"를 클릭하면 아래와 같이 화면 오른쪽에 Filter rows 창이 나타난다. Age가 18세 이상이고 passengerid가 100 이하인 관측치만으로 새로운 데이터를 만들고 이를 df_new1으로 정의하고 있다.

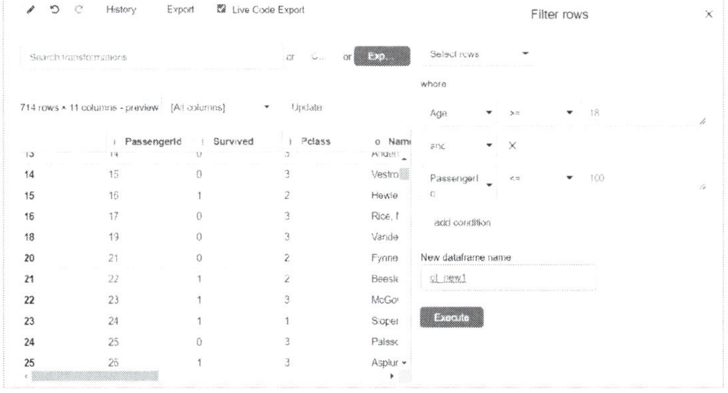

df_new1을 이용하여 Pclass와 Sex를 조합한 6개 그룹으로 만든 후, 목적변수 Suvived의 sum, mean, median을 구하고 age의 최소, 최대, 표준편차를 구하고자 한다. <search transformers> 창에서 "Group by and aggregate"를 클릭하여 아래와 같이 조건을 부여하여 실행하면 데이터셋 df_new2가 만들어진다. Global controls의 edit 버튼을 눌러서 방금 실행한 코드를 편집할 수 있으며 "Export"를 클릭하여 현재 directory에 데이터셋 df, df_new1, df_new2를 저장할 수도 있다.

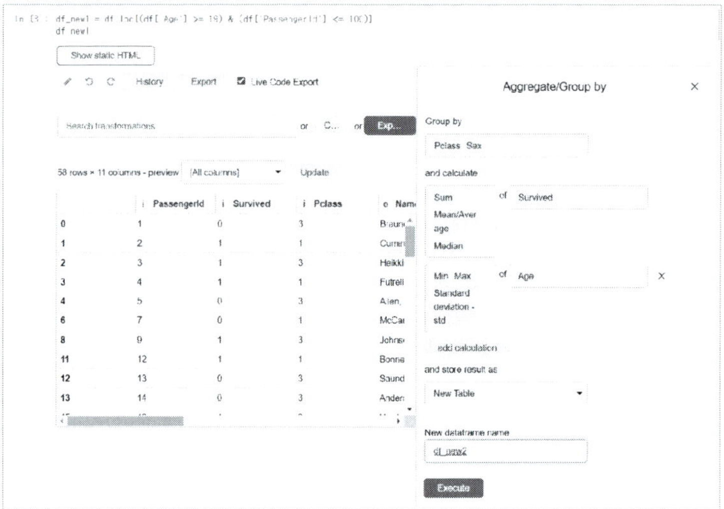

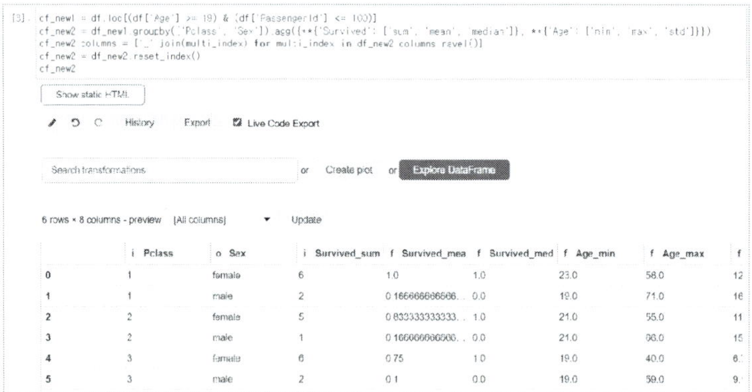

다음으로 <Create plot> 창을 이용하여 데이터 시각화를 구현하기로 하자. 참고로 Bamboolib의 시각화는 다음 절에서 소개할 Plotly로 구현된다. 앞에서 논의한 Pclass와 Sex 그룹을 기반으로 생존자 비율(Survived)을 histogram으로 그리고 histogram을 0 ~ 1 사잇값으로 표준화하고자 한다. <Create plot> 창에 들어가면 histogram,

Pie chart, Scatter plot 등 다양한 그림 형식을 선택할 수 있다. 그러므로 Histogram을 선택한 후, “Add property”를 클릭하여 xaxis는 Sex, Facet row는 Pclass, color는 Survived를 선택하면 된다. Histogram normalization에서 Probability를 선택하면 histogram을 표준화할 수 있으며 추가적으로 Figure:title로 그림의 제목을 부여할 수 있다.

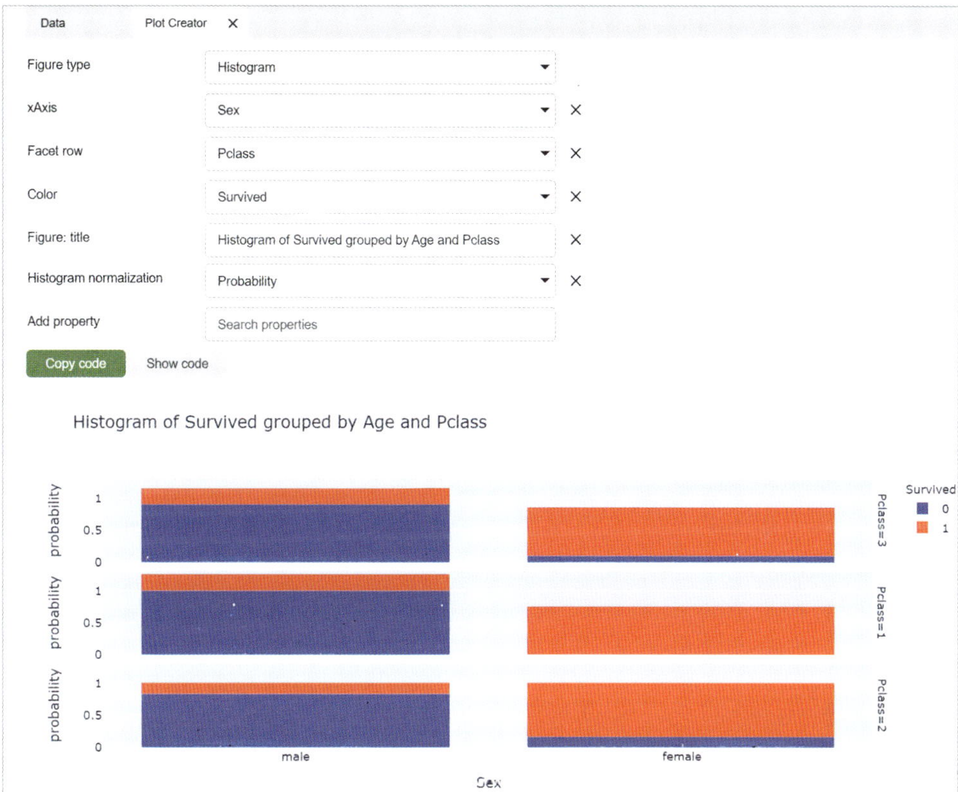

위 그림에서 <Copy code>를 클릭하면 위 결과에 대한 코드를 복사하여 아래와 같이 동일한 결과를 도출할 수 있다.

```
import plotly.express as px
fig = px.histogram(df_new1, x='Sex', facet_row='Pclass', color='Survived', title='Histogram of
            Survived grouped by Age and Pclass', histnorm='probability')
fig
```

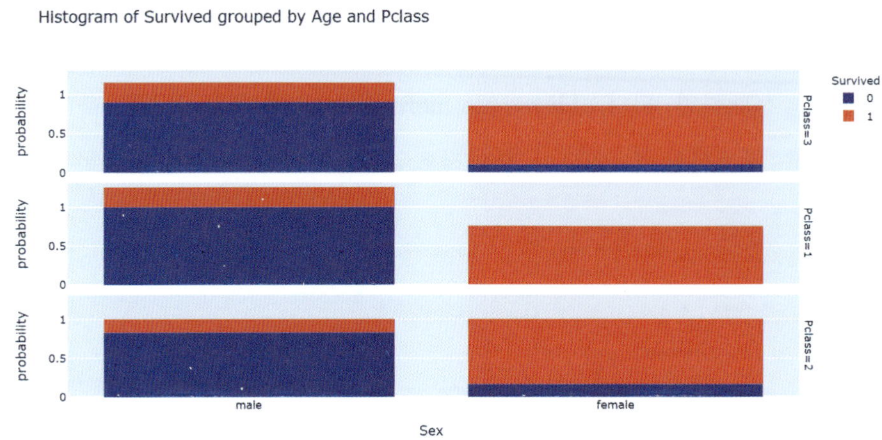

다음은 Pclass, Sex, Age를 기준으로 생존자 비율을 scatter plot 3D로 구현한 결과를 보여주고 있다.

```
import plotly.express as px
fig = px.scatter_3d(df_new1, x='Pclass', y='Sex', z='Age', color='Survived')
fig
```

끝으로 <Explore DataFrame> 창을 이용한 데이터 탐색 기능을 살펴보자. <Explore DataFrame> 창을 클릭하면 아래와 같이 "Glimpse"를 보여준다. 이에 대한 설명은 앞에서 논의되었으므로 생략한다.

Glimpse | Predictor patterns | Correlation Matrix

bam.glimpse(df_new1)

58 rows and 11 columns

Show [All columns] Update

Column	Data type	Unique values	Missing values
PassengerId	int64	58	0
Survived	int64	2	0
Pclass	int64	3	0
Name	object	58	0
Sex	object	2	0
Age	float64	32	0
SibSp	int64	4	0
Parch	int64	4	0
Ticket	object	57	0
Fare	float64	46	0
Embarked	object	4	1 - 1.7%

Click on a row for column details.

다음으로 "Predictor patterns"를 클릭하여 실행하면 제2장에서 배운 예측력지수(predictive power score, PPS)를 heatmap으로 아래와 같이 출력한다. y축 변수에 대한 x축 변수의 PPS이므로 대각행렬값은 1이 된다. 대각행렬을 기준으로 heatmap이 대칭이 아니라는 것을 볼 수 있으며, 커서를 heatmap에 대면 구체적인 PPS 값을 볼 수 있다. 대각행렬에 있는 변수를 클릭하면 해당 변수에 대한 다른 변수들의 PPS를 좀 더 구체적으로 볼 수 있다.

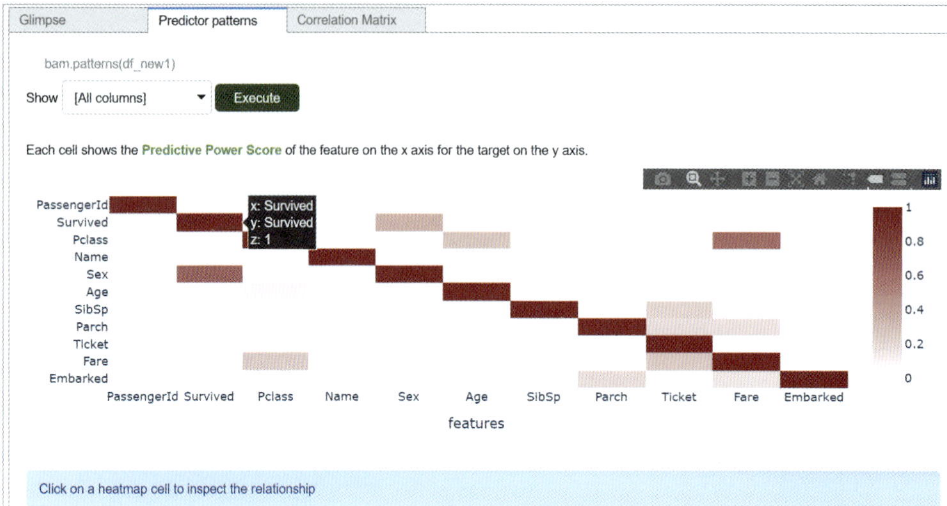

다음은 PPS heatmap에서 목적변수 Survived를 클릭한 후, "predictors"를 선택하였을 때의 결과이다.

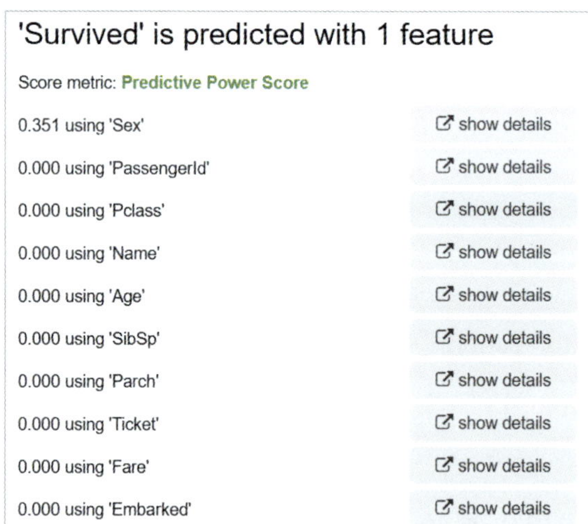

위 결과에 따르면 오직 Sex 변수만 0.351의 PPS를 가지고 있어 Sex가 목적변수 Survived를 설명하는 유일한 특성변수라고 할 수 있다. <Explore DataFrame>의 "Correlation Matrix"를 클릭하면 오직 실숫값만 갖는 변수 등의 Pearson 상관계수를 제공한다.

3.3 Plotly

Bamboolib을 이용한 plotly 그림을 하나씩 직접 구현해 보도록 하자. 이는 Bamboolib의 작동원리를 좀 더 잘 이해하고, 필요시 Bamboolib에 의존하지 않는 맞춤형 시각화를 하기 위함이다. AutoViz에 의한 데이터 시각화는 간단한 명령어로 데이터의 분포와 관계를 파악할 수 있으나, 통계분석에서 세련되고 유연한 맞춤형 데이터 시각화는 특성변수와 목적변수의 통계적 특성을 세밀하게 파악하는 데 필요하다. 특히 3D 데이터의 시각화는 통계모형의 선택과 특성변수선택을 위한 중요한 수단이 되며, 3D 시각화가 360°로 회전이 가능하고 zoom in과 out 등이 가능한 쌍방향 시각화(interactive visualization)이면 효율적인 통계분석 방법을 제시할 뿐만 아니라 자료구조를 직관적으로 설명하는 좋은 도구가 된다. Plotly는 Bamboolib의 백엔드(backend)일 뿐만 아니라 다른 시각화 라이브러리와 비교하여 세련되고 아름다운 시각화를 제공하며 Jupyter notebook에서 별도의 인증절차 없이

```
pip install plotly
```

를 실행하여 사용할 수 있다. plotly는 쌍방향 시각화에 특화된 라이브러리로 plot.express와 plotly.graph_objects를 이용하여 시각화를 구현하도록 하고 있다.

3.3.1 plotly.express

plotly.express는 graph_objects 위에 설계된 high-level API로 대부분의 통계플롯을 그리는 데 이용된다. plotly.express는 매우 간결한 API로

```
import plotly.express as px
```

로부터 시작한다. 실제 예제를 통해 plotly.express 사용법을 실습하기 위해 익숙한 IRIS 데이터를 다음과 같이 불러낸다.

```
import plotly.express as px
iris_df=px.data.iris()
iris_df.head()
```

	sepal_length	sepal_width	petal_length	petal_width	species	species_id
0	5.1	3.5	1.4	0.2	setosa	1
1	4.9	3.0	1.4	0.2	setosa	1
2	4.7	3.2	1.3	0.2	setosa	1
3	4.6	3.1	1.5	0.2	setosa	1
4	5.0	3.6	1.4	0.2	setosa	1

먼저 IRIS 품종별로 x축에 sepal_length를 y축에 petal_width로 한 scatter 플롯은 다음과 같이 간단하게 그릴 수 있다.

```
fig=px.scatter(iris_df, x='sepal_length', y='petal_width', color='species', title='Scatter Plot')
fig.show()
```

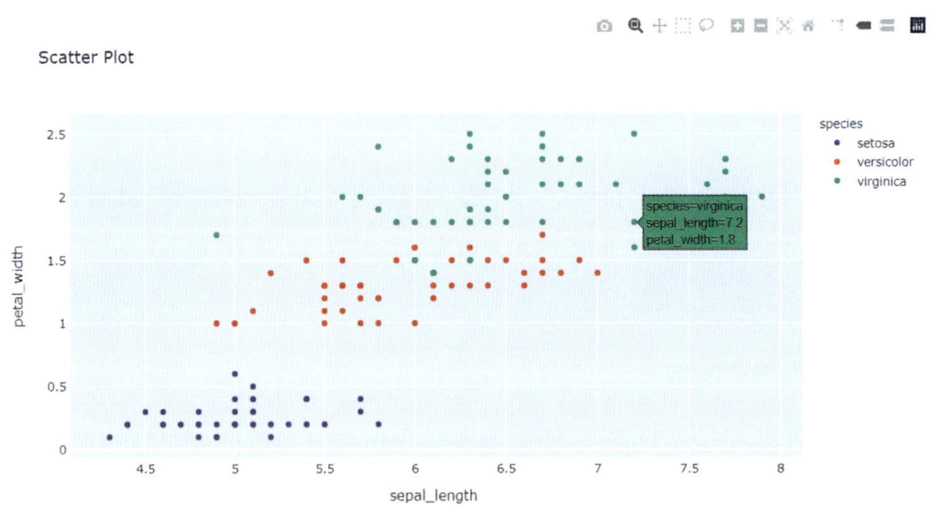

위 그림에서 볼 수 있듯이 px.scatter()에 사용할 데이터셋을 지정하고 color='species'를 지정하여 품종별로 색깔을 구별하는 scatter 플롯을 제공하고 있다. 그러므로 plotly.express는 pandas 데이터로 전환하여 사용하면 좀 더 편리하다. 그림에 커서를 대면 자료정보를 볼 수 있다. plotly.express는 좀 더 다양한 정보를 보여주는 scatter 플롯을 아래와 같이 그릴 수 있다.

```
fig=px.scatter(iris_df, x='sepal_length', y='petal_width', color='species', marginal_y='violin',
marginal_x='box', trendline='ols', template='simple_white')
fig.show()
```

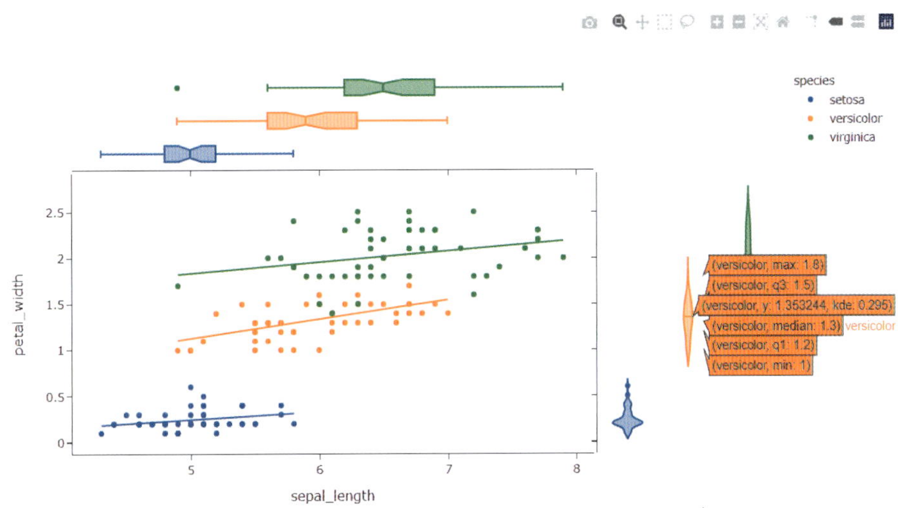

x축 상단에 sepal_length에 대한 box-whisker 플롯을 color=에 지정된 클래스별로 그리기 위해 marginal_x='box'를 부여하고 y축에는 petal_width의 분포형태를 그리기 위해 marginal_y='violin'을 부여하였다. violin은 분포함수를 좌우대칭 형태로 그린 플롯이다. trend='ols'를 부여하여 클래스별로 OLS 회귀선을 그리고 있으며, template='simple_white'로 지정하여 그림의 배경이 흰색이 되도록 하고 있다. scatter 플롯의 각 점에 커서를 대면 자료정보를 볼 수 있고, OLS 회귀선에 커서를 대면 회귀식과 R^2을 제공하며, box-whisker 플롯과 violin에 커서를 대면 중위수, Q1, Q3 등의 정보를 제공한다. 다음 그림은 모든 가능한 특성변수의 pair로 플롯을 그리는 프로그램이다. 이 플롯은 IRIS 품종을 분류하는 데 유용한 변수선택과 분류를 선형모형으로 할지 비선형모형으로 할지를 결정하는 데 유용하다. title=

'Scatter matrix'를 지정하여 scatter 플롯의 제목을 왼쪽 상단에 줄 수 있다. title을 다른 위치나 글자 크기, 색깔 등을 조절할 때 이어서 설명할 update_layout() 함수를 사용한다. 특별하게 plotly.express와 plotly.graph_objects 출력창 우측상단에 커서를 대면 출력된 그림을 다운로드할 수 있는 기능, 그림을 줌인, 줌아웃, 이동 등을 할 수 있는 기능이 제공되어 있어 그림을 다양한 관점에서 볼 수 있다. 특히 3D 그림에서는 그림을 360°로 회전할 수 있는 기능도 있어 자료구조를 파악하는 데 매우 유용하다.

```
fig=px.scatter_matrix(iris_df, dimensions=['sepal_length', 'sepal_width', 'petal_length', 'petal_
width'], color='species', title='Scatter Matrix')
fig.show()
```

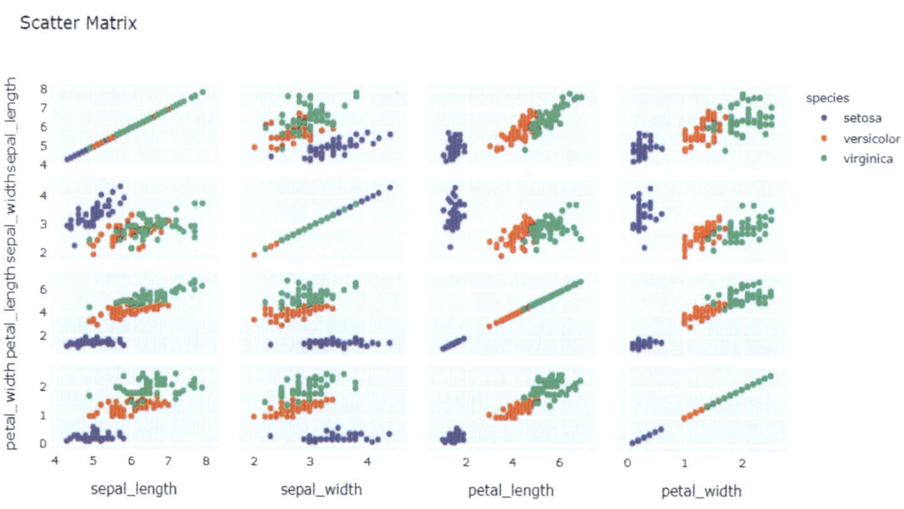

다음 그림은 분포 등고선으로 marginal_x='rug'를 지정하여 x축 상단에 자료 카펫을 깔게 하였고, hover_data=iris_df.columns를 주어 자료카펫에 커서를 대면 x축과 y축 자료뿐만 아니라 iris_df에 있는 모든 특성변수를 보여준다. marginal= 'histogram'에 의해 y축의 sepal_width에 대한 클래스별 히스토그램을 그려주며 커서를 대면 히스토그램 정보를 제공해준다.

```
fig=px.density_contour(iris_df, x='sepal_length', y='sepal_width', color='species', marginal_x
='rug', marginal_y='histogram', hover_data=iris_df.columns)
fig.show()
```

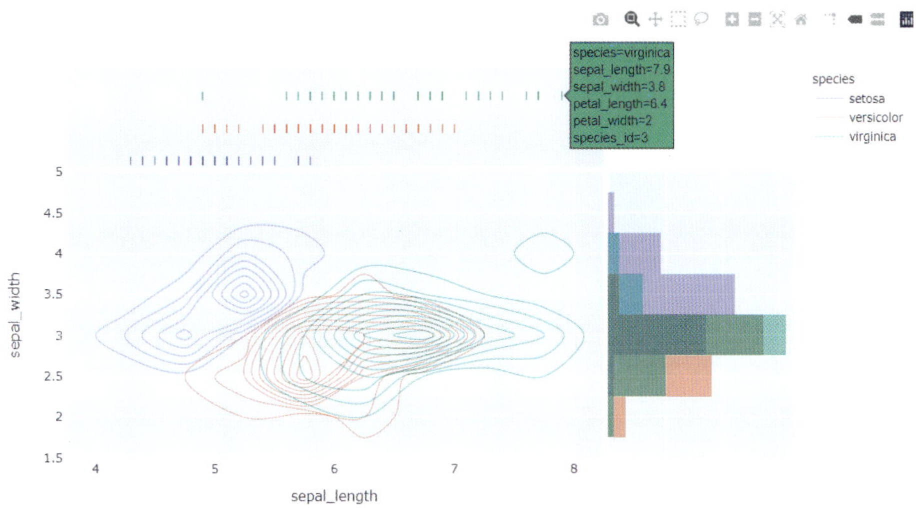

다음은 px에 내장된 tips라는 데이터의 구조이다.

```
df_tips=px.data.tips()
df_tips.head()
```

	total_bill	tip	sex	smoker	day	time	size
0	16.99	1.01	Female	No	Sun	Dinner	2
1	10.34	1.66	Male	No	Sun	Dinner	3
2	21.01	3.50	Male	No	Sun	Dinner	3
3	23.68	3.31	Male	No	Sun	Dinner	2
4	24.59	3.61	Female	No	Sun	Dinner	4

tips 자료를 이용하여 x축에는 total_bill을 y축에는 total_bill의 구간별로 팁의 합을, 그리고 marginal='rug'와 hover_data=df_tips.columns를 부여하여 자료카펫을 깔고 있다. 만약 histogram의 y축의 값을 0~1의 값으로 확률화하려면 histnorm='probability'을 부여하면 된다. 한편, fig.update_layout를 이용하여 title을 'Histogram'

을 주고 title이 x축의 중간에 오도록 title_x=0.5를 주고 있다.

```
fig=px.histogram(df_tips, x='total_bill', y='tip', color='smoker', marginal='rug', hover_data
=df_tips.columns)
fig.update_layout(title_text='Histogram', title_x=0.5)
fig.show()
```

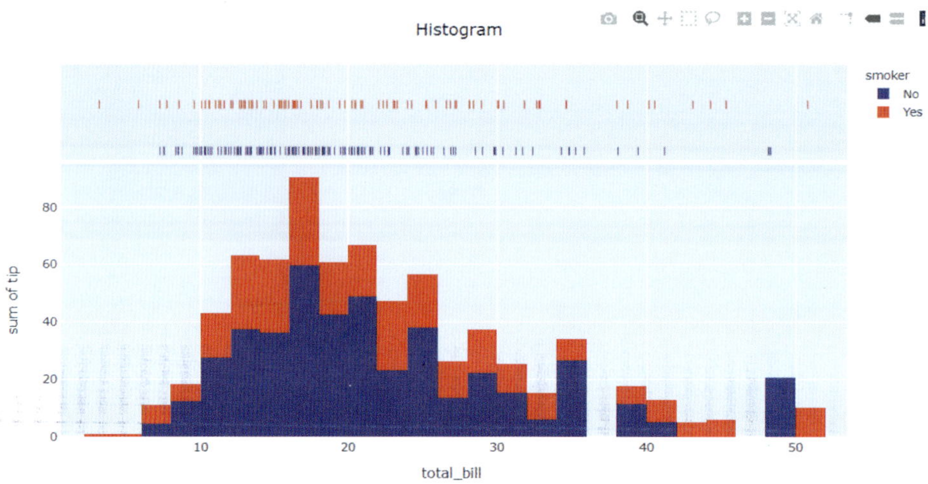

다음은 Dinner와 Lunch별로 팁에 대한 box-whisker 플롯을 성별로 제공하고 있으며 fig.update_layout에 title_y=0.5, title_font_size=30을 부여하여 title이 그림 중간에 오고 title의 크기를 조절하고 있다.

```
fig=px.box(df_tips, x='time', y='tip', color='sex')
fig.update_layout(title_text='BOX', title_x=0.5, title_y=0.5, title_font_size=30)
fig.show()
```

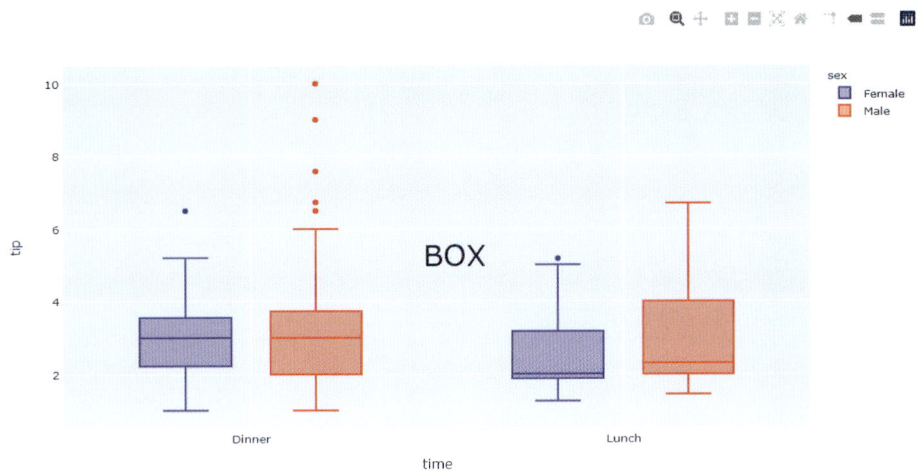

다음은 violin으로 팁에 대한 분포함수와 분포함수 내에 box-whisker 플롯을 담배를 피우는지 여부에 따라 그리는 프로그램이며 points='all'을 지정하여 별도의 자료 scatter 플롯을 제공하게 하고 있다.

```
fig=px.violin(df_tips, y='tip', x='sex', color='smoker', box=True, points='all', hover_data=
df_tips.columns)
fig.show()
```

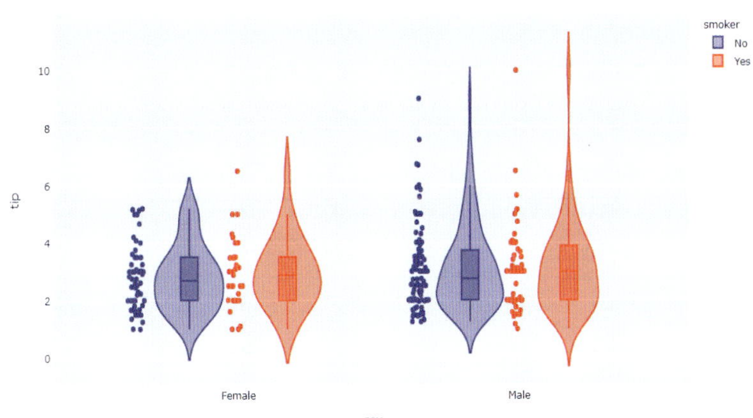

다음은 시계열자료의 시계열 플롯을 그리기 위한 plotly.express.line의 적용사례를 보여주기 위해 gaminder 데이터를 내려받아 한국을 찾아서 연도별 기대수명 시계열 플롯을 보여주고 있다.

```
import numpy as np
df_pop=px.data.gapminder()
df_1=np.unique(df_pop['country'])
print(df_1)
```

```
['Afghanistan' 'Albania' 'Algeria' 'Angola' 'Argentina' 'Australia'
 'Austria' 'Bahrain' 'Bangladesh' 'Belgium' 'Benin' 'Bolivia'
 'Bosnia and Herzegovina' 'Botswana' 'Brazil' 'Bulgaria' 'Burkina Faso'
 'Burundi' 'Cambodia' 'Cameroon' 'Canada' 'Central African Republic'
 'Chad' 'Chile' 'China' 'Colombia' 'Comoros' 'Congo, Dem. Rep.'
 'Congo, Rep.' 'Costa Rica' "Cote d'Ivoire" 'Croatia' 'Cuba'
 'Czech Republic' 'Denmark' 'Djibouti' 'Dominican Republic' 'Ecuador'
 'Egypt' 'El Salvador' 'Equatorial Guinea' 'Eritrea' 'Ethiopia' 'Finland'
 'France' 'Gabon' 'Gambia' 'Germany' 'Ghana' 'Greece' 'Guatemala' 'Guinea'
 'Guinea-Bissau' 'Haiti' 'Honduras' 'Hong Kong, China' 'Hungary' 'Iceland'
 'India' 'Indonesia' 'Iran' 'Iraq' 'Ireland' 'Israel' 'Italy' 'Jamaica'
 'Japan' 'Jordan' 'Kenya' 'Korea, Dem. Rep.' 'Korea, Rep.' 'Kuwait'
 'Lebanon' 'Lesotho' 'Liberia' 'Libya' 'Madagascar' 'Malawi' 'Malaysia'
 'Mali' 'Mauritania' 'Mauritius' 'Mexico' 'Mongolia' 'Montenegro'
 'Morocco' 'Mozambique' 'Myanmar' 'Namibia' 'Nepal' 'Netherlands'
 'New Zealand' 'Nicaragua' 'Niger' 'Nigeria' 'Norway' 'Oman' 'Pakistan'
 'Panama' 'Paraguay' 'Peru' 'Philippines' 'Poland' 'Portugal'
 'Puerto Rico' 'Reunion' 'Romania' 'Rwanda' 'Sao Tome and Principe'
 'Saudi Arabia' 'Senegal' 'Serbia' 'Sierra Leone' 'Singapore'
 'Slovak Republic' 'Slovenia' 'Somalia' 'South Africa' 'Spain' 'Sri Lanka'
 'Sudan' 'Swaziland' 'Sweden' 'Switzerland' 'Syria' 'Taiwan' 'Tanzania'
 'Thailand' 'Togo' 'Trinidad and Tobago' 'Tunisia' 'Turkey' 'Uganda'
 'United Kingdom' 'United States' 'Uruguay' 'Venezuela' 'Vietnam'
 'West Bank and Gaza' 'Yemen, Rep.' 'Zambia' 'Zimbabwe']
```

```
df_korea=df_pop.query("country=='Korea, Rep.'")
fig=px.line(df_korea, x='year', y='lifeExp', title='Life expectancy in Korea')
fig.show()
```

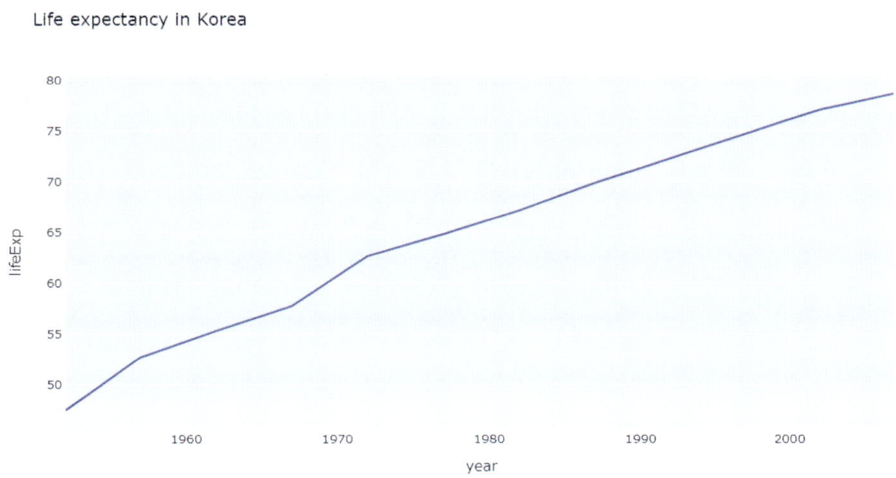

다음은 아시아 국가만으로 구성된 df_asia 자료를 구축하여 아시아 각국의 기대수명 시계열 플롯을 보여주고 있다.

```
df_asia=df_pop.query("continent=='Asia'")
fig=px.line(df_pop, x='year', y='lifeExp', color='country')
fig.show()
```

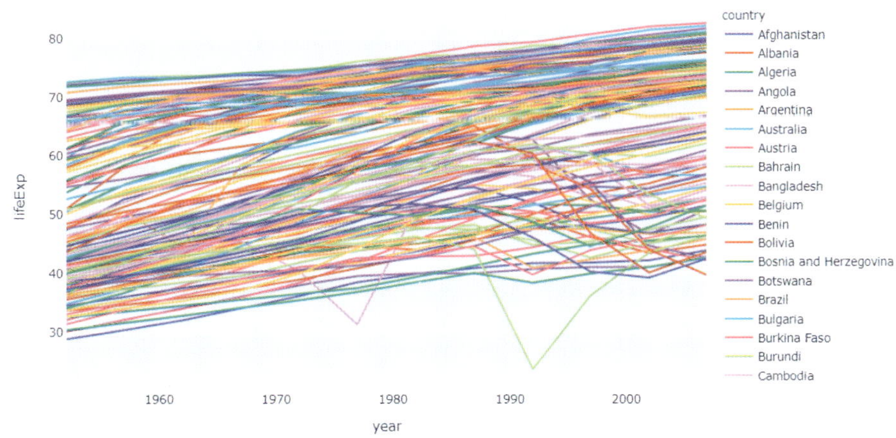

3.3.2 plotly.graph_objects

이제 plotly.graph_objects를 이용하여 다양한 시각화를 구현하여 보자. plotly.graph_objects는 go로 축약하여 일반적으로 사용하며, go.Figure(data=dataset)의 구조로 출발한다. 다음은 graph_objects를 이용하여 한국인의 기대수명 시계열을 그리고 있다. plotly.express.line과 비교하여 다른 점은 시계열 플롯에서 관측점이 '•' 으로 표시되어 있다는 것이며 dataset이 go.Scatter(x=X,y=Y)로 정의하고 있다는 것이다.

```
import plotly.graph_objects as go
X=df_korea['year']
Y=df_korea['lifeExp']
fig=go.Figure(data=go.Scatter(x=X,y=Y))
fig.show()
```

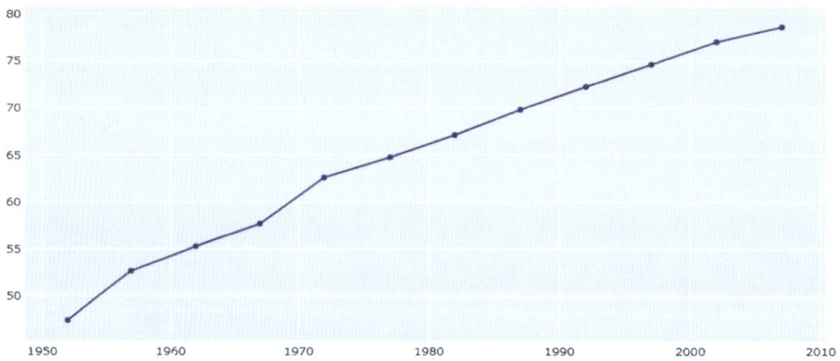

다음은 하나의 x값에 대응하는 y값이 3개 있을 때, go.Figure()를 이용한 line 플롯을 보여주고 있다. x를 시간으로 생각하면 3개의 시계열을 서로 간에 비교하는 것으로 생각하면 된다. go.Figure()의 dataset을 만드는 대신 add.trace를 이용하여 line 플롯을 그리는 예제를 보여주고 있다.

```
import numpy as np
import plotly.graph_objects as go
np.random.seed(0)
N=100
x1=np.linspace(0,10,N)
y1=5.+x1+np.random.randn(N)
y2=x1+np.random.randn(N)
y3=-5.+x1+np.random.normal(0,2,N)

fig=go.Figure()
fig.add_trace(go.Scatter(x=x1, y=y1, mode='lines', name='line'))
fig.add_trace(go.Scatter(x=x1, y=y2, mode='lines+markers', name='line+marker'))
fig.add_trace(go.Scatter(x=x1, y=y3, mode='markers', name='marker'))

fig.show()
```

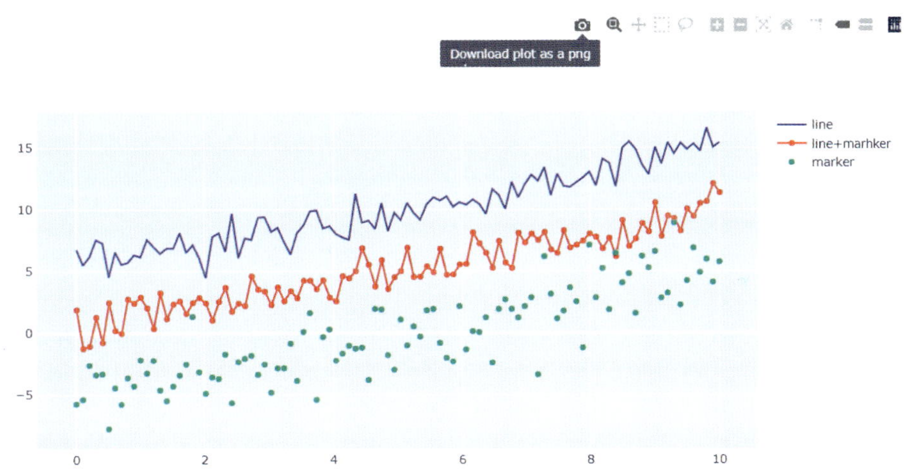

go.scatter의 mode는 default로 'lines'이지만 'lines+makers' 또는 'makers'로 지정할 수 있다.

다음은 3D 시각화를 위한 graph_objects를 사용하는 예를 보여주고 있다. 구현된 3D scatter나 surface는 마우스 휠을 이용하여 전후좌우 360° 회전이 가능하고 줌인, 줌아웃, 그리고 우측 상단의 pan을 이용하여 그림 자체를 화면의 상하좌우로 자유롭게 이동할 수 있다. 특히 그림을 전후좌우 360^o로 돌려서 볼 수 있어서 3차원 관점에서 자료구조를 살펴볼 수 있다. go.Figure() 내의 dataset을 각각 go.Scatter3D를 적용하여 이를 하나로 모으는 data=[surface_1, surface_2, surface_3]를 만들어서 적용하고 있다.

```
import numpy as np
import plotly.graph_objects as go
np.random.seed(0)
N=100

x1=np.random.normal(1,1,N)
x1=np.sort(x1)
x2=np.random.randn(N)
x2=np.sort(x2)
y1=5.+x1-2*x2+np.random.normal(0,4,N)
y2=-4*x1-2*x2**3
y3=-5.+x1-3*x2+np.random.normal(0,2,N)

surface_1=go.Scatter3d(x=x1,y=x2,z=y1)
surface_2=go.Scatter3d(x=x1,y=x2,z=y2)
surface_3=go.Scatter3d(x=x1,y=x2,z=y3)
data=[surface_1,surface_2,surface_3]
fig=go.Figure(data=data)
fig.show()
```

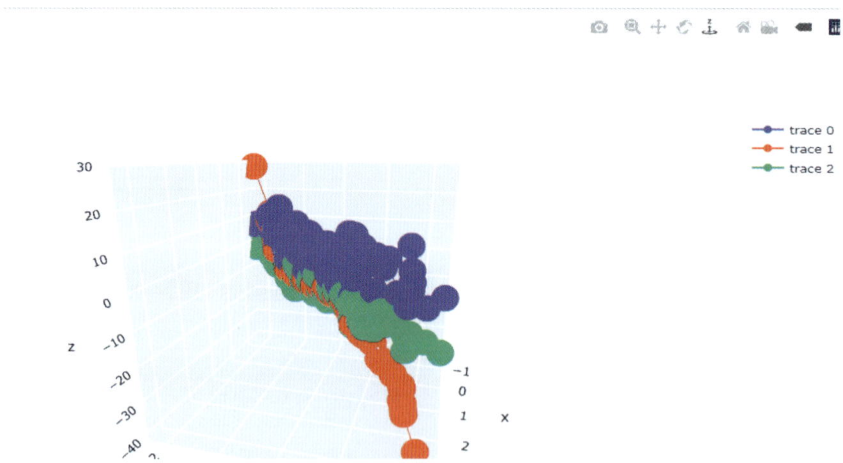

다음은 $y=5+x_1+2x_2+\epsilon$ 회귀모형이 있을 때, 오차 ϵ에 의해 오염된 y와

x_1, x_2 표본을 관측하여 회귀식 $y = 5 + x_1 + 2x_2$를 추정하는 그림을 3차원으로 구현한 그림이다. 이를 위해 np.meshgrid를 이용하여 100×100 x_1과 x_2를 만들고, go.Surface를 적용하여 $y = 5 + x_1 + 2x_2$ 평면을 그리고 있으며 Scatter3D는 1차원 x, y, 그리고 z에만 적용되므로 x1.flatten(), x2.flatten(), y2.flatten() 함수를 이용하여 2차원 x1, x2, y2를 1차원 자료로 만든 후, 매 20번째 자료로 Scatter3D를 그리고 있다. 표본자료는 모든 가능한 자료점에서 일부만 관측되는 것을 반영하기 위함이다. go.Scatter3D에서 opacity=0.3은 Scatter3D maker의 투명도를 나타내는 옵션으로 0은 완전 투명 1은 완전 불투명을 의미한다.

```
import numpy as np
import plotly.graph_objects as go
np.random.seed(0)
N=100

x1,x2=np.meshgrid(np.linspace(0,2,N), np.linspace(0,2,N))
print(x1.shape)
y1=5.+x1+2*x2
y2=y1.copy()+np.random.normal(0,2,(N,N))

surface_1=go.Surface(x=x1, y=x2, z=y1)
surface_2=go.Scatter3d(x=x1.flatten()[::20], y=x2.flatten()[::20],
          z=y2.flatten()[::20], opacity=0.3, mode='markers')
data=[surface_1, surface_2]
fig=go.Figure(data=data)
fig.show()
```

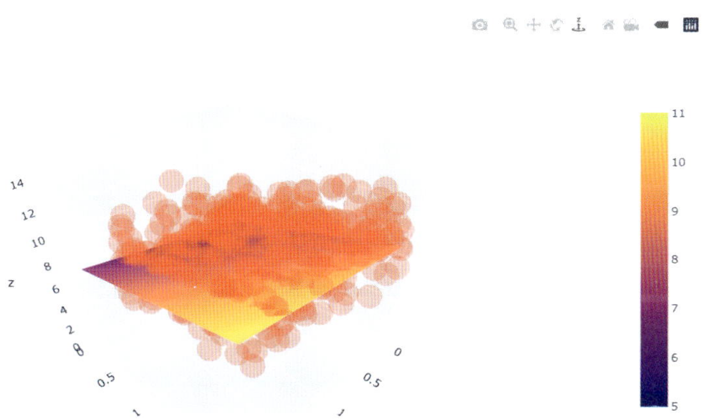

앞의 그림에서 볼 수 있듯이 평면은 추정하고자 하는 회귀평면이고 옅은 투명도의 maker는 표본관측치를 보여주고 있다. plotly.express와 plotly.graph_objects로 그린 그림은 on-line을 통해 구현되기 때문에 그림을 HTML로 저장하여 웹브라우저로 공유가 가능하다. 만약 off-line으로 자신의 컴퓨터에 배타적으로 그림을 구현하고 저장하고자 하면 plotly.offline.iplot을 이용하면 된다.

```
import numpy as np
import plotly.graph_objects as go
import plotly.offline as pyo
np.random.seed(0)
N=100

x1,x2=np.meshgrid(np.linspace(0,2,N),np.linspace(0,2,N))

y1=5.+x1+2*x2
y2=y1.copy()+np.random.normal(0,2,(N,N))

surface_1=go.Surface(x=x1, y=x2, z=y1)
surface_2=go.Scatter3d(x=x1.flatten()[::20], y=x2.flatten()[::20],
z=y2.flatten()[::20],opacity=0.3,mode='markers')
data=[surface_1,surface_2]
pyo.iplot(data)
```

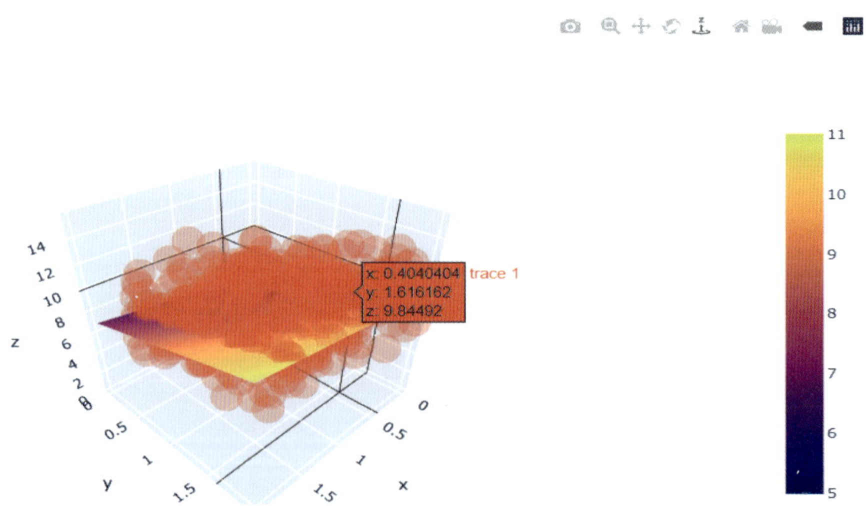

좀 더 복잡한 3D 시각화를 구현하여 보자. x와 y를 np.meshgrid를 이용하여 50×50 자료를 생성하고 go.Scatter3D로 $z = \sin(x^2 + y^2)$를 추정하기 위한 가상의 표본자료를 그리면 다음과 같다.

```
import numpy as np
import plotly.graph_objs as go
X,Y=np.meshgrid(np.linspace(-4,4,50), np.linspace(-3,3,50))
X.shape
Z=np.sin(X**2+Y**2)
fig=go.Figure(data=[#go.Surface(x=X, y=Y, z=Z),
                    go.Scatter3d(x=X.flatten()[::10],
                                 y=Y.flatten()[::10],
                                 z=Z.flatten()[::10], opacity=0.9, mode='markers')])
fig.show()
```

다음 그림은 $z = \sin(x^2 + y^2)$ 평면그림과 앞에서 제공한 표본자료 그림을 합성한 것이다.

```
Z=np.sin(X**2+Y**2)
Z1=Z.copy()
Z1=Z1+np.random.rand(50,50)
fig=go.Figure(data=[go.Surface(x=X,y=Y,z=Z),
                    go.Scatter3d(x=X.flatten()[::10],
                                 y=Y.flatten()[::10],
                                 z=Z1.flatten()[::10],opacity=0.9,mode='markers')])
fig.show()
```

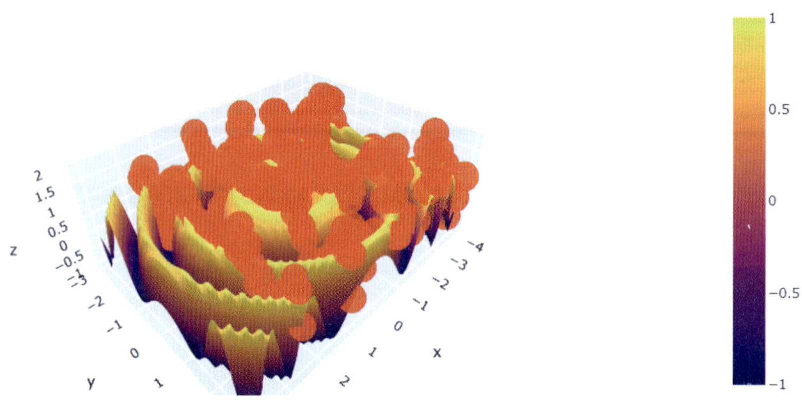

다음 그림은 위 그림에 $z_2 = \sin(x) + \cos(y)$를 추가한 그림이다.

```
Z=np.sin(X**2+Y**2)
Z1=Z.copy()
Z1=Z1+np.random.rand(50,50)
Z2=np.sin(X)+np.cos(Y)
fig=go.Figure(data=[go.Surface(x=X, y=Y, z=Z),
                    go.Scatter3d(x=X.flatten()[::10],
                                 y=Y.flatten()[::10],
                                 z=Z1.flatten()[::10], opacity=0.7, mode='markers'),
                    go.Surface(x=X, y=Y, z=Z2)])
fig.show()
```

3.3.3 plotly.subplots

다음은 plotly.subplots 라이브러리를 이용하여 한 화면에 2개 이상의 subplots를 그리는 프로그램을 보여주고 있다. 아래 프로그램에서 볼 수 있듯이 make_subplots에 rows와 cols를 지정해줌으로써, subplot의 형식을 쉽게 지정하고 add_trace를 이용하여 각 subplot이 들어갈 플롯과 subplot의 위치를 지정할 수 있다. 여기에서 주의해야 할 점은 add_trace 내에 정의되는 plot은 오직 plotly.graph_objects으로 만들어진 것만 허용된다는 것이다. plotly.express를 이용한 플롯은 add_trace에서 사용할 수 없다. update_layout을 이용하여 플롯의 크기를 조절하고 전체 플롯의 제목을 지정하고 title_x-0.5로 제목을 x축의 가운데에 위치하도록 하고 있다. 만약 title_y=0.5를 추가하면 제목이 플롯의 정중앙에 위치하게 된다.

```
from plotly.subplots import make_subplots
import plotly.graph_objects as go
import numpy as np
fig=make_subplots(rows=1, cols=2)
X=np.linspace(-3,3,20)
Y1=np.sin(X)
```

```
Y2=np.cos(X)
Y3=np.tan(X)
fig.add_trace(go.Scatter(x=X,y=Y1) ,row=1, col=1)
fig.add_trace(go.Scatter(x=X,y=Y2), row=1, col=2)
fig.update_layout(height=400, width=800, title_text='side by side plots', title_x=0.5)
fig.show()
```

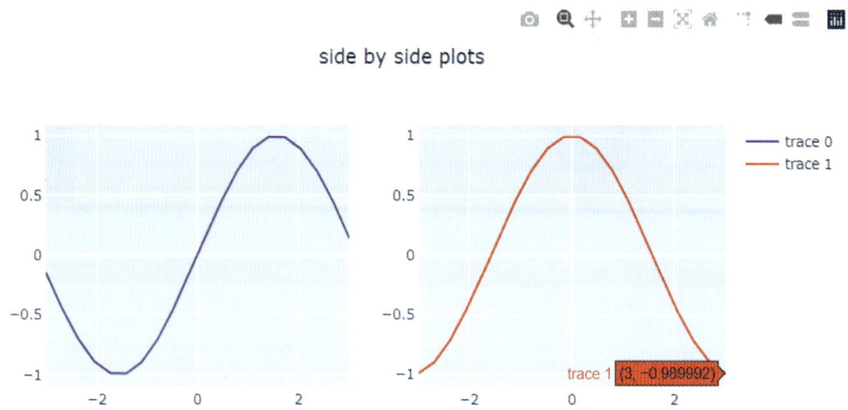

다음은 2×2 subplots를 구성하는 프로그램으로 make_subplots에 subplot_titles로 subplot 각각에 title을 부여하고 있다. column_widths=(0.7,0.3)으로 subplot의 열 면적 비율을 7:3으로 하도록 하고 있다. 물론 row_widths를 이용하여 행 면적 비율도 조절할 수 있다.

```
fig=make_subplots(rows=2, cols=2, subplot_titles=('sin', 'tan', 'cos', 'tanh'),
row_heights=(0.7,0.3), column_widths=(0.7,0.3))
fig.add_trace(go.Scatter(x=X, y=Y1), row=1, col=1)
fig.add_trace(go.Scatter(x=X1, y=Y3), row=1, col=2)
fig.add_trace(go.Scatter(x=X1, y=Y2), row=2, col=1)
fig.add_trace(go.Scatter(x=X2, y=Y4), row=2, col=2)
fig.update_layout(height=500, width=800, title_text='multiple curves', title_x=0.5)
fig.show()
```

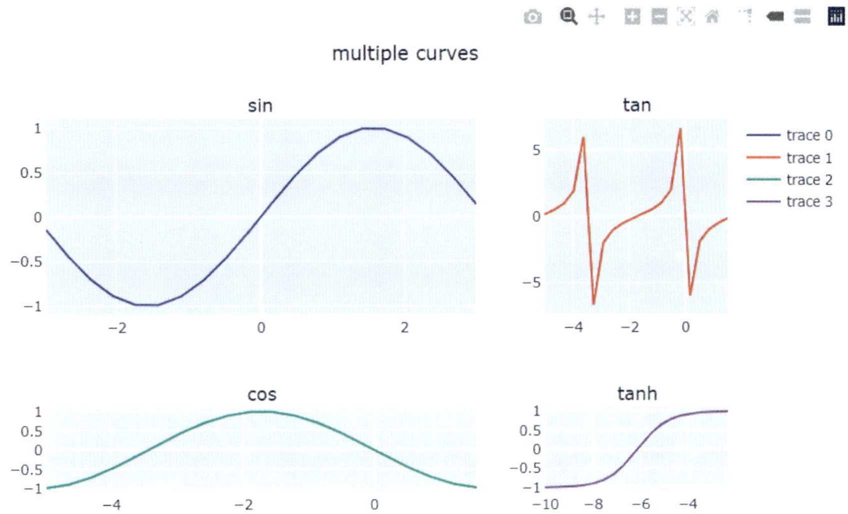

아래 프로그램은 subplots 간 수직거리를 vertical_spacing으로, 수평거리를 horizontal_spacing으로 조절할 수 있다. 또한 update_xaxes와 update_yaxes를 이용하여 각 subplot의 x축과 y축에 텍스트를 줄 수 있다.

```
fig=make_subplots(rows=2, cols=2, subplot_titles=('sin', 'tan', 'cos',
'tanh'),vertical_spacing=0.1, horizontal_spacing=0.3)
fig.add_trace(go.Scatter(x=X,y=Y1), row=1, col=1)
fig.add_trace(go.Scatter(x=X1,y=Y3), row=1, col=2)
fig.add_trace(go.Scatter(x=X1,y=Y2), row=2, col=1)
fig.add_trace(go.Scatter(x=X2,y=Y4), row=2, col=2)
fig.update_xaxes(title_text='x', col=1, row=1)
fig.update_xaxes(title_text='x1', col=2, row=1)
fig.update_xaxes(title_text='x1', col=1, row=2)
fig.update_xaxes(title_text='x2', col=2, row=2)
fig.update_yaxes(title_text='y1', col=1, row=1)
fig.update_yaxes(title_text='y3', col=2, row=1)
fig.update_yaxes(title_text='y2', col=1, row=2)
fig.update_yaxes(title_text='y4', col=2, row=2)
fig.update_layout(height=500, width=800, title_text='customized mutiple curves', title_x=0.5)
fig.show()
```

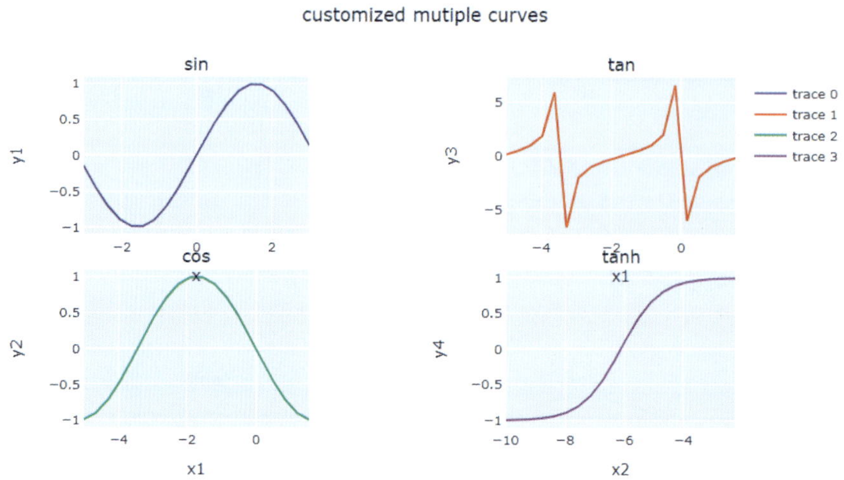

아래 그림은 shared_xaxes=True, shared_yaxes=True를 부여하여 동일한 x축과 동일한 y축의 scale을 각 subplot이 공유하도록 하고 있다.

```
fig=make_subplots(rows=2,cols=2, subplot_titles=('sin', 'tan',' cos',
'tanh'),shared_xaxes=True, shared_yaxes=True)
fig.add_trace(go.Scatter(x=X, y=Y1), row=1, col=1)
fig.add_trace(go.Scatter(x=X1, y=Y3), row=1, col=2)
fig.add_trace(go.Scatter(x=X1, y=Y2), row=2, col=1)
fig.add_trace(go.Scatter(x=X2, y=Y4), row=2, col=2)

fig.update_layout(height=500, width=800, title_text='customized mutiple curves', title_x=0.5)
fig.show()
```

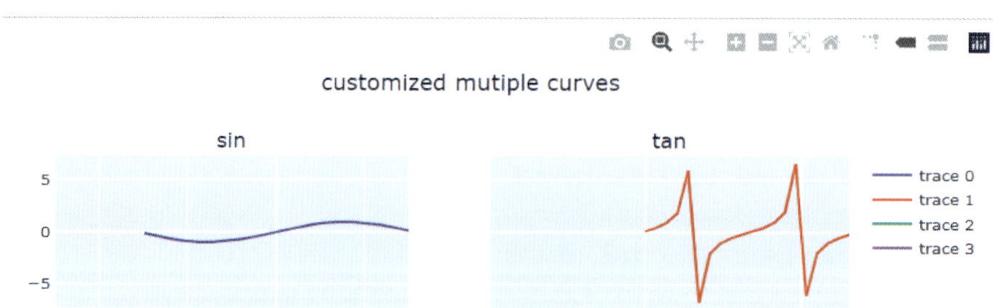

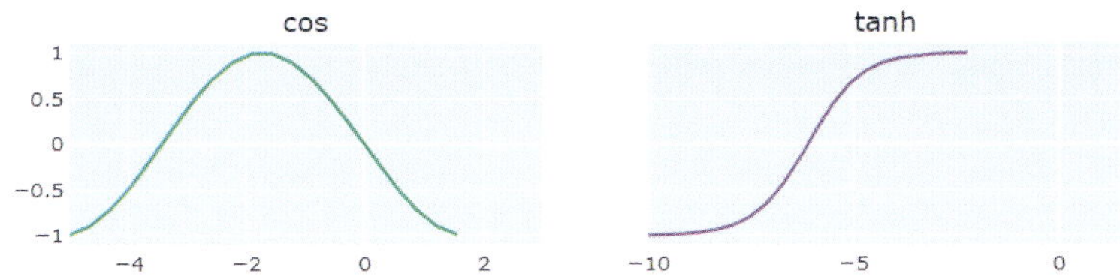

다음은 각 자료 점에 텍스트를 부여하는 프로그램이다. mode='markers+text'를 사용했을 때 3개의 자료 점에 텍스트를 부여하고 텍스트의 위치를 text_position으로 조절할 수 있다.

```
from plotly.subplots import make_subplots
import plotly.graph_objects as go
fig=make_subplots(rows=1, cols=2)
fig.add_trace(go.Scatter(x=[1,2,3], y=[4,5,6], mode='markers+text', text=['text
              A', 'text B', 'text C'], textposition='bottom center'), row=1, col=1)
fig.add_trace(go.Scatter(x=[10,20,30], y=[40,50,60],
mode='markers+text',text=['text Aa','text Bb','text Cc'], textposition='bottom center'), row=1,
col=2)
fig.update_layout(height=600, width=900, title_text="plots with annotations")
fig.show()
```

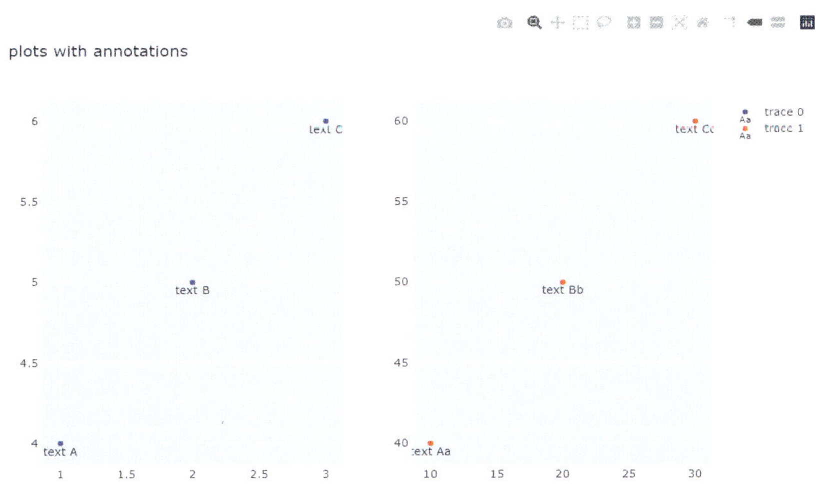

다음은 2×2 subplots에서 제1행은 2개의 subplots를, 제2행에는 1개의 subplot을 그리도록 specs=[[{},{}],[{'colspan':2},None]]을 지정하고 있다.

```
from plotly.subplots import make_subplots
import plotly.graph_objects as go
fig=make_subplots(rows=2, cols=2, specs=[[{},{}],[{'colspan':2},None]],
subplot_titles=('F1', 'F2', 'F3'))
fig.add_trace(go.Scatter(x=[1,2,3], y=[4,5,6]), row=1,col=1)
fig.add_trace(go.Scatter(x=[10,20,30], y=[40,50,60]), row=1, col=2)
fig.add_trace(go.Scatter(x=[1,2,3], y=[4,1,6]), row=2, col=1)
fig.update_layout(height=600, width=900, title_text="plots with annotations")
fig.show()
```

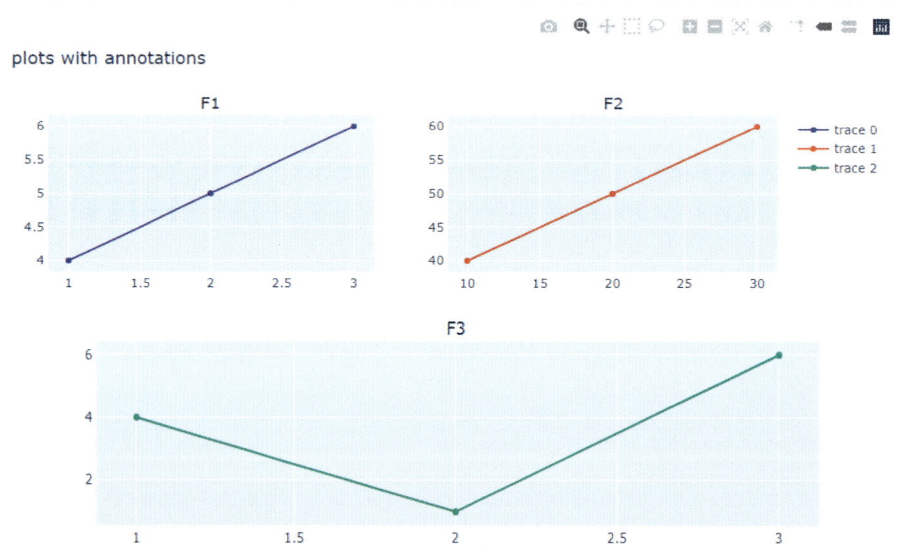

아래 프로그램은 2×2 subplots에서 제1열은 1개의 subplot, 제2열은 2개의 subplots를 만들어지도록 specs으로 지정하고 있으며 print_grid=True를 주어 subplot 포맷을 출력하도록 하고 있다.

```
from plotly.subplots import make_subplots
import plotly.graph_objects as go
```

```
fig=make_subplots(rows=2, cols=2, specs=[[{'rowspan':2},{}],[None,{}]],
print_grid=True, subplot_titles=('F1','F2','F3'))
fig.add_trace(go.Scatter(x=[1,2,3], y=[4,5,6]), row=1, col=1)
fig.add_trace(go.Scatter(x=[10,20,30], y=[40,50,60]), row=1, col=2)
fig.add_trace(go.Scatter(x=[1,2,3], y=[4,1,6]), row=2, col=2)
fig.update_layout(height=600, width=900, title_text="plots with annotations")
fig.show()
```

```
This is the format of your plot grid:
[ (1,1) x,y   ]  [ (1,2) x2,y2 ]
[      :      ]  [ (2,2) x3,y3 ]
```

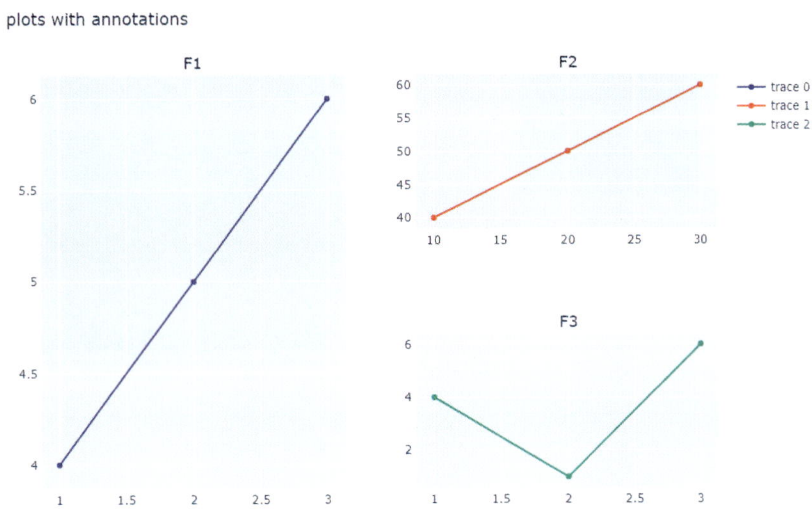

다음은 plotly.express를 이용하여 이미지를 출력하는 프로그램이다. plotly.express의 imshow() 함수는 오직 3D 텐서 이미지만 출력이 가능하다. 보통 딥러닝에서 사용하는 이미지 자료는 (표본, 높이, 너비, 채널)로 4D 텐서이며 각 표본당 3D 텐서로 자료를 입력한다. 그러므로 plotly.express는 이미지를 하나씩 처리하게 된다. 아래 프로그램은 3D 텐서로 각 자료 포인트는 RGB 셀을 표현하고 있다. 즉, (255, 255, 255)는 흰색을, (0, 0, 0)은 검은색을, (255, 0, 0)은 빨간색을, (0, 255, 0)은 녹색을, (0, 0, 255)는 파란색을 출력하고 있다.

```
import plotly.express as px
import numpy as np
img_rgb=np.array([[[0,0,0], [255,0,0], [0,255,0], [0,0,255]],
                  [[255,255,255], [255,0,0], [0,255,0], [0,0,255]]],
                  dtype=np.uint8)
print(img_rgb.shape)
fig=px.imshow(img_rgb)
fig.show()
```

```
(2, 4, 3)
```

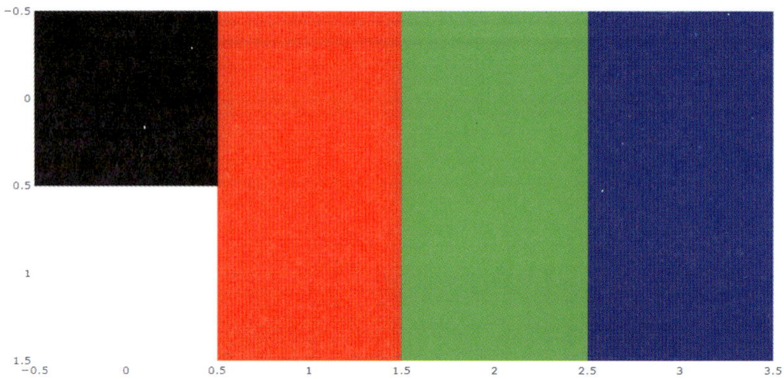

다음은 skimage를 이용하여 이미지를 읽고 plotly.express를 이용하여 이미지를 출력하고 있다.

```
import plotly.express as px
from skimage import io
img=io.imread('https://upload.wikimedia.org/wikipedia/commons/thumb/0/00/Crab_Nebula.j
pg/240px-Crab_Nebula.jpg')
fig=px.imshow(img)
fig.show()
```

아래 프로그램과 같이 zmin=50으로 RGB 색상의 최솟값을 50으로, zmax=200으로 RGB 색상의 최댓값을 조절하여 이미지의 색상을 조절할 수 있다.

```
import plotly.express as px
from skimage import data
img=data.camera()
fig=px.imshow(img, zmin=50, zmax=200)
fig.update_layout(height=300, width=500)
fig.show()
```

plotly를 이용한 이미지 자료의 subplots 구현은 이 책을 쓰고 있는 현재 시점 기준으로 가능하지 않거나 가능하더라도 매우 복잡하게 구현된다. 그러므로 CNN에 사용되는 이미지 자료의 subplots으로의 시각화는 matploylib.pyplot을 사용하는 것이 편리하다. 다음에 제공하는 프로그램은 3×5 subplots를 가정하고 있고, faces[i]는 i번째 사람의 3D 텐서 얼굴이미지라고 가정하고 있다.

```
import matplotlib.pyplot as plt
        fig, ax=plt.subplot(3,5)
        for i, axi in enumerate(ax.flat):
            axi.imshow(faces[i], cmap='bone')
            axi.set(xticks=[], yticks=[])
        plt.suptitle('FACES')
        plt.show()
```

위 프로그램에서 axi.set에서 xticks=[], yticks=[]는 이미지 테두리를 사각형으로 하라는 의미이고 ax.set 내에 xlabel=, ylabel=을 부여하여 각 subplot의 x축과 y축에 텍스트를 부여할 수 있다. suptitle은 전체 그림의 제목이다.

연습문제

1 plotly를 이용한 animation 적용사례를 프로그램과 결과를 제공하라.

2 tips 데이터를 이용하여 Bamboolib으로 데이터셋을 구성하고 <Create plot>창에 있는 옵션을 모두 구현하라.

Chapter **4**

K-Nearest Neighbors

KNN

KNN은 주변 k개의 자료의 클래스(class) 중 가장 많은 클래스로 특정 자료의 클래스를 지정하는 방법이다. 이를 투표방식(voting)이라고 한다. 아래 그림을 살펴보자.

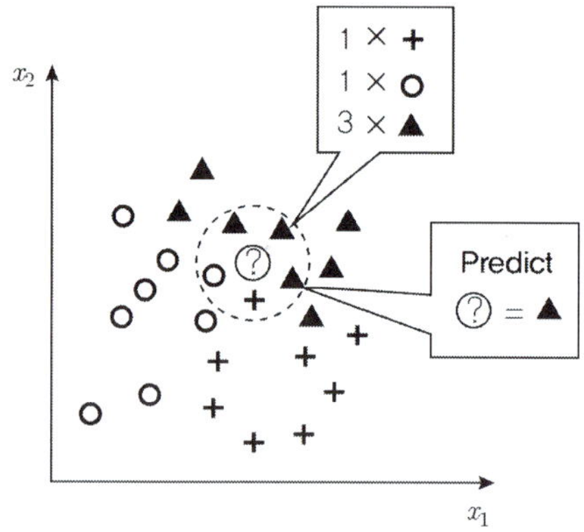

그림 4-1 KNN의 이해

두 개의 특성변수(X_1과 X_2)를 가지고 있는 학습데이터에 존재하는 3개 클래스들의 분포를 <그림 4-1>에 보여주고 있다. 원안의 ?로 표시된 새로운 자료를 위치시킨 후 가장 가까운 $k = 5$의 자료를 구한다. ○ 클래스가 1개, + 클래스가 1개, △ 클래스가 3개이므로 원안의 ?는 △ 클래스로 분류한다. 그러므로 KNN에서는 k를 결정하고 거리를 측정하는 측도(metric)만 결정하면 된다.

어떤 추정방법도 없으며 새로운 자료의 클래스 분류를 위해 어떤 통계적 모형이나 자료변환도 하지 않는, 학습데이터 자체만 있으면 되므로 이를 게으른 학습(lazy leaner) 또는 사례중심학습(instance-based learning)이라고도 한다. KNN은 매우 간단하지만 다른 분류기법(classifier)과 비교해서 성능이 떨어지지 않는다. 그렇지만 특성변수의 개수[이를 차원(dimension)이라고 한다]가 증가하면 소위 차원의 저주(curse of dimensionality) 문제가 발생하게 된다.

예를 들어, 좌표의 길이가 1인 d차원 큐브(cube)에 균등하게(uniform) 자료가 있을 때 자료의 p%를 포함하기 위한 좌표의 길이는 $(p\%/100)^{\frac{1}{d}}$로 계산된다(Hastie etl. 2009). 만약 $d = 10$이고 $p = 10\%$이면 좌표의 길이는 $(0.1)^{0.1} \approx 0.8$이 되어 각

좌표의 80% 범위를 고려하여야만 한다. 이는 각 특성변수 값의 80%에 이르는 d차원을 고려하여야만 10%에 해당하는 k를 결정할 수 있다는 의미가 된다. 그러므로 특성변수의 차원이 크면 KNN은 분류방법 머신러닝으로 성능이 현저하게 저하된다는 것을 의미한다. KNN에서는 $\boldsymbol{x}_i$와 $\boldsymbol{x}_j$(i번째 관측치와 j번째 관측치)의 거리로 Minkowski 거리

$$d(\boldsymbol{x}_i, \boldsymbol{x}_j) = \sqrt[p]{\sum_{k=1}^{d} |x_{ik} - x_{jk}|^p}$$

를 이용하여 k개의 근접치를 구한다.

4.1 KNN의 적용

먼저 seaborn library(https://stanford.edu/~mwaskom/software/seaborn/)로부터 통계학에서 널리 사용되는 Iris 데이터를 내려받아 살펴보면 다음과 같다.

```
import seaborn as sns              # seaborn을 불러오고 SNS로 축약함.
iris=sns.load_dataset('iris')      # iris라는 변수명으로 Iris data를 download함.
print(iris.head())                 # 최초의 5개의 관측치를 print
```

	sepal_length	sepal_width	petal_length	petal_width	species
0	5.1	2.5	1.4	0.2	setosa
1	4.9	3.0	1.4	0.2	setosa
2	4.7	3.2	1.3	0.2	setosa
3	4.6	3.1	1.5	0.2	setosa
4	5.0	3.6	1.4	0.2	setosa

그림 4-2 Iris 데이터의 형태

자료의 형태는 판다스 DataFrame 형태로 0 ~ 3열은 특성변수 X를 나타내며 4열은

목표변수 y인 꽃의 종류를 보여주고 있다. 먼저 Iris 데이터에서 변수의 특성을 살펴보기 위해 seaborn 라이브러리를 이용한 히스토그램과 산포도를 그려보자.

```
import seaborn as sns
sns.set() # seaborn style로 그림 그리기
sns.pairplot(iris,hue='species',size=2.5) # size는 그림 크기
```

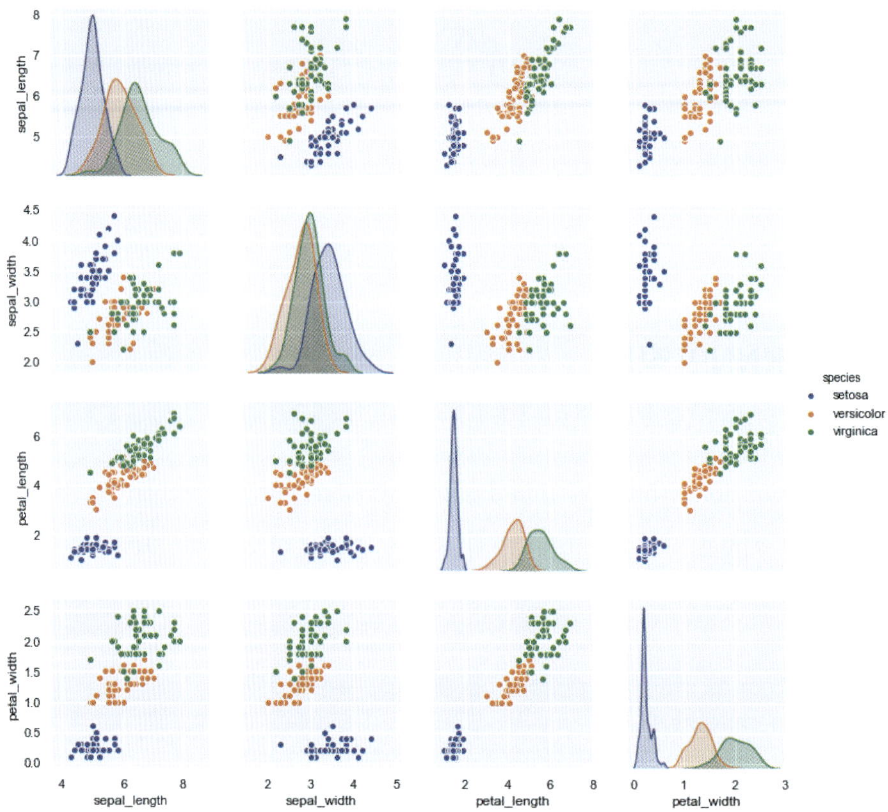

그림 4-3 Iris X변수의 분포와 산포도

```
print(iris.shape) # iris data의 행과 열의 수
```

```
(150, 5)
```

Iris 데이터는 위의 결과와 같이 행의 개수(관측 데이터의 개수)가 150개, 열의 개수(특성변수와 목표변수)는 5개인 데이터임을 알 수 있다.

```
X = iris.drop('species', axis=1) # 'species' 열을 drop하고 input X를 정의함.
print(X.shape)
y=iris['species']                # 'species' 열을 lavel y로 정의함.
```

```
(150, 4)
```

위의 프로그램은 'species' 열을 없애고 4개의 변수만으로 구성된 특성변수 X를 만들고 목표변수를 y로 정의하고 있다. 머신러닝의 자료 형태는 제2장의 앙상블학습 중 CatBoost를 제외하고 반드시 실수화해야 분석이 가능하다. 이 예제에서 y는 문자열이므로 setosa, versicolor, virginica를 "0", "1", "2"의 범주형(categorical) 값으로 전환해야 한다. 다음의 LabelEncoder 클래스를 적용하여 범주형 자료로의 전환이 가능하다.

```
from sklearn.preprocessing import LabelEncoder # LabelEncoder() 클래스를 호출
import numpy as np
classle=LabelEncoder() #클래스의 객체화
y=classle.fit_transform(iris['species'].values)
print('species labels:', np.unique(y)) # 중복되는 y 값을 하나로 정리하여 print
```

```
(OUT)  species labels: [0 1 2]
```

위 코드에서 .fit이나 .fit_transform의 입력자료는 pandas나 numpy 모두 허용되므로 iris['species'].values 대신 iris['species']로 입력해도 상관없다. 그러나 .fit의 출력은 numpy 데이터타입이다.

```
yo=classle.inverse_transform(y) # 원래의 species 문자열로 전환
print('species:', np.unique(yo))
```

```
(OUT) species: ['setosa' 'versicolor' 'virginica']
```

이제 학습데이터와 시험데이터로 나누어 보자. 학습데이터로 자료를 학습시키고 학습에 전혀 사용하지 않은 시험데이터에 적용하여 학습결과의 일반화가 가능한지를 알아보기 위함이다. 학습데이터와 시험데이터 모두 동일한 비율의 y의 범주가 포함되도록 층화추출법을 사용한 것으로 아래와 같이 train_test_split 함수를 호출하고 stratify=y를 부여하여 y값으로 층화하여 임의표집하도록 하고 있다.

```
from sklearn.model_selection import train_test_split
X_train, X_test, y_train, y_test=train_test_split(X, y, test_size=0.3, random_state=1,
stratify=y)
print(X_train.shape)
print(X_test.shape)
print(y_train.shape)
print(y_test.shape)
```

```
(105, 4)
(45, 4)
(105,)
(45,)
```

train_test_split 함수에 의해 학습데이터와 시험데이터를 7:3($test\,size = 0.3$)으로 층화추출하고 있다. 표본추출에 필요한 초기치를 고정하기 위해 $random_state = 1$로 고정하였다. 이 예제에서는 초기치를 고정할 필요가 없지만(그러나 독자들과 같은 결과를 보여주기 위해서 필요하다) cross-validation에서 초기치의 고정은 필수적이다. cross-validation은 제10장에서 자세하게 논의하게 될 것이다.

이제 학습데이터에 KNN을 적용하여 보자. 아래와 같이 KNeighborsClassifier를 호출하고 관측치 간의 거리는 minkowski 거리 $d(\boldsymbol{x}_i, \boldsymbol{x}_j) = \sqrt[p]{\sum_{k=1}^{d} |x_{ik} - x_{jk}|^p}$ 에서 p=2 그리고 k=5로 하여 KNN으로 이를 객체화하였다. 이를 fit 함수를 이용하여 학습데이터에 학습시키고 있다.

```
from sklearn.neighbors import KNeighborsClassifier
knn=KNeighborsClassifier(n_neighbors=5, p=2)
knn.fit(X_train, y_train)
```

학습결과를 predict 함수를 이용하여 학습데이터와 시험데이터에 적용해서, 학습데이터에서는 총 105개의 자료 중 2개가 잘못 분류되었으며, 시험데이터에서는 45개 중 1개가 잘못 분류되었음을 보여주고 있다.

```
y_train_pred=knn.predict(X_train)
y_test_pred=knn.predict(X_test)
print('Misclassified training samples: %d' %(y_train!=y_train_pred).sum())
print('Misclassified test samples: %d' %(y_test!=y_test_pred).sum())
```

```
(OUT) Misclassified training samples: 2
      Misclassified test samples: 1
```

accuracy_score 함수를 아래와 같이 불러내서 정확도를 계산할 수 있다.

```
from sklearn.metrics import accuracy_score
print(accuracy_score(y_test, y_test_pred).round(2))
```

```
0.98
```

다음과 같이 confusion_matrix를 이용하여 참값과 예측값을 비교할 수 있다. 행은 참값이며 열은 예측값이다. 그러므로 setosa(y=0)와 versicolor(y=1)는 모두 정확하게 분류되었고 virginica(y=2)는 15개 중 1개가 versicolor로 오분류된 것을 알 수 있다.

```
from sklearn.metrics import confusion_matrix
conf=confusion_matrix(y_true=y_test, y_pred=y_test_pred)
print(conf)
```

```
[[15  0  0]
 [ 0 15  0]
 [ 0  1 14]]
```

대부분의 머신러닝 교재를 살펴보면 통계적 머신러닝에서도 무조건 표준화를 하도록 하고 있다. 그러나 딥러닝과 다르게 통계적 머신러닝은 모수추정에 있어서 전통적 통계학과 다를 바 없다. 이 의미는 특성변수 x가 가지고 있는 통계적 특성, 특히 x의 분포는 매우 중요한 역할을 한다는 것이다. 만약 이를 무시하고 표준화를 한다면 정보의 손실은 자명하다.

이를 살펴보기 위해 머신러닝 교재에서 하였듯이 KNN이 특성자료의 측정단위(scaling)에 의해 영향받지 않도록 특성변수 X의 표준화를 분석하여 보자. 자료의 표준화는 StandardScaler 클래스를 호출하여 아래의 프로그램과 같이 각 특성변수별로 평균과 표준편차를 구하여 실시한다. 아래 프로그램에서 살펴볼 수 있듯이 시험데이터의 특성변수의 표준화는 학습데이터에서 구한 특성변수의 평균과 표준편차를 이용한다는 것을 명심하자.

```
from sklearn.preprocessing import StandardScaler
sc=StandardScaler()
sc.fit(X_train)
X_train_std=sc.transform(X_train)
X_test_std=sc.transform(X_test)
```

이제 표준화된 학습데이터에 KNN을 적용하여 보자.

```
from sklearn.neighbors import KNeighborsClassifier
knn=KNeighborsClassifier(n_neighbors=5, p=2)
knn.fit(X_train_std, y_train)
```

학습결과를 predict 함수를 이용하여 학습데이터와 시험데이터에 적용하여, 학습데이터에서는 총 105개의 자료 중 4개가 잘못 분류되었으며 시험데이터에서는 45개 중 3개가 잘못 분류되었음을 보여주고 있다. 그러므로 표준화가 오히려 자료의 오분류를 늘리는 요인이 되었음을 알 수 있다.

```
y_train_pred=knn.predict(X_train_std)
y_test_pred=knn.predict(X_test_std)
print('Misclassified training samples: %d' %(y_train!=y_train_pred).sum())
print('Misclassified test samples: %d' %(y_test!=y_test_pred).sum())
```

```
(OUT) Misclassified training samples: 4
      Misclassified test samples: 3
```

accuracy_score 함수를 아래와 같이 불러내서 정확도를 계산할 수 있다.

```
from sklearn.metrics import accuracy_score
print(accuracy_score(y_test,y_test_pred))
```

```
0.9333333333333333
```

```
from sklearn.metrics import confusion_matrix
conf=confusion_matrix(y_true=y_test, y_pred=y_test_pred)
print(conf)
```

```
[[15  0  0]
 [ 0 13  2]
 [ 0  1 14]]
```

표준화로 인해 정확도도 97.8%에서 93.3%로 떨어지고, 표준화를 하지 않았을 때는 versicolor(y=1)를 모두 정확하게 분류하였지만, 표준화로 인해 15개의 versicolor 중 2개를 잘못 분류하고 있음을 알 수 있다. 결과적으로 원래의 x분포를 표준화하여 versicolor에 대한 정보의 손실이 발생하였기 때문에 이러한 결과를 초래하게 된 것이다. 그러므로 통계적 머신러닝에서는 표준화 여부를 이처럼 시험데이터의 정밀도를 점검하여 결정하여야 한다. 정밀도가 크게 차이가 나지 않으면 가급적 표준화를 하지 않는 것이 좋다. 모형 해석의 용이성 때문이다.

KNN 회귀는 KNN 분류방법과 y의 예측치 계산만 다를 뿐 사실상 동일한 방법이다. 즉 k개 관측치 $(\boldsymbol{x}_i, y_i)$에서 $\bar{y}$를 계산하여 예측치로 사용한다. 즉, KNN 회귀는 $\boldsymbol{x}$로부터의 Minkowski 거리를 이용하여 $\boldsymbol{x}$에 가장 가까운 k개의 학습데이터 $(\boldsymbol{x}_i, y_i)$, $i = 1, 2, \cdots, k$를 구한 후, 주어진 특성변수값 $\boldsymbol{x}$에 대응한 y 예측치를 $\frac{1}{k}\sum_{i=1}^{k} y_i$로 결정하는 방법이다. KNN 회귀는 KNeighborsRegression 클래스를 호출하여 실행한다.

4.2 커널분포함수 추정(Kernel density estimation)

KNN 분류나 회귀는 가장 근접한 k개의 클래스와 y의 평균값을 사용한다. 이는 가장 가까운 k개의 자료에만 가중치 1을 주고 나머지 자료에는 가중치 0을 주는 방법이다. 이러한 생각을 일반화하여 관심 있는 특성변수의 클래스나 y의 평균을 계산할 때 거리에 비례하여 부여하면 어떨까?

커널함수 $K_\lambda(\boldsymbol{x}_0, \boldsymbol{x}_i)$는 $\boldsymbol{x}_0$로부터의 거리에 비례하여 $\boldsymbol{x}_i$에 가중치(weight)를 부여하는 함수이다. 여기서 λ는 가중치의 비중을 조절하는 모수이다. 이 커널함수는 local 회귀에 주로 사용되는 중요한 도구이지만 여기서는 통계학에 빈번하게 사용되는 커널분포함수 추정에 대해서만 논의하고자 한다.

$x_1, x_2, \cdots, x_n$을 확률밀도함수 $f_X(x)$로부터의 임의표본(random sample)이라고 가정할 때 x에서의 $f_X(x)$의 커널분포함수 추정치는

$$\widehat{f_X}(x) = \frac{1}{n}\sum_{i=1}^{n} K_\lambda(x, x_i)$$

이며 이를 parzen 추정치라고 한다. 특히 $\phi_\lambda(x)$를 평균이 0이고 분산이 λ^2인 정규분포 확률밀도함수라고 할 때 커널함수 $K_\lambda(x, x_i) = \phi_\lambda(x - x_i)$으로 놓으면

$$\widehat{f_X}(x) = \frac{1}{n}\sum_{i=1}^{n}\phi_\lambda(x, x_i)$$

가 되며 이를 가우지안커널함수(Gaussian kernel density)라고 한다.

$\boldsymbol{x}_i$가 $d \times 1$ 벡터 임의표본일 때 d변량 가우지안커널함수로의 확장은

$$\widehat{f_X}(\boldsymbol{x}) = \frac{1}{(2\lambda\pi)^{d/2}}\frac{1}{n}\sum_{i=1}^{n}e^{-\frac{1}{2}(\|\boldsymbol{x}_i - \boldsymbol{x}\|/\lambda)}$$

이 된다. 여기에서 $\|\boldsymbol{x}\| = \sum_{i=1}^{d}x_j^2$이다.

머신러닝 분석을 위해 1D 텐서인 xx를 xx.reshape(-1,1)를 이용하여 2D 텐서로 전환한다. xx.reshape(-1,1)의 의미는 2차원 자료를 전환하는 경우 행의 수를 모를 때 사용하면 매우 유용하다. 예를 들어, x변수의 shape이 (2,3)일 때 x,reshape(-1,1)은 행이 6개인 (6,1) array로 전환하여 준다. 커널분포함수 추정은 KernelDensity 클래스를 호출하고 bandwidth는 λ를 의미한다. λ가 작을수록 가까운 거리에 있는 관측치에 더 큰 가중치를 주게 된다.

```
import matplotlib.pyplot as plt
import numpy as np
# Iris data의 첫 번째 특성변수만 선택하고 변수명을 제외한 값만 취한다.
xx=X['sepal_length'].values
xx=xx.reshape(-1, 1)
from sklearn.neighbors import KernelDensity
kd=KernelDensity(bandwidth=0.2, kernel='gaussian')
kd.fit(xx)
xx_d=np.linspace(3, 9, 1000)
# score_samples은 log probability를 계산한다.
```

```
logprob=kd.score_samples(xx_d.reshape(-1, 1))
plt.fill_between(xx_d, np.exp(logprob))
```

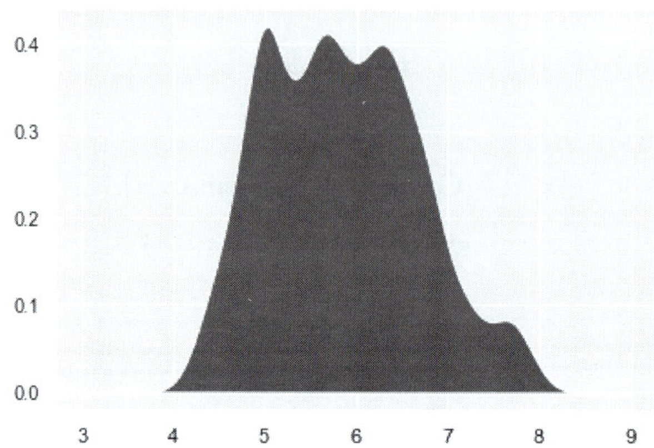

연습문제

iris 데이터 또는 다른 데이터를 이용하여

1 knn에서 weights='distance'로 준 경우와 'uniform'(default)인 경우를 비교하라.

2 교재의 데이터를 이용하여 bandwidth(λ)를 조절하여 그 효과를 논의하고 'gaussian' 이외의 kernel을 적용하여 차이를 비교하라.

Chapter **5**

로지스틱 회귀 분류

Logistic regression classifier

- **5.1** 적응선형뉴런
- **5.2** 로지스틱 회귀
- **5.3** 과대적합에 대한 규제화
- **5.4** Scikit을 이용한 로지스틱 회귀

로지스틱 함수를 이용한 범주형 자료분석은 통계학과 의학 등에서 널리 사용되는 분야이다. 로지스틱 회귀의 본격적인 논의 이전에 초기 버전에 해당하는 적응선형뉴런을 먼저 살펴보자.

5.1 적응선형뉴런(Adaptive Linear Neurons, ALN)

특성변수 $\boldsymbol{x} = (x_1, x_2, \cdots, x_d)^T$의 i번째 관측치를 $\boldsymbol{x}_i = (x_{i1}, x_{i2}, \cdots, x_{id})^T$으로 표기하고 특성변수에 대한 가중치를 $\boldsymbol{w} = (w_0, w_1, w_2, \cdots, w_d)^T$로 표현할 때(여기에서 w는 추정해야 할 모수가 됨)

$$z_i = w_0 + \sum_{j=1}^{d} w_j x_{ij} = \boldsymbol{w}^T \boldsymbol{x}_i$$

를 순수입력치(net input function)라고 한다. 적절한 함수 ϕ를 이용하여 $\phi(z_i)$를 정의하고 손실함수

$$L(\boldsymbol{w}) = \frac{1}{2} \sum_{i=1}^{n} (y_i - \phi(z_i))^2 \tag{5.1}$$

를 최소로 하는 $\boldsymbol{w}$를 구한다. 여기에서 y_i는 0 또는 1인 이항범주형 값이며, $\frac{1}{2}$은 미분할 때 불필요한 상수를 제거하기 위한 의미 없는 값이다. 식 (5.1)을 최소로 하는 $\boldsymbol{w}$는 2.6절에 설명된 최급하강법(steepest descent) 또는 확률적 기울기하강법으로 구한 후, 이 $\boldsymbol{w}$를 대입한 $\phi(z_i)$를 $\hat{\phi}(z_i)$로 표기할 때 $\hat{\phi}(z_i) > h$이면 $\hat{y_i} = 1$, 그렇지 않으면 $\hat{y_i} = 0$으로 할당한다. 여기서 h는 기준값(threshold)이라고 한다. ALN에서는 $\phi(z) = z$이며, 로지스틱 회귀에서는 다음 절에서 논의되듯이 $\phi(z) = \dfrac{1}{1 + e^{-z}}$이다.

ALN의 파이썬 프로그램은 생략하기로 한다. 주된 이유는 로지스틱 회귀나 제8장

에서 논의할 써포트벡터머신(support vector machine)이 성능 면에서 ALN보다 훨씬 우수하기 때문이며, 가장 치명적인 약점은 이항범주가 완전하게 선형적으로 분리 가능하지 않으면 식 (5.1)이 결코 수렴하지 않기 때문이다(Raschka and Mirjalili, 2017).

5.2 로지스틱 회귀(Logistic regression)

목표변수 y가 두 개의 범주를 갖는 범주형 변수일 때, 즉 $y=0$ 또는 1값을 가지고 있다고 할 때, $p_i = \Pr(y_i = 1|\boldsymbol{x}_i)$, $i = 1, 2, \cdots, n$으로 표현하자. 즉, p_i가 특성변수 $\boldsymbol{x}_i$의 함수라고 가정할 때, p_i를 단순하게 특성변수에 대한 선형함수(즉, $w_0 + \sum_{j=1}^{d} w_j x_{ij} = \boldsymbol{w}^T \boldsymbol{x}_i = z_i$)로 추정하게 되면 p_i는 0 ~ 1 사이의 값을 가지며 반면에 선형함수값인 z_i는 -∞ ~ ∞의 값을 갖게 되어 선형함수는 부적절하다. 그러므로 로그오즈비(log-odd ratio)인 $\log\frac{p_i}{1-p_i}$를 특성변수의 선형으로 가정하면, 즉

$$\log\frac{p_i}{1-p_i} = z_i \left(= \boldsymbol{w}^T \boldsymbol{x}_i\right) \tag{5.2}$$

왼쪽의 로그오즈비와 오른쪽의 z_i 모두 -∞ ~ ∞을 가지게 되므로 식 (5.2)가 성립한다. 식 (5.2)를 p_i에 내해 풀면

$$p_i = \frac{1}{1+e^{-z_i}}$$

이 되어, p_i가 로지스틱 함수로 표현되며 식 (5.1)의 ϕ가 $\phi(z_i) = \frac{1}{1+e^{-z_i}}$가 된다. p_i에 대한 해석을 위해 다음의 예를 고려하여 보자. 건강검진을 받고 나서 건강검진 결과를 바탕으로 어떤 특정질병이 있을 확률을 구한다고 하자. 그러면 먼저 n명의 건강검진 결과를 수집하고 n명 각각에 대해 특정질병 유무를 보험공단 자료

에 의거하여 파악한다. 그러므로 건강검진 결과가 특성변수이고 질병유무가 목적변수가 된다. 각 개인의 특성변수를 식 (5.2)와 같이 표현하면 p_i는 i번째 사람이 자신의 건강검진 자료에 의해서 추정된 특정 질병이 있을 확률로 해석된다. 이러한 의미로 회귀(regression)라는 이름을 가지게 되었고 로지스틱 함수를 이용하였으므로 로지스틱 회귀라고 한다.

w를 추정하기 위해 $\boldsymbol{x}_i$가 주어질 때 y_i들이 모두 독립이라고 가정하면(즉, 건강검진결과가 주어졌을 때 질병유무는 서로 간에 독립) 우도함수(likelihood function)는

$$L(y_1, \cdots, y_n | \boldsymbol{x}_1, \cdots, \boldsymbol{x}_n) = \prod_{i=1}^{n} p_i^{y_i} (1 - p_i)^{1 - y_i}$$

이며 로그우도함수는

$$\log L(w) = \sum_{i=1}^{n} [y_i \log p_i + (1 - y_i) \log (1 - p_i)]$$

가 된다. 이 로그우도함수를 최대로 하는 w를 최우추정치라고 하며, 특히 우도함수값이 매우 작을 때 기울기하강법의 최신화(update)가 되지 않는 문제가 발생하는데 로그우도함수는 이를 방지해주는 장점이 있다.

로지스틱 회귀에서의 손실함수는 음의 로그우도함수이다. 즉,

$$\begin{aligned} l(w) &= -\sum_{i=1}^{n} [y_i \log p_i + (1 - y_i) \log (1 - p_i)] \\ &= -\sum_{i=1}^{n} \left[y_i \log \phi(\boldsymbol{w}^T \boldsymbol{x}_i) + (1 - y_i) \log \left(1 - \phi(\boldsymbol{w}^T \boldsymbol{x}_i)\right) \right] \end{aligned}$$

으로 $\frac{1}{n}$을 곱해주면 제2장에서 논의한 binary crossentropy이다. 이 손실함수를 최소화하는 w는 제2장을 참조하길 바란다.

만약 범주가 3개 이상일 때(즉, y의 값이 $m(\geq 3)$개일 경우), 다범주(multi-class) 로지스틱 회귀모형을 고려하여야 한다. 그러나 앞에서 논의한 이항범주 로지스틱 회귀모형으로 쉽게 접근할 수 있다. 제2장에서 설명한 하나-나머지(One-versus-Rest) 접근법을 이용하면 된다. 즉, 예를 들어 3개의 범주가 있을 때 첫 번째 범주와 나머지 범주, 두 번째 범주와 나머지, 세 번째 범주와 나머지를 적용하여 주어진 x_i에 대해 $\hat{p}_{i1}$, $\hat{p}_{i2}$, $\hat{p}_{i3}$을 구할 수 있고, 이 중 가장 큰 값에 해당하는 범주를 i번째 표본의 범주로 결정한다. 그러므로 범주가 두 개일 때, $\hat{p}_i > 0.5$이면 $\hat{y}_i = 1$이 된다. 이렇게 하나-나머지 분류에서는 손실함수로 binary crossentropy를 사용하고 sigmoid 함수를 이용하여 각 관측치의 특성변수에 대응하는 범주확률을 추정해서 가장 높은 확률값을 갖는 범주를 할당한다. 한편, 다범주를 그대로 사용하면 categorical crossentropy를 손실함수로 사용하고 softmax 함수를 이용하여 각 관측치의 특성변수에 대응되는 범주확률을 추정하게 된다.

5.3 과대적합에 대한 규제화(Regularization against overfitting)

학습데이터(training data)에서 사용한 특성변수 x 중에 목적변수 y를 설명하는데 통계적으로 유의하지 못한 특성변수가 존재할 수 있다. 통계학에서는 통계적 검정을 통해 유의하지 못한 $w_j (j = 0, 1, 2, \cdots, d)$를 0으로 하여 x_j를 제거할 수 있다. 하지만 머신러닝에서는 전통적인 통계적 검정 대신에 다음과 같이 w_j에 대한 규제화를 통해 불필요한 특성변수를 제거한다.

$$l_R(w) = l(w) + \lambda \sum_{j=0}^{d} w_j^2 \tag{5.3}$$

$$l_R(w) = l(w) + \lambda \sum_{j=0}^{d} |w_j| \tag{5.4}$$

여기에서 $l(w)$와 $l_R(w)$는 손실함수이고 λ는 규제화의 정도를 나타내는 초모수이다. 식 (5.3)과 (5.4)는 라그랑지 승수법과 형태상 같지만 완전히 다른 의미임을 명심하자. 라그랑지 승수법에서는 λ가 추정의 대상이지만 규제화에서 λ는 직접 값을 부여해야 할 초모수이기 때문이다. 식 (5.3)을 L_2 규제화, 식 (5.4)를 L_1 규제화라고 한다. λ가 주어졌을 때 w_j가 크면 새로운 손실함수 $l_R(w)$가 증가하게 되며, λ가 매우 크면 w_j가 아주 작더라도 $l_R(w)$가 증가하는 효과가 있다. 그러므로 λ값을 크게 주면 w_j가 0으로 쪼그라드는(shrink toward zero) 효과를 가지게 된다. 이러한 의미에서 λ를 규제의 강도(regularization strength)라고 한다. L_1, L_2 규제화의 차이점과 작동원리를 좀 더 살펴보기 위해 다음의 그림을 고려하여 보자.

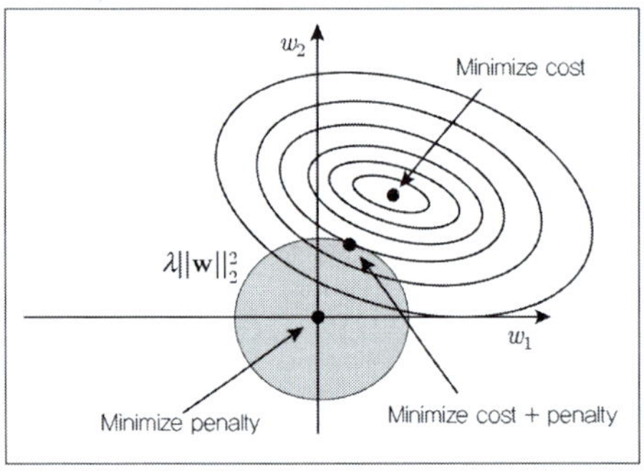

그림 5-1 L_2 규제화

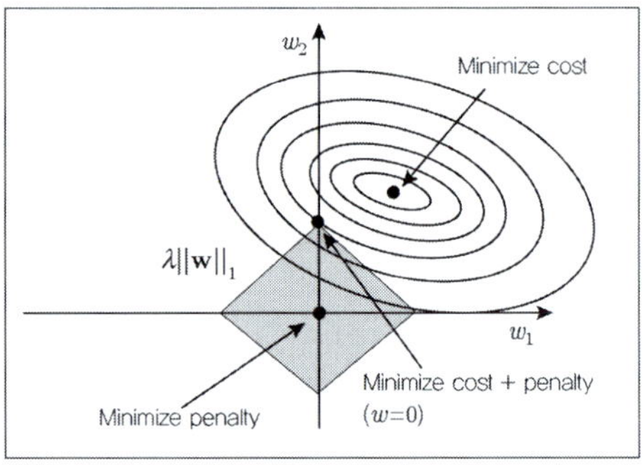

그림 5-2 L_1 규제화

<그림 5-1>과 <그림 5-2>는 동일한 손실함수 $l_R(w)$를 그린 것으로, 최소 $l_R(w)$까지 도달하는 데 w_2가 w_1보다 좀 더 가파른 계곡 형태를 보이고 있다. w_2가 좀 더 가파르다는 의미는 덜 가파른 w_1보다 w_2가 손실함수 $l_R(w)$의 값을 감소시키는 데 좀 더 효과적이라는 의미이다. 식 (5.3), 식 (5.4)와 같이 규제화 손실함수 $l_R(w)$의 최솟값은 L_2 규제화의 경우 $\lambda(w_1^2 + w_2^2)$와 $l_R(w)$와의 첫 접점 그리고 L_1 규제화의 경우 $\lambda(|w_1| + |w_2|)$와 $l_R(w)$의 첫 접점이 된다.

<그림 5-1>에서 $l_R(w)$의 최솟점은 w_1이 w_2보다 0에 가까운 곳에서 형성되고, <그림 5-2>에서 $l_R(w)$의 최솟점은 $w_1 = 0$에서 발생함을 볼 수 있다. 즉, L_2 규제

화에서는 덜 가파른 w_1이 좀 더 0에 가깝고, L_1 규제화에서는 $w_1 = 0$이 됨을 알 수 있다. L_1 규제화는 λ를 크게 함으로써 고정된 손실함수에 대해 <그림 5-2>의 사각형이 원점으로 점점 작아지게 되어 덜 가파른 순으로 w_j를 0으로 만드는 특성을 가지고 있어 특성변수선택에 중요한 도구로 사용된다. L_1 규제화에 의한 변수선택은 통계학에서 주로 다루는 모수가 0인지에 대한 검정과 거의 동일한 역할을 한다. 통계학에서는 검정에 의해 특정모수만을 0으로 놓지만, L_1, L_2 규제화는 λ가 클수록 모든 모수를 0으로 줄인다는 차이점이 있다. 그러므로 L_1, L_2 규제화는 특성변수가 목적변수에 미치는 영향에 대한 해석을 왜곡시킬 수 있다는 단점을 가지고 있다. L_1, L_2 규제화는 모든 모형기반 머신러닝에 사용되며, 모형의 과대적합(overfitting)이 의심되는 경우(이에 대한 문제는 제10장에서 다룰 것임)에 사용되는 유용한 방법이다. 회귀분석에서 L_1 규제화는 LASSO, L_2 규제화는 리지회귀(ridge regression)와 동일하다. 이에 대한 논의는 제11장에서 다루어질 것이다.

5.4 Scikit을 이용한 로지스틱 회귀

복습을 겸해서 제4장의 KNN 응용에서 사용한 Iris 데이터를 다시 사용하여 로지스틱 회귀를 적용하기로 한다. 아래 코드에서 x_train와 x_test는 각각 학습데이터(training data)와 시험데이터(test data)를 나타내고, y_train과 y_test는 3개의 범주 $(0, 1, 2)$를 나타내는 목표변수값이다.

출력되는 결과값은 학습데이터와 시험데이터에 대한 정밀도(accuraccy score)이다. 정밀도는 전체 표본에서 정확하게 예측을 맞춘 비율을 말한다. 로지스틱 회귀는 LogisticRegression 클래스를 호출하고 $C = 1/\lambda$로 규제화의 정도를 조절한다. 그러므로 C값이 클수록 λ가 작아지기 때문에 규제화의 강도가 줄어들게 된다.

```
# 데이터 불러오기(2장과 동일)
import seaborn as sns        # seaborn을 불러오고 sns로 축약
iris=sns.load_dataset('iris')    # iris라는 변수명으로 Iris data를 download
X = iris.drop('species', axis=1)# 'species' 열을 drop하고 input X를 정의
y = iris['species']

# y data를 범주형으로 변환(2장과 동일)
from sklearn.preprocessing import LabelEncoder
classle = LabelEncoder()
y = classle.fit_transform(iris['species'].values) # species 열을 categorical 값으로 변환

# 전체 데이터를 학습데이터와 시험데이터로 분할(2장과 동일)
from sklearn.model_selection import train_test_split
X_train, X_test, y_train, y_test = train_test_split(X, y, test_size=0.3, random_state=1, stratify=y)

# Logistic regression 적용
from sklearn.linear_model import LogisticRegression
Logit = LogisticRegression(C=1e2, multi_class='ovr', random_state=1,
                           max_iter=200) # C = 1/λ.
Logit.fit(X_train, y_train)
y_train_pred = Logit.predict(X_train)
y_test_pred = Logit.predict(X_test)
y_test_pred_proba=Logit.predict_proba(X_test)
print(y_test_pred[:5])
print(y_test_pred_proba[:5])

# Accuracy score
from sklearn.metrics import accuracy_score
print(accuracy_score(y_train,y_train_pred).round(2))
print(accuracy_score(y_test,y_test_pred).round(2))
```

```
(out)    [2 0 0 2 1]
         [[6.14992919e-10 5.77800896e-04 9.99422198e-01]
          [9.98998110e-01 1.00188960e-03 1.79677006e-20]
          [9.99807582e-01 1.92417737e-04 3.08990154e-21]
          [3.18529765e-05 4.41367208e-01 5.58600939e-01]
          [2.11989782e-05 9.99318496e-01 6.60305154e-04]]

         0.98
         1.0
```

위 프로그램에서 LabelEncoder()는 문자로 되어 있는 Iris 종류('species')를 [0, 1,

2]로 전환해준다. 이러한 전환은 one-hot encoding과 구별된다. LogisticRegression에서는 Label encoding을 이용하여 이항분류 또는 다항분류를 하게 된다.

LogisticRegression에서 multi_class='ovr'은 one-vs-rest를 실행하라는 말로 다범주에서 binary crossentropy 손실함수를 사용하고 특정범주(one에 해당하는 범주)가 될 확률을 sigmoid 함수로 추정한다. 만약 multi_class='multinomial'으로 지정하면 categorical crossentropy 손실함수를 사용하고 특정범주가 될 확률을 softmax 함수로 추정하게 된다. 그러나 'mutinomial'은 일반적으로 'ovr'보다 느리게 수렴하므로 max_iter(default는 100)를 늘릴 필요가 있다. 이러한 이유로 'multinomial'은 잘 사용하지 않는다. 디폴트는 multi_class='auto'이며 가장 큰 확률을 가진 범주를 해당 관측치에 할당한다.

학습데이터의 정밀도는 0.981이고 시험데이터의 정밀도는 1로 로지스틱의 성능이 우수하다는 것을 알 수 있다. 정밀도는 분류자(classifier)의 성능을 측정하는 지표로서, 범주별 실제값과 예측결과를 정리한 <그림 5-3>의 정확도행렬(confusion matrix)로부터 계산된다(정밀도에 대한 자세한 설명은 제10장을 참고하기 바란다).

		Predicted Class			Total
		1	2	3	
Actual Class	1	n_{11}	n_{12}	n_{13}	n_{10}
	2	n_{21}	n_{22}	n_{23}	n_{20}
	3	n_{31}	n_{32}	n_{33}	n_{30}
Total		n_{01}	n_{02}	n_{03}	n_{00}

$$accuracy = \frac{n_{11} + n_{22} + n_{33}}{n_{00}}$$

$$error = 1 - accuracy$$

그림 5-3 정확도행렬과 정밀도(accuray)

아래 프로그램은 시험데이터의 정확도행렬을 출력하고 있다.

```
from sklearn.metrics import confusion_matrix
print(confusion_matrix(y_test, y_test_pred))  # Confusion matrix
```

```
(out)     [[15  0  0]
           [ 0 15  0]
           [ 0  0 15]]
```

이제 이렇게 학습된 로지스틱 회귀모형을 저장하고 다시 불러내어 데이터에 직접 적용하여 보자. 이러한 절차는 다른 iris 특성변수 데이터가 있을 때 별도로 모형을 학습시키지 않고 미리 학습된 모형에 바로 적용하여 결과를 산출하는 데 유용하게 사용할 수 있다. 아래 프로그램과 같이 학습된 프로그램은 import joblib로부터 시작한다. 만약 joblib가 import되지 않으면 프로그램 창에 !pip install joblib을 실행시키면 된다. 다음으로 학습된 로지스틱 회귀모형의 객체인 Logit을 원하는 경로에 save.pkl로 저장하면 python prog라는 폴더에 확장자가 pkl인 save 파일을 확인할 수 있다. 다시 부를 때는 joblib.load 함수를 이용하고 이를 객체화하여 predict 등 여러 함수를 직접 사용할 수 있다.

```
import joblib
joblib.dump(Logit,'C:/Users/yspark/Desktop/python prog/save.pkl')
logit_from_joblib=joblib.load('C:/Users/yspark/Desktop/python prog/save.pkl')
logit_pred=logit_from_joblib.predict(X_test)
print(accuracy_score(y_test,logit_pred))
print(confusion_matrix(y_test,logit_pred))
print(logit_pred)
```

```
1.0
[[15  0  0]
 [ 0 15  0]
 [ 0  0 15]]
[2 0 0 2 1 1 2 1 2 0 0 2 0 1 0 1 2 1 1 2 2 0 1 2 1 1 1 2 0 2 0 0 1 1 2 2 0
 0 0 1 2 2 1 0 0]
```

다음은 목적변수가 3개의 범주로 구성되어 있고 13개의 특성변수로 구성된 와인데이터(wine data)에 대한 예제이다. Iris 데이터에서 실시한 사전자료정리를 연습하고 L_1, L_2 규제화를 살펴보도록 한다. 아래 프로그램은 와인데이터를 호출하고 사전자료정리과정을 보여주고 있다.

```
import pandas as pd
import numpy as np

# 데이터 불러오기. y값은 이미 범주형으로 되어 있음.
dat_wine=pd.read_csv('http://archive.ics.uci.edu/ml/machine-learning-databases/'
                     'wine/wine.data',header=None)
dat_wine.head()

dat_wine.columns = ['class label', 'alchohol', 'malic acid', 'ash',
                    'alcalinity of ash', 'magnesium', 'total phenols',
                    'flavanoids', 'nonflavanoid phenols',
                    'proanthocyanins', 'color intensity', 'hue',
                    'OD208', 'proline']  # Column names
print('class label:', np.unique(dat_wine['class label']))  # Class 출력
dat_wine.head()

# 전체 데이터를 학습데이터와 시험데이터로 분할
from sklearn.model_selection import train_test_split
X, y = dat_wine.iloc[:,1:].values, dat_wine.iloc[:,0].values
X_train, X_test, y_train,y_test = \
    train_test_split(X, y, test_size=0.3, random_state=1, stratify=y)
```

```
(out)      class label: [1 2 3]
```

아래 프로그램은 앞 프로그램에서 사전자료 정리과정을 거친 후, 와인데이터에 다양한 규제강도를 가진 L_1 및 L_2 규제화를 부여한 로지스틱 회귀 결과이다. 규제강도 λ를 0.1, 1, 10으로 증가시켜 학습데이터와 시험데이터의 정밀도를 출력하여 규제강도의 영향을 볼 수 있다. L_1, L_2 규제화에서 규제강도와 관계없이 학습데이터의 정밀도가 시험데이터의 정밀도보다 높게 나와 과대적합의 가능성을 볼 수 있다. 과소 및 과대적합이 되지 않기 위해서는 학습데이터의 정밀도와 시험데이터의 정밀도가 근사적으로 같아야 한다. 실제로 초모수 λ의 조정은 시험데이터를 이용

하지 않고 검증데이터(validation data)를 이용하여 결정한다. 이에 대한 자세한 논의는 제10장에서 다루어질 것이다. 이러한 관점에서 볼 때, L_1, L_2 규제화 모두 λ를 10보다 더 크게 조절할 필요가 있다.

아래 프로그램에서 L_1규제화를 할 때 solver='saga'를 지정하여야 한다. 또한 logistic 회귀에서의 모수는 logistic 함수의 특성 때문에 잘 수렴하지 않는 경향이 있다. 이를 방지하기 위해 가능한 한 많은 epoch을 실행하도록 max_iter=15000을 부여하여 주고 있다.

```
from sklearn.linear_model import LogisticRegression
lr2_10 = LogisticRegression(penalty='l2', C=10.0, max_iter=15000)    # L2 with C(=1/λ)=10
lr2_1 = LogisticRegression(penalty='l2', C=1.0,max_iter=15000)         # L2 with C(=1/λ)=1
lr2_0_1 = LogisticRegression(penalty='l2', C=0.1,max_iter=15000)      # L2 with C(=1/λ)=0.1
lr1_10 = LogisticRegression(penalty='l1', C=10.0,max_iter=15000, multi_class='ovr',
                            solver='saga')  # L1 with C(=1/λ)=10
lr1_1 = LogisticRegression(penalty='l1', C=1.0,solver='saga',max_iter=15000)
lr1_0_1 = LogisticRegression(penalty='l1', C=0.1,solver='saga',max_iter=15000)
lr = LogisticRegression(penalty='none', solver='saga',max_iter=15000)
# 규제화 방법(L2 or L1)과 규제강도(λ)를 바꿔가며 accuracy score 계산
lr2_10.fit(X_train_std, y_train)
print('Training accuracy with L2 and λ=0.1:', lr2_10.score(X_train_std, y_train))
print('Test accuracy with L2 and λ=0.1:', lr2_10.score(X_test_std, y_test))

lr2_1.fit(X_train_std, y_train)  # warning.
print('Training accuracy with L2 and λ=1:', lr2_1.score(X_train_std, y_train))
print('Test accuracy with L2 and λ=1:', lr2_1.score(X_test_std, y_test))

lr2_0_1.fit(X_train_std, y_train)
print('Training accuracy with L2 and λ=10:', lr2_0_1.score(X_train_std, y_train))
print('Test accuracy with L2 and λ=10:', lr2_0_1.score(X_test_std, y_test))

lr1_10.fit(X_train_std, y_train)
print('Training accuracy with L1 and λ=0.1:', lr1_10.score(X_train_std, y_train))
print('Test accuracy with L1 and λ=0.1:', lr1_10.score(X_test_std, y_test))

lr1_1.fit(X_train_std, y_train)
print('Training accuracy with L1 and λ=1:', lr1_1.score(X_train_std, y_train))
print('Test accuracy with L1 and λ=1:', lr1_1.score(X_test_std, y_test))
```

```
lr1_0_1.fit(X_train_std, y_train)
print('Training accuracy with L1 and λ=10:', lr1_0_1.score(X_train_std, y_train))
print('Test accuracy with L1 and λ=10:', lr1_0_1.score(X_test_std, y_test))

lr.fit(X_train_std, y_train)
print('Training accuracy:', lr1_0_1.score(X_train_std, y_train))
print('Test accuracy:', lr1_0_1.score(X_test_std, y_test))
```

```
(out)    Training accuracy with L2 and λ=0.1: 1.0
         Test accuracy with L2 and λ=0.1: 0.9814814814814815
         Training accuracy with L2 and λ=1: 1.0
         Test accuracy with L2 and λ=1: 0.9814814814814815
         Training accuracy with L2 and λ=10: 1.0
         Test accuracy with L2 and λ=10: 1.0
         Training accuracy with L1 and λ=0.1: 1.0
         Test accuracy with L1 and λ=0.1: 0.9814814814814815
         Training accuracy with L1 and λ=1: 1.0
         Test accuracy with L1 and λ=1: 1.0
         Training accuracy with L1 and λ=10: 0.967741935483871
         Test accuracy with L1 and λ=10: 0.9444444444444444
         Training accuracy: 0.967741935483871
         Test accuracy: 0.9444444444444444
```

다음은 L_2 규제화에서 규제강도값을 0.1, 1, 10으로 증가시켰을 때 추정계수들의 값의 변화를 보기 위한 프로그램이다. 규제강도가 클수록(즉, 프로그램의 C 값이 작을수록) 추정된 계수의 절댓값이 작아지는 것을 확인할 수 있다. 3개의 와인 클래스가 있으므로 3개의 logistic(sigmoid) 함수의 추정식이 있으며 아래의 intercept_ 속성과 coef_ 속성은 각 클래스의 bias와 계수추정치이다. lr2_10 모형에서 첫 번째 클래스의 bias는 −0.96이고 13개의 특성변수의 계수는 −0.86, 1.44, ⋯, 0.0267이다.

```
print(lr2_10.intercept_)
print(lr2_1.intercept_)
print(lr2_0_1.intercept_)
print(lr2_10.coef_)
```

```
print(lr2_1.coef_)
print(lr2_0_1.coef_)
```

```
(out)  [-0.96456004  1.34118396 -0.22390307]
       [-0.16655119  0.26945958 -0.07022366]
       [-0.02988443  0.05684191 -0.02613036]
       [[-8.35654939e-01  1.44150350e+00  1.46570959e+00 -1.27574191e+00
          2.09578947e-02  9.54417242e-01  3.00222626e+00 -7.24568499e-02
         -1.22897003e+00 -5.54461321e-01 -1.84306873e-02  6.28614504e-01
          2.67981633e-02]
        [ 1.09359574e+00 -2.12095717e+00 -1.21322442e+00  7.34605497e-01
         -1.75690138e-02 -1.04233634e+00  1.23716271e+00  2.85603369e+00
          1.60402367e+00 -2.48226700e+00  3.26535993e+00 -6.66781906e-01
         -2.21810800e-02]
        [-7.02348476e-01  1.19098753e+00  5.88127902e-01  4.03900064e-02
          7.27945504e-02 -3.70618302e-01 -3.76294649e+00 -6.02758148e-01
         -7.46352348e-01  1.33638830e+00 -1.36735959e+00 -2.11442785e+00
          2.97823296e-03]]
       [[-3.58983950e-01  4.10637468e-01  3.53872093e-01 -7.42979348e-01
         -3.36933385e-02  5.44683231e-01  1.12999767e+00 -5.75279878e-02
          5.03329511e-02 -1.89873020e-01  7.55818484e-03  6.14639419e-01
          2.00108374e-02]
        [ 5.83708283e-01 -1.21331455e+00 -2.03985537e-01  4.08802542e-01
          1.60762850e-02 -1.92359585e-01  5.48138539e-01  4.11511208e-01
          5.57258377e-01 -1.55212916e+00  6.23184914e-01  9.32319399e-02
         -1.48922934e-02]
        [-3.97544028e-01  6.57589662e-01 -2.75435431e-02  9.79082436e-02
          3.00861950e-02 -6.18472516e-01 -1.73526232e+00 -6.31254597e-02
         -5.97541591e-01  9.57138429e-01 -4.07581305e-01 -1.11166273e+00
          5.88167601e-04]]
       [[-1.26226337e-01  3.93330206e-02  5.54428787e-02 -5.04524375e-01
         -4.18202359e-02  1.95902320e-01  3.81751039e-01 -3.25485946e-02
          1.18294200e-01 -1.28617540e-01  1.12477626e-02  2.39734903e-01
          1.69833587e-02]
        [ 1.64214209e-01 -5.08066956e-01 -2.91218095e-02  2.31991185e-01
          2.99136925e-02  7.95773000e-02  2.36972190e-01  4.87189589e-02
          1.58168713e-01 -8.00859234e-01  1.53495930e-01  2.36565769e-01
         -1.01836247e-02]
        [-1.38084802e-01  3.75170958e-01 -2.17741103e-02  5.43678605e-02
         -8.24859327e-05 -2.96933155e-01 -7.25585571e-01 -2.17865191e-04
         -2.74424219e-01  6.64387737e-01 -1.59728574e-01 -5.06679873e-01
         -1.48772700e-03]]
```

다음은 L_1 규제화에서 규제강도 값 0.1, 1, 10으로 증가시켰을 때 추정계수들의 값의 변화를 보기 위한 프로그램으로 intercept_와 coef_ 속성을 호출하여 점검할 수 있다. L_1 규제화에서는 규제강도가 클수록 계수의 추정치가 0인 숫자가 증가하는 것을 볼 수 있다. 이러한 이유로, <그림 5-2>에서 설명하였듯이 L_1 규제화는 계수추정치가 0인 계수에 대응하는 특성변수를 제거하는 역할을 한다. 그러나 특정 모수추정치를 0으로 만들기 위해 모든 모수 추정치를 0으로 접근시키는 것은 문제가 있음을 유의하여야 한다. 이것이 통계적 검정과 다른 점이다.

```
print(lr1_10.intercept_)
print(lr1_1.intercept_)
print(lr1_0_1.intercept_)
print(lr1_10.coef_)
print(lr1_1.coef_)
print(lr1_0_1.coef_)
```

```
(out)     [0. 0. 0.]
          [0. 0. 0.]
          [0. 0. 0.]
          [[-1.01302850e+00  2.39608807e+00  1.71991521e-01 -1.86127869e+00
             8.34950377e-02  0.00000000e+00  7.14119679e+00  0.00000000e+00
            -2.97774639e+00 -8.18214103e-01  0.00000000e+00  0.00000000e+00
             3.49411930e-02]
           [ 1.31679390e+00 -2.73038551e+00 -3.3800183e+00  9.41289186e-01
             0.0000000e+00  -1.950120e+00   1.917909e+00   1.2323853e+01
             2.58858839e+00  -3.246703e+00   4.316460e+00  -5.152709e-01
            -2.73681581e-02]
           [-2.78642772e-01   1.403235e+00   0.00000e+00   3.3184149e-02
             1.17547347e-01  0.0000000e+00 -7.9809583e+00  0.00000000e+00
             0.00000000e+00  1.2494413e+00 -2.2023234e+00 -3.76082391e+00
            -6.33896232e-04]]
          [[-2.34793075e-02     8.117230e-02 0.00000e+00    -7.054072e-01
            -4.59876204e-02   0.000000e+00  1.97035783e+00  0.00000000e+00
             0.00000000e+00   0.000000e+00  0.00000000e+00  0.00000000e+00
             1.76174386e-02]
           [ 5.87514555e-01  -1.2189012e+00   0.000000e+00  4.28854104e-01
             2.44013384e-02  0.00000000e+00  5.27866494e-01  0.00000000e+00
             1.20970058e-01  -1.7085378e+00   0.000000e+00   0.000000e+00
```

```
 -1.43148923e-02]
 [-1.76756067e-01  4.5285426e-01   0.000000e+00  1.66366583e-02
  1.78552369e-02   0.000000e+00 -3.1782747e+00  0.00000000e+00
  0.00000000e+00  9.13911761e-01  0.00000000e+00 -1.00770209e+00
  4.42623020e-04]]
[[ 0.          0.          0.         -0.47505119 -0.03844061  0.
   0.          0.          0.          0.          0.          0.
   0.01561705]
 [ 0.         -0.05578404  0.          0.18704578  0.05098921  0.
   0.          0.          0.         -0.85684899  0.          0.
  -0.00782387]
 [ 0.          0.          0.          0.         -0.00911855  0.
  -1.12960892  0.          0.          0.69050998  0.          0.
  -0.00247412]]
```

연습문제

1 Iris 데이터에 logistic regression을 적용하되, multi_class='ovr'과 'multinomial'을 적용한 후, 추정된 sigmoid 함수와 softmax 함수를 제시하고 해석하라.

Chapter **6**

판별분석과 단순베이즈모형

Discriminant Analysis/ Naive Bayes model

6.1 판별분석

6.2 단순베이즈모형

6.3 Scikit learn을 이용한 LDA와 단순베이즈모형

하나의 표본이 $d\times 1$인 특성변수 $\boldsymbol{x}$와 범주형 목표변수 y로 구성되어 있다고 하자. $\boldsymbol{x}$가 주어졌을 때 y가 범주 k에 속할 확률은 베이즈 공식에 의해

$$P(y=k|\boldsymbol{x})=\frac{P(\boldsymbol{x}|k)P(k)}{P(\boldsymbol{x})}=\frac{P(\boldsymbol{x}|k)P(k)}{\sum_{k=1}^{K}P(\boldsymbol{x}|k)P(k)} \tag{6.1}$$

이 된다. 여기에서 K는 총 범주수이다.

식 (6.1)에서 $P(\boldsymbol{x}|k)$의 분포를 평균이 $\boldsymbol{\mu}_k$, 분산이 Σ_k인 d차원 정규분포라고 가정하면 목표변수 예측은 판별분석(discriminant analysis)에 해당한다. 특수한 경우로 y의 범주가 주어져 있을 때 특성변수 $\boldsymbol{x}=(x_1,\ldots,x_d)^T$의 구성요소 $x_1,\cdots,x_d$가 서로 간에 독립임을 가정할 수 있다면, 즉 $P(\boldsymbol{x}|k)=\prod_{j=1}^{d}P(x_j|k)$를 가정하면 이는 단순베이즈모형(naive Bayes model)이 된다. 일반적으로 독립이 아님에도 불구하고 독립이라고 가정하기 때문에 단순(naive)하다는 의미를 가지게 되었다. 만약 $\boldsymbol{x}$가 이산형이면 $\boldsymbol{x}$를 d차원 다항분포(multinomial distribution)로 가정하며 이를 다항단순베이즈(multinomial naive Bayes)모형이라고 한다.

6.1 판별분석

y의 범주가 k일 때 d차원 $\boldsymbol{x}$가 평균이 $\boldsymbol{\mu}_k$, 분산이 Σ_k인 정규분포를 따르므로 식 (6.1)에서 $P(\boldsymbol{x}|k)=\frac{1}{(2\pi)^{d/2}|\Sigma_k|^{1/2}}\exp(-\frac{1}{2}(\boldsymbol{x}-\boldsymbol{\mu}_k)^T\Sigma_k^{-1}(\boldsymbol{x}-\boldsymbol{\mu}_k))$이 된다. 만약 Σ_k가 k에 의존하지 않고 동일한 Σ로 가정하면,

$$\begin{aligned}\log\frac{P(y=k|\boldsymbol{x})}{P(y=l|\boldsymbol{x})}&=\log\frac{P(\boldsymbol{x}|k)P(y=k)}{P(\boldsymbol{x}|l)P(y=l)}\\&=\log\frac{P(y=k)}{P(y=l)}-\frac{1}{2}(\boldsymbol{\mu}_k+\boldsymbol{\mu}_l)^T\Sigma^{-1}(\boldsymbol{\mu}_k-\boldsymbol{\mu}_l)-\boldsymbol{x}^T\Sigma^{-1}(\boldsymbol{\mu}_k-\boldsymbol{\mu}_l)\end{aligned}$$

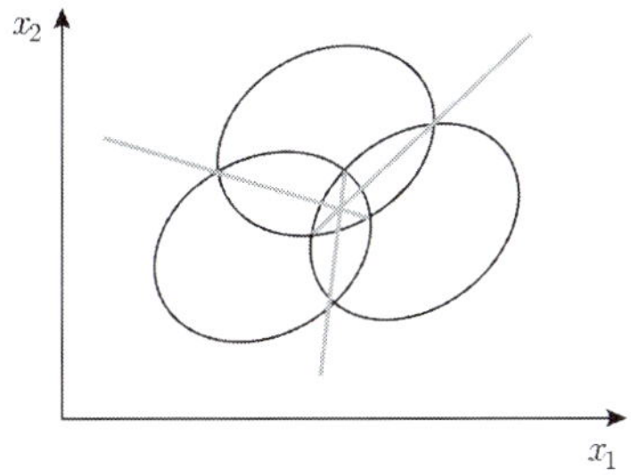

〈판별함수의 경계〉

그림 6-1 판별함수의 경계 구하기

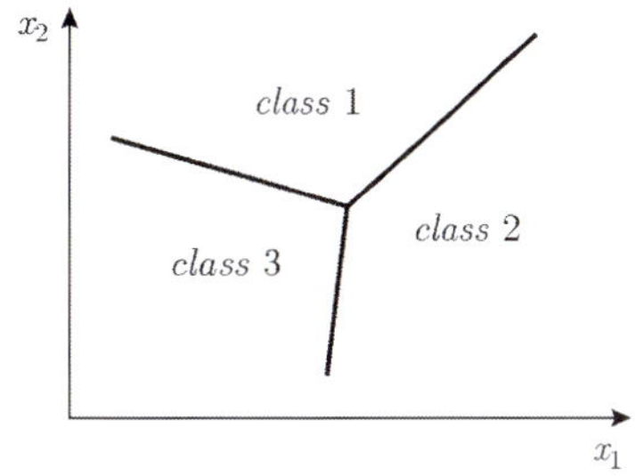

〈판별 영역〉

그림 6-2 판별 영역

이 된다. $P(y=k)=\pi_k$라고 하고

$$\delta_k(\boldsymbol{x})=\boldsymbol{x}^T\Sigma^{-1}\boldsymbol{\mu}_k-\frac{1}{2}\boldsymbol{\mu}_k^T\Sigma^{-1}\boldsymbol{\mu}_k+\log\pi_k \tag{6.2}$$

으로 쓰면 $\log\frac{P(y=k|\boldsymbol{x})}{P(y=l|\boldsymbol{x})}=\delta_k(\boldsymbol{x})-\delta_l(\boldsymbol{x})$가 된다. $\exp(\delta_k(\boldsymbol{x}))=P(\boldsymbol{x}|k)P(y=k)$이므로 $\frac{\exp(\delta_k(x))}{\sum_{k=1}^{K}\exp(\delta_k(x))}=P(y=k|x)$가 된다. $\delta_k(\boldsymbol{x})-\delta_l(\boldsymbol{x})>0$이면 $P(y=k|\boldsymbol{x})>P(y=l|\boldsymbol{x})$를 의미하고 식 (6.2)의 $\delta_k(\boldsymbol{x})$가 $\boldsymbol{x}$에 선형이므로($k=1$일 때 $\delta_k(\boldsymbol{x})$는 $ax+b$의 형태이므로) $\delta_k(\boldsymbol{x})$를 선형판별함수(linear discriminant function)라고 말한다. 이러한 선형판별함수를 이용하여 목표변수의 범주를 판별하는 방법을 선형판별분석(linear discriminant analysis, LDA)이라고 한다.

<그림 6-1>은 2개의 특성변수 x_1과 x_2가 있을 때 3개의 범주를 구분하는 경계선을 보여주고 있다. 이 그림은 3개의 철모(이변량 정규분포)를 하나씩 위에서 아래로 투영한 그림으로 상상하고, 겹치는 부분은 3개의 철모가 겹치는 부분으로 생각하면 쉽게 이해할 수 있다. 두 개의 타원체(ellipsoid)가 교차하는 부분을 일직선으로 만든 선분이 $\delta_k(\boldsymbol{x})-\delta_l(\boldsymbol{x})=0$을 만족하는 선분이다. <그림 6-2>는 <그림 6-1>의 선분만 따로 떼어 놓은 그림으로 세 개의 범주를 구분하고 있다. 이 선들은 각각 $\delta_1(\boldsymbol{x})-\delta_2(\boldsymbol{x})=0$, $\delta_2(\boldsymbol{x})-\delta_3(\boldsymbol{x})=0$, 그리고 $\delta_1(\boldsymbol{x})-\delta_3(\boldsymbol{x})=0$을 만족하는 선분들이다.

$\delta_k(\boldsymbol{x})$의 추정치를 구하기 위해 학습데이터의 총수를 n이라고 하고 이 중 범주 k에 속한 데이터 수는 n_k, 그리고 $\boldsymbol{x}_i^{(k)}$를 class k에 속한 i번째 $d \times 1$ 특성변수라고 정의하자. 그러면

$$\widehat{\pi_k} = n_k/n,\ \widehat{\boldsymbol{\mu}_k} = \sum_{i=1}^{n_k} \boldsymbol{x}_i^{(k)}/n_k,\ \widehat{\Sigma} = \sum_{k=1}^{K}\sum_{i=1}^{n_k}(\boldsymbol{x}_i^{(k)} - \widehat{\boldsymbol{\mu}_k})(\boldsymbol{x}_i^{(k)} - \widehat{\boldsymbol{\mu}_k})^T/(n-K)$$

을 각각 π_k, $\boldsymbol{\mu}_k$, 그리고 Σ의 추정치로 사용하여 $\delta_k(\boldsymbol{x})$를 추정하게 된다. 여기에서 K는 총범주 수이다.

만약 Σ_k가 모두 같은 Σ가 아니라면 $\delta_k(\boldsymbol{x}) = \log(P(\boldsymbol{x}|k)P(y=k))$이므로

$$\delta_k(\boldsymbol{x}) = -\frac{1}{2}\log|\Sigma_k| - \frac{1}{2}(\boldsymbol{x} - \boldsymbol{\mu}_k)^T \Sigma_k^{-1}(\boldsymbol{x} - \boldsymbol{\mu}_k) + \log \pi_k$$

가 되며 이를 이차판별함수(quadratic discriminant function)라고 말한다. $k=1$일 때 위 $\delta_k(\boldsymbol{x})$는 $ax^2 + bx + c$로 2차함수형태가 되므로 이차판별함수가 된다. Σ_k의 추정은 범주 k 내 특성변수들의 표본공분산행렬로 추정한다. 이렇게 이차판별함수를 이용하여 목표변수 y의 범주를 판별하는 것을 이차판별분석(quadratic discriminant analysis, QDA)이라고 한다. 선형판별분석(linear discriminant analysis, LDA)은 차원축소에도 사용되는데, 이에 대한 논의는 제9장의 차원축소(reduction of dimension)에서 자세하게 다루기로 한다.

6.2 단순베이즈모형

단순베이즈모형은 정규단순베이즈모형(normal naive Bayes model)과 다항단순베이즈모형(multinomial naive Bayes model)으로 나눌 수 있다. 정규단순베이즈모형은 LDA의 특수한 경우로 $\Sigma = \sigma_k^2 I$를 대입하면 LDA가 단순베이즈모형이 된다. 다항단순베이즈모형은 특성변수 $\boldsymbol{x}$가 텍스트분류(text classification)에서와 같이 이

산형 또는 비율일 경우에 x의 분포를 다항분포모형으로 가정한 경우이다.

6.3 Scikit learn을 이용한 LDA와 단순베이즈모형

복습을 겸해 제4장에서 사용한 Iris 데이터를 이용하여 실습해 보도록 하자. 이와 같이 같은 데이터를 반복해서 사용하는 이유는 다른 모형과의 비교와 자료의 사전정리과정을 고려하지 않고 통계적 머신러닝의 일반적인 분석절차들에 익숙해지기 위해서이다. 선형판별분석은 LinearDiscriminantAnalysis 클래스를 호출하여 실시된다.

```
import seaborn as sns # seaborn을 불러옴.
iris=sns.load_dataset('iris') # iris라는 변수명으로 Iris data를 download함.
X=iris.drop('species',axis=1) # 'species' 열을 drop하고 특성변수 X를 정의함.
y=iris['species'] # 'species' 열을 label y로 정의함.

from sklearn.preprocessing import LabelEncoder # LabelEncoder() method를 불러옴
classle=LabelEncoder()
y=classle.fit_transform(iris['species'].values) # species 열의 문자형을 범주형 값으로 전환

from sklearn.model_selection import train_test_split
X_train,X_test,y_train,y_test=train_test_split(X, y, test_size=0.3, random_state=123,
stratify=y)
```

다음은 적합된 모형을 통해 학습데이터와 시험데이터의 정밀도를 출력하고 있다.

```
from sklearn.discriminant_analysis import LinearDiscriminantAnalysis
cld=LinearDiscriminantAnalysis(store_covariance=True)
cld.fit(X_train, y_train) # LDA 적합
y_train_pred=cld.predict(X_train)
y_test_pred=cld.predict(X_test)
```

```
from sklearn.metrics import accuracy_score
print(accuracy_score(y_train, y_train_pred)) # train data에 대한 accuracy
print(accuracy_score(y_test, y_test_pred)) # test data에 대한 accuracy
```

```
(out)    0.9714285714285714
         0.9777777777777777
```

다음은 LDA의 각 판별식을 구하기 위한 특성변수 sepal_length, sepal_width, petal_length, petal_width의 각 클래스별 평균추정치(means_ 속성), 전체 평균추정치(xbar_ 속성), 분산추정치(covariance_), 각 클래스별 판별식의 bias(intercept_)와 계수추정치(coef_)를 출력하고 있다. 예를 들어, 첫 번째 클래스인 setosa의 판별식은 -7.59+3.76sepal_length+15.13sepal_width-17.99petal_length-21.86petal_width이다. covariance_ 속성이 작동하기 위해서는 LinearDiscriminant Analysis 내에 store_covariance=True로 지정하여야 한다.

```
print(cld.means_)
print(cld.xbar_)
print(cld.covariance_)
print(cld.intercept_)
print(cld.coef_)
```

```
[[5.04285714 3.43428571 1.48857143 0.26571429]
 [5.89714286 2.76       4.22857143 1.3       ]
 [6.51714286 2.92857143 5.49142857 2.00285714]]

[5.81904762 3.04095238 3.73619048 1.18952381]

[[0.24214422 0.09216599 0.13204898 0.03123537]
 [0.09216599 0.11137415 0.05049796 0.03388844]
 [0.13204898 0.05049796 0.15023129 0.03387755]
 [0.03123537 0.03388844 0.03387755 0.04198639]]

[ -7.59067635  -5.09049202 -43.13606185]
```

```
[[  3.76019999  15.13062424 -17.99406267 -21.86481204]
 [ -0.91185753  -4.90401617   4.9041086    3.23562397]
 [ -2.84834246 -10.22660807  13.08995407  18.62918807]]
```

예측결과를 더 자세하게 알아보기 위하여 시험데이터에 대한 분류 결과를 살펴보면 아래와 같다.

```
from sklearn.metrics import confusion_matrix
print(confusion_matrix(y_test, y_test_pred))
```

```
out)        [[15  0  0]
             [ 0 14  1]
             [ 0  0 15]]
```

제4장에서 설명하였던 대로 해석하면 각각의 행은 setosa, versicolor, virginica 순으로 분류 결과를 알려주고 있다. 다음은 최초 5개의 관측치에 대해 setosa, versicolor, verginica로 분류될 확률을 출력하고 있다. 첫 번째 관측치는 versicolor로, 두 번째 관측치는 virginica로 분류하고 있다.

```
print(cld.predict_proba(X_test[:5,])) # 확률 추정
```

```
(out)       [[1.37493315e-32 5.86839618e-01 4.13160382e-01]
             [4.87880054e-42 4.08368248e-04 9.99591632e-01]
             [1.49908347e-19 9.99998532e-01 1.46841688e-06]
             [2.45317549e-24 9.97417042e-01 2.58295753e-03]
             [1.76506456e-50 1.80298359e-07 9.99999820e-01]]
```

다음 예제는 이차판별분석을 동일한 Iris 데이터에 실시하였으며 이차판별분석은 QuadraticDiscriminantAnalysis 클래스를 호출하여 실행할 수 있다.

```
from sklearn.discriminant_analysis import QuadraticDiscriminantAnalysis
cqd=QuadraticDiscriminantAnalysis()
cqd.fit(X_train, y_train) # QDA 적합
y_train_pred=cqd.predict(X_train)
y_test_pred=cqd.predict(X_test)

from sklearn.metrics import accuracy_score
print(accuracy_score(y_train, y_train_pred)) # train data에 대한 accuracy
print(accuracy_score(y_test, y_test_pred)) # test data에 대한 accuracy
```

```
(out)     0.9809523809523809
          0.9777777777777777
```

다음은 이차판별분석결과로 정확도행렬을 출력하여 보여주고 있다. versicolor 1개가 virginica로 잘못 분류된 것을 볼 수 있다.

```
from sklearn.metrics import confusion_matrix
print(confusion_matrix(y_test, y_test_pred))
```

```
(out)     array([[15,  0,  0],
                 [ 0, 14,  1],
                 [ 0,  0, 15]], dtype=int64)
```

다음은 다항단순베이즈모형을 적용하기 위해 인위적인 자료를 만들고 있다. 0 ~ 4 정수로 이루어진 6×20 행렬을 만들었고 표본의 개수는 6, 특성변수의 개수는 20인데 이 20개의 특성변수는 다항분포를 가정하고 있다. 그러므로 특성변수의 값은 해당 변수의 발생횟수를 의미한다. 그리고 목표변수 y는 총 6개의 범주를 가지고 있으며 범주는 1,2,3,4,5,6으로 라벨를 부여하였다. 그러므로 이 예제에서는 범주별로 오직 하나의 표본만 있는 지극히 예제를 위한 예제이다.

```
import numpy as np
X=np.random.randint(5, size=(6,20))
y=np.array([1,2,3,4,5,6])
print(X[:,:3])
```

```
(out)    [[0 1 4]
          [2 4 4]
          [0 3 4]
          [4 4 3]
          [4 3 2]
          [4 3 3]]
```

다항단순베이즈모형은 MultinomialNB을 호출하여 시행되며 두 번째 관측치에 대한 범주를 예측하는 프로그램이다.

```
from sklearn.naive_bayes import MultinomialNB
mnb=MultinomialNB()
mnb.fit(X, y)
print(mnb.predict(X[1:2,]))
```

```
(out)    [2]
```

다음으로 좀 더 복잡하고 현실적인 문제를 고려하여 보자. 1,797명이 0 ~ 9의 정수를 쓰게 한 후 이를 식별하는 문제이다.

```
from sklearn.datasets import load_digits
digits=load_digits()
print(digits.images.shape)
```

```
(out)    (1797, 8, 8)
```

손으로 쓴 0 ~ 9의 숫자는 1,797명이 쓴 글씨로 8×8 pixel로 이루어져 있다. 구체적인 글씨의 형태를 보기 위해 다음을 시행하여 보자.

```
import matplotlib.pyplot as plt
fig, axes=plt.subplots(10, 10, figsize=(18, 8), subplot_kw={'xticks':[], 'yticks':[]},
gridspec_kw=dict(hspace=0.1, wspace=0.1))
for i, ax in enumerate(axes.flat):
    ax.imshow(digits.images[i], cmap='binary', interpolation='nearest')
    ax.text(0.05, 0.05, str(digits.target[i]), transform=ax.transAxes, color='green')
```

(out)

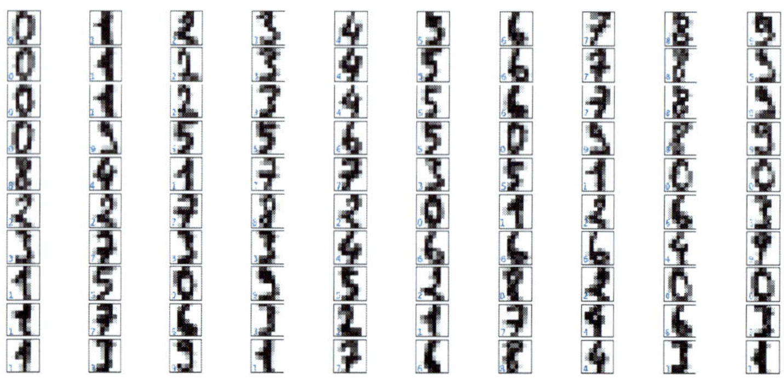

그림 6-3 0～9 정수 손글씨의 예

<그림 6-3>의 손글씨로 쓴 숫자는 8×8 pixel로 구성되어 있다. Scikit-learn에서는 오직 2차원으로 정렬된 자료만 분석할 수 있으므로 3차원을 2차원으로 줄이기 위해 8×8 pixel을 64개의 특성변수로 변환하여야 한다. reshape()을 이용하여 변환할 수 있으나, 이미 digits는 이러한 형식으로 다음과 같이 구현되어 있다.

```
X=digits.data
y=digits.target
print(X.shape)
print(y.shape)
```

```
(out)     (1797, 64)
          (1797,)
```

다음 프로그램은 손글씨 데이터에 정규단순베이즈모형을 적용한 프로그램이다. 정규단순베이즈는 GaussianNB 클래스를 호출하여 실행된다. 약 83%의 정밀도를 보여주고 있다.

```
from sklearn.model_selection import train_test_split
X_train, X_test, y_train, y_test=train_test_split(X, y, test_size=0.25, random_state=0)

from sklearn.naive_bayes import GaussianNB
gnb=GaussianNB()
gnb.fit(X_train, y_train)
y_test_pred=gnb.predict(X_test)

from sklearn.metrics import accuracy_score
print(accuracy_score(y_test, y_test_pred))
```

```
(out)       0.8333333
```

```
from sklearn.metrics import confusion_matrix
mat=confusion_matrix(y_test, y_test_pred)
print(mat)
```

```
(out)
[[37  0  0  0  0  0  0  0  0  0]
 [ 0 39  0  0  0  0  0  0  4  0]
 [ 0  7 20  2  0  0  0  0 15  0]
 [ 0  0  0 39  0  0  0  1  5  0]
 [ 0  1  0  0 31  0  0  6  0  0]
 [ 0  1  0  1  0 43  0  3  0  0]
 [ 0  0  1  0  0  0 51  0  0  0]
 [ 0  0  0  0  1  0  0 47  0  0]
 [ 0  6  0  1  0  1  0  2 38  0]
 [ 0  2  0  4  1  0  0  3  7 30]]
```

그림 6-4 정규분포 Naive Bayes에 의한 분류 결과

<그림 6-4>는 정규NB에 의한 분류 결과를 보여주고 있다. 대각행렬에 있는 값

은 정확하게 분류한 결과를, 예를 들어 총 42개 "2" 중 7개는 "1"로, 2개는 "3"으로, 15개는 "8"로 잘못 분류하였고, 20개는 제대로 분류한 것으로 나타났다.

이미 설명한 바와 같이 단순베이즈모형은 매우 단순한 분류 방법으로, 약 83%의 정밀도를 보이고 있다. 하지만 보다 정교한 모형인 써포트벡터머신(8장)이나 랜덤포레스트(random forest, 제13장)를 사용하여 분류 정밀도를 높일 필요가 있다. 이 데이터는 원자료(raw data)보다 훨씬 적은 규모이며, 원자료는 총 70,000개로 특성변수가 28×28 pixel로 구성되어 있다. 그러므로 표본의 수는 70,000개이고 특성변수는 $28 \times 28 = 784$개로 구성된 비교적 큰 규모의 데이터이다.

연습문제

1 제5장의 wine data를 이용하여 linear, quadratic 그리고 naive Bayesian을 적용해서 그 결과를 비교하고 해석하라.

Chapter 7

분류와 회귀나무
Classification and Regression trees

분류와 회귀나무(classification and regression trees, CART)는 의사결정나무(decision tree) 모형 중의 하나이다. 목표변수 y를 예측하기 위해 특성변수 $\boldsymbol{x}=(x_1, x_2, \cdots, x_d)^T$를 d차원상의 m개 직사각형 셀(cell)로 공간을 분할(partition)한 후 만일 y가 연속형이라면 각 셀의 평균을 구해 회귀나무(regression tree)를 완성하고, y가 K개의 범주이면 각 셀 내에서 가장 비중이 높은 범주로 y의 범주를 예측하여 분할나무(classification tree)를 완성한다. 그러므로 CART는 회귀나무와 분할나무로 나눌 수 있다. 설명이 다소 난해하였지만 해석은 직관적으로 매우 간결하고 분할기준이 구체적으로 제시되기 때문에 해석이 매우 명료하다는 장점도 있다. 학습데이터로 m개의 셀을 만들고 시험데이터는 단순하게 어느 셀에 속하는지만 알면 시험데이터의 정밀도를 측정할 수 있다. 예를 들어 살펴보면 바로 이해할 수 있다.

<그림 7-1>은 2개의 특성변수 x_1과 x_2이 있을 때 깊이(depth)가 3인 의사결정나무를 보여주고 있다. <그림 7-2>는 <그림 7-1>에서 만들어진 5개의 직사각형 셀이며 x_1과 x_2 2개의 특성변수가 만든 공간을 5개의 셀로 분할한 것을 보여주고 있다. <그림 7-2>에서 회귀인 경우, 각 셀 내에 있는 y의 평균을 구하면 되고, 분류일 경우, 각 셀 내에 가장 많은 클래스가 그 셀을 대표하는 클래스가 된다. 그러므로 시험데이터에서 관측된 특성변수 (x_1, x_2)가 5개 셀 중 어느 곳에 속하는지만 알면 된다. 의사결정나무에서 위 그림과 같이 특성변수 공간을 분할할 때 변수의 차례를 어떻게 정하고 이항분할(binary partition)값 t_1, t_2, $\cdots$ 을 어떻게 정할 것인지가 핵심사항이 된다. 이 이항분할값을 노드라고 한다.

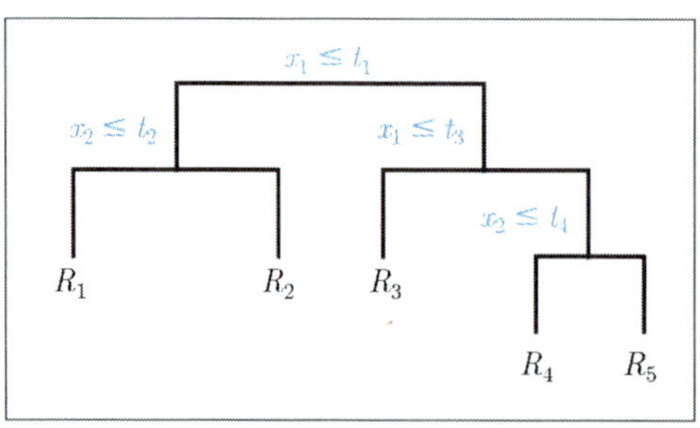

〈Decision Tree by x_1 and x_2〉

그림 7-1 특성변수 x_1과 x_2에 의한 분할

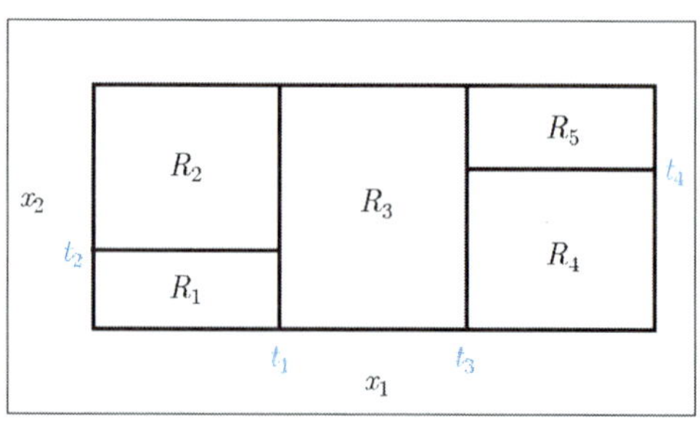

〈Decision Tree에 의한 직사각형 cells〉

그림 7-2 〈그림 7-1〉에 의한 5개의 직사각형 셀

7.1 회귀나무(Regression Tree)

회귀나무 알고리즘을 정리하면 다음과 같다.

Step 1: 특성변수 각각의 관측치를 오름차순으로 정렬한다. 예를 들어, x_2의 관측치가 {-5, 1, -3, 3}이라면 {-5, -3, 1, 3}으로 정리한다.

Step 2: 정렬된 x_1의 관측치를 차례대로 노드(<그림 7-1>의 t)로 하여 분할한 후, 두 개의 셀(왼쪽과 오른쪽이라는 의미에서 이를 l, r로 표현한다) 각각에 포함된 평균 $\overline{y}_t^l$, $\overline{y}_t^r$을 구한다. 그리고

$$SSE(x_1) = \sum_{i \in l}\left(y_i - \overline{y}_t^l\right)^2 + \sum_{i \in r}\left(y_i - \overline{y}_t^r\right)^2$$

를 최소화하는 x_1의 관측치를 x_1의 노드로 선택한다. 예를 들어, $x_1 = \{-1, 0, 2, 3\}$이면 4개의 $SSE(x_1)$가 계산되고, 이 중 $x_1 = 0$이 가장 작은 $SSE(x_1)$를 가지고 있다면 x_1의 노드는 0이 된다. 이러한 과정을 x_1, x_2, $\cdots$, x_d에 대해 실시하여 각각 최소의 $SSE(x_1)$, $SSE(x_2)$, $\cdots$, $SSE(x_d)$을 갖는 노드를 구한다.

Step 3: Step 2에서 d개의 최소 $SSE(x_1)$, $SSE(x_2)$, $\cdots$, $SSE(x_d)$ 중 가장 작은 최소 SSE를 가진 특성변수를 x^*라고 표현하고, x^*의 노드 기준으로 x^*에 첫 번째 분할을 실시하여 2개의 영역(region)을 만든다.

Step 4: Step 3에서 구한 2개의 영역 각각에 대해 영역 내에서 Step 1 ~ Step 3을 반복한다. 그리고 결과로 나온 영역들에 대해서도 이를 반복한다.

Step 4의 결과로 R_1, $\cdots$, R_m의 셀들이 만들어지면 새로운 관측치 $\boldsymbol{x}$에 대한 회귀나무의 예측치는

$$\hat{y} = \sum_{k=1}^{m} \overline{y}_k I(\boldsymbol{x} \in R_k)$$

으로 된다. 여기에서 $\boldsymbol{x} \in R_k$이면 $I(\boldsymbol{x} \in R_k) = 1$이고, 그렇지 않으면 0을 의미한다. $\bar{y}_k$는 셀 R_k에 속해있는 학습데이터 y값의 평균이다. Step 2에서 알 수 있듯이 회귀나무의 손실함수는 SSE(sum of squared error)이다.

한편, 의사결정나무는 각 셀에 오직 한 개의 학습데이터만 존재할 때까지 Step 4를 반복할 수 있으므로 과대적합 문제가 발생할 수밖에 없다. 그러므로 분할의 깊이를 제한할 필요가 있으며, 이를 소위 가지치기(pruning)라고 한다. T_M을 충분히 큰 의사결정나무(예를 들어, 노드의 개수를 각 구역에 5개 이하의 관측치만 있을 때까지 키운 의사결정나무)라고 할 때, T_M보다 작은(즉, 깊이가 더 얕은) 어떤 의사결정나무 T의 총 셀 개수를 $|T|$으로 표현하자. 그리고 SSE_m을 m번째 셀의 SSE라고 정의할 때, 즉 $SSE_m = \sum_{\boldsymbol{x}_i \in R_m} (y_i - \bar{y}_m)^2$으로 정의할 때

$$C_\alpha(T) = \sum_{m=1}^{|T|} SSE_m + \alpha|T| \tag{7.1}$$

를 최소로 하는 T를 구함으로써 가지치기가 실행된다. 단, 여기에서 α는 미리 지정해야 하는 초모수이다. (7.1)에서 $|T|$가 커지면 오른쪽 첫 번째 항은 작아지지만 두 번째 항은 커지므로 서로 간에 상쇄되며, α를 크게 하면 최적 $|T|$는 작아지고 α를 작게 하면 최적 $|T|$는 커지게 되기 때문에 α에 의해 가지치기를 어느 정도 할 것인지가 결정된다. 최적의 α는 10장에서 논의할 교차검증(cross-validation)에 의해 결정한다.

7.2 분류나무(Classification Tree)

분류나무는 목표변수 y가 범주형이므로 회귀나무의 Step 2에서 사용한 손실함수 SSE는 적절하지 않다. $\hat{P}_{mk}$를 셀 R_m에 있는 범주 k의 비율이라고 정의할 때, 범주나무에서는 다음의 불순도(impurity) 측도들을 사용한다.

$$\text{Gini Index}: \quad I_G(R_m) = \sum_{k=1}^{K} \hat{P}_{mk}(1-\hat{P}_{mk}) = 1 - \sum_{k=1}^{K} \hat{P}_{mk}^2$$

$$\text{Cross-Entropy}: \quad I_C(R_m) = -\sum_{k=1}^{K} \hat{P}_{mk} \log_2(\hat{P}_{mk})$$

$$\text{Misclassification Error}: \quad I_E(R_m) = 1 - \hat{P}_{mk_m}$$

여기에서 $\boldsymbol{K}$는 총 범주 개수이며, $\hat{P}_{mk_m}$은 셀 R_m 내에 있는 클래스 중 가장 큰 비중을 갖는 클래스 k_m의 비율이다.

상위 셀 R에서 두 개의 영역(의사결정나무에서 왼쪽과 오른쪽이라는 의미에서 l과 r) R_l과 R_r로 나누어지므로 불순도 측도 $I(R)$, $I(R_l)$, $I(R_r)$을 계산할 수 있다. N_R, N_{R_l}, N_{R_r}을 각각 R, R_l, R_r에 포함된 학습데이터의 개수라고 정의하면 다음과 같은 정보획득(Information Gain, IG)을 계산할 수 있다.

$$IG(R, x_j) = I(R) - \frac{N_{R_l}}{N_R} I(R_l) - \frac{N_{R_r}}{N_R} I(R_r) \tag{7.2}$$

부모 영역으로부터 잘 분류된 자식 영역은 불순도가 낮을 것이므로 IG가 크게 된다. 식 (7.2)에서 IG를 이용하여 회귀나무의 Step 2와 Step 3에서 사용한 $SSE(x_j)$ 대신 $IG(R, x_j)$를 이용하되, $SSE(x_j)$의 최솟값 대신 $IG(R, x_j)$의 최댓값이 분할(partition) 변수와 노드 선택의 기준이 된다.

<그림 7-3>을 보면 I_G, I_C, I_E 모두 $\hat{P}_1 = 0.5$일 때 최댓값을 가지고 있다. 그러므로 어떤 분류가 의미가 전혀 없을 때 불순도 측도는 최댓값이 되고, $\hat{P}_1$이 0 또는 1로 접근할 때(즉, 불순도가 점점 줄어들 때) 불순도 측도가 낮아짐을 알 수 있다.

불순도 측도와 IG의 이해를 위해 y가 2개의 범주 {1, 2}인 경우를 고려하여 보자. 그러면

$$I_G(R_m) = 1 - \left(\hat{P}_{m1}^2 + \hat{P}_{m2}^2\right),$$

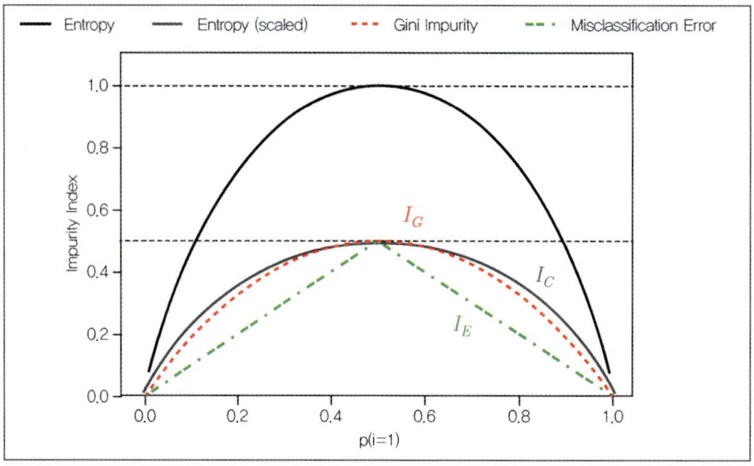

그림 7-3 I_G, I_C, I_E의 비교(I_C는 최댓값이 1이지만 비교를 위해 최솟값이 0.5가 되도록 조정함)

$$I_C(R_m) = -\left(\hat{P}_{m1}\log_2\hat{P}_{m1} + \hat{P}_{m2}\log_2\hat{P}_{m2}\right),$$

$$I_E(R_m) = 1 - \max\left(\hat{P}_{m1},\ \hat{P}_{m2}\right)$$

이 된다. 여기서 $\hat{P}_{m1} + \hat{P}_{m2} = 1$이다.

<그림 7-4>에서 부모 영역에는 총 800개의 학습데이터가 있으며 범주 1에는 400개, 범주 2에는 400개의 학습데이터가 포함되어 있다. 그리고 x_1의 IG가 최대가 되는 노드값을 기준으로 R_l과 R_r로 분할된 그림을 왼쪽에 제시하였고, 오른쪽은 x_2의 IG가 최대가 되는 노드값을 기준으로 R_l과 R_r로 분할된 것을 보여주고 있다.

$$I_G(R) = 1 - \left(\left(\frac{4}{8}\right)^2 + \left(\frac{4}{8}\right)^2\right) = 0.5$$

이고 x_1에 의한 Gini 계수가 각각

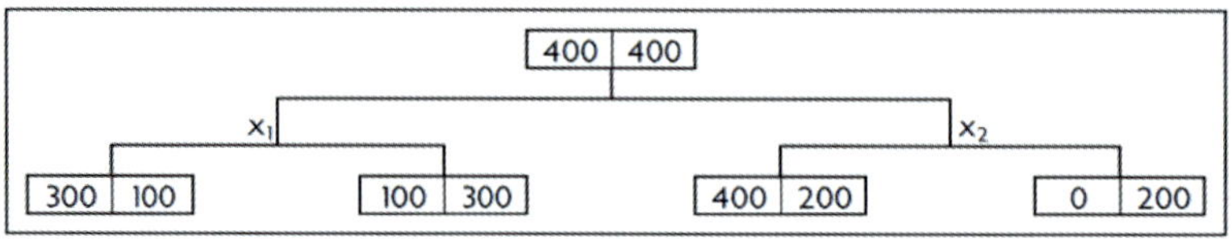

그림 7-4 부모 영역으로부터 x_1과 x_2에 의한 분류 예

$$I_G(R_l) = 1 - \left(\left(\frac{3}{4}\right)^2 + \left(\frac{1}{4}\right)^2 \right) = 0.375 \quad \text{및} \quad I_G(R_r) = 1 - \left(\left(\frac{1}{4}\right)^2 + \left(\frac{3}{4}\right)^2 \right) = 0.375$$

이므로,

$$IG_G(R, x_1) = 0.5 - \frac{4}{8}0.375 - \frac{4}{8}0.375 = 0.125$$

이다. 또한 x_2에 의한 Gini 계수가 각각

$$I_G(R_l) = 1 - \left(\left(\frac{4}{6}\right)^2 + \left(\frac{2}{6}\right)^2 \right) = 0.444 \text{ 및 } I_G(R_r) = 1 - \left(\left(\frac{0}{2}\right)^2 + \left(\frac{2}{2}\right)^2 \right) = 0$$

이며,

$$IG_G(R, x_2) = 0.5 - \frac{6}{8}0.444 - \frac{2}{8}0 = 0.167$$

이므로, Gini 계수에 의한 하위 cell 분류는 x_2가 된다.

이와 유사하게,

$$I_C(R) = -\frac{4}{8}\log_2(\frac{4}{8}) - \frac{4}{8}\log_2(\frac{4}{8}) = 1$$

이고, x_1 기준으로

$$I_C(R_l) = -\frac{3}{4}\log_2(\frac{3}{4}) - \frac{1}{4}\log_2(\frac{1}{4}) = 0.811,$$

$$I_C(R_r) = -\frac{1}{4}\log_2(\frac{1}{4}) - \frac{3}{4}\log_2(\frac{3}{4}) = 0.811,$$

$$IG_C(R, x_1) = 1 - \frac{4}{8}0.811 - \frac{4}{8}0.811 = 0.189$$

이며, x_2 기준으로

$$I_C(R_l) = -\frac{4}{6}\log_2(\frac{4}{6}) - \frac{2}{6}\log_2(\frac{2}{6}) = 0.918,$$

$$I_C(R_r) = -\frac{0}{2}\log_2(\frac{0}{2}) - \frac{2}{2}\log_2(\frac{2}{2}) = 0,$$

$$IG_C(R, x_2) = 1 - \frac{6}{8}0.918 - \frac{2}{8}0 = 0.311$$

가 되어 Entropy에 의한 선택은 x_2가 된다.

또한 $I_E(R) = 1 - \max[\frac{4}{8}, \frac{4}{8}] = 0.5$이고, x_1 기준으로

$$I_E(R_l) = 1 - \max[\frac{3}{4}, \frac{1}{4}] = 0.25,$$

$$I_E(R_r) = 1 - \max[\frac{1}{4}, \frac{3}{4}] = 0.25,$$

$$IG_E(R, x_1) = 0.5 - \frac{4}{8}0.25 - \frac{4}{8}0.25 = 0.25,$$

x_2 기준으로

$$I_E(R_l) = 1 - \max[\frac{4}{6}, \frac{2}{6}] = 0.333,$$

$$I_E(R_r) = 1 - \max[\frac{0}{2}, \frac{2}{2}] = 0,$$

$$IG_E(R, x_2) = 0.5 - \frac{6}{8}0.333 - \frac{2}{8}0 = 0.25$$

가 되어 오분류오차(misspecification error)에 의한 선택은 불가능하다. 그러므로 분류나무에서는 오분류오차를 사용하지 않는다. 그러나 가지치기(pruning)에서는 불순도 측도로서 오분류오차가 가장 효율적인 것으로 나타나, 식 (7.1)의 SSE_m 대신 오분류오차를 사용한다.

CART의 가장 큰 장점은 tree를 구성하는 특성변수가 연속형이든, 범주형이든 관계없이 동일하게 적용될 수 있다는 것과 특성변수의 이상치에 영향을 받지 않는다는 것이다.

7.3 Scikit learn을 이용한 의사결정나무

제6장에서 사용한 Iris 데이터를 이용하여 CART 중 분류나무를 아래와 같이 고려하여 보자. 분류나무분석은 DecisionTreeClassifier를 호출하여 실행할 수 있다. 분류나무를 위해 불순도 측도는 지니(Gini) 지수를 사용하였고 나무의 깊이는 3으로 지정하였다. 정밀도는 비교적 높게 나타나 약 98%를 보여주고 있다. training 데이터에서의 정밀도가 낮게 나온 것으로 보아 max_depth를 증가시킬 필요가 있다.

```
from sklearn import tree  # 또는 from sklearn import DecisionTreeClassifier
dtc = tree.DecisionTreeClassifier(criterion='gini', max_depth=3, random_state=1)
dtc.fit(X_train, y_train)
y_train_pred = dtc.predict(X_train)  # Training accuracy
y_test_pred = dtc.predict(X_test)    # Test accuracy

from sklearn import metrics
print(metrics.accuracy_score(y_train, y_train_pred))
```

```
(out)    0.9524
```

```
print(metrics.accuracy_score(y_test, y_test_pred))
```

```
(out)    0.9777
```

```
print(metrics.confusion_matrix(y_test, y_test_pred))  # Confusion matrix
```

```
(out)    [[15  0  0]
          [ 0 15  0]
          [ 0  1 14]]
```

분류나무에서 중요한 것은 노드가 어떤 변수의 어떤 값에 의해서 만들어졌는지를 보여주는 나무그림이다. 일단 training이 끝나면 다음과 같이 분류나무그림을 그릴 수 있다.

```
tree.plot_tree(dtc.fit(X_train,y_train))
```

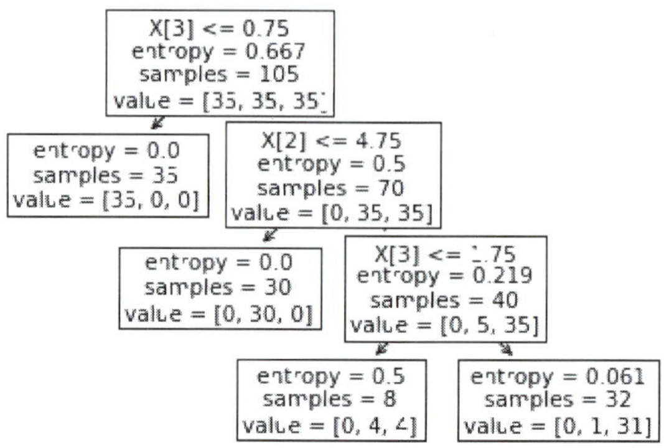

좀 더 세련된 그림을 그리기 위해서는 ‘pydotplus’와 ‘graphviz’ 라이브러리를 설치해야 한다. 그런데 windows 사용자의 경우 graphviz의 실행 시 경로를 찾지 못하는 오류가 발생할 수 있다. 이때에는 “내 PC”를 우클릭→속성→고급 시스템 설정→고급 탭→환경변수 순으로 선택한 후 이 설정에서 Path에 “Anaconda3 경로\Anaconda3\Library\bin\graphviz”를 추가하면 된다.

```
# Graph
from pydotplus import graph_from_dot_data   # "pydotplus"는 따로 설치하여야 함
from sklearn.tree import export_graphviz
dot_data = export_graphviz(dtc, filled=True, rounded=True,
                           class_names=['Setosa', 'Versicolor', 'Virginica'],
                           feature_names=['sepal length', 'sepal width',
                                          'petal length', 'petal width'],
                           out_file=None)
graph = graph_from_dot_data(dot_data)
from IPython.display import Image
Image(graph.create_png())   # Console 창에 그림 출력
```

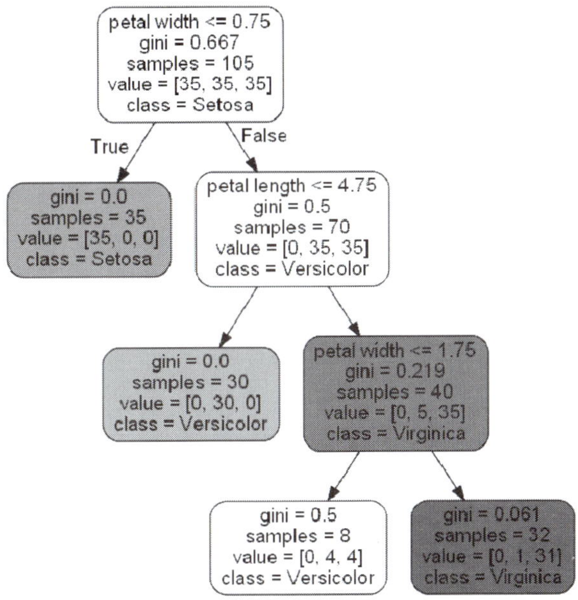

위의 나무그림은 Iris 데이터의 Iris 품종을 판별하기 위해 노드가 결정된 차례와 변수선택, 그리고 노드값을 제공하고 있다.

회귀나무의 실습은 from sklearn.tree import DecisionTreeRegression를 호출하여 실행하는 것을 제외하고 분류나무와 모두 동일하다. 적용사례는 제10장을 참고하길 바란다.

연습문제

1 CART에서 criterion을 gini와 entropy를 각각 적용하고 max_depth를 변경하여 결과를 비교하고 해석하라(교재에 있는 데이터를 이용하여도 된다).

Chapter **8**

써포트벡터머신

Support vector machine(SVM)

8.1 선형 써포트벡터머신

먼저 아래 그림을 살펴보자. 특성변수 X_1과 X_2에 따라 2개의 그룹(○, △)으로 나누어진 것을 볼 수 있으며 두 개의 직선이 두 그룹을 나누고 있다.

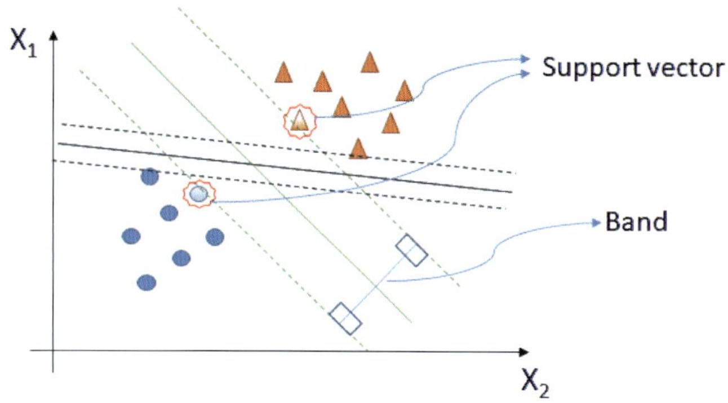

그림 8-1 써포트벡터의 이해

이 직선은 두 그룹의 관측치 중에 가장 가까운 거리를 정확하게 반으로 나누고 있고 그 결과로 상하로 대칭되는 밴드(band)를 보여주고 있다. 2개의 그룹을 나누는 수많은 직선이 있을 것이며 <그림 8-1>과 동일하게 밴드를 그렸다고 상상하여 보자. 그리고 이 밴드의 넓이가 두 개의 그룹을 나누는 벽의 두께라고 할 때 많은 직선 중 벽의 두께(밴드의 넓이)가 가장 두꺼운 직선이 가장 합리적인 분류선(classifier)이 될 것이다. 이것이 써포트벡터머신의 핵심적인 아이디어이며 밴드를 구성하는 2개의 점선 위의 자료(즉, 밴드를 만든 자료)를 써포트벡터라고 한다.

두 개의 그룹을 $y=\{-1,1\}$로 표기하고 <그림 8-1>의 직선이 $f(\boldsymbol{X})=\beta_0+\boldsymbol{\beta}^T\boldsymbol{X}=0$이라고 할 때 $f(\boldsymbol{X})$가 분류선이므로, SVM은 모든 관측치 $i=1,2,\cdots,n$에 대해

$$\beta_0+\boldsymbol{\beta}^T\boldsymbol{X}_i \geq 1 \qquad \text{만약 } y_i=1$$

$$\beta_0 + \boldsymbol{\beta}^T \boldsymbol{X}_i \le -1 \qquad \text{만약 } y_i = -1 \tag{8.1}$$

를 만족하는 β_0와 $\boldsymbol{\beta}$를 구하는 문제가 된다.

즉, <그림 8-1>에서 밴드의 경계 상위값이 1, 하위값이 -1 이 되도록 하면 식 (8.1)을 만족하게 된다. 경계 상위 특성변수값을 $\boldsymbol{X}_+$, 하위 특성변수값을 $\boldsymbol{X}_-$로 표현하면 $\beta_0 + \boldsymbol{\beta}^T \boldsymbol{X}_+ = 1$ 그리고 $\beta_0 + \boldsymbol{\beta}^T \boldsymbol{X}_- = -1$이 되고 이 두 직선 간의 거리는

$$\boldsymbol{\beta}^T (\boldsymbol{X}_+ - \boldsymbol{X}_-) = 2 \tag{8.2}$$

이 된다. <그림 8-1>의 두 직선뿐만 아니라 두 그룹을 완전하게 구분하는 모든 직선은 식 (8.2)를 만족하므로 표준화가 필요하다. $\| \boldsymbol{\beta} \| = \sqrt{\sum_{j=1}^{d} \beta_j^2}$ 이라고 정의할 때

$$\frac{\boldsymbol{\beta}^T}{\| \boldsymbol{\beta} \|} (\boldsymbol{X}_+ - \boldsymbol{X}_-) = \frac{2}{\| \boldsymbol{\beta} \|} \tag{8.3}$$

같이 표준화한다. 식 (8.3)의 왼쪽은 표준화된 밴드의 넓이(width)를 나타내므로 이 넓이를 최대화하는 것이 SVM의 목적이 된다. 그러므로 SVM의 문제는 식 (8.1)의 오른쪽에 있는 $\| \boldsymbol{\beta} \|$를 최소화하는 문제로 귀결된다. 즉,

$$y_i(\beta_0 + \boldsymbol{\beta}^T \boldsymbol{x}_i) \ge 1 \text{인 조건하에서 } \| \boldsymbol{\beta} \| \text{ 를 최소화하는 } \boldsymbol{\beta} \tag{8.4}$$

를 찾는 것이 SVM의 목적이 된다.

그러나 실제 문제에서는 <그림 8-1>과 같이 두 그룹이 완전하게 구분되는 학습데이터(training data)는 존재하지 않는다. 이를 위해 소위 완화변수(slack variable) $\zeta_i \ge 0,\ i = 1, 2, \cdots, n$을 도입하여 식 (8.4)에 주어진 $y_i(\beta_0 + \boldsymbol{\beta}^T \boldsymbol{x}_i) \ge 1$ 조건을 완화하기 위해 $y_i(\beta_0 + \boldsymbol{\beta}^T \boldsymbol{x}_i) \ge 1 - \zeta_i$로 바꾸어서 $\| \boldsymbol{\beta} \|$ 를 최소화한다. 즉,

$$y_i(\beta_0 + \boldsymbol{\beta}^T \boldsymbol{x}_i) \ge 1 - \zeta_i \text{인 조건하에서 } \| \boldsymbol{\beta} \| \text{ 를 최소화하는 } \boldsymbol{\beta} \tag{8.5}$$

로 SVM의 목적이 변하게 된다.

식 (8.5)를 유연마진분류(soft-margin classification)라고 하며 식 (8.4)를 경마진

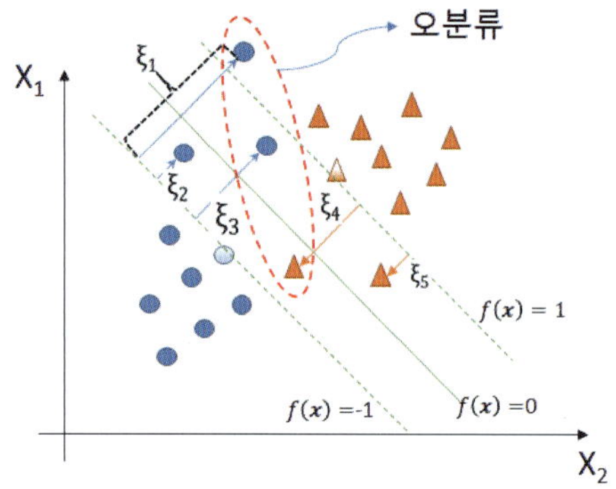

그림 8-2 유연마진과 SVM의 개념

분류(hard-margin classification)라고 한다. 완화변수의 역할을 <그림 8-2>에 표현하였다.

<그림 8-2>를 살펴보면 특성변수 $\boldsymbol{x}$에 대해 $f(\boldsymbol{x})>0$이면 △로, $f(\boldsymbol{x})<0$이면 ○으로 분류하는 SVM의 예시도이다. ζ_1은 $f(\boldsymbol{x})=-1$로부터 $f(\boldsymbol{x}_1)$의 거리이며 그룹이 ○인데 $f(\boldsymbol{x}_1)>1$이므로 △로 잘못 분류하게 될 것이다. ζ_2는 $f(\boldsymbol{x}_2)$가 $f(\boldsymbol{x})=-1$보다 크지만 $f(\boldsymbol{x})=0$보다 작기 때문에 그룹 ○으로 제대로 분류하게 될 것이다. 같은 방법으로 ζ_3, ζ_4, ζ_5도 동일하게 해석할 수 있다. 특히 $\zeta_i>1$이 되면 오분류가 발생함을 쉽게 알 수 있다. $y_i f(\boldsymbol{x}_i)>1$에 해당하는 $\boldsymbol{x}_i$들의 ζ_i는 $\zeta_i \geq 0$이므로 $\zeta_i=0$이 된다. <그림 8-2>에서 $f(\boldsymbol{x})=1$ 선상 또는 선보다 위에 있는 △들과 $f(\boldsymbol{x})=-1$ 선상 또는 선 아래에 있는 ○들이 이에 해당하는 학습데이터들이다. 그러므로 ζ_i는 일종의 오차라고 해석할 수 있고, 이 오차를 어느 정도까지 허용한 상태에서 $\|\beta\|$을 최소로 만드는 β의 추정 문제로 귀결된다.

즉, 식 (8.5)는 다음과 같이 최적화하는 문제로 도달하게 된다. 모든 $i=1,2,\cdots,n$에 대해

$$y_i(\beta_0+\boldsymbol{\beta}^T\boldsymbol{x}_i) \geq 1-\zeta_i \text{인 조건하에서 } \|\beta\| + c\sum_{i=1}^{n}\zeta_i \text{를 최소화하는 } \beta \tag{8.6}$$

를 구하는 문제가 된다. 여기에서 $\zeta_i \geq 0$이고 c는 초모수이다.

c를 크게 주면 $\sum_{i=1}^{n}\zeta_i$가 약간만 커지더라도 목적함수 $\parallel \beta \parallel + c\sum_{i=1}^{n}\zeta_i$가 커지게 되고 오차인 ζ_i를 허용하지 않으므로 밴드의 넓이가 좁아지게 된다. 이는 과대적합(overfitting) 문제가 발생할 가능성이 높아지게 됨을 의미한다. 반대로 c를 아주 작게 주면 $\sum_{i=1}^{n}\zeta_i$이 커도 되므로 밴드의 넓이가 커지게 되어 편의(bias)가 발생할 수 있다. c의 결정에 대해서는 제10장에서 다루는 교차검증(cross-validation)에서 논의하게 될 것이다.

식 (8.6)의 해 β_0와 β를 구하기 위해 제2장에서 조건이 있을 때의 최적화방법인 라그랑지 승수법을 이용하여 손실함수를 표현하면

$$l_p = \frac{1}{2} \parallel \beta \parallel ^2 + c\sum_{i=1}^{n}\zeta_i - \sum_{i=1}^{n}\alpha_i[y_i(\beta_0 + \boldsymbol{\beta}^T\boldsymbol{x}_i) - (1-\zeta_i)] - \sum_{i=1}^{n}\mu_i\zeta_i \tag{8.7}$$

이다. 여기에서 α_i와 μ_i는 라그랑지 승수이다.

제2장의 라그랑지 승수 최적화 조건 (i)에 따라, l_p를 β, β_0 그리고 ζ_i에 대해 편미분하여 0으로 놓으면

$$\beta = \sum_{i=1}^{n}\alpha_i y_i \boldsymbol{x}_i\,,\ 0 = \sum_{i=1}^{n}\alpha_i y_i\,,\ \text{그리고}\ \alpha_i = c - \mu_i \tag{8.8}$$

가 된다. 식 (8.8)을 식 (8.7)에 대입하면

$$l_p = \sum_{i-1}^{n}\alpha_i - \frac{1}{2}\sum_{i-1}^{n}\sum_{j-1}^{n}\alpha_i\alpha_j y_i y_j \boldsymbol{x}_i^T\boldsymbol{x}_j \tag{8.9}$$

가 되며, 제2장의 최적화 조건 (iii)(이를 Karush-Kuhn-Tucker 조건이라고 한다)에 의해, 즉 모든 $i = 1,2,\cdots,n$에 대해

$$\alpha_i[y_i(\beta_0 + \boldsymbol{\beta}^T\boldsymbol{x}_i) - (1-\zeta_i)] = 0,\ \mu_i\zeta_i = 0,\ y_i(\beta_0 + \boldsymbol{\beta}^T\boldsymbol{x}_i) \geq (1-\zeta_i) \tag{8.10}$$

을 충족하여야 한다.

식 (8.10)에 의해 $\mu_i\zeta_i = 0$이므로 $\zeta_i = 0$일 때(즉, $y_i(\beta_0 + \boldsymbol{\beta}^T\boldsymbol{x}_i) = 1$를 만족하는 써포트벡터 또는 $y_i(\beta_0 + \boldsymbol{\beta}^T\boldsymbol{x}_i) > 1$을 만족하는 데이터) 식 (8.8)에 의해 $0 \leq \alpha_i < c$이

다. 한편, $\zeta_i > 0$이면 $\mu_i \zeta_i = 0$에 의해 $\mu_i = 0$이며 식 (8.8)에 의해 $\alpha_i = c$가 된다.

또한 식 (8.8)에 의해 $\beta = \sum_{i=1}^{n} \alpha_i y_i \boldsymbol{x}_i$이므로 α_i가 0인 자료는 β 계산에 기여하지 않는다. $y_i(\beta_0 + \beta^T \boldsymbol{x}_i) > 1$이면서 $\zeta_i = 0$인 자료(양쪽 밴드 밖에 있으면서 제대로 분류된 자료)는 $y_i(\beta_0 + \beta^T \boldsymbol{x}_i) - (1 - \zeta_i) > 0$이므로 식 (8.10)의 첫 번째 식에 의해 $\alpha_i = 0$인 자료가 된다. 그러므로 $y_i(\beta_0 + \beta^T \boldsymbol{x}_i) = 1$인 자료와 $\zeta_i > 0$인 자료가 β 계산에 기여하며 이를 써포트벡터(support vector)라고 한다. 즉, $\zeta_i = 0$인 자료를 제외한 자료가 써포트벡터이다.

β_0의 추정은 β를 추정한 후 SVM의 마진선상에 있는 어떤 값(즉, $\beta_0 + \beta^T \boldsymbol{x} = 1$을 만족하는 $\boldsymbol{x}$)을 대입하여도 구할 수 있지만, 일반적으로 안정적인 추정을 위해 $\beta_0 + \beta^T \boldsymbol{x} = 1$를 만족하는 모든 써포트벡터 $\boldsymbol{x}$값을 대입시켜 구한 β_0들의 평균값을 사용한다.

식 (8.10) 조건하에서 식 (8.9)의 해는 convex quadratic programming 문제로서 Murray et.al(1981)이 제공하는 알고리즘을 이용하여 구할 수 있다. $\widehat{\beta_0}$과 $\widehat{\beta}$을 구하면 $\widehat{f}(\boldsymbol{x}) = \widehat{\beta_0} + \widehat{\beta}^T \boldsymbol{x}$가 계산되고 $\widehat{f}(\boldsymbol{x})$가 양이면 $y=1$, 음이면 $y=-1$로 그룹을 분류한다.

8.2 커널 SVM

커널 SVM(Kernel SVM)은 비선형 분류모형(classifier)으로, SVM에서 커널이 무엇인지, 커널이 어떻게 쓰이는지 논의하고 커널 SVM의 기본 아이디어를 이해하기 위해 다음의 파이썬 프로그램으로 구현된 그림을 살펴보자.

```
import plotly.graph_objects as go
import matplotlib.pyplot as plt
from sklearn.datasets import make_circles
```

```
X,y= make_circles(n_samples=100,noise=0.1,factor=0.1)
fig=go.Figure()
fig.add_trace(go.Scatter(x=X[:,0],y=X[:,1],mode='markers',marker_color=y))
fig.update_layout(width=600)
fig.show()
```

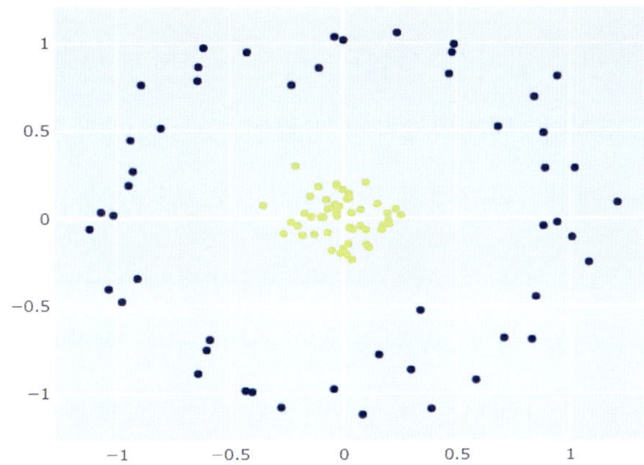

그림 8-3 (x_1, x_2) 플롯

```
import numpy as np
r = np.exp(-(X ** 2).sum(1))
fig=go.Figure(data=go.Scatter3d(x=X[:,0],y=X[:,1],z=r,mode='markers',marker_color=y))
#fig.update_layout(height=1000)
fig.show()
```

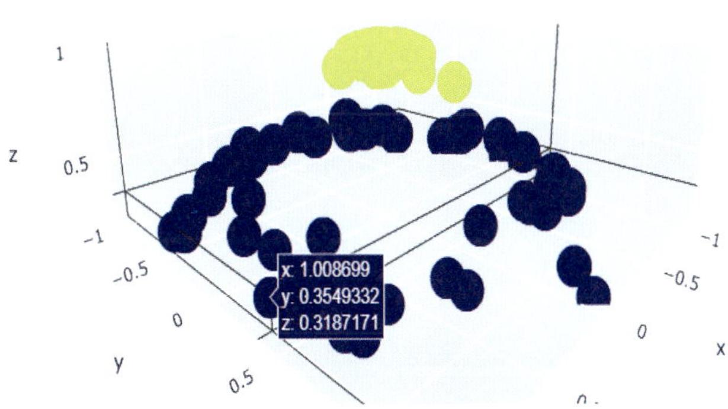

그림 8-4 $(x_1,\ x_2,\ \exp(-(x_1^2+x_2^2)))$ 플롯

<그림 8-3>은 x_1과 x_2가 (−1.5, 1.5) 사이의 값을 이용한 원 형태의 그림으로, 안쪽에 있는 노란색 그룹과 바깥쪽에 위치한 ●으로 표시된 두 번째 그룹으로 구성되어 있다. 지금까지 논의된 선형 분류방법은 <그림 8-3>에 있는 두 개의 그룹을 성공적으로 구별하지 못할 것이다.

<그림 8-4>는 새로운 변수 $z=\exp(-(x_1^2+x_2^2))$을 도입하여 (x_1,x_2,z)로 차원을 하나 증가시켜 그린 그림이다. 2개의 그룹을 완전하게 나누는 선형평면을 얼마든지 구할 수 있을 것이다. 원래의 2차원 자료인 (x_1,x_2)에서 3차원 자료로 확대하기 위해, x_1과 x_2로 재정의한 3개의 변수 $h_1(x_1,x_2)=x_1$, $h_2(x_1,x_2)=x_2$, $h_3(x_1,x_2)=\exp(-(x_1^2+x_2^2))$[이를 기저확대(basis expansion)라고 한다]를 새로운 특성변수로 하여 앞에 논의한 선형 SVM을 적용하면 된다. 확장된 (h_1,h_2,h_3)에서는 선형이지만 원래의 (x_1,x_2)에서는 비선형이므로 이를 비선형 SVM이라고 한다.

그러나 이러한 접근은 새로운 특성함수를 어떻게 만드느냐가 난제일 뿐만 아니라 차원 확장이 필수적이므로 고차원(high-dimension) 자료에서는 차원의 저주문제가 발생하게 된다. 이에 대한 해결책이 소위 커널속임수(kernel trick)이다. 먼저 SVM에서 가장 널리 쓰이는 커널함수 3가지를 소개하면 다음과 같다. $i,j=1,2,\cdots,n$에 대해

$K(\boldsymbol{x}_i,\boldsymbol{x}_j)=(1+\gamma\boldsymbol{x}_i^T\boldsymbol{x}_j)^p$: p차 다항식(pth-degree polynomial)

$K(\boldsymbol{x}_i,\boldsymbol{x}_j)=\exp(-\gamma(\boldsymbol{x}_i-\boldsymbol{x}_j)^T(\boldsymbol{x}_i-\boldsymbol{x}_j))$: 방사형기저함수(radial basis function)

$K(\boldsymbol{x}_i,\boldsymbol{x}_j)=\tanh(\gamma\boldsymbol{x}_i^T\boldsymbol{x}_j+k)$: 시그모이드 함수

예를 들어, 2개의 입력변수 x_1과 x_2가 있을 때 i번째 관측치와 j번째 관측치에 대한 2차 다항 커널은

$$\begin{aligned}K(\boldsymbol{x}_i,\boldsymbol{x}_j)&=(1+\boldsymbol{x}_i^T\boldsymbol{x}_j)^2\\&=(1+x_{i,1}x_{j,1}+x_{i,2}x_{j,2})^2\\&=1+2x_{i,1}x_{j,1}+2x_{i,2}x_{j,2}+(x_{i,1}x_{j,1})^2+(x_{i,2}x_{j,2})^2+2x_{i,1}x_{j,1}x_{i,2}x_{j,2}\end{aligned} \tag{8.11}$$

이 된다.

이제 $h_1(x_1,x_2)=1$, $h_2(x_1,x_2)=\sqrt{2}x_1$, $h_3(x_1,x_2)=\sqrt{2}x_2$, $h_4(x_1,x_2)=x_1^2$, $h_5(x_1,x_2)=x_2^2$, $h_6(x_1,x_2)=\sqrt{2}x_1x_2$이라고 정의하고 할 때

$$\boldsymbol{h}(x_1,x_2)=(h_1(x_1,x_2),h_2(x_1,x_2),\cdots,h_6(x_1,x_2))^T$$

로 놓으면 식 (8.11)의

$$K(\boldsymbol{x}_i,\boldsymbol{x}_j)=(1+\boldsymbol{x}_i^T\boldsymbol{x}_j)^2=\boldsymbol{h}(\boldsymbol{x}_i)^T\boldsymbol{h}(\boldsymbol{x}_j)$$

이 성립됨을 확인할 수 있다. 이는 차원증대를 위한 새로운 특성함수 $\boldsymbol{h}(\boldsymbol{x})$를 어렵게 만들기보다는 적절한 커널함수를 이용할 수 있다는 것을 보여주고 있다. 그러므로 SVM의 β의 추정치가 $\boldsymbol{x}_i^T\boldsymbol{x}_j$의 형태이면 이를 $\boldsymbol{h}(\boldsymbol{x}_i)^T\boldsymbol{h}(\boldsymbol{x}_j)$로 바꾸어서 새로운 기저함수인 $h(\boldsymbol{x})$를 이용한 β의 추정치를 구할 수 있다. 그러나 비선형 SVM을 위한 $\boldsymbol{h}(\boldsymbol{x})$를 구체적으로 구할 필요 없이 $\boldsymbol{h}(\boldsymbol{x}_i)^T\boldsymbol{h}(\boldsymbol{x}_j)$ 대신 $K(\boldsymbol{x}_i,\boldsymbol{x}_j)$를 직접 이용하여 β의 추정치를 구할 수 있다. 이러한 방법을 커널속임수라고 한다.

앞에서 설명하였듯 원래의 특성변수 $\boldsymbol{x}$로부터 기저함수 $\boldsymbol{h}(\boldsymbol{x})$로 차원을 증대시키면 이 $\boldsymbol{h}(\boldsymbol{x})$를 새로운 특성변수로 하여 선형 SVM을 적용한다고 하였으므로, 선형 SVM의 손실함수 식 (8.9)에 그대로 적용해서 커널 SVM의 목적함수는

$$l_k=\sum_{i=1}^{n}\alpha_i-\frac{1}{2}\sum_{i=1}^{n}\sum_{j=1}^{n}\alpha_i\alpha_jy_iy_j\boldsymbol{h}(\boldsymbol{x}_i)^T\boldsymbol{h}(\boldsymbol{x}_j) \tag{8.12}$$

가 된다.

한편, 선형 SVM의 $\hat{\beta}=\sum_{i=1}^{n}\hat{\alpha}y_i\boldsymbol{x}_i$이므로 선형 SVM의 $\hat{f}(\boldsymbol{x})=\hat{\beta}_0+\hat{\boldsymbol{\beta}}^T\boldsymbol{x}=\hat{\beta}_0+\sum_{i=1}^{n}\hat{\alpha}_iy_i\boldsymbol{x}_i^T\boldsymbol{x}$가 되므로 식 (8.12)의 l_k를 최소화한 모수 추정치를 $\hat{\beta}_0^*$와 $\hat{\beta}^*$(그러므로 $\hat{\alpha}^*$)로 표현하면 커널 SVM의 예측치는

$$\hat{f}(\boldsymbol{x})=\hat{\beta}_0^*+\sum_{i=1}^{n}\hat{\alpha}_i^*y_i\boldsymbol{h}(\boldsymbol{x}_i)^T\boldsymbol{h}(\boldsymbol{x}) \tag{8.13}$$

가 된다. 식 (8.12)의 목적함수 l_k나 식 (8.13)의 커널 SVM이나 모두 $\boldsymbol{h}(\boldsymbol{x}_i)^T\boldsymbol{h}(\boldsymbol{x}_j)$ 형태임을 알 수 있다. 그러므로 $\boldsymbol{h}(\boldsymbol{x})$를 구할 필요 없이 식 (8.12)에 $\boldsymbol{h}(\boldsymbol{x}_i)^T\boldsymbol{h}(\boldsymbol{x}_j)$ 대신에 적절한 커널함수 $K(\boldsymbol{x}_i,\boldsymbol{x}_j)$로 대체하여 $\hat{\beta}_0^*$와 $\hat{\boldsymbol{\beta}}^*$(실제로는 $\hat{\alpha}^*$)를 구하고, 식 (8.13)의 $\boldsymbol{h}(\boldsymbol{x}_i)^T\boldsymbol{h}(\boldsymbol{x})$ 대신 식 (8.12)에서 이용한 $K(\boldsymbol{x}_i,\boldsymbol{x})$로 바꾸어 식 (8.13)과 동일한 커널 SVM을 구하게 된다. 여기에서 주의할 점은 SVM에 이용한 커널과 제4장에서 커널분포함수 추정에 사용한 커널도 동일한 이름이지만 그 역할은 SVM과 완전하게 다르다는 것을 인지하여야 한다.

비선형 SVM에서 커널함수가 rbf일 때 γ가 클수록 분산이 작은 bell-shape의 정규분포 형태의 비선형모형이 되고, 반대로 γ가 작아질수록 분산이 큰 정규분포 형태의 비선형모형이 된다. 그러나 분산이 매우 큰 정규분포는 거의 선형이므로 실제적으로 rbf는 선형모형과 같아지게 된다. 커널함수가 p차 다항식이나 시그모이드 함수일 때, γ가 클수록 비선형성이 강한 SVM이 된다. 결론적으로, 비선형 SVM에서 γ가 클수록 분류선(classifier)의 비선형이 강해지므로 training data에 매우 유연하게 적합되어 과대적합이 발생하게 된다.

8.3 Sklearn을 이용한 SVM

비교를 위해 제5장에서 사용한 Iris 데이터를 사용하여 SVM 분석을 해보자.

8.3.1 선형 SVM

이미 반복적으로 실시하였지만 자료의 사전작업을 실시한 후, 지금까지 논의한 SVM 분석은 분류를 목적으로 하므로 SVC 클래스를 호출하고 선형 SVM 분석일 경우, kernel='linear'로 지정한다(참고로, 제11장에서 논의할 SVM을 이용한 회귀는 SVR을 호출하여 사용한다). 이 분석에서는 완화변수(slack variable)의 허용을 위해 c=1.0으로 지정하여 주고 있다. 학습데이터의 정밀도가 0.99로 매우 높고 시험데이터의 정밀도도 0.978로 높게 나타났다.

```
##6장에서 사용한 iris data

import seaborn as sns
iris=sns.load_dataset('iris') # iris data 불러오기
X=iris.drop('species',axis=1)
y=iris['species']

from sklearn.preprocessing import LabelEncoder
classle=LabelEncoder()
y=classle.fit_transform(iris['species'].values)

from sklearn.model_selection import train_test_split
X_train,X_test,y_train,y_test=train_test_split(X, y, test_size=0.3, random_state=123,
stratify=y)

from sklearn.svm import SVC
svm=SVC(kernel='linear', C=1.0, random_state=1) # C는 식 (8.6)의 제한조건에 부여된 c임
svm.fit(X_train, y_train)
y_train_pred=svm.predict(X_train)
y_test_pred=svm.predict(X_test)
```

```
from sklearn import metrics
metrics.accuracy_score(y_train,y_train_pred)
metrics.accuracy_score(y_test,y_test_pred)
```

```
(out)     0.9904761904761905 # train data에 대한 accuracy
          0.9777777777777777 # test data에 대한 accuracy
```

다음은 실제값과 예측치의 비교를 위한 confusion matrix와 이 행렬로부터 계산되는 정밀도(accuracy), 정확도(precision), recall, 그리고 f1(정확도와 racall의 조화평균)을 제공하고 있으며 출력 아래에 이 4가지 측도의 정의가 있다.

```
metrics.confusion_matrix(y_test,y_test_pred)
```

```
(out)    array([[15,  0,  0],
                [ 0, 14,  1],
                [ 0,  0, 15]], dtype=int64)
```

```
metrics.classification_report(y_test,y_test_pred)
```

```
(out)                precision    recall  f1-score   support

                0       1.00      1.00      1.00        15
                1       1.00      0.93      0.97        15
                2       0.94      1.00      0.97        15

         accuracy                           0.98        45
        macro avg       0.98      0.98      0.98        45
     weighted avg       0.98      0.98      0.98        45
```

Confusion Matrix의 형태는 다음과 같이 정의할 수 있다.

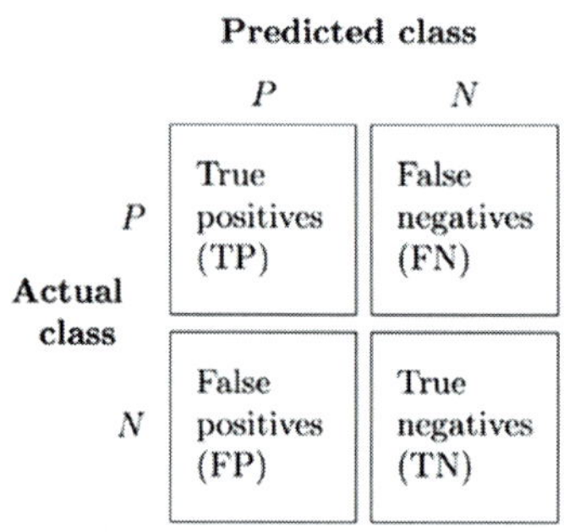

$$accuracy = \frac{TP+TN}{TP+FP+FN+TN}$$

$$percision = \frac{TP}{TP+FP}$$

$$recall = \frac{TP}{TP+FN}, \text{ 그리고 } f1 = 2\frac{precision \times recall}{precision + recall}$$

정밀도는 전체 표본에서 정확하게 분류된 비율을 말하며, 정확도는 예측그룹별로 예측치가 실제 그룹을 맞춘 비율이고, recall은 실제 그룹별로 제대로 예측된 비율을 말한다. f1은 정확도와 recall의 조화평균이다.

macro avg는 precision, recall, f1의 단순평균을 의미하고, weighted avg는 각 클래스의 support 숫자에 비례해서 가중치를 부여한(위 예제에서는 각 클래스의 support 수가 동일하기 때문에 macro avg와 차이가 없다) precision, recall, f1의 가중평균이다.

8.3.2 비선형 SVM(커널 SVM)

다음은 Iris 데이터에 커널 SVM을 적용한 예제이다. 커널 함수로 방사형기저함수(kernel='rbf')를 사용하였고 감마를 0.2로 지정하고 있다. 감마(γ)가 클수록 과대적합될 가능성이 높아지므로, 학습데이터의 정밀도가 시험데이터의 정밀도보다 더 높게 나타나 감마를 좀 더 감소시킬 필요가 있다.

```
ksvm=SVC(kernel='rbf', C=1.0, gamma=0.2, random_state=42)
ksvm.fit(X_train,y_train)
y_train_pred=ksvm.predict(X_train_std)
y_test_pred=ksvm.predict(X_test_std)
```

```
from sklearn import metrics
metrics.accuracy_score(y_train,y_train_pred)
metrics.accuracy_score(y_test,y_test_pred)
```

```
(out)    0.9904761904761905 # train data에 대한 accuracy
         0.9555555555555556 # test data에 대한 accuracy
```

```
metrics.confusion_matrix(y_test,y_test_pred)
```

```
(out)    array([[15,  0,  0],
                [ 0, 13,  2],
                [ 0,  0, 15]], dtype=int64)
```

위에 추정된 SVM 모형에 사용된 써포트벡터의 index는 아래와 같으며 첫 번째 클래스인 setosa를 구분하기 위해 사용한 써포트벡터는 3개의 표본을, 두 번째 클래스인 versicolor를 구분하기 위한 써포트벡터는 10개의 표본을, 세 번째 클래스인 virginica를 구분하기 위한 써포트벡터는 8개의 표본을 사용한 것으로 나타났다.

```
print(svm.support_)
print(svm.n_support_)
```

```
[ 21  43 101   8  23  33  38  42  54  58  76  82  85   5  10  19  27  41
  59  60  95]
[ 3 10  8]
```

8.3.3 얼굴인식(face recognition)

다음 예제는 신문이나 잡지 등 공공자료로부터 수집된 7명의 유명 인사들의 사진이다. 총 1,288개 사진자료이고 각 사진은 50×37 픽셀이므로 1,850개의 특성변수로 구성되어 있다. 목적은 이들 7명의 유명인사를 통계적 머신러닝으로 인식하고자 함이다. 원래의 픽셀 형태가 가지는 2차원 텐서 특성을 1차원으로 전환하였으므로 정보의 손실이 생길 수밖에 없다. 이러한 이유로 이와 같은 이미지 데이터는 딥러닝을 이용하면 통계적 머신러닝보다 우수한 결과를 보여준다.

아래 프로그램은 Sklearn에서 자료를 불러오고 유명인사의 이름과 데이터의 shape을 출력하고 있다.

```
from sklearn.datasets import fetch_lfw_people
faces=fetch_lfw_people(min_faces_per_person=70, resize=0.4)
n_samples, h, w=faces.images.shape
print(faces.target_names)
print(faces.images.shape)
```

```
(out)    ['Ariel Sharon' 'Colin Powell' 'Donald Rumsfeld' 'George W Bush'
         'Gerhard Schroeder' 'Hugo Chavez' 'Tony Blair']
         (1288, 50, 37)
```

이들 7명의 사진은 아래의 프로그램에 의해 구현된다.

```
import matplotlib.pyplot as plt
fig,ax=plt.subplots(3,5)
for i, axi in enumerate(ax.flat):
    axi.imshow(faces.images[i], cmap='bone')
    axi.set(xticks=[], yticks=[], xlabel=faces.target_names[faces.target[i]])
```

(out)

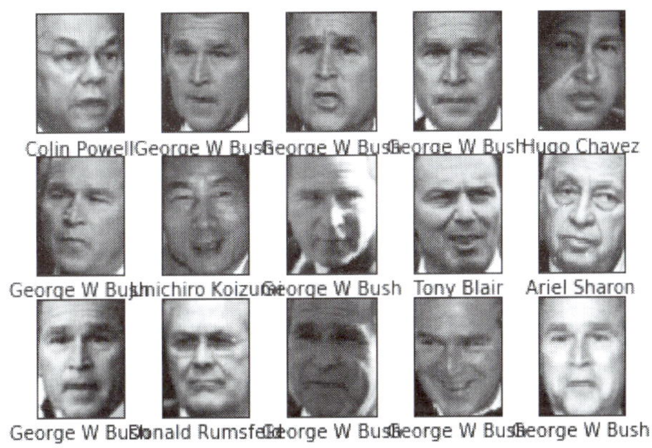

다음은 자료를 학습데이터와 시험데이터(0.75:0.25)로 나누고 1,850개에 이르는 특성변수를 주성분분석(제9장 참조)을 통해 150개의 특성변수로 차원축소하는 프로그램이다. Randomized PCA(svd_solver='randomized')는 제9장에서 논의하겠지만, Image data와 같이 자료의 수나 특성함수의 수가 매우 클 때(이 예제에서는 특성함수의 수가 1,850개) PCA(주성분분석)의 계산을 빠르게 하기 위해 $i,i,d \sim N(0,1)$으로부터 구성된 확률 matrix를 이용한 PCA의 한 기법이다. 또한 7명을 인식하기 위해 커널 SVM을 이용하였고 커널함수로는 방사형기저함수(kernel='rbf')를 사용하였다. 방사형기저함수에 있는 최적의 γ와 완화변수의 허용정도(c값)를 찾기 위해 GridSearchCV 클래스를 호출하여 최적의 초모수가 $\gamma = 0.005$이고 c=1000인 것을 보여주고 있다. GridSearchCV는 제10장과 제18장에서 자세하게 다룰 것이다. 그러므로 여기에서는 아래 프로그램을 그대로 사용하고 제10장을 공부한 후에 다시 살펴보면 어렵지 않게 이해할 수 있을 것이다.

```
X=faces.data
n_features=X.shape[1]
y=faces.target
target_names=faces.target_names
print(target_names)
n_classes=target_names.shape[0]
print(n_classes)

from sklearn.cross_validation import train_test_split
X_train, X_test, y_train, y_test=train_test_split(X, y, test_size=0.25, random_state=42)

from sklearn.decomposition import PCA
n_components=150
pca=PCA(n_components=n_components, svd_solver='randomized',whiten=True).fit(X_train)
eigenfaces=pca.components_.reshape((n_components, h, w))
X_train_pca=pca.transform(X_train)
X_test_pca=pca.transform(X_test)

from sklearn.svm import SVC
from sklearn.model_selection import GridSearchCV

param_grid={'C':[1e3,5e3,1e4,5e4,1e5],
            'gamma':[0.0001,0.0005,0.001,0.005,0.01,0.1]}
clf=GridSearchCV(SVC(kernel='rbf', class_weight='balanced'), param_grid, cv=5)
clf.fit(X_train_pca, y_train)
print(clf.best_params_)
print(clf.best_estimator_)
```

```
(out)    7
         {'C': 1000.0, 'gamma': 0.005}


         SVC(C=1000.0, cache_size=200, class_weight='balanced', coef0=0.0,
           decision_function_shape='ovr', degree=3, gamma=0.005, kernel='rbf',
           max_iter=-1, probability=False, random_state=None, shrinking=True,
           tol=0.001, verbose=False)
```

아래 프로그램은 선택된 초모수로 학습된 결과를 시험데이터에 적용하여 정확도, recall, 그리고 f1을 제공하는 classification_report 함수와 confusion matrix를 출력하기 위해 confusion_matrix 함수를 이용하고 있다. confusion matrix의 행은 실제 유명인사이고 열은 예측 유명인사이다.

```
y_fit=clf.predict(X_test_pca)
from sklearn.metrics import classification_report
from sklearn.metrics import confusion_matrix
print(classification_report(y_test,y_fit,target_names=target_names))
print(confusion_matrix(y_test,y_fit,labels=range(n_classes)))
```

```
(out)                        precision    recall  f1-score   support

         Ariel Sharon          0.78      0.54      0.64        13
         Colin Powell          0.80      0.87      0.83        60
      Donald Rumsfeld          0.95      0.70      0.81        27
        George W Bush          0.83      0.98      0.90       146
    Gerhard Schroeder          0.95      0.80      0.87        25
          Hugo Chavez          0.88      0.47      0.61        15
           Tony Blair          0.96      0.72      0.83        36
          avg / total          0.86      0.85      0.84       322

[[  7   2   0   4   0   0   0]
 [  1  52   0   6   0   1   0]
 [  0   2  19   6   0   0   0]
 [  0   3   0 143   0   0   0]
 [  0   1   0   3  20   0   1]
 [  0   3   0   4   1   7   0]
 [  1   2   1   6   0   0  26]]
```

연습문제

1 선형 SVM에서 c값의 변화에 따른 accuracy의 변화와 과대적합에 미치는 영향을 논의하라.

2 교재의 비선형 SVM 모형(181쪽)에서 kenel='rbf', 'poly', 'sigmoid'으로 변경하고 c와 gamma를 변경하여 accuracy와 과대적합에 미치는 영향을 논의하라.

Chapter **9**

차원축소

Dimension reduction

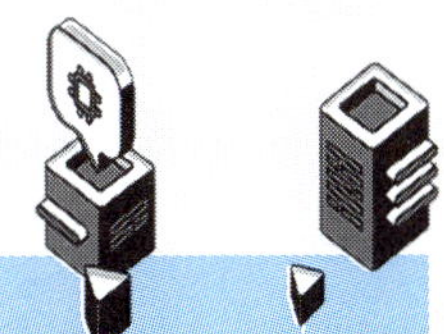

제8장의 얼굴인식 자료에서 볼 수 있듯이 이미지 자료나 DNA 자료들은 입력변수(특성변수)의 차원(dimension)이 높은 경우가 대부분이다. 물론 불필요한 특성변수를 제거하여 차원축소(dimension reduction)를 할 수 있으나 이는 특성변수 선택의 영역으로 차원축소와는 차별화된다. 차원축소의 목적은 $(n \times d)$ 행렬로 이루어진 특성변수 X를 X가 가지고 있는 정보의 손실이 거의 없는 새로운 특성변수로 변환하는 데 있다.

주성분분석(principal component analysis)에 의해 변환된 특성변수는 $z_i = W\boldsymbol{x}_i$, $i = 1,\ldots,n$으로 정의된다. 여기에서 W는 $\ell \times d$ 행렬($\ell \ll d$)로 $d \times 1$ 벡터인 $\boldsymbol{x}_i$를 $\ell \times 1$ 벡터인 z_i로 전환시키는 행렬이며 W의 행은 서로 간에 직교한다. 다시 말해서 d차원의 특성변수를 서로 간에 무상관인 ℓ차원의 새로운 특성변수 z_i로 전환하여 차원축소를 실현하고 있다. W의 j번째 열을 $\boldsymbol{w}_j$로 표기하면 이를 j번째 주성분(principle component)이라고 말한다.

특성변수 $\boldsymbol{X}$의 차원이 2일 때의 예를 들어보기 위해 <그림 9-1>을 살펴보자. <그림 9-1>은 제1주성분 $\boldsymbol{w}_1$과 제2주성분 $\boldsymbol{w}_2$를 보여주고 있다. 두 개의 주성분은 서로 간에 직교(orthogonal)한다. $\boldsymbol{w}_1$은 자료의 분산이 가장 큰 축이고 $\boldsymbol{w}_2$는 $\boldsymbol{w}_1$과 직교하면서 두 번째로 큰 분산을 가진 축을 표현하고 있다. <그림 9-1>의 오른쪽 그림은 2개의 주성분 중 하나의 주성분만 이용하여 $\boldsymbol{x}_i = (x_{i1}, x_{i2})$, $i = 1,\ldots,n$으로 구성된 n개의 자료를 $\boldsymbol{w}_1$축에 투영(projection)한 $\boldsymbol{w}_1^T\boldsymbol{x}$들을 보여주고 있다. 그림상으로는 보이지 않지만 투영한다는 의미는 $\boldsymbol{w}_1$축에 직교하도록 한다는 말이며 투영된 $\boldsymbol{w}_1$축상의 값은 $\boldsymbol{w}_1^T\boldsymbol{x}$이고 이 값들이 $z_1, z_2, \cdots, z_n$이 된다.

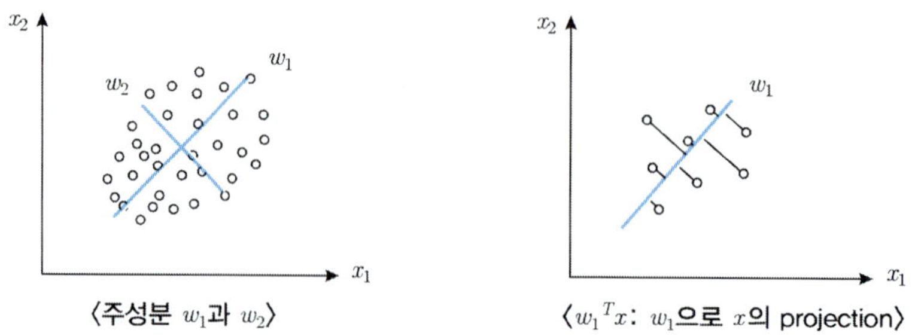

그림 9-1 주성분분석의 이해

9.1 특잇값 분해(Singular Value Decomposition, SVD)

관측치가 n개이고 각 관측치는 d개의 특성변수로 구성된 특성변수를 $X_{n \times d}$로 표기할 때($n \ge d$를 가정), X를

$$X = U\Sigma W^T$$

로 3개의 행렬로 분해하는 것을 SVD라고 정의한다. 여기에서 U는 $n \times d$ 행렬로 $U^T U = I$를 만족하고, Σ는 $d \times d$ 대각행렬이고, W는 $d \times d$ 행렬로 $U^T U = I$를 만족한다.

$$X^T X = W\Sigma U^T U \Sigma W^T = W\Sigma^2 W^T$$

이므로

$$X^T X W = W\Sigma^2 \tag{9.1}$$

가 된다. 여기에서 $\Sigma^2 = \begin{pmatrix} \lambda_1 & & & & \\ & \lambda_2 & & 0 & \\ & & \cdot & & \\ & & & \cdot & \\ & 0 & & \cdot & \\ & & & & \lambda_d \end{pmatrix}$이고 $W = (w_1, w_2, \cdots, w_d)$이다.

그리고 $\lambda_1, \lambda_2, \ldots, \lambda_d (\lambda_1 \ge \lambda_2 \ge \cdots \ge \lambda_d)$를 $X^T X$의 eigenvalue라고 말하며 각각의 eigenvalue에 대응하는 $w_1, w_2, \cdots, w_d$를 eigenvector라고 말한다. 각 eigenvector는 $d \times 1$ vector이다.

$X^T X$가 좌우대칭(symmetric)이므로 식 (9.1)에 의해 어떤 행렬이 좌우대칭이면 그 행렬의 eigenvalue들은 모두 음이 아닌 실수값을 가지게 된다.

또한 두 개의 서로 다른 실수값을 갖는 eigenvalue λ_i와 λ_j가 있을 때, 식 (9.1)로부터

$$X^T X w_i = \lambda_i w_i \text{ 이고 } X^T X w_j = \lambda_j w_j \tag{9.2}$$

가 된다. $w_i^T X^T X = \lambda_i w_i^T$ 이므로 $w_i^T X^T X w_j = \lambda_i w_i^T w_j$이 된다. 식 (9.2)에 의해

$$w_i^T X^T X w_j = w_i^T \lambda_j w_j = \lambda_i w_i^T w_j$$

이므로 $(\lambda_j - \lambda_i) w_i^T w_j = 0$이 된다. 그런데 $\lambda_j \neq \lambda_i$이므로 $(\lambda_j - \lambda_i) w_i^T w_j = 0$는 $w_i^T w_j = 0$를 의미한다. 즉, $X^T X$의 서로 다른 eigenvector w_i와 w_j는 서로 간에 직교(orthogonal)하며, 일반화하여 symmetric한 행렬의 eigenvector들은 서로 간에 직교한다는 사실을 증명하게 된다.

식 (9.1)를 하나의 eigenvalue와 eigenvector로 표현하면 $X^T X w = \lambda w$ 이 된다. 즉,

$$(X^T X - \lambda I) w = 0 \tag{9.3}$$

이다. 식 (9.3)에서 $\lambda = 0$이면 $X^T X \neq 0$이므로 $w = 0$가 된다. 식 (9.3)에서 $w \neq 0$를 만족하는 λ를 구하는 것이 목적이므로 (9.3)에 의해 $(X^T X - \lambda I) = 0$이 된다. $(X^T X - \lambda I) = 0$를 만족하는 λ는 $\mathrm{det}(X^T X - \lambda I) = 0$로 구하게 된다.

간단한 예제를 통해 SVD를 구체적으로 구현해 보자.

$$X = \begin{pmatrix} 3 & 2 \\ 2 & 3 \\ 2 & -2 \end{pmatrix}$$

라고 할 때, 즉 $n = 3,\ d = 2$일 경우,

$$X^T X = \begin{pmatrix} 17 & 8 \\ 8 & 17 \end{pmatrix}$$

이 된다. $|X^T X - \lambda I| = 0$는 $\lambda^2 - 34\lambda + 255 = (\lambda - 25)(\lambda - 9) = 0$이므로

$$\Sigma^2 = \begin{pmatrix} 25 & 0 \\ 0 & 9 \end{pmatrix}$$

가 된다. $X^T X w_1 = 25 w_1$이므로

$$\begin{pmatrix} 17 & 8 \\ 8 & 17 \end{pmatrix}\begin{pmatrix} w_{11} \\ w_{12} \end{pmatrix} = 25\begin{pmatrix} w_{11} \\ w_{12} \end{pmatrix}$$

이 된다. $w_1^T w_1 = 1$을 만족해야 하므로 w_1을 구하면

$$\begin{pmatrix} w_{11} \\ w_{12} \end{pmatrix} = \begin{pmatrix} \frac{1}{\sqrt{2}} \\ \frac{1}{\sqrt{2}} \end{pmatrix}$$

이다. 같은 방법으로 $X^T X \boldsymbol{w}_2 = 9\boldsymbol{w}_2$이고 $\boldsymbol{w}_2^T \boldsymbol{w}_2 = 1$로부터

$$\begin{pmatrix} w_{21} \\ w_{22} \end{pmatrix} = \begin{pmatrix} \frac{1}{\sqrt{2}} \\ -\frac{1}{\sqrt{2}} \end{pmatrix}$$

를 구할 수 있다. 그러므로

$$W = \begin{pmatrix} \frac{1}{\sqrt{2}} & \frac{1}{\sqrt{2}} \\ \frac{1}{\sqrt{2}} & -\frac{1}{\sqrt{2}} \end{pmatrix}$$

이다. 끝으로 $X = U\Sigma W^T$이므로

$$\begin{pmatrix} 3 & 2 \\ 2 & 3 \\ 2 & -2 \end{pmatrix}\begin{pmatrix} \frac{1}{\sqrt{2}} & \frac{1}{\sqrt{2}} \\ \frac{1}{\sqrt{2}} & -\frac{1}{\sqrt{2}} \end{pmatrix} = \begin{pmatrix} u_{11} & u_{21} \\ u_{12} & u_{22} \\ u_{13} & u_{23} \end{pmatrix}\begin{pmatrix} 5 & 0 \\ 0 & 3 \end{pmatrix}$$

으로부터

$$U = \begin{pmatrix} \frac{1}{\sqrt{2}} & \frac{1}{\sqrt{18}} \\ \frac{1}{\sqrt{2}} & -\frac{1}{\sqrt{18}} \\ 0 & \frac{4}{\sqrt{18}} \end{pmatrix}$$

이 구해진다. 그러므로

$$\begin{pmatrix} 3 & 2 \\ 2 & 3 \\ 2 & -2 \end{pmatrix} = X = \begin{pmatrix} \frac{1}{\sqrt{2}} & \frac{1}{\sqrt{18}} \\ \frac{1}{\sqrt{2}} & -\frac{1}{\sqrt{18}} \\ 0 & \frac{4}{\sqrt{18}} \end{pmatrix} \begin{pmatrix} 5 & 0 \\ 0 & 3 \end{pmatrix} \begin{pmatrix} \frac{1}{\sqrt{2}} & \frac{1}{\sqrt{2}} \\ \frac{1}{\sqrt{2}} & -\frac{1}{\sqrt{2}} \end{pmatrix}$$

으로 SVD 할 수 있다.

이제 SVD의 쓰임새를 논의하기 위해 다음과 같이 eigenvector를 이용한 선형결합을 고려해 보자.

$$Z = XW \tag{9.4}$$

으로 놓으면

$$Z^T Z = W^T X^T X W = W^T W \Sigma^2 W^T W = \Sigma^2 \tag{9.5}$$

임을 알 수 있다. Σ^2가 대각행렬이므로 (9.4)에 정의된 행렬 Z의 열(column)들은 서로 간에 직교하게 된다. S_z^2를 Z의 표본공분산행렬이라고 할 때, $Z^T Z$는 nS_z^2이므로 X를 eigenvector들로 선형변환한 Z의 column들은 서로 간에 무상관이고 comlumn들의 분산은 Σ^2에 비례한다는 것을 알 수 있다. 식 (9.4)를 좀 더 상세하게 살펴보면

$$\boldsymbol{z}_i = (z_{1i}, z_{2i}, \cdots, z_{di}) = \boldsymbol{x}_i^T W = \boldsymbol{x}_i^T (\boldsymbol{w}_1, \boldsymbol{w}_2, \cdots, \boldsymbol{w}_d)$$

으로부터 i번째로 관측된 d개의 특성변수를 d개의 서로 다른 eigenvector로 선형결합하여 새로운 d차원 특성변수 $\boldsymbol{z}_i$를 만들어 내고 있다. 그런데 (9.5)는 이 새로운 d개의 특성변수들이 서로 간에 무상관 관계이며 분산은 차례대로 $\lambda_1, \lambda_2, \cdots, \lambda_d$에 비례한다는 것을 보여주고 있다.

$\lambda_1 \geq \lambda_2 \geq \cdots \geq \lambda_d$이므로 첫 번째 특성변수 z_{1i}가 가장 큰 분산을 가지고 있고 z_{2i}가 다음 크기의 분산을 가지고 있다. 이는 $z_{1i} \geq z_{2i} \geq \cdots \geq z_{di}$의 순서로 새로운

특성변수의 중요도가 있다는 것을 말한다. 그러므로 새로운 d개의 특성변수 중 첫 ℓ개의 특성변수만 이용하여 d차원의 특성변수 $\boldsymbol{x}_i$를 ℓ차원의 특성변수 $(z_{1i}, z_{2i}, \cdots, z_{\ell i})$로 차원을 줄이게 된다. 이러한 차원축소를 PCA(principal component analysis)라고 하며 z_{ki}를 i번째 관측치 $\boldsymbol{x}_i$의 k번째 주성분이라고 한다. 이러한 차원축소의 정보손실은

$$(1 - \frac{\sum_{k=1}^{\ell} \lambda_k}{\sum_{k=1}^{d} \lambda_k}) \times 100\%$$

가 되므로 정보손실이 크지 않도록 ℓ을 결정하면 된다.

이처럼 입력된 d개의 특성변수를 서로 다른 ℓ개의 선형결합으로 새로운 ℓ개의 특성변수를 만들어 내는 것은 딥러닝의 은닉층과 동일하다. 딥러닝에서는 선형결합 계수 W를 추정하지만(그러므로 SVD의 W와는 완전하게 다름), PCA에서는 새로운 ℓ개의 특성변수가 서로 간에 무상관관계를 갖는 선형결합계수 W를 SVD를 통해 계산한다는 차이점이 있으며, 딥러닝에서는 입력특성변수의 차원보다 크거나 작은 차원을 가진 출력특성변수를 자유롭게 생성할 수 있지만, PCA에서는 출력특성변수의 차원이 입력특성변수의 차원보다 클 수 없다.

9.2 확률화 PCA (Randomized PCA)

자료의 크기가 매우 크거나 특성변수의 크기가 매우 크면 SVD를 하는 것은 계산이 불가능하거나 시간이 많이 소요된다. 이러한 문제를 해결하는 방법으로 근사적으로 SVD를 구현하는 확률화 PCA가 있다. 좀 더 자세한 핵심적인 내용을 정리하면 아래와 같다.

우선 $m \times n$ 행렬 A에 대한 0이 아닌 고유벡터는 k개 존재한다고 가정(즉, A의 rank가 k)하고 $n \times (k+p)$ 확률변수 행렬 P $(p \geq 0)$를 정의하자. P의 열들은

서로 간에 독립이고 일반적으로 P의 열은 $i.i.d$한 정규분포로부터 뽑은 확률변수를 사용한다. 이 P 행렬과 A를 곱하여 Y로 정의하고 이 Y를 QR 분해(QR decomposition)한다. 즉 $Y = A \times P$이며 QR 분해된 $Y = Q \times R$로 표현된다. 여기에서 R은 상삼각행렬(upper triangular matrix)이므로 $m \times (k+p)$인 Q 행렬은 어렵지 않게 구할 수 있다. 이 Q 행렬을 이용한 중요한 결과는 QQ^TA는 A 행렬을 근사할 수 있다는 것이다(Rokhin et al., 2009).

다음으로 $B = Q^TA$로 정의하면 B는 $(k+p) \times n$ 행렬이 되어 차원축소가 이뤄지며 SVD에 의해 $B = \hat{U}\Lambda V^T$이 되고 $QQ^TA = QB$이므로 $U = Q\hat{U}$으로 놓으면 $QQ^TA = U\Lambda V^T$가 된다. 그러므로 $A \approx U\Lambda V^T$로 분해할 수 있다. 즉 A가 너무 큰 행렬일 때 $A \cdot P$와 Q^TA를 대신 계산하여 A의 SVD를 구할 수 있게 된다.

9.3 커널 PCA(kernelized PCA)

써포트벡터머신(SVM)에서 비선형 SVM은 특성변수 $\boldsymbol{x}_i$를 차원증대된 새로운 특성변수 $h(\boldsymbol{x}_i)$로 변환하여 모수추정 및 예측이 $h(\boldsymbol{x}_i)^T h(\boldsymbol{x}_i)$ 형태일 때 구체적으로 $h(\boldsymbol{x})$를 구하지 않고 커널을 사용한 바 있다. 즉, $h(\boldsymbol{x}_i)^T h(\boldsymbol{x}_i)$를 $K(\boldsymbol{x}_i, \boldsymbol{x}_j)$로 대체하는 커널속임수(kernel trick)를 이용하여 비선형 커널 SVM을 구하였다. PCA도 선형변환이므로 커널 PCA(kernelized PCA)를 통해 비선형변환을 구현할 수 있다.

커널 PCA는 먼저 특성변수 $\boldsymbol{x}$를 비선형 $h(\boldsymbol{x})$로 전환한다. 물론 실제로 $h(\boldsymbol{x})$를 구하지는 않는다. 이 새로운 $h(\boldsymbol{x})$를 기반으로 보통의 PCA를 구한 후 다시 차원축소를 하면 된다.

$\boldsymbol{x}_i$는 $d \times 1$이고(즉, 특성변수의 수가 d개), $h(\boldsymbol{x}_i) = (h_1(\boldsymbol{x}_i), h_2(\boldsymbol{x}_i), \cdots, h_k(\boldsymbol{x}_i))^T$는 $k \times 1$ 행렬이라고 할 때(일반적으로, $k > d$), $X_{n \times d}$에 대응하는 $H(X)$는

$$H(X) = \begin{bmatrix} h_1(\boldsymbol{x}_1)\ h_2(\boldsymbol{x}_1) \cdots\ h_k(\boldsymbol{x}_1) \\ \vdots \qquad\qquad\qquad \vdots \\ h_1(\boldsymbol{x}_n)\ h_2(\boldsymbol{x}_n) \cdots\ h_k(\boldsymbol{x}_n) \end{bmatrix}$$

이 된다.

$$H^T(X)H(X)W = W\Sigma \tag{9.6}$$

여기에서 Σ와 W는 각각 $H^T(X)H(X)$의 eigenvalue와 eigenvector이다. 그러면 9.1절에서 X^TX의 eigenvector로 새로운 특성변수를 구한 것처럼 $Z(H) = H(X)W$로 새로운 특성변수 $Z(H)$를 구하면 된다. 그러나 문제는 $H(X)$의 구체적 형태를 알 수 없기 새로운 특성변수 $Z(H)$를 구할 수 없다. 그러므로 식 (9.6)의 앞에 $H(X)$를 곱해주면

$$H(X)H^T(X)H(X)W = H(X)W\Sigma \tag{9.7}$$

가 되고 $Z(H) = H(X)W$이므로 (9.7)은

$$H(X)H^T(X)Z(H) = Z(H)\Sigma \tag{9.8}$$

이 된다. kernel 함수 $K(X) = H(X)H^T(X)$으로 정의하면 $Z(H)$는 $K(X)$의 eigenvector로 구하게 된다. 식 (9.8)에서 가장 큰 ℓ개의 고윳값에 대응하는 $n \times \ell$ 고유벡터 $Z(h)$ 행렬만을 이용하면 이는 k차원 $\boldsymbol{h}$ 특성변수에서 l차원 특성변수로 비선형 차원축소를 한 것이 된다.

9.4 요인분석(factor analysis)

요인분석에서는 관측된 특성변수 $\boldsymbol{x} = (x_1, x_2, \cdots, x_p)^T$가 관측되지 않은 잠재변수(latent variable) $\boldsymbol{h} = (h_1, h_2, \cdots, h_m)^T$의 선형결합이라는 가정에서 출발한다. 이런

이유로 요인분석의 주된 목적은 선형결합모수와 잠재변수 h를 구하는 것이지만, 특성변수 차원(p)보다 잠재변수 차원(m)을 작게하여 차원축소로도 이용될 수 있다. 요인분석 모형은

$$x = Wh + \epsilon \tag{9.9}$$

으로 설정한다. 여기에서 x는 $p \times 1$, W는 $p \times m$, h는 $m \times 1$, 그리고 ϵ는 오차항으로 $p \times 1$ 확률변수이다. W는 factor loading이라고 하며 잠재변수 h의 선형결합 모수로 w_{ij}는 i번째 특성변수의 j번째 잠재변수에 대한 의존도(loading)를 말한다.

잠재변수 h와 오차항 ϵ은 서로 간에 독립이며 각각 다음과 같이 정규분포를 따른다고 가정한다.

$$h \sim N(0, I), \qquad \epsilon \sim N(0, D_\sigma)$$

여기에서 $D_\sigma = diag(\sigma_1^2, \sigma_2^2, \cdots, \sigma_p^2)$이다. 그러므로

$$E(x) = 0, \;\; Var(X) = \Sigma = W Var(h) W^T + Var(\epsilon) = WW^T + D_\sigma$$

가 된다. $E(x) = 0$에 의해 x는 평균으로 중심화(centered)된 것으로 가정하고 있으며 x가 정규분포의 선형결합이므로 x도 다음과 같이 정규분포를 따르게 된다.

$$x \sim N(0, WW^T + D_\sigma) \tag{9.10}$$

$x_1, x_2, \cdots, x_n$을 분포 (9.10)으로부터의 임의표본이고 $X = (x_1, \cdots, x_n)^T$이라고 할 때

$$\sum_{i=1}^{n} x_i x_j^T = X^T X$$

는 Wishart 분포를 따른다는 것은 잘 알려져 있다. Wishart 분포는 W와 D_σ의 함수이므로 W와 D_σ의 최우추정치(maximum likelihood estimates)를 구할 수 있다. 이에 대한 자세한 유도과정은 일반적인 다변량 교재를 참고하길 바란다.

$\widehat{W}$을 W의 최우추정치라고 표기하고 이를 이용하여 잠재변수 h를 추정해 보자.

$$h_i = A^T x_i + u_i,\ \ i = 1, 2, \cdots, n \tag{9.11}$$

를 만족하는 A를 구하면 관측된 특성변수 x_i에 대응하는 차원축소된 잠재변수 h_i를 구할 수 있다. 여기에서 A는 $p \times m$ 모수 행렬이고 $E(u_i) = 0$, $Var(u_i) = \sigma^2 I_m$이다.

$H = (h_1, \cdots, h_n)^T$라고 정의하면 (9.11)은

$$H = XA + U$$

가 되며 A의 OLS 추정치는 $\hat{A} = (X^T X)^{-1} X^T H$가 된다(제11장 참조). 그런데 H는 관측되지 않는 값이므로 $\hat{A}$를 구하기 위해서 $X^T H$의 추정치가 필요하다. 모형 (9.9)에 h^T를 곱해서 기대치를 취하면

$$E(xh^T) = E(Whh^T) + E(\epsilon h^T) = W \tag{9.12}$$

이 된다. 위 식의 두 번째 등식은 $E(hh^T) = Var(h) = I$이고 ϵ과 h는 서로 간에 독립이기 때문에 성립한다. $E(xh^T)$의 적률추정치는 $\frac{1}{n}\sum_{i=1}^{n} x_i h_i^T = \frac{1}{n} X^T H$이므로 식 (9.12)에 $E(xh^T)$대신 이 적률추정치를 대입하면

$$X^T H = nW$$

가 된다. 그러므로

$$\hat{A} - (X^T X)^{-1} X^T H = \left(\frac{X^T X}{n}\right)^{-1} \hat{W}$$

로 $\hat{A}$을 구하게 된다.

9.5 선형판별분석을 통한 차원축소

선형판별분석(Linear Discriminant Analysis, LDA)은 이미 6.1절에서 논의한 바

있다. LDA에 의한 차원축소는 6.1절의 LDA에서 구한 판별함수를 구하기보다는 그룹을 가장 잘 구분할 수 있는 새로운 축으로 자료를 전환하는 것이라고 할 수 있다. 6.1절의 LDA와 구별하기 위해 차원축소를 목적으로 한 LDA를 Fisher의 LDA라고 한다. Fisher의 LDA와 PCA와의 근본적인 차이는 LDA는 지도학습(supervised learning)인 반면, PCA는 비지도학습(unsupervised learning)이라는 것이다. PCA는 특성변수 X만을 사용하여 데이터에 대한 설명력이 높은 벡터를 찾아 차원축소를 하는 반면, LDA를 통한 차원축소는 y의 class를 잘 분류해주는 벡터를 찾는 것이 목적이다.

Fisher의 LDA는 원래의 특성변수 $\boldsymbol{x}_i$로부터 새로운 특성변수 $z_i = W^T\boldsymbol{x}_i$로 전환하는 W를 구하는 데에 목적이 있다. 단, 이 새로운 특성변수는 $\boldsymbol{x}$보다 차원이 작아야 하며 관측된 그룹을 잘 분류할 수 있어야 한다.

C개의 그룹이 있고 그룹 c의 표본크기가 n_c이며 그룹 c에 있는 i번째 관측치를 $\boldsymbol{x}_i^c$라고 표기하자. 특성변수의 차수를 d라고 가정하면 $\boldsymbol{x}_i^c$는 $d \times 1$ 열벡터가 된다.

step 1: 각 그룹 내의 특성변수 평균($\boldsymbol{m}_c = \frac{1}{n}\sum_{i=1}^{n_c}\boldsymbol{x}_i^c,\ c = 1, 2, \ldots, C$)을 구한 후 $S_c = \sum_{i=1}^{n_c}(\boldsymbol{x}_i^c - \boldsymbol{m}_c)(\boldsymbol{x}_i^c - \boldsymbol{m}_c)^T$와 $S_w = \sum_{c=1}^{C} S_c$를 구한다. 여기에서 S_w는 그룹 내 분산(within variance)이라고 한다.

step 2: $S_B = \sum_{c=1}^{C} n_c(\boldsymbol{m}_c - \boldsymbol{m})(\boldsymbol{m}_c - \boldsymbol{m})^T$를 계산한다. 여기에서 $\boldsymbol{m}$은 그룹 구분 없이 구한 특성변수들의 평균이다. S_B를 그룹 간 분산이라고 한다.

step 3: $S_w^{-1}S_B$의 고윳값과 고유벡터를 구한 후, 가장 큰 ℓ개의 고윳값에 대응하는 고유벡터를 W라고 정의한다. 이 고유벡터는 $d \times \ell$ 행렬($\ell < d$)이다. 원래의 $n \times d$ 자료 X를 $Z = XW$로 전환하여 특성변수의 차원을 d에서 ℓ인 n개의 자료로 차원축소를 하게 된다.

$J(\boldsymbol{w}) = \frac{\boldsymbol{w}^T S_B \boldsymbol{w}}{\boldsymbol{w}^T S_w \boldsymbol{w}}$는 그룹 내 분산과 그룹 간 분산의 비(ratio)로 해석할 수 있다.

여기에서 w는 W의 한 열이다. $J(w)$가 클수록 그룹 내 분산에 비해 그룹 간 분산이 크다는 것을 의미하며 이는 그룹별로 잘 분류되어 그룹 간의 거리가 멀다는 것을 의미한다. 그러므로 그룹을 잘 분류하기 위해서 $J(w)$를 최대로 만들어 주는 w를 구하는 문제로 귀결된다. 즉, $\frac{d}{dw}[J(w)] = 0$을 구해 정리하면 $S_w^{-1} S_B w = \lambda w$가 도출된다.

9.6 시각화를 위한 차원축소

서울에서 의정부까지의 거리(20km)는 강릉(169km)까지보다 훨씬 가깝고, 서울에서 수원(34km)은 서울에서 동해(188km), 삼척(194km)보다 훨씬 가깝다. 이러한 거리 개념은 지도상(2차원)으로 느끼는 거리 개념을 1차원으로 표현한 것이다. A는 B보다 2배 좋고 C보다 4배 좋다는 1차원적 표현 역시, 적어도 1차원보다 높은 차원(예를 들어, 가격, 성능, 생산지, 편리성 등등)에서 직관적으로 평가된 고차원적 거리를 1차원으로 재표현한 것이다. 이처럼 고차원에서 측정한 유클리디안(Euclidean) 거리뿐만 아니라 심리적, 감성적인 거리를 시각화가 가능한 1~3차원으로 재표현하는 기법을 다차원축소(Multidimensional scaling, MDS)라고 한다. 앞에서 설명한 PCA를 이용하면 지도상으로 남북 축이 제1축이 되고, 이 남북 축으로 차원축소된 거리는 남북 축에 각 도시를 투사한 거리이므로 서울-강릉의 거리가 서울-의정부 거리보다 가까워진다. 또한 서울-(동해, 삼척) 거리는 서울-수원보다 더 가까운 거리가 되어 원래 2차원 거리를 왜곡하는 현상이 일어난다. 시각화를 위한 차원축소는 단순하게 시각화를 위한 차원축소에 국한되지 않는다. 원래 자료가 가지고 있는 정보의 손실을 최소화하는 차원축소를 통해, 소위 차원의 저주(curse of dimensionality) 문제를 해결할 뿐만 아니라 자료해석의 용이성을 확보할 수 있는 통계적 기법이다.

9.6.1 다차원축소(MDS)

MDS는 원래의 차원이 가진 거리(유클리디안 거리, 또는 심리적, 감성적, 직관적 거리)를 낮은 차원(보통 1~3차원)으로 그대로 옮겨오는 차원축소기법으로 해석할 수 있다. $\boldsymbol{x}_1, \boldsymbol{x}_2, \ldots, \boldsymbol{x}_n$을 d차원의 n개의 자료라고 할 때(이 자료는 심리적, 감성적, 직관적 거리일 때 관찰되지 않음) d_{ij}를 $\boldsymbol{x}_i$와 $\boldsymbol{x}_j$의 거리라고 하자. 심리적 감성적, 직관적 거리에서의 d_{ij}는 $\boldsymbol{x}_i$와 $\boldsymbol{x}_j$가 없이 직접 측정되는 값이다. 그러면 MDS는

$$\sum_{i=1}^{n}\sum_{j=1}^{n}(d_{ij} - \|\boldsymbol{z}_i - \boldsymbol{z}_j\|)^2 \tag{9.13}$$

을 최소화하는 $\boldsymbol{z}_i$, $i = 1, 2, \ldots, n$을 찾는 것으로 요약된다. 여기에서 $\boldsymbol{z}_i$는 d차원 $\boldsymbol{x}_i$에 대응되는 ℓ차원($\ell < d$)의 특성변수이며 $\|\boldsymbol{z}_i\| = \sqrt{z_{i1}^2 + \ldots + z_{i\ell}^2}$으로 유클리디안(Euclidean) 거리이다. 식 (9.13)의 최소화는 z_{ij}에 대해 미분을 취하여 구하는 기울기하강법(gradient descent)으로 구한다.

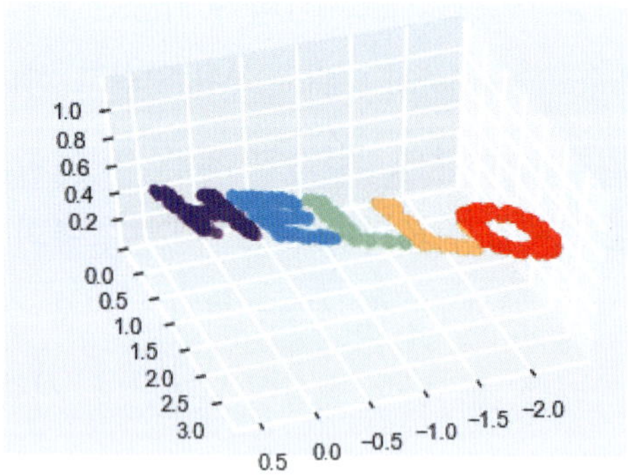

그림 9-2 3차원의 HELLO

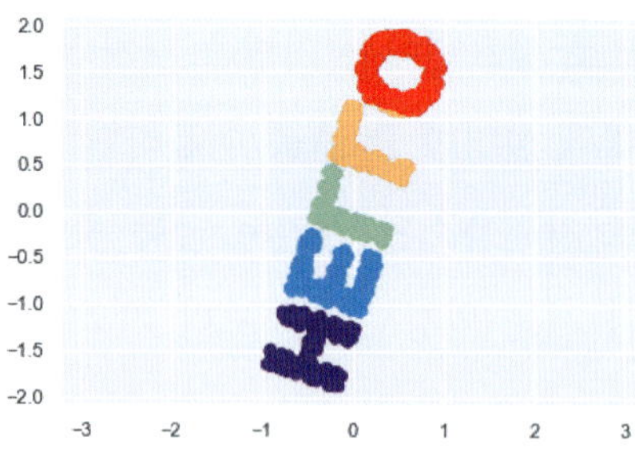

그림 9-3 MDS에 의해 3차원의 HELLO를 2차원으로 차원축소

<그림 9-3>은 <그림 9-2>의 3차원 자료상의 HELLO를 MDS를 이용하여 2차원 자료축소로 표현된 것으로, 약간의 왜곡은 있지만 HELLO란 뜻으로 받아들이는

데에는 무리가 없어 보인다. 이 예제는 다음 절 파이썬 프로그램으로 다시 다룰 것이다.

<그림 9-4>는 HELLO를 3차원 공간상에 S자 커브 형태로 배열한 그림이다.

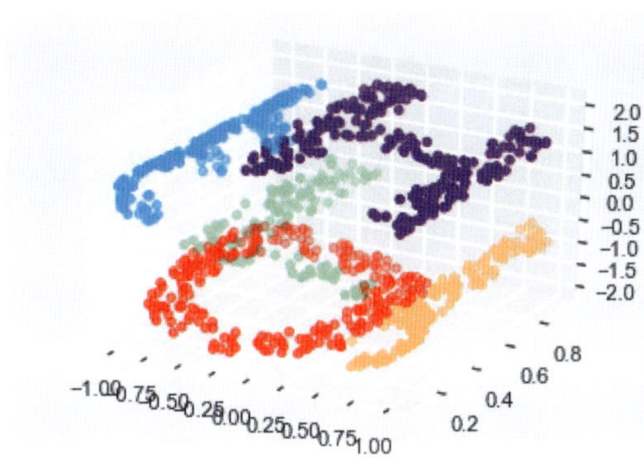

그림 9-4 S자 커브 형태로 배열된 HELLO

배열된 3차원 자료(S자 형태의 3차원 HELLO)의 거리를 유클리디안 거리로 측정한 후, 이를 MDS를 이용하여 2차원 자료로 차원축소하여 그리면 <그림 9-5>와 같다.

그림 9-5 〈그림 9-4〉를 MDS로 차원축소한 그림

<그림 9-5>에서 보는 바와 같이 3차원상의 HELLO는 완전하게 사라지고 S자

형태만 있어 <그림 9-4>와 같이 비선형일 경우 MDS는 작동하지 않음을 보여주고 있다. MDS가 작동하지 않는 근본적인 원인은 <그림 9-5>와 같이 비선형이기 때문이다. S자 커브를 3층 계단으로 생각하면 3층에 있는 자료 점의 유클리디안 거리와 2층과 3층의 자료 점의 거리가 뒤엉켜 붙을 수 있다.

9.6.2 manifold 학습에 의한 차원축소

비선형 차원축소에 대한 MDS의 문제점을 해결하기 위한 첫 번째 방법은 어떤 자료 점의 k-nearest neighbors를 곡선이 아닌 직선(즉, 평평한 길)으로 가정하여 이들 자료에만 MDS를 적용하거나 선형 결합하여 차원축소를 하는 방법이다. 두 번째 방법은 거리 측정 방법을 지도면상의 최소거리(geodesic distance), 즉 S자 커브를 3층의 계단으로 생각할 때 계단을 따라서 거리를 재는(그러므로 같은 층에 있는 자료 점 간의 거리보다 다른 층에 있는 자료 점들의 거리가 더 멀게 됨) 거리 측정 방법으로 하면 <그림 9-5>의 자료 점의 거리는 HELLO라는 정보를 어느 정도 유지할 수 있을 것이다. 국지적으로 평면인 공간을 manifold라고 하기 때문에 이러한 차원축소기법을 manifold 학습이라고 한다.

k-nearest neighbors를 이용하는 방법 중 성능이 가장 뛰어나다고 알려진 Local MDS를 먼저 논의하도록 하자. MDS에 사용한 자료점 $\boldsymbol{x}_i$와 차원축소 자료점 $\boldsymbol{z}_i$를 이용하여 Local MDS의 손실함수는

$$
\begin{aligned}
l = \sum_i \sum_j & (1-\lambda)(\|\boldsymbol{x}_i - \boldsymbol{x}_j\| - \|\boldsymbol{z}_i - \boldsymbol{z}_j\|)^2 I_{[\|\boldsymbol{z}_i - \boldsymbol{z}_j\| < \sigma_i]} \\
& + \lambda(\|\boldsymbol{x}_i - \boldsymbol{x}_j\| - \|\boldsymbol{z}_i - \boldsymbol{z}_j\|)^2 I_{[\|\boldsymbol{x}_i - \boldsymbol{x}_j\| < \sigma_i]}
\end{aligned}
\tag{9.14}
$$

이 된다. 여기에서 $0 \le \lambda \le 1$이며, 만약 $t < \sigma$이면 $I_{[t<\sigma]} = 1$이고, 그렇지 않으면 $I_{[t<\sigma]} = 0$이 된다. 식 (9.14)를 살펴보면 $\lambda = 0$ 또는 $\lambda = 1$이고 $I_{[y<\sigma]}$가 없으면 식 (9.13)의 일반적인 MDS와 동일한 손실함수임을 알 수 있다. 식 (9.14)의 $I_{[\|\boldsymbol{z}_i - \boldsymbol{z}_j\| < \sigma_i]}$는 $\boldsymbol{z}_i$를 중심으로 일정 범위 안(반지름이 σ_i인 원)에 포함된 자료만 최소화한다는 의미이고 $I_{[\|\boldsymbol{x}_i - \boldsymbol{x}_j\| < \sigma_i]}$ 역시 $\boldsymbol{x}_i$를 중심으로 일정범위 안(궁극적으로 k-nearest neighbors)에 있는 $\boldsymbol{x}_j$들의 거리를 최소화한다는 의미를 가지고

있다. λ는 원래 자료에 부여하는 비중으로 해석할 수 있다. λ가 1에 가까우면 원래 특성변수 x에 더 큰 비중을 두고 학습을 하고 0에 가까우면 차원축소된 특성변수 z에 더 큰 비중을 두고 학습한다는 의미이다. 확률적 기울기 감소법(stochastic gradient descent)으로 식 (9.14) 손실함수를 최소화하는 z_i를 구한다. σ_i의 초기치는 모든 자료를 포함하도록 충분히 크게 부여하고 점차적으로 줄여가다가 최종적으로 k-nearest neighbors가 되도록 설정한다. 특히 식 (9.14)에서 $\lambda = 0$이면 곡선성분분석(curvilinear component analysis, CCA)이라고 한다.

k-nearest neighbors를 이용하는 또 다른 방법에는 Locally linear embedding (LLE)이 있다. 이 방법은 모든 자료점을 k개의 주변 자료의 선형결합으로 근사할 수 있다는 가정에서 출발한다. 이러한 가정에서

$$\sum_{i=1}^{n} \| \boldsymbol{x}_i - \sum_{j=1}^{k} w_{ij} \boldsymbol{x}_j \|^2 \tag{9.15}$$

를 최소화하는 w_{ij}를 최소제곱법(OLS)로 구한다(단, $\sum_{j=1}^{k} w_{ij} = 1$). 이 w_{ij}를 이용하여

$$\sum_{i=1}^{n} \| \boldsymbol{z}_i - \sum_{j=1}^{k} w_{ij} \boldsymbol{z}_j \|^2 \tag{9.16}$$

를 최소화하는 z_i를 구한다.

$w_{ij} = 0,\ k < j \le n$으로 놓으면(즉 $\boldsymbol{x}_i$의 k-nearest neighbors 아니면 $w_{ij} = 0$) 식 (9.15)의 w_{ij}을 $n \times n$ 행렬 W로 놓을 수 있으며, 이 W를 이용하여 식 (9.16)을 최소화하는 z_i는 $(I - W)^T (I - W)$의 두 번째로 작은 고유벡터임을 증명하였다(Roweis and Saul, 2000).

끝으로, Isomap은 지도면상의 최소거리를 이용한 manifold 학습법이다. Isomap은 먼저 자료점 각각의 k-nearest neighbors(KNN)를 구하고 이들 간의 Euclidean 거리를 구한다. KNN 밖에 이는 자료점은 무한대로 놓는다. 이를 기반으로 자료점 간의 최단거리(Euclidean 거리의 합의 관점에서)를 Dijkstra 또는 Floyd-Warshall 알고리즘(https://en.wikipedia.org/wiki/Isomap)으로 구한 후, 이 최단거리에 MDS

를 적용하여 차원축소를 하는 방법이다.

9.6.3 t-SNE(t-distributed stochastic neighbor embedding)

지금까지 논의한 시각화를 위한 차원축소와는 다르게, 관측치 $\boldsymbol{x}_i$와 $\boldsymbol{x}_j$의 유사성을 다음과 같이 분산이 σ^2인 정규분포의 상대비율로 정의하고 이를 SNE라고 한다.

$$p_{ij} = \frac{\exp(-\|\boldsymbol{x}_i - \boldsymbol{x}_j\|^2/2\sigma^2)}{\sum_k \sum_l \exp(-\|\boldsymbol{x}_k - \boldsymbol{x}_l\|^2/2\sigma^2)} \tag{9.17}$$

$\boldsymbol{x}_i$와 $\boldsymbol{x}_j$가 가까울수록 p_{ij}가 큰 값을 가지게 되므로, p_{ij}값이 클수록 $\boldsymbol{x}_i$와 $\boldsymbol{x}_j$의 유사성은 높아지고 p_{ij}값이 작을수록 $\boldsymbol{x}_i$와 $\boldsymbol{x}_j$의 유사성은 낮아지게 된다. $\boldsymbol{x}_i$와 $\boldsymbol{x}_j$가 고차원 관측치라고 하고 이에 대응하는 차원축소 값을 $\boldsymbol{z}_i$와 $\boldsymbol{z}_j$라고 표기할 때, $\boldsymbol{z}_i$와 $\boldsymbol{z}_j$의 결합분포를

$$q_{ij} = \frac{(1+\|\boldsymbol{z}_i - \boldsymbol{z}_j\|^2)^{-1}}{\sum_k \sum_l (1+\|\boldsymbol{z}_k - \boldsymbol{z}_l\|^2)^{-1}}$$

으로 정의한다. q_{ij}는 자유도가 1인 t-분포의 상대비율(또는 동일하게 Cauchy 분포의 상대비율)이다.

p_{ij}와 q_{ij} 분포의 거리측도인 Kullback-Leibler divergence로 두 분포의 차이를 쓰면

$$KL(P\|Q) = E_P \log\frac{P}{Q} = \sum_i \sum_j p_{ij} \log\frac{p_{ij}}{q_{ij}}$$

이 된다. p_{ij}로 측정된 $\boldsymbol{x}_i$와 $\boldsymbol{x}_j$의 유사성을 $\boldsymbol{z}_i$와 $\boldsymbol{z}_j$에 가능한 한 그대로 유지하기 위해 $KL(P\|Q)$를 손실함수로 하고 이를 최소로 하는 $\boldsymbol{z}_i$와 $\boldsymbol{z}_j$를 구하면 이를 t-SNE라고 한다. Jensen의 부등식에 의해 log가 concave 함수이므로

$$E_P \log \frac{P}{Q} = -E_P \log \frac{Q}{P} \geq -\log E_P \frac{Q}{P} = -\log \Sigma_i \sum_j p_{ij} \frac{q_{ij}}{p_{ij}} = -\log \sum_i \sum_j q_{ij} = 0$$

이 된다. 즉, $KL(P\|Q) \geq 0$이며 $p_{ij} = q_{ij}$이면 $KL(P\|Q) = 0$이므로 $KL(P\|Q)$이 0에 가까울수록 $\boldsymbol{z}$는 좋은 차원축소가 된다.

그러나 실제 적용에서 $\boldsymbol{x}_i$가 이상치일 때 $\boldsymbol{x}_j$의 값과 관계없이 p_{ij}는 아주 작은 값을 갖게 되어 손실함수 $KL(P\|Q)$에 거의 기여하지 못하게 된다. 그러므로 대응하는 $\boldsymbol{z}_i$의 추정은 불안정하게 된다. 이를 방지하기 위해 (9.17)에 정의된 p_{ij} 대신

$$p_{ij} = \frac{p_{i|j} + p_{j|i}}{2n}$$

를 사용한다. 여기에서

$$p_{j|i} = \frac{\exp(-\|\boldsymbol{x}_i - \boldsymbol{x}_j\|^2/2\sigma_i^2)}{\sum_{k \neq i} \exp(-\|\boldsymbol{x}_i - \boldsymbol{x}_k\|^2/2\sigma_i^2)}$$

이고 n은 총표본수이다.

$\sum_j p_{ij} = p_i = \frac{\sum_j p_{i|j} + 1}{2n} \geq \frac{1}{2n}$이므로 모든 고차원 $\boldsymbol{x}_i$는 이상치 여부와 관계없이 $KL(P\|Q)$에 일정 부분 기여하게 되어 신뢰성 있는 저차원 $\boldsymbol{z}_i$를 구할 수 있게 한다. $p_{j|i}$에 정의된 σ_i^2는 k-nearest neighbors의 neighbors의 개수로 해석되는 혼잡도(perplexity)에 의해 결정된다. 혼잡도는

$$Perp(P_i) = 2^{H(P_i)}$$

으로 정의되며 여기에서 $H(P_i) = -\sum_j p_{j|i} \log_2 p_{j|i}$이고 혼잡도는 초모수로, 일반적으로 2 ~ 50의 값을 갖는다. 즉 혼잡도 값을 부여하여 $p_{j|i}$ 내에 있는 σ_i^2를 결정하게 된다. sklearn에서는 default로 혼잡도를 30으로 부여하며 혼잡도의 값에 따라 차원축소의 결과가 민감하게 변하므로 여러 가지 값을 시행해 볼 필요가 있다. t-SNE는

앞에서 소개한 local MDS, LLE, 그리고 Isomap보다 우수하다고 알려졌으나(Maaten and Hinton, 2008), 일반화하여 말할 수 없다. 특히, <그림 9-4>와 같이 비선형 자료형태에서는 다음의 실제 적용사례에서 LLE가 좀 더 우수한 것을 볼 수 있기 때문이다.

9.7 Sklearn을 이용한 차원축소

PCA의 주성분을 직관적으로 이해하기 위해 아래와 같이 sklearn에 내장된 얼굴 이미지 자료를 내려받아 분석해 보도록 하자. fetch_olivetti_faces에는 총 40명의 얼굴사진이 10장씩 제공되어 있다.

```
from sklearn.datasets import fetch_olivetti_faces
import matplotlib.pyplot as plt
faces_all = fetch_olivetti_faces()
K = 7  # 7번 인물의 사진만 선택
faces = faces_all.images[faces_all.target == K]
X3 = faces_all.data[faces_all.target == K]
print(faces.shape)
print(X3.shape)
N = 2
M = 5
fig = plt.figure(figsize=(10, 5))
plt.subplots_adjust(top=1, bottom=0, hspace=0, wspace=0.05)
for i in range(N):
    for j in range(M):
        k = i * M + j
        ax = fig.add_subplot(N, M, k+1)
        ax.imshow(faces[k], cmap=plt.cm.bone)
        ax.grid(False)
        ax.xaxis.set_ticks([])
        ax.yaxis.set_ticks([])
plt.suptitle("faces of the figure")
plt.tight_layout()
plt.show()
```

```
(10, 64, 64)
(10, 4096)
```

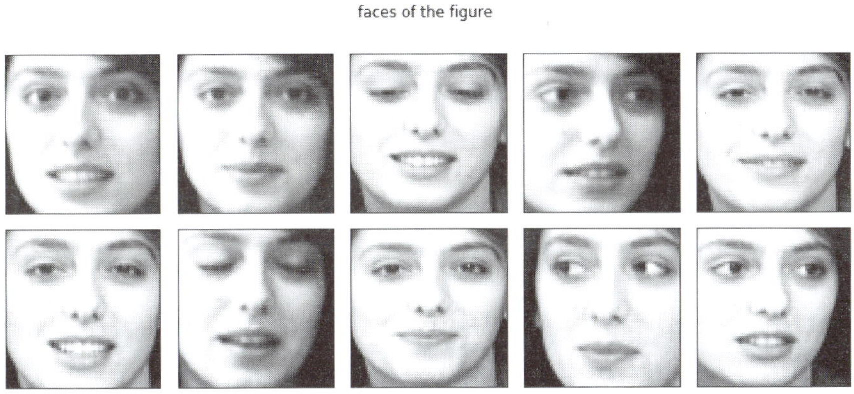

위 프로그램에서 fetch_olivetti_faces.images는 64×64 픽셀 데이터로 크기가 (400, 64, 64)인 3D 텐서로 제공된 원래의 사진자료이다. fetch_olivetti_faces.data는 (X3)는 PCA 분석을 위해 (400, 64×64) 2D 텐서로 변환한 자료이며, fetch_ olivetti_faces.target은 0 ~ 39까지 label이 부여되어 400명 사진의 id를 제공하고 있다. PCA 분석을 위해 faces_all.target == 7에 해당하는 사람의 이미지만을 이용하여 PCA를 실행하고자 한다. 총 10개의 사진이 있으며 각 사진은 4,096개의 특성변수로 구성되어 있다. 아래 프로그램은 fetch_olivetti_faces.data를 이용하여 2개의 주성분을 가진 PCA를 실행한 후, 2개의 주성분으로 구성된 (10, 2) 2D 텐서자료를 원래 크기인 (10, 4096)로 환원하고 있다. 이렇게 환원하는 이유는 (10, 4096) 2D 텐서자료를 이미지 자료인 (10, 64, 64)로 바꾼 후 사진자료를 그리기 위함이다. 즉, 2개의 주성분으로 복원된 10장의 사진이미지가 얼마나 원래 이미지와 가까운가를 비교할 수 있기 때문이다.

```
from sklearn.decomposition import PCA
pca3 = PCA(n_components=2)
W3 = pca3.fit_transform(X3)
X32 = pca3.inverse_transform(W3)
print(W3.shape)
print(X32.shape)
```

```
(10, 2)
(10, 4096)
```

아래 프로그램은 2개의 주성분으로 복원된 10장의 이미지 사진이다. 원래의 사진과 비교했을 때 약간 흐릿해진 것을 제외하면 원래 사진과 1:1 대응이 충분하게 가능한 사진이다. 4,096개의 특성변수를 2개로 줄였다는 사실을 상기하면 2개의 주성분이 4,096개의 특성변수를 잘 대변하고 있다고 할 수 있다.

```
N = 2
M = 5
fig = plt.figure(figsize=(10, 5))
plt.subplots_adjust(top=1, bottom=0, hspace=0, wspace=0.05)
for i in range(N):
    for j in range(M):
        k = i * M + j
        ax = fig.add_subplot(N, M, k+1)
        ax.imshow(X32[k].reshape(64, 64), cmap=plt.cm.bone)
        ax.grid(False)
        ax.xaxis.set_ticks([])
        ax.yaxis.set_ticks([])
plt.suptitle("approximated pics of the figure using PCA")
plt.tight_layout()
plt.show()
```

approximated pics of the figure using PCA

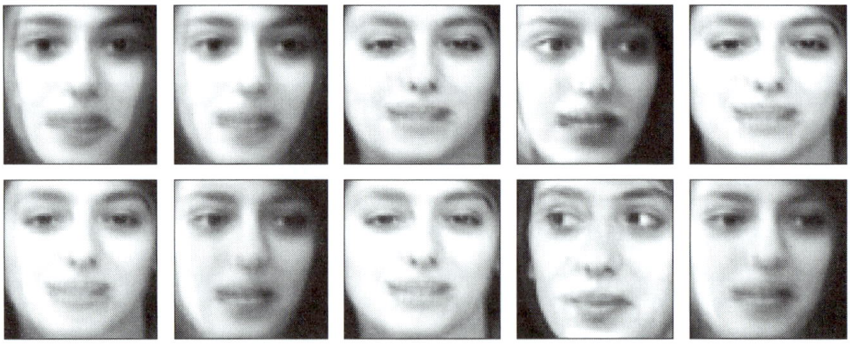

다음은 2개의 주성분의 평균, 제1주성분, 제2주성분으로만 복원된 이미지를 구하기 위한 프로그램이다.

```
face_mean = pca3.mean_.reshape(64, 64)
face_p1 = pca3.components_[0].reshape(64, 64)
face_p2 = pca3.components_[1].reshape(64, 64)
```

다음 그림에서 볼 수 있듯이 주성분의 평균은 2개의 주성분으로 복원된 10장의 사진 중 1행, 2행의 중간에 있는 그림과 유사함을 알 수 있고, 제1주성분에 의한 그림은 좌우로 흔들리는 이미지를 보여주고 있으며 제2주성분에 의한 그림은 상하로 흔들리는 모습이고 눈이 특히 크게 강조된 것을 볼 수 있다. 제1주성분과 제2성분의 역할을 좀 더 살펴보기 위해, 주성분의 평균값 + 제1주성분의 변화와 주성분의 평균값 + 제2주성분의 변화를 주어 복원된 이미지의 변화를 살펴보기로 하자.

```
plt.subplot(131)
plt.imshow(face_mean, cmap=plt.cm.bone)
plt.grid(False)
plt.xticks([])
plt.yticks([])
plt.title("avg face")
plt.subplot(132)
plt.imshow(face_p1, cmap=plt.cm.bone)
plt.grid(False)
plt.xticks([])
plt.yticks([])
plt.title("component 1")
plt.subplot(133)
plt.imshow(face_p2, cmap=plt.cm.bone)
plt.grid(False)
plt.xticks([])
plt.yticks([])
plt.title("component 2")
plt.show()
```

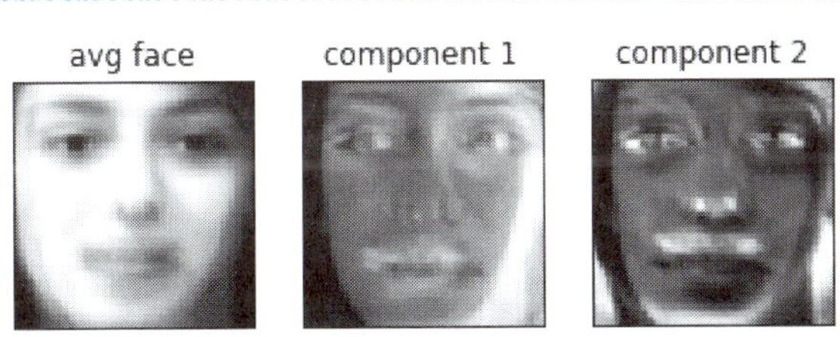

다음 프로그램은 주성분의 평균값 + $w \times$ 제1주성분에 의해 복원된 그림을 보여주고 있다. 여기에서 w는 -15에서 3씩 증가시켜 15까지의 값을 갖는다. 그림에서 볼 수 있듯이 w가 -15에서 +15로 증가하면서 이미지는 좌측 얼굴에서 점차적으로 우측 얼굴로 움직이는 모습을 보여주고 있다. 그러므로 제1주성분은 얼굴의 좌·우측을 구분하는 새로운 특성변수임을 알 수 있다.

```
'N = 2
M = 5
fig = plt.figure(figsize=(10, 5))
plt.subplots_adjust(top=1, bottom=0, hspace=0, wspace=0.05)
for i in range(N):
    for j in range(M):
        k = i * M + j
        ax = fig.add_subplot(N, M, k+1)
        w = 3 * (k - 6) if k < 5 else 3 * (k - 4)
        ax.imshow(face_mean + w * face_p1, cmap=plt.cm.bone)
        ax.grid(False)
        ax.xaxis.set_ticks([])
        ax.yaxis.set_ticks([])
        plt.title(" w component 1={}".format(w))
plt.suptitle("addition of component 1 to avg face")
plt.tight_layout()
plt.show()
```

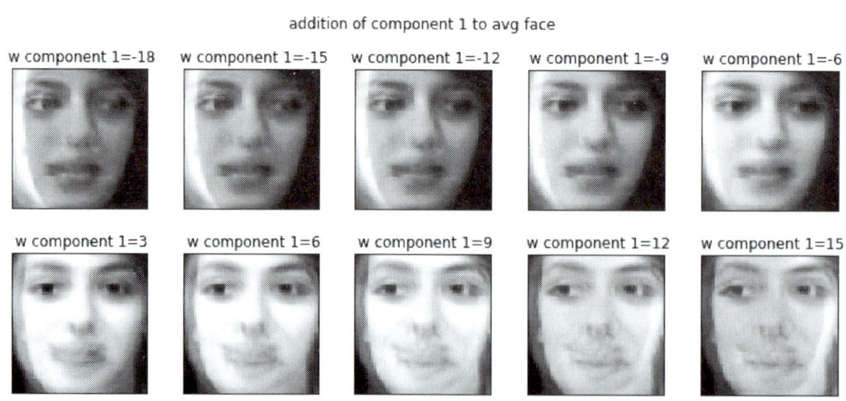

다음 프로그램은 주성분의 평균값 + $w \times$ 제2주성분에 의해 복원된 그림을 보여주고 있다. 여기에서 w는 제1주성분의 경우와 동일하게 -15에서 3씩 증가시켜 15까지의 값을 갖는다. w가 증가하면서 눈의 크기가 점점 커짐을 쉽게 볼 수 있다. 그러므로 제2성분은 이미지의 눈의 크기를 대표하는 새로운 특성변수라고 할 수 있다.

```
N = 2
M = 5
fig = plt.figure(figsize=(10, 5))
plt.subplots_adjust(top=1, bottom=0, hspace=0, wspace=0.05)
for i in range(N):
    for j in range(M):
        k = i * M + j
        ax = fig.add_subplot(N, M, k+1)
        w = 3 * (k - 5) if k < 5 else 3 * (k - 4)
        ax.imshow(face_mean + w * face_p2, cmap=plt.cm.bone)
        ax.grid(False)
        ax.xaxis.set_ticks([])
        ax.yaxis.set_ticks([])
        plt.title("w component 2={:.1f}".format(w))
plt.suptitle("addition of component 2 to avg face")
plt.tight_layout()
plt.show()
```

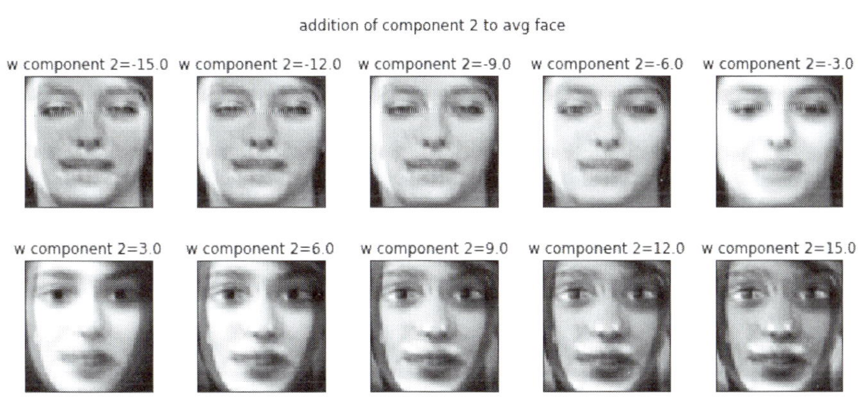

아래 프로그램은 앞의 PCA에서 사용한 여성이미지 자료에 2개의 잠재변수를 가진 요인분석을 적용한 예제를 보여주고 있다. component_ 속성을 이용하여 factor loading을 보여주고 있다. 4,096개의 특성변수 각각이 2개의 잠재변수에 걸려있는 factor loading을 출력하고 있으며, 예를 들어 첫 번째 특성변수는 첫 번째 잠재변수에 음의 방향으로 0.069, 두 번째 잠재변수에 0.17만큼 loading이 있음을 보여주고 있다.

```
from sklearn.decomposition import FactorAnalysis
fac = FactorAnalysis(n_components=2, random_state=0)
H = fac.fit_transform(X3)
Loading=fac.components_
print(H.shape)
print(Loading.T.shape)
print(Loading.T)
```

```
(10, 2)
(4096, 2)
[[-0.06920245  0.17051797]
 [-0.07869721  0.14541651]
 [-0.10206174  0.11731923]
 ...
 [ 0.09889331 -0.02956839]
 [ 0.10402617 -0.04628308]
 [ 0.10538822 -0.05489707]]
```

다음과 같이 2×4096 factor loading을 각 행을 아래와 같이 2D 텐서로 변환하여 그림을 그리면 다음과 같이 평균이미지와 각 factor loading의 이미지를 볼 수 있다. PCA와 비교할 때 2개의 factor loading으로 구현된 이미지가 좀 더 선명하게 나타난 것으로 보인다.

```
face_mean = fac.mean_.reshape(64, 64)
face_f1 = fac.components_[0].reshape(64, 64)
face_f2 = fac.components_[1].reshape(64, 64)
```

```
plt.subplot(131)
plt.imshow(face_mean, cmap=plt.cm.bone)
plt.grid(False)
plt.xticks([])
plt.yticks([])
plt.title("avg face")
plt.subplot(132)
plt.imshow(face_f1, cmap=plt.cm.bone)
plt.grid(False)
plt.xticks([])
plt.yticks([])
plt.title("component 1")
plt.subplot(133)
plt.imshow(face_f2, cmap=plt.cm.bone)
plt.grid(False)
plt.xticks([])
plt.yticks([])
plt.title("component 2")
plt.show()
```

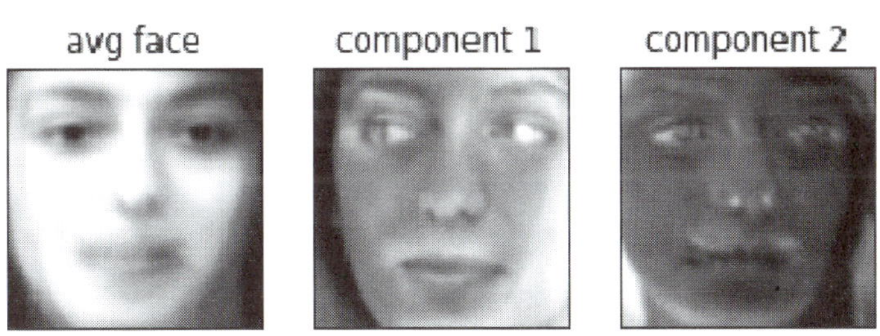

5.4절 Logistic regression classifier를 위한 wine data를 다시 불러 사용해보자. PCA를 위해 특성변수를 표준화하였다. PCA나 LDA는 특성변수의 scale에 의존하므로 이를 피하기 위해 표준화를 하는 것이 좋다. 학습데이터로부터 표본공분산(scov=np.cov(X_train_std))을 계산한 후, 표본공분산의 고유치와 고유벡터(np.linalg.eig(scov))를 계산하고 고유치를 출력하고 있다.

```
import pandas as pd
dat_wine=pd.read_csv('http://archive.ics.uci.edu/ml/machine-learning-databases/'
                     'wine/wine.data',header=None) # wine data 불러오기

from sklearn.model_selection import train_test_split
X,y=dat_wine.iloc[:,1:].values, dat_wine.iloc[:,0].values
X_train,X_test,y_train,y_test=train_test_split(X,y,test_size=0.3, random_state=1,stratify=y)

from sklearn.preprocessing import StandardScaler
std=StandardScaler()
X_train_std=std.fit_transform(X_train)
X_test_std=std.transform(X_test)

import numpy as np
scov=np.cov(X_train_std)
eigen_vals, eigen_vecs=np.linalg.eig(scov)
print('Eigenvalues \n%s' %eigen_vals)
```

```
(out)    Eigenvalues
         [4.7095539  2.63606471 1.55728758 0.93422662 0.85129454 0.5709688
          0.46462025 0.37764772 0.10409155 0.14951983 0.21165109 0.2630501
          0.27571434]
```

가장 큰 l개의 고윳값의 선택은 $\lambda_j / \sum_{j=1}^{d} \lambda_j$에 의해 일반적으로 결정된다. 이를 설명분산비(explained variance ratio)라고 한다. 이를 구현하는 프로그램은 다음과 같다. 아래 그림에 따라 $l=4$(즉, 4개의 주성분)를 선택하여 분석을 진행하였다.

```
tot=sum(eigen_vals)
var_exp=[(i / tot) for i in sorted(eigen_vals, reverse=True)]
cum_var_exp=np.cumsum(var_exp)

import matplotlib.pyplot as plt
plt.bar(range(1,14), var_exp, alpha=0.5, align='center',label='individual explained variance')
plt.step(range(1,14), cum_var_exp, where='mid',label='cumulative explained variance')
plt.ylabel('Explained variance ratio')

plt.xlabel('Principal component index')
plt.legend(loc='best')
plt.show()
```

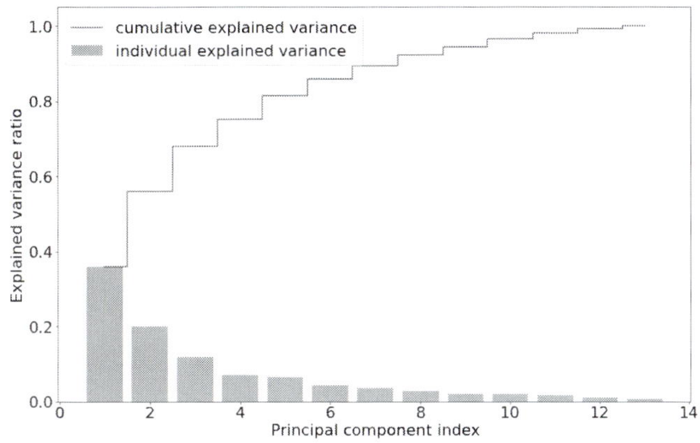

아래 프로그램은 13개의 특성변수를 PCA를 통해 4개의 특성변수로 줄인 후, 이 차원축소된 4개의 특성변수로 와인의 종류를 판별하기 위해 로지스틱 회귀를 적용하고 있다. 13개의 원래 특성변수를 4개의 특성변수로 줄였음에도 불구하고 5.4절의 정밀도와 크게 차이가 없음을 알 수 있으며 5.4절과 다르게 과대적합 문제가 발생하지 않음을 알 수 있다.

Scikit에서는 n_components에 None을 지정해주면 13개 주성분 모두의 explained variance ratio를 구해주고, 만약 n_components=4를 지정해주면 4개의 주성분이 전체에서 차지하는 explained variance ratio를 explained_variance_ratio_ 속성으로 구할 수 있다.

```
pca=PCA(n_components=None)
X_train_pca=pca.fit_transform(X_train_std)
print(pca.explained_variance_ratio_)
```

```
(out)    [0.35935182 0.20113893 0.11882529 0.07128404 0.0649561  0.04356648
          0.03545179 0.02881555 0.02103776 0.02007144 0.01614956 0.01140877
          0.00794247]
```

```
from sklearn.linear_model import LogisticRegression
from sklearn.decomposition import PCA
lr=LogisticRegression()
lpca=PCA(n_components=4)
X_train_pca=lpca.fit_transform(X_train_std)
X_test_pca=lpca.transform(X_test_std)
lr.fit(X_train_pca, y_train)
y_train_pre=lr.predict(X_train_pca)
y_test_pre=lr.predict(X_test_pca)

from sklearn import metrics
print(metrics.accuracy_score(y_train, y_train_pre))
print(metrics.accuracy_score(y_test, y_test_pre))
```

```
(out)      0.9758064516129032
           0.9629629629629629
```

속성 components_에 의해 4개의 eigen vector들을 구할 수 있다. 각 표본의 13개 특성변수를 이 4개의 eigen vector에 곱해주면 4개로 축소된 pca를 구할 수 있다.

다음은 선형판별분석을 통해 와인 데이터의 13개 특성변수를 2차원, 즉 2개의 특성변수로 전환한 후, PCA와 동일하게 로지스틱 회귀로 3개의 와인 범주를 분류하고 있다. 학습데이터의 정밀도는 1이지만 시험데이터는 0.963으로 약간 과대적합된 것으로 나타났다. 특성변수를 표준화하지 않은 경우의 선형판별분석(LDA)도 표준화한 경우보다 나쁜 결과를 보여주어서 PCA와의 프로그램상의 비교를 위해 특성변수를 표준화하였다.

```
print(lpca.components_)
print(lpca.explained_variance_ratio_)
```

```
[[ 0.14119433 -0.24946815  0.05104853 -0.19890851  0.1444494   0.40472564
   0.42654202 -0.29573373  0.32620144 -0.07420694  0.29277478  0.37482201
   0.2889145 ]
 [-0.46732089 -0.26876924 -0.27660192  0.01955098 -0.32120489 -0.04839313
   0.00936768 -0.00146817 -0.04087554 -0.53982087  0.27536907  0.19149315
  -0.34828709]
 [-0.18497972  0.11558438  0.62580603  0.63022498  0.06808315  0.14454263
   0.16109721  0.20830498  0.10392829 -0.07463025  0.04770525  0.16694498
  -0.14905602]
```

```
[-0.06135175  0.50736306 -0.23358668  0.06619111 -0.21808618  0.10100723
  0.07511595 -0.33032862  0.45117801 -0.01323281 -0.46488038  0.19553794
 -0.22195876]]

[0.35935182 0.20113893 0.11882529 0.07128404]
```

다음은 PCA에서 사용한 wine data에 요인분석을 적용한 예를 보여주고 있다. 비교를 위해 PCA와 동일하게 4개의 잠재변수(n_components=4)를 지정해주고 있다. PCA와 요인분석의 성능은 거의 비슷하지만 요인분석이 약간 overfitting 된 것으로 보인다. logistic regression의 초모수를 조절하면 요인분석이 더 우수할 것으로 보인다.

```
from sklearn.linear_model import LogisticRegression
from sklearn.decomposition import FactorAnalysis
lr=LogisticRegression()
factor = FactorAnalysis(n_components=4)
X_train_fac = factor.fit_transform(X_train_std)
X_test_fac = factor.transform(X_test_std)
lr.fit(X_train_fac, y_train)
y_train_pred=lr.predict(X_train_fac)
y_test_pred=lr.predict(X_test_fac)

from sklearn import metrics
print(metrics.accuracy_score(y_train, y_train_pred))
print(metrics.accuracy_score(y_test, y_test_pred))
```

```
0.9919354838709677
0.9629629629629629
```

PCA를 적용할 때

```
X_train_pca = lpca.fit_transform(X_train_std)
X_test_pca = lpca.transform(X_test_std)
```

으로 특성변수 x에만 PCA를 적용하고 변수변환(fit_transform)을 하지만 Fisher의

LDA는 지도학습이므로 특성변수 x와 목적변수 y가 모두 필요하여 모형을 다음과 같이 적용한다. 즉,

```
X_train_lda=lda.fit_transform(X_train_std, y_train)
X_test_lda=lda.transform(X_test_std)
```

와 같이 변수변환하는 특성변수뿐만 아니라 목적변수인 y 변수(y_train)도 LDA를 학습해야 하므로 학습데이터에는 fit_transform 함수를 사용하고 시험데이터에는 오직 특성변수만 변수변환하므로 X_test_std에만 transform 함수를 사용한다.

```
from sklearn.discriminant_analysis import LinearDiscriminantAnalysis as LDA
lda=LDA(n_components=2) # LDA가 차원을 2로 줄여준다.
X_train_lda=lda.fit_transform(X_train_std, y_train) # wine data에 의해 뽑힘.
X_test_lda=lda.transform(X_test_std)
lr=LogisticRegression()
lr.fit(X_train_lda, y_train)
y_train_pred=lr.predict(X_train_lda)
y_test_pred=lr.predict(X_test_lda)
print(metrics.accuracy_score(y_train, y_train_pred))
print(metrics.accuracy_score(y_test, y_test_pred))
print(metrics.confusion_matrix(y_test, y_test_pred))
```

```
(out)     1.0
          0.9629629629629629
          [[18  0  0]
           [ 1 19  1]
           [ 0  0 15]]
```

오직 2개의 LDA로의 차원축소가 정밀도를 잃지 않은 이유는 아래와 같이 2개의 LDA가 거의 100%의 분산을 설명하기 때문이다.

```
lda.explained_variance_ratio_
```

```
array([0.68259828, 0.31740172])
```

다음은 kernel PCA를 적용해보기 위한 비선형 자료이다. 소위 moon 데이터로 두 개의 그룹(빨강과 파랑)으로 구성되어 있고 두 개의 그룹이 비선형적으로 겹쳐 있는 것을 볼 수 있다. 비선형 커널 PCA를 적용하기 위해 2개의 주성분을 지정하고 커널함수로 방사형기저함수를 이용(KernelPCA(n_components=2, kernel='rbf', gamma=15)한 결과를 보여주고 있다. 2개의 주성분은 새로운 특성변수이며, 특히 2개의 그룹을 잘 분류하고 있으므로 후속 분석, 예를 들어 로지스틱 모형을 적합하면 두 개의 그룹을 오차 없이 분류할 수 있을 것이다.

```
from sklearn.datasets import make_moons
X, y=make_moons(n_samples=100, random_state=123)
import plotly.graph_objects as go
fig=go.Figure()
fig.add_trace(go.Scatter(x=X[y==0,0],y=X[y==0,1],mode='markers', name='group1'))
fig.add_trace(go.Scatter(x=X[y==1,0],y=X[y==1,1],mode='markers', name='group2'))
fig.update_xaxes(title_text='x1')
fig.update_yaxes(title_text='x2')
fig.update_layout(width=600,height=500)
fig.show()
```

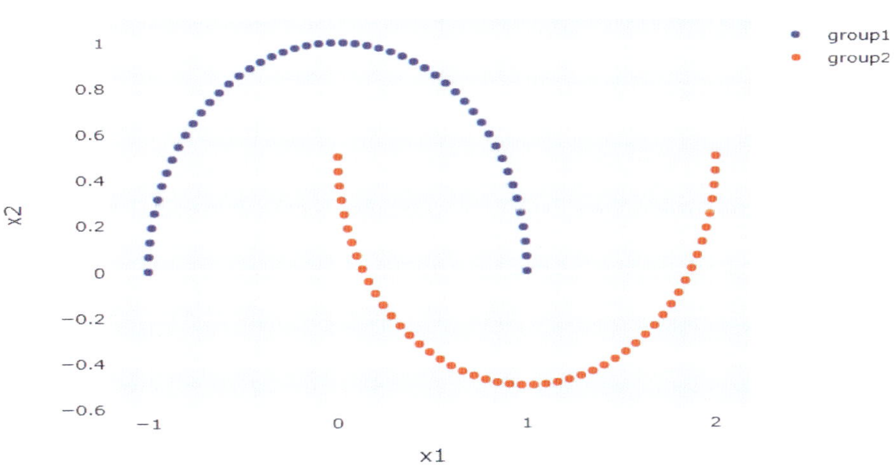

```
from sklearn.decomposition import KernelPCA
kpca=KernelPCA(n_components=2, kernel='rbf', gamma=15)
X_kpca=kpca.fit_transform(X)
import plotly.graph_objects as go
fig=go.Figure()
fig.add_trace(go.Scatter(x=X_kpca[==0,0],y=X_kpca[y==0,1],mode='markers',
            name='group1'))
fig.add_trace(go.Scatter(x=X_kpca[y==1,0],y=X_kpca[y==1,1],mode='markers',
            name='group2'))
fig.update_xaxes(title_text='PCA1')
fig.update_yaxes(title_text='PCA2')
fig.update_layout(width=600, height=500)
fig.show()
```

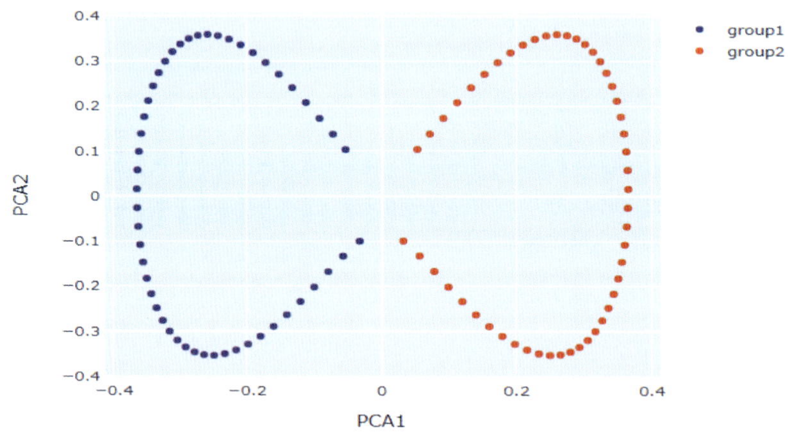

manifold 학습방법의 예제를 위해 다음과 같은 HELLO 자료를 3차원 공간에 만들어 보자.

```
import matplotlib.pyplot as plt
import seaborn as sns; sns.set()
import numpy as np

def make_hello(N=1000, rseed=42):
    fig, ax=plt.subplots(figsize=(4, 1))
    fig.subplots_adjust(left=0, right=1, bottom=0, top=1)
```

```
    ax.axis('off')
    ax.text(0.5, 0.4, 'HELLO', va='center', ha='center', weight='bold', size=85)
    fig.savefig('hello.png')
    plt.close(fig)
    from matplotlib.image import imread
    data=imread('hello.png')[::-1, :, 0].T
    rng=np.random.RandomState(rseed)
    X=rng.rand(4 * N, 2)
    i, j=(X * data.shape).astype(int).T
    mask=(data[i, j] < 1)
    X=X[mask]
    X[:, 0] *= (data.shape[0] / data.shape[1])
    X=X[:N]
    return X[np.argsort(X[:, 0])]
```

```
X=make_hello(1000)

def random_projection(X, dimension=3, rseed=42):
    assert dimension >= X.shape[1]
    rng=np.random.RandomState(rseed)
    C=rng.randn(dimension, dimension)
    e, V=np.linalg.eigh(np.dot(C, C.T))
    return np.dot(X, V[:X.shape[1]])
X1=random_projection(X, 3)
X1.shape
```

```
(out)        (1000, 3)
```

우리의 최종 데이터는 X1이며 자료 생성을 위한 프로그램의 해설은 생략하기로 한다. 먼저 자료 X1의 형태를 살펴보기 위해 다음 프로그램을 실행하여 보자. 3차원 자료로 'HELLO'란 정보를 가지고 있다.

```
import plotly.graph_objects as go
fig=go.Figure()
fig.add_trace(go.Scatter3d(x=X1[:,0], y=X1[:,1], z=X1[:,2], opacity=0.3, mode='markers',
marker=dict(size=5, color=X1[:,2], colorscale='Viridis')))
fig.update_layout(height=500)
fig.show()
```

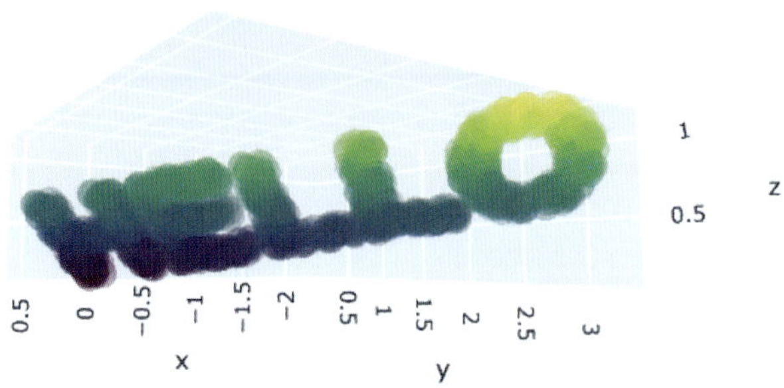

이 3차원의 HELLO 자료에 MDS를 적용하여 2차원으로 축소한 후 그림을 그리면 다음과 같다.

```
from sklearn.manifold import MDS
mds=MDS(n_components=2, random_state=1)
out_mds=mds.fit_transform(X1)
fig=go.Figure()
fig.add_trace(go.Scatter(x=out_mds[:,0], y=out_mds[:,1], mode='markers',
                marker=dict(size=5, color=out_mds[:,1], colorscale='Viridis')))
fig.update_layout(height=500, width=500)
fig.show()
```

MDS에 의해 차원축소된 HELLO의 L자가 뒤집혀 있지만 HELLO를 인식하는데 문제가 없는 것으로 보인다.

다음으로 비선형 정보를 유지하는 차원축소기법을 적용하기 위해 다음과 같은 S자 형태의 3차원 HELLO 자료를 생성하여 보자.

```
def make_hello_s_curve(X):
    t=(X[:,0] - 2) * 0.75 * np.pi
    x=np.sin(t)
    y=X[:, 1]
    z=np.sign(t) * (np.cos(t) - 1)
    return np.vstack((x, y, z)).T
XS=make_hello_s_curve(X)

import plotly.graph_objects as go
fig=go.Figure()
fig.add_trace(go.Scatter3d(x=XS[:,0], y=XS[:,1], z=XS[:,2], opacity=0.7,
        mode='markers', marker=dict(size=5, color=XS[:,2], colorscale='Viridis')))
fig.update_layout(height=500)
fig.show()
```

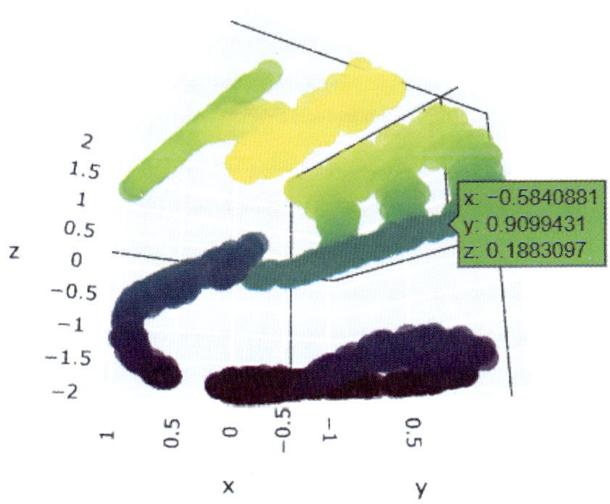

이 S 커브 HELLO를 MDS에 적용하면 다음과 같이 HELLO라는 정보가 완전히 소실됨을 알 수 있다. 근본적인 이유는 HELLO 정보가 위 그림과 같이 비선형인 곡면상으로 주어졌기 때문이다.

```
from sklearn.manifold import MDS
model=MDS(n_components=2, random_state=2)
mds_out=model.fit_transform(XS)

import plotly.graph_objects as go
fig=go.Figure()
fig.add_trace(go.Scatter(x=mds_out[:,0], y=mds_out[:,1], opacity=0.7,
    mode='markers', marker=dict(size=5, color=mds_out[:,1], colorscale='Viridis')))
fig.update_layout(height=500)
fig.show()
```

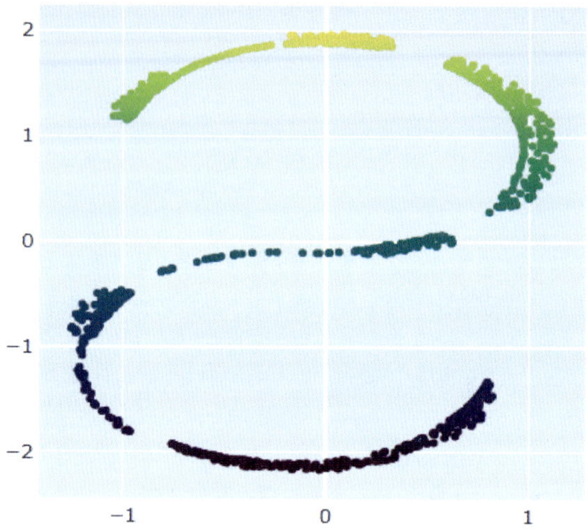

다음은 Isomap을 적용하여 2차원으로 S자형 HELLO를 차원축소한 것이다.

```
from sklearn.manifold import Isomap
iso=Isomap(n_neighbors=100, n_components=2)
iso_out=iso.fit_transform(XS)
fig=go.Figure()
fig.add_trace(go.Scatter(x=iso_out[:,0], y=iso_out[:,1], mode='markers',
            marker=dict(size=5, color=iso_out[:,0], colorscale='Viridis')))
fig.update_layout(height=500, width=500)
fig.show()
```

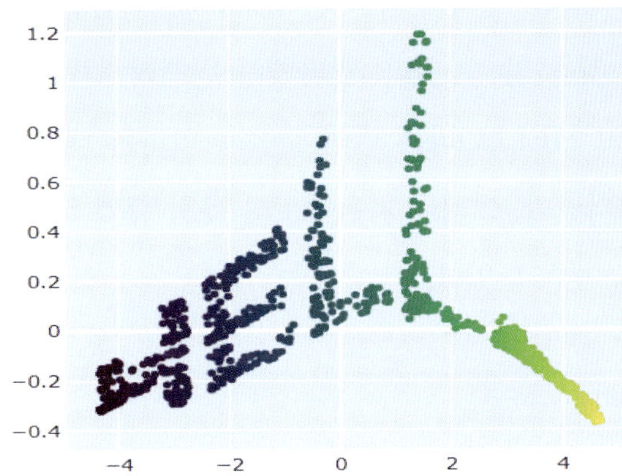

MDS와 달리 HELLO 정보가 약간 왜곡되었지만 그대로 보유되어 있는 것을 알 수 있다. 그러나 Isomap, LLE 등의 방법은 k-nearest neighbors(즉, 프로그램에서 n-neighbors)에서 k의 지정에 민감하다는 약점이 있으므로 여러 개의 k-neighbors 값을 지정하여 시도해 볼 필요가 있다. 다음은 LLE를 이용한 차원축소이다. Isomap보다는 훨씬 우수한 결과를 보여주고 있음을 알 수 있다.

```
from sklearn.manifold import LocallyLinearEmbedding as LLE
lle=LLE(n_neighbors=100, n_components=2, method='modified')
lle_out=lle.fit_transform(XS)
fig=go.Figure()
fig.add_trace(go.Scatter(x=lle_out[:,0], y=lle_out[:,1], mode='markers',
              marker=dict(size=5, color=lle_out[:,0], colorscale='Viridis')))
fig.update_layout(height=400, width=400)
fig.show()
```

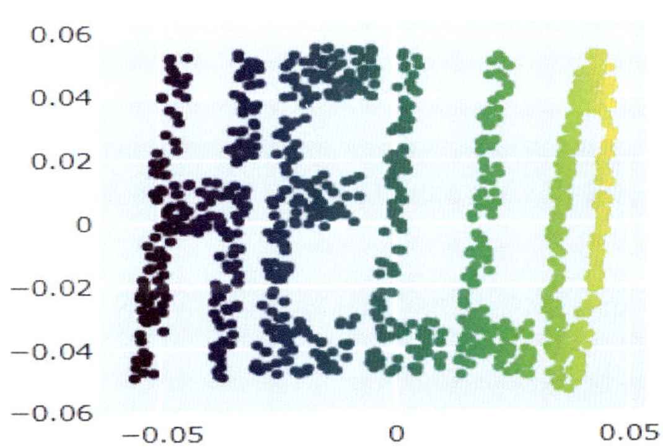

다음은 t-SNE을 적용한 결과이다. 다른 manifold 학습결과와 다르게 알파벳이 군집 형태로 배열된 것을 알 수 있다. 알파벳이 원래의 3차원의 배열과 같이 원의 형태로 배열되어 있고 HELLO라는 글의 뜻을 파악하는 데는 Isomap이나 LLE보다 불리한 것으로 나타났다. 그러나 차원축소의 목적 중의 하나인 군집의 관점에서는 우수한 결과를 보여주고 있다.

```
from sklearn.manifold import TSNE
t_sne=TSNE(n_components=2, perplexity=40)
sne_out=t_sne.fit_transform(XS)
fig=go.Figure()
fig.add_trace(go.Scatter(x=sne_out[:,0], y=sne_out[:,1], mode='markers',
                    marker=dict(size=5, color=sne_out[:,0], colorscale='Viridis')))
fig.update_layout(height=400, width=400)
fig.show()
```

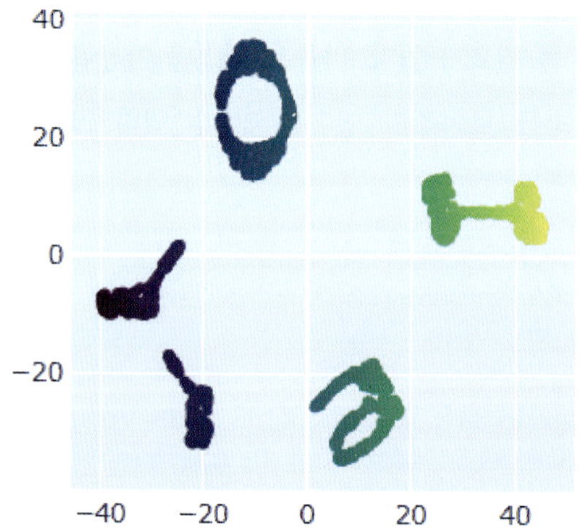

연습문제

1 214쪽의 wine_data를 이용하여 MDS, local MDS, LLE, Isomap, t-SNE의 성능을 비교하라.

2 t-SNE에서 perplexity의 영향을 논의하라.

Chapter **10**

오차분석, 자료분할, 초모수 조절

error analysis, data split, hyper-parameter tunning

이미지 분류를 위한 대표적인 데이터셋은 ILSVR(ImageNet Large Scale Visual Recognition Challenge)으로 1,000개의 범주로 구성된 120만 개의 이미지 자료이다. 120만 개의 각 이미지의 범주 labelling에 대한 당연한 의문은 이러한 labelling을 100% 신뢰할 수 있는가? 이다. Karpathy(https://goo.gl/iqCbCo)에 따르면 일반인이 분류하면 최소 15%의 오분류가 발생하였으며, Karpathy가 직접 많은 시간과 노력을 기울여 labelling을 해본 결과 5.1%의 오분류가 발생했다고 보고하고 있다. 딥러닝을 포함하여 머신러닝의 대부분을 차지하는 지도학습(supervised learning)은 이처럼 사람이 만든 labelling으로 학습하게 된다. 그러나 사람은 완벽하지 않기 때문에 labelling 오류를 범하게 된다.

10.1 오차분석(error analysis)

사람에 의한 labelling 중 가장 작은 오류를 human-level-performance라고 말하며 이를 ϵ_{hlp}라고 표기하자. 물론 ϵ_{hlp}를 관측하는 것이 가능할 경우도 있지만 대부분은 개념적으로 존재한다. 만약 어떤 머신러닝 모형의 오류 ϵ_{train}이 ϵ_{hlp}보다 작으면, 이는 머신러닝 모형이 사람의 오류마저도 학습한 것이므로 이 머신러닝을 이용하는 데는 한계가 있을 수밖에 없다. 대표적으로 AI 윤리 문제가 발생하기 때문이다. 반대로 ϵ_{train}이 ϵ_{hlp}보다 훨씬 크면 이 머신러닝의 성능이 매우 낮다는 의미이므로 별로 쓸모없는 모형이 된다.

이러한 오류에 대한 좀 더 자세하고 진전된 논의를 위해 다음 프로그램을 고려해 보자. 코드는 논의의 초점이 아니므로 코드에 대한 설명은 생략하기로 한다. 아래 프로그램은 1차 함수, 2차 함수, 그리고 21차 함수를 정의하고 있다.

```
import numpy as np
import matplotlib.pyplot as plt
from scipy.optimize import curve_fit

def func_1(p, a, b):
  """1차 함수."""
  return a+b*p

def func_2(p, a, b, c):
  """2차 함수"""
  return a + b*p + c*p**2

def func_21(p, a, b, c, d, e, f, g, h, i, j, k, l, m, n, o, q, r, s, t, u, v, x):
  """21차 함수"""
  return (a + b*p + c*p**2 + d*p**3 + e*p**4 + f*p**5 + g*p**6 + h*p**7 + i*p**8
        + j*p**9 + k*p**10 + l*p**11 + m*p**12 + n*p**13 + o*p**14 + q*p**15
        + r*p**16 + s*p**17 + t*p**18 + u*p**19 + v*p**20 + x*p**21)
```

아래 프로그램과 같이 $y=1+2x+3x^2$에 ϵ을 추가하여

$$y=1+2x+3x^2+\epsilon$$

으로부터 y를 생성한다. 여기에서 $\epsilon \sim 18 \times N(0,1)$이며 이 ϵ을 잡음(noise)이라고 말하며 y에 대한 labelling 오류로 해석할 수 있다. 이렇게 생성된 (x,y)를 그리면 아래와 같다.

```
x = np.arange(-5.0, 5.0, 0.05, dtype = np.float64)
y = func_2(x, 1, 2, 3) + 18.0 * np.random.normal(0, 1, size = len(x))
print(len(x))
```

```
200
```

```
fig = plt.figure()
ax = fig.add_subplot(111)

ax.scatter(x, y, color = 'blue', linewidths = 3)

plt.ylabel('y')
plt.xlabel('x')

plt.ylim(-50, 110)
plt.xlim(-6, 6)

plt.show()
```

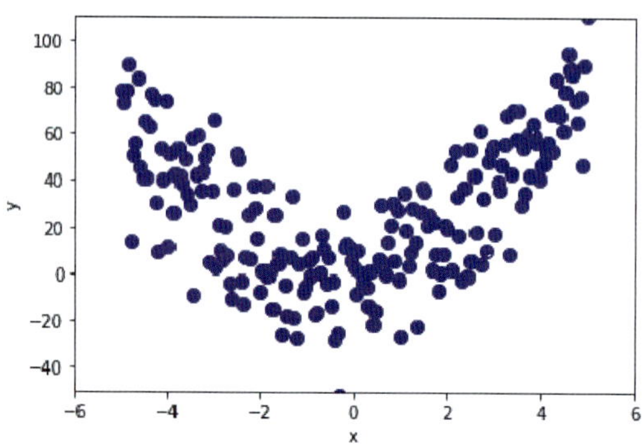

위 데이터에 아래 프로그램과 같이 curve_fit을 이용하여 최소제곱법으로 $\hat{y} = \hat{a} + \hat{b}\,x + \hat{c}\,x^2$를 추정한 후 그림을 그리면 아래와 같다.

```
popt, pcov = curve_fit(func_2, x, y)
print(popt)
print(pcov)
```

```
[1.48851503 2.02693389 3.1586654 ]
[[ 3.77397915e+00 -7.54820616e-03 -2.51607002e-01]
 [-7.54820616e-03  2.01361085e-01  1.50979233e-03]
 [-2.51607002e-01  1.50979233e-03  3.01958599e-02]]
```

```
fig = plt.figure()
ax = fig.add_subplot(111)

ax.scatter(x, y, color = 'blue', linewidths = 3)
ax.plot(x, func_2(x, *popt), lw = 3, color = 'red')

plt.ylabel('y')
plt.xlabel('x')

plt.ylim(-50, 110)
plt.xlim(-6, 6)

plt.show()
```

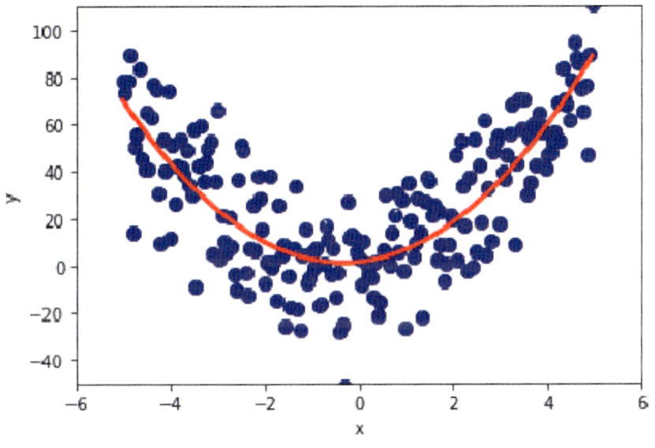

당연하게 참 모형이 2차 함수이므로 위 그림에 나타난 2차 함수 모형이 가장 좋은 모형이 될 것이다. 추정모형의 성능척도로 평균절댓값(MAE, $\frac{1}{200}\sum_{i=1}^{200}|y_i - \hat{y}_i|$)을 사용하면 추정된 2차 함수의 MAE=14.79로 나타났다. 이 값을 ϵ_{hlp}로 해석할 수 있다.

```
np.mean(np.abs(y-func_2(x,*popt))).round(2)
```

```
14.79
```

다음과 같이 2차 함수에서 생성된 자료 (x,y)에 1차 함수를 적용한 결과, MAE=25.09이 산출되었고 이 MAE는 ϵ_{train}으로 해석할 수 있다. 2차 함수의 MAE=14.79인 ϵ_{hlp}보다 큰 값을 보여주고 있으므로 1차 함수 모형은 성능이 좋지 않다고 말할 수 있다. 이를 bias가 크다고 말하며 과소적합(underfit)이 발생했다고 말한다.

```
popt, pcov = curve_fit(func_1, x, y)
np.mean(np.abs(y-func_1(x,*popt))).round(2)
```

```
25.09
```

특성변수는 서로 다른 모집단화 기능을 한다. 즉, 아래 그림과 같이 특성변수 값별로 서로 다른 평균치를 가지고 있으므로 특성변수 값별로 모집단화하고 있는 것을 볼 수 있다. 즉, 특성변수가 주어져 있을 때, 데이터가 직선의 모수 a와 b의 정보를 동일하게 주어야 하지만 1차 함수가 데이터를 잘 설명하지 못하기 때문에 양 끝과 중간의 데이터는 직선의 모수 a, b에 대한 왜곡된 정보를 주고 있다. 1차 함수가 데이터를 잘 설명하지 못하기 때문이다. 다음 그림에 나타난 직선은 특성변수 x값이 주어졌을 때의 데이터 평균에 대한 추정치이다. 그러나 직선의 양 끝과 중간에 위치한 데이터의 평균은 적합된 직선(평균추정치)과는 거리가 먼 것으로 나타났다. 이러한 이유로 bias가 크다고 말하며 직선 모형의 적합은 서로 다른 모집단화에 실패했다고 말할 수 있다.

```
fig = plt.figure()
ax = fig.add_subplot(111)

ax.scatter(x, y, color = 'blue', linewidths = 3)
ax.plot(x, func_1(x, popt[0], popt[1]), lw = 3, color = 'red')

plt.ylabel('y')
plt.xlabel('x')
```

```
plt.ylim(-50, 110)
plt.xlim(-6, 6)

plt.show()
```

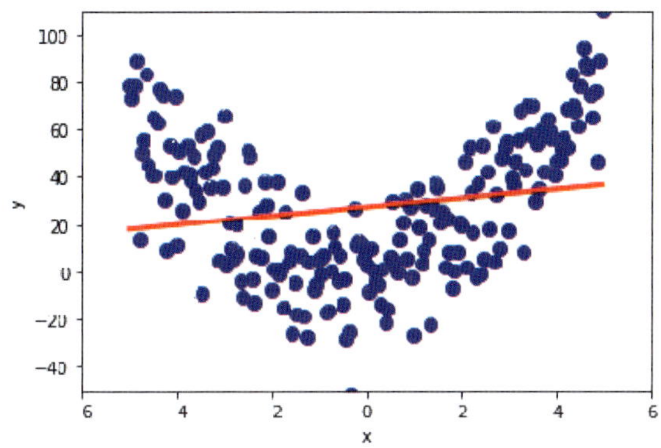

아래 프로그램은 2차 함수에 생성된 (x,y)에 21차 함수를 적용한 사례를 보여주고 있다. 그러면 아래 그림과 같이 21차 함수가 잡음(noise)마저 설명하여 MAE=13.82로 21차 함수 ϵ_{train}=13.82로 계산되었다. 21차 함수 모형은 ϵ_{hlp}=14.79보다 오히려 작은 ϵ_{train}을 갖게 된 것이다. 이를 variance가 크다고 말하며 과대적합(overfit)이 발생했다고 한다.

```
popt, pcov = curve_fit(func_21, x, y)
np.mean(np.abs(y-func_21(x,*popt))).round(2)
```

```
13.82
```

```
fig = plt.figure()
ax = fig.add_subplot(111)

ax.scatter(x, y, color = 'blue', linewidths = 3)
ax.plot(x, func_21(x, *popt), lw = 3, color = 'red')

plt.ylabel('y')
plt.xlabel('x')
```

```
plt.ylim(-50, 110)
plt.xlim(-6, 6)

plt.axis(True)
plt.show()
```

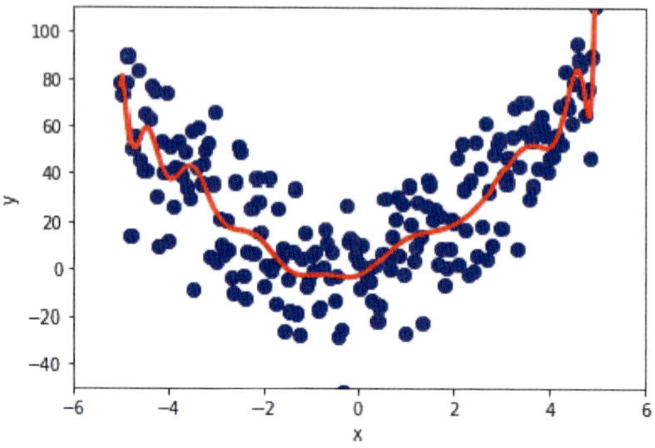

21차 함수 모형 적합이 과대적합된 것은 쉽게 이해가 되지만 variance가 크다는 의미는 언뜻 이해가 되지 않을 것이다. 이를 설명하기 위해 $y = 1 + 2x + 3x^2 + \epsilon$에서 데이터셋의 크기가 200개인 (x, y)를 10개 생성한 후, 10개의 각 데이터셋에 21차 함수를 적용하여 추정하면 아래 그림과 같이 서로 다른 10개의 21차 함수가 추정된 것을 볼 수 있다. 즉, 21차 함수의 계수추정치가 10개의 데이터셋에 따라 변동이 심하므로 이러한 관점에서 variance가 크다고 말한다. 즉, 특성변수에 의한 서로 다른 모집단화가 잡음마저 반영되어, 잡음이 다르면 특성변수 값(범주)별 평균추정치가 다르게 되어 특성변수별 평균추정치의 분산이 커지게 된다. 한편, 아래 그림과 같이 10개의 데이터 셋에 1차 함수를 반복 적용하면 1차 함수 계수 추정치는 크게 변하지 않은 것을 볼 수 있다.

이상에서 살펴보았듯이 1차 함수를 적용한 경우와 같이 주어진 데이터로부터 추정한 모수의 변동이 작으면 variance가 작다고 말하고 적용한 함수가 데이터의 형태를 잘 반영하지 못하면 bias가 크다고 말한다. 한편, 21차 함수의 경우, 주어진 데이터의 형태를 잘 반영하지만 21차 함수의 모수추정치의 변동성이 크므로 bias는 작지만 variance는 큰 경우에 해단된다. 이처럼, 주어진 데이터에 적용한 모형의

bias는 크지만 variance가 작으면 과소추정(underfit)되었다고 말하고, 반대로 bias는 작지만 variance가 크면 해당 모형은 데이터에 과대적합(overfit)되었다고 말한다.

```
yy = []
poptl = []
for i in range (0, 10):
    np.random.seed(seed = i)
    yy.append(func_2(x, 1, 2, 3) + 18.0 * np.random.normal(0, 1, size = len(x)))
    popt, _ = curve_fit(func_21, x, yy[i])
    poptl.append(popt)
```

```
fig = plt.figure()
ax = fig.add_subplot(111)
for i in range(0, 10):
    ax.plot(x, func_21(x, *poptl[i]), lw = 3)
plt.ylabel('y')
plt.xlabel('x')
plt.ylim(-15, 120)
plt.xlim(-6, 6)
plt.axis(True)
plt.show()
```

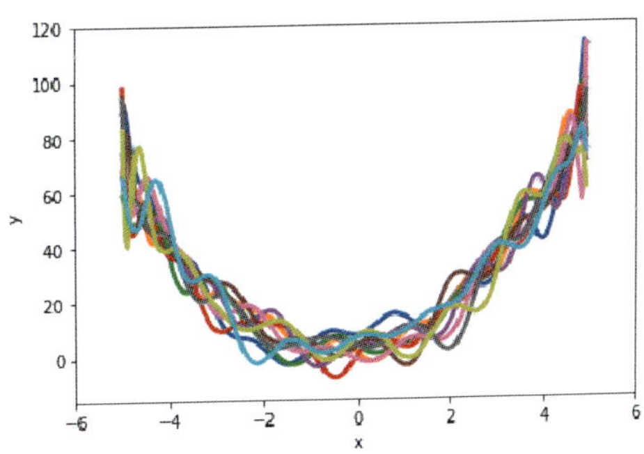

```
fig = plt.figure()
ax = fig.add_subplot(111)
for i in range(0, 10):
    ax.plot(x, func_1(x, *poptl[i]), lw = 3)
plt.ylabel('y')
plt.xlabel('x')
plt.ylim(-15, 120)
plt.xlim(-6, 6)
plt.axis(True)
plt.show()
```

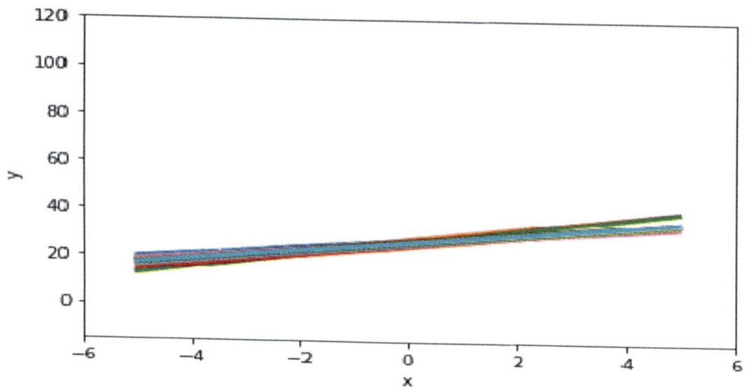

지금까지 논의에서 전제된 것은 2차 함수가 참 모형이고 (x,y)를 생성하기 위한 잡음 ϵ의 분포를 알고 있다는 가정이다. 그러나 실제 문제에서는 목적변수 y와 특성변수와의 관계를 나타내는 $y=f(x;\theta)+\epsilon$를 알지 못하고 오직 하나의 데이터셋 $(x_1,y_1),\cdots,(x_n,y_n)$만 관측될 뿐이다. 이로부터 variance와 bias를 측정하기 위해 데이터셋 $(x_1,y_1),\cdots,(x_n,y_n)$를 학습데이터(training data)와 시험데이터(test data)로 분할(split)해야 한다. 여기에서 분할의 의미는 학습데이터의 분포와 시험데이터의 분포가 동일(identical)해야 한다는 것이다. 예를 들어 분류문제에서 3개의 클래스가 있을 때, 클래스 1: 클래스 2: 클래스 3=3:5:2이면 학습데이터와 시험데이터 모두 근사적으로 3:5:2가 되어야 한다는 의미이다.

학습데이터에서는 모형을 적합시켜 모형의 모수를 추정하고, 추정된 모형을 시험데이터에 적용하여 variance와 bias를 측정하게 된다. 앞의 예제에서 참 모형이 2차 함수일 때, 학습데이터에 2차 함수 모형을 적합시키면 학습데이터와 시험데이터에서 계산된 오차는 작으면서 거의 비슷한 값을 갖게 될 것이다. 만약 학습데이터에 21차 함수를 적합시키면 학습데이터에서의 오차는 작지만 시험데이터의 오차는 크게 나오게 될 것이다. 21차 함수 모형이 학습데이터에 과대적합되기 때문이다. 한편, 학습데이터에 1차 함수 모형을 적합시키면 학습데이터와 시험데이터에서 계산된 오차는 모두 크게 나타날 것이다. 분류문제에서 오분류율로 오차를 계산한다면 다음 <표 10-1>과 같이 4가지 경우를 고려해 볼 수 있다.

표 10-1 학습데이터와 시험데이터의 오분류율

	case 1	case 2	case 3	case 4
학습데이터 오분류율	1%	15%	14%	0.3%
시험데이터 오분류율	11%	16%	35%	0.5%

딥러닝 또는 머신러닝모형을 학습데이터에서 학습시킨 후, case 1은 학습데이터에 대한 bias는 작지만 variance가 매우 큰 경우이며 과대적합문제가 발생했을 때의 대표적인 오분류율을 보여주고 있다. case 2는 학습데이터와 시험데이터에서 오분류율이 모두 큰 경우로 전형적으로 bias가 큰 경우이며 과소적합(underfit)이 발생한 경우이다. case 3은 학습데이터에서는 bias가 크고 시험데이터에서는 bias와 variance가 모두 큰 경우에 해당된다. case 4는 가장 바람직한 경우로 작은 bias와 variance를 보여주고 있다.

Bias가 크면 일반적으로 다음의 절차로 bias를 해소한다.

(1) 좀 더 복잡한 모형을 적용한다.

(2) 학습 반복 수를 증가시킨다.

(3) 좀 더 효과적인 모수 최적화 기법을 사용한다.

(4) 최적 초모수를 조율한다.

bias가 발생한 것은 특성변수에 의한 서로 다른 모집단화가 실패했다는 의미하므로 (1)은 특성변수를 늘리거나 특성변수와 목적변수의 관계를 좀 더 복잡(예를 들어, 선형모형을 비선형모형으로)하게 설정해야 한다는 것을 의미한다. 그럼에도 불구하고 bias가 줄어들지 않으면 데이터가 identical 해야 한다는 전제조건을 충족하지 못했을 가능성이 높다. 잔차(즉, $y-\hat{y}$)의 절댓값이 큰 데이터를 따로 모아 어떤 문제가 있는지를 점검하여야 한다.

bias가 작고 variance가 크면 과대적합이 발생한 것이며 과대적합은 학습데이터를 학습(learning)하지 않고 외우는 것(memorizing)이므로 다음의 절차를 이용하여 과대적합문제를 해소한다.

(1) 좀 더 간단한 모형을 선택한다.
(2) 모수 규제화 방법을 이용한다.
(3) 학습데이터에 불확실성을 추가하기 위해 좀 더 많은 데이터를 수집한다.
(4) 데이터 증대(augmentation) 방법으로 데이터를 증가시킨다. 자료 증대는 boostrapping, variational autoencoder가 있다.

위의 과대적합 해소에서 (3)과 (4)는 데이터의 독립성 조건 위배 가능성을 회피하기 위한 방안들이다. 만약 과대적합문제가 해소되지 않으면 비슷한 값을 가진 데이터의 쏠림현상이 있는지 점검해야 하고, 학습데이터와 시험데이터의 모집단이 다른지 점검해야 한다. 두 데이터의 모집단이 다르면 과대적합이 발생한 것처럼 보이기 때문이다.

이와 같은 bias와 variance 해결방안을 토대로 모형선택의 일반적인 절차를 요약하면 다음과 같다. 우선 가능한 한 복잡한 모형(즉, XGBoost, LightGBM, CatBoost)을 초기 모형으로 선택한 후, 초모수를 조절하여 모형의 성능을 최대화한다. 초모수 조절은 10.3절에서 자세하게 논의될 것이다. 이렇게 하면 대부분의 경우 과대적합이 발생하므로 앞에서 정리한 variance 해소방안으로 과대적합문제를 해결한다.

10.2 자료 분할(data split)

주어진 데이터의 분할은 모형설정, 모형선택, 모형진단, 모형성능개선, 모형의 일반화를 점검하는 핵심적인 역할을 한다. 머신러닝에서 데이터는 학습데이터(training data), 검증데이터(validation data), 그리고 시험데이터(test data)로 분할한다. 학습데이터는 모형을 학습시키는 데 사용하고, 검증데이터는 모형의 bias와 variance를 점검하여 과소적합 및 과대적합 여부를 판단하여 초모수 조절(tunning)을 통해 최적모형을 설정하는 데 이용된다. 시험데이터는 학습데이터와 검증데이터로부터 구한 최적모형이 일반화될 수 있는지를 점검하는 데 사용된다.

검증데이터와 시험데이터는 학습데이터에서 학습된 모형을 평가하므로 자료의 표준화, 차원축소, 불균형자료(imbalance data) 처리, 자료증대(data augmentation) 등의 사전 자료처리는 학습데이터에서 실시하고, 이 처리결과를 검증데이터와 시험데이터에 단순 적용해야 한다. 이러한 사전 자료처리과정도 평가대상이기 때문이다. 차원축소는 PCA(pricipal component analysis), MDS(multi-dimensional scaling), Autoencoder 등이 있으며, 불균형자료의 처리는 SMOTE, ADASYN, VAE 등이 있다. 자료증대는 Boostrapping, VAE, GAN(generative adversarial networks) 등이 있다.

학습데이터, 검증데이터, 시험데이터 각각의 역할을 성공적으로 할 수 있도록 하는 전제 조건은 세 개의 데이터셋이 모두 동일한 모집단으로부터의 표본이어야 한다는 것이다. 동일한 모집단이란 데이터의 특성(characteristics)이 모두 같다는 의미이며, 예를 들어 이미지 데이터의 경우 해상도, 밝기, 색깔강도, 초점 등이 모두 비슷해야 한다는 것을 말한다. 그러므로 학습데이터는 고사양의 핸드폰으로 촬영한 이미지이고 검증데이터나 시험데이터는 저사양의 핸드폰으로 촬영한 사진 이미지이면 동일한 모집단으로부터의 표본이 아니다.

학습데이터에서 학습된 모형은 검증데이터로 bias나 variance가 발생하지 않도록 모형의 복잡성 정도, 자료증대 등을 포함하여 초모수를 조절하게 된다. 특히 모형을 복잡하게 했는데도 불구하고 오차(ϵ_{train})가 크게 나오면 이는 ϵ_{hlp}가 높다는 의미이므로 제공된 데이터가 질적으로 문제가 있다고 판단하면 된다. 자료의 수집방법, 자료의 비표집오류, 자료 labelling 등을 재평가하여 자료의 질적 수준을 높여야 한다.

검증데이터에 의해 bias와 variance를 해결하면 학습데이터+검증데이터를 학습데이터로 재정의하고 이 증대된 학습데이터에 bias와 variance 문제가 해결된 모형을 재적합한다. 데이터의 크기가 클수록 모수 추정치의 정밀도가 높아지는 통계적 성질 때문이다. 재적합된 모형을 시험데이터에 최종적으로 적용하여 variance를 점검하게 된다(물론 bias도 점검할 수 있지만 검증데이터에서 해결되었기 때문에 일반적으로 발생하지 않는다).

시험데이터에서 variance가 크면 우선적으로 학습데이터와 시험데이터가 분포적으로 동일한지 점검해야 한다. 분포가 서로 다르면 variance가 크게 나와 마치 과대적합이 발생하는 것처럼 보이기 때문이다. 분포가 다르면 학습데이터로 학습된 모형을 시험데이터에 일반화(generalization)하여 적용할 수 없다. 만약 variance가 크지만 서로 다른 분포의 데이터라는 뚜렷한 특성이 나타나지 않으면 앞 절에서 설명한 과대적합 해소방안을 적용하면 된다.

0~9의 손글씨 데이터인 MNIST 데이터를 이용하여 불균형자료와 분포가 다른 자료 분할이 모형성능에 어떤 영향을 주는지를 구체적으로 살펴보고자 한다. 불균형자료 문제는 분류가 목적일 때 발생한다. 학습데이터에서 좋은 성능을 가진 모형을 갖기 위해서는 범주별로 거의 동일한 비율이 되도록 해야 한다. 범주별로 관측치가 불균형이 되면 다수 범주(major class)에 적합도를 높여 손실이 최소화되도록 모형을 학습시키기 때문이다. 불균형자료가 미치는 영향을 살펴보기 위해 아래 프로그램과 같이 필요한 라이브러리를 호출하고 MNIST 데이터를 download한다.

```
import pandas as pd
import numpy as np
import matplotlib
import matplotlib.pyplot as plt
import tensorflow as tf
from tensorflow import keras

(x_train, y_train), (x_test, y_test) =tf.keras.datasets.mnist.load_data()
```

학습데이터는 60,000개, 시험데이터는 10,000개이고 특성변수(x_train, x_test)는 흑백이미지의 3D 텐서이며 목적변수(y_train, y_test)는 0~9인 1D 텐서로 구성되어 있다.

```
print('Dimensions of the training dataset: ', x_train.shape)
print('Dimensions of the test dataset: ', x_test.shape)
print('Dimensions of the training labels: ', y_train.shape)
print('Dimensions of the test labels: ', y_test.shape)
```

```
Dimensions of the training dataset:  (60000, 28, 28)
Dimensions of the test dataset:  (10000, 28, 28)
Dimensions of the training labels:  (60000,)
Dimensions of the test labels:  (10000,)
```

데이터의 형태는 다음과 같다.

```
def plot_digit(some_digit):
    plt.imshow(some_digit,cmap = 'gray')
    plt.axis("off")
    plt.savefig('Figure10-7.png', dpi = 300)
    plt.show()

plot_digit(x_train[36003])
```

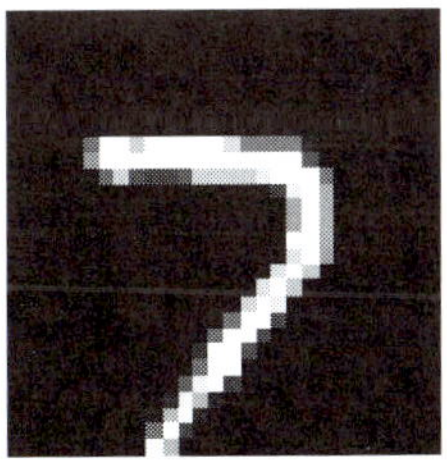

아래 프로그램에서 볼 수 있듯이 학습데이터와 시험데이터의 0~9 숫자의 분포가 거의 비슷하여 학습데이터와 시험데이터가 다른 분포일 가능성은 거의 없다고 할 수 있다.

```
for i in range(10):
    print ("digit", i, "makes", np.around(np.count_nonzero(y_train == i)/60000.0*100.0,
           decimals = 1), "% of the 60000 observations")
```

```
digit 0 makes 9.9 % of the 60000 observations
digit 1 makes 11.2 % of the 60000 observations
digit 2 makes 9.9 % of the 60000 observations
digit 3 makes 10.2 % of the 60000 observations
digit 4 makes 9.7 % of the 60000 observations
digit 5 makes 9.0 % of the 60000 observations
digit 6 makes 9.9 % of the 60000 observations
digit 7 makes 10.4 % of the 60000 observations
digit 8 makes 9.8 % of the 60000 observations
digit 9 makes 9.9 % of the 60000 observations
```

```
for i in range(10):
    print ("digit", i, "makes", np.around(np.count_nonzero(y_test == i)/10000.0*100.0,
           decimals = 1), "% of the 10000 observations")
```

```
digit 0 makes 9.8 % of the 10000 observations
digit 1 makes 11.4 % of the 10000 observations
digit 2 makes 10.3 % of the 10000 observations
digit 3 makes 10.1 % of the 10000 observations
digit 4 makes 9.8 % of the 10000 observations
digit 5 makes 8.9 % of the 10000 observations
digit 6 makes 9.6 % of the 10000 observations
digit 7 makes 10.3 % of the 10000 observations
digit 8 makes 9.7 % of the 10000 observations
digit 9 makes 10.1 % of the 10000 observations
```

아래와 같이 특성변수를 2D 텐서로 reshape하고 표준화한 후, 의도적으로 데이터의 클래스를 불균형(imbalance)으로 만들기 위해 숫자 8인 클래스를 0으로 8이 아닌 모든 숫자를 1로 그룹화하였다. 그 결과로 클래스 0은 5,851개, 클래스 1은 54,149개로 약 1:10의 비율로 만들고 있다.

```
x_train_reshaped = x_train.reshape(60000, 784)
x_test_reshaped = x_test.reshape(10000, 784)
x_train_normalised = x_train_reshaped/255.0
x_test_normalised = x_test_reshaped/255.0

y_train_unbalanced = np.zeros_like(y_train)
y_train_unbalanced[np.any([y_train == 8], axis = 0)] = 0
y_train_unbalanced[np.any([y_train != 8], axis = 0)] = 1

y_test_unbalanced = np.zeros_like(y_test)
y_test_unbalanced[np.any([y_test == 8], axis = 0)] = 0
y_test_unbalanced[np.any([y_test != 8], axis = 0)] = 1

print(np.sum(y_train_unbalanced == 0))
print(np.sum(y_train_unbalanced == 1))
```

```
5851
54149
```

아래 프로그램과 같이 학습된 로지스틱(logistic) 회귀 모형을 통해 분류하면, 다수클래스 1의 정밀도는 accuracy=0.97, recall=0.99로 매우 높지만 소수클래스 0의 accuracy=0.87, recall=0.72로 낮은 정밀도를 보여주고 있다. 부도와 같이 소수클래스의 recall에 관심이 있을 경우, 불균형자료 문제는 데이터의 사전정리 과정에서 반드시 해결해야 한다. sklearn의 로지스틱 모형은 default로 L_1 또는 L_2 규제화를 하기 때문에 불균형자료에 덜 영향을 받지만, 규제화가 없는 로지스틱 모형을 적용하면 불균형자료의 영향을 훨씬 많이 받는다. 불균형자료문제에 대한 해결방안은 제2장에서 논의한 SMOTE, ADASYN를 포함하여 제16장에서 실제 예제를 통해 자세하게 논의될 것이다.

```
from sklearn.linear_model import LogisticRegression
from sklearn.metrics import accuracy_score
from sklearn.metrics import confusion_matrix
from sklearn.metrics import classification_report

logit=LogisticRegression(max_iter=300)
```

```
logit.fit(x_train_normalised, y_train_unbalanced)
y_train_pred=logit.predict(x_train_normalised)
y_test_pred=logit.predict(x_test_normalised)
print(accuracy_score(y_train_unbalanced, y_train_pred))
print(confusion_matrix(y_train_unbalanced,y_train_pred))
print(classification_report(y_train_unbalanced,y_train_pred))
```

```
0.9617333333333333
[[ 4207  1644]
 [  652 53497]]
              precision    recall  f1-score   support

           0       0.87      0.72      0.79      5851
           1       0.97      0.99      0.98     54149

    accuracy                           0.96     60000
   macro avg       0.92      0.85      0.88     60000
weighted avg       0.96      0.96      0.96     60000
```

다음 프로그램은 학습데이터와 시험데이터의 분포가 다를 때 모형성능에 어떤 영향을 주는지를 살펴보기 위해 MNIST 데이터에서 “1” 또는 “2” 이미지 데이터만 추출하여 “1”은 클래스 0을, “2”는 클래스 1을 부여해 주고 있다(y_train_bin, y_test_bin).

```
x_train_12 = x_train[np.any([y_train == 1, y_train == 2], axis = 0)]
x_test_12 = x_test[np.any([y_test == 1, y_test == 2], axis = 0)]
y_train_12 = y_train[np.any([y_train == 1, y_train == 2], axis = 0)]
y_test_12 = y_test[np.any([y_test == 1, y_test == 2], axis = 0)]

x_train_normalised = x_train_12/255.0
x_test_normalised = x_test_12/255.0

x_train_normalised = x_train_normalised.reshape(x_train_normalised.shape[0], 784)
x_test_normalised = x_test_normalised.reshape(x_test_normalised.shape[0], 784)
#make 0 and 1
y_train_bin = y_train_12 - 1
y_test_bin = y_test_12 - 1
```

아래 프로그램은 분포가 다른 시험데이터를 만들기 위해 이미지를 오른쪽으로 10픽셀 이동시켜 x_test_shifted를 만들고 있다. x_train_normalised나 x_test_normalised는 숫자가 이미지의 중앙에 위치하지만 x_test_shifted는 아래 그림에서 볼 수 있듯이 숫자가 오른쪽에 치우쳐 있는 것을 볼 수 있다. 이미지 데이터에서는 이러한 작은 변화도 데이터의 분포가 변경된다는 것을 유념해야 한다.

```
x_test_shifted = np.zeros_like(x_test_normalised)
for i in range(x_test_normalised.shape[0]):
    tmp = x_test_normalised[i,:].reshape(28,28)
    tmp_shifted = np.zeros_like(tmp)
    tmp_shifted[:,10:28] = tmp[:,0:18]
    x_test_shifted[i,:] = tmp_shifted.reshape(784)
```

```
plot_digit(x_test_12[2000])
plot_digit(x_test_shifted[2000].reshape(28,28))
```

아래 프로그램은 로지스틱 회귀모형을 학습데이터에 학습시킨 후, 학습데이터와 분포적으로 동일한 시험데이터(x_test_normalised)와 분포적으로 다른 시험데이터(x_test_shifted)에 학습된 모형을 적용하여 구한 accuracy를 보여주고 있다. 분포가 다른 x_test_shifted의 accuracy가 현격히 낮게 나온 것을 확인할 수 있다.

```
from sklearn.linear_model import LogisticRegression
from sklearn.metrics import accuracy_score
from sklearn.metrics import confusion_matrix

logit=LogisticRegression(max_iter=300)
logit.fit(x_train_normalised, y_train_bin)
y_train_pred=logit.predict(x_train_normalised)
y_test_pred=logit.predict(x_test_normalised)
y_test_shift=logit.predict(x_test_shifted)
print(accuracy_score(y_train_bin, y_train_pred))
print(accuracy_score(y_test_bin,y_test_pred))
print(accuracy_score(y_test_bin,y_test_shift))
```

```
0.9959842519685039
0.9926165205353022
0.5814490078449469
```

10.3 초모수 조절(hyper-parameter tunning)

딥러닝 모형을 포함하여 머신러닝의 초모수 조절은 모형의 성능을 좌우하는 핵심적인 요소 중의 하나이다. 초모수는 gradient descent를 이용하여 추정할 수 없는 모수로, XGboost, LightGBM, CatBoost, SVC 등의 모형을 적합할 때 미리 지정해야 하는 값이다.

초모수를 조절하는 방법은 Grid search, Random search, 그리고 Bayesian optimization 등 3가지가 있다. 간략한 예제를 통해 이 3가지 방법에 대한 개념을 이해하도록 하자. 제13장부터 공부할 XGBoost 모형에서

학습률: 0.01, 0.02, $\cdots$,1, L1 규제화: 0.1, 0.2, $\cdots$,0.5,

max_depth: 1,2,3, n_estimators: 30,40,50,60,100, subsample:0.75.0.8.0.65

와 같이 총 $100 \times 5 \times 3 \times 5 \times 3 = 22,500$개의 초모수 조합이 있다고 가정하자. 이

초모수 조합 중 딥러닝 모형의 accuracy를 가장 좋게 만드는 초모수 조합 1개를 찾는 것이 초모수 조절이다. Grid search는 22,500개의 초모수 조합를 하나씩 XGBoost 모형에 적용하여 가장 큰 accuracy를 출력하는 초모수 조합을 찾는 방법이다. 만약 초모수 조합 하나당 5분이 걸린다면 Grid search는 약 2.78개월의 시간이 필요하게 된다. 그러므로 Grid search는 시간이 짧게 걸리는 모형에서만 사용이 가능한 초모수 탐색 방법이다. Grid search의 또 다른 문제는, 예를 들어 n_estimators: 30,40,50,60,100의 선택이 주관적이라는 것이다. 이에 대한 대안으로 초모수를 범위로 부여할 수 있는 Random search가 있다. Random search는 구체적인 값을 부여하는 대신 예를 들어

```
r=-np.random.random((100))*3.0
learning_rate=10**r
l1=0.4*np.random.rand(5)+0.1
n_estimators=np.random.ranint(30,100,1)
```

등으로 구현할 수 있다. 위 예제에서 learning_rate는 100개의 학습률을 임의로 $10^{-3}\sim 1$ 사잇값을 추출하고자 할 때, 단순하게 Uniform 분포에서 값을 추출하면 $0.1\sim 1$ 사잇값이 뽑힐 확률이 $10^{-3}\sim 10^{-2}$ 사이에 뽑힐 확률보다 100배가 높게 된다. 실제 학습률이 $10^{-3}\sim 10^{-2}$ 사이에 있을 가능성이 높은데도 불구하고 이 값이 뽑힐 가능성이 거의 없게 된다. $10^{-3}\sim 10^{-2}$, $10^{-2}\sim 10^{-1}$, $10^{-1}\sim 1$ 사잇값이 균등하게 뽑히도록 하기 위해 $r=-Uniform(0,1)\times 3$으로 r를 추출한 후, 학습률을 learning_rate=10^r로 정의하면 된다. r에 있는 3은 10^{-3}에서 온 값이다. 그러므로 $10^{-4}\sim 1$ 사잇값을 균등하게 learning_rate로 뽑고 싶을 경우, $r=-Uniform(0,1)\times 4$로 수정하면 된다. 이러한 기법을 logarithm uniform이라고 한다.

10.3.1 Bayesian Optimization

Bayesian optimization은 Grid search나 Random search와 아주 다른 접근법으로

초모수를 조절한다. Bayesian optimization은 함수 형태를 전혀 알지 못하는 소위 black-box 함수 추정법의 응용이다. black-box 함수 $f(x)$는 비록 함수의 형태는 모르지만 k차원 입력변수 x_0를 입력하면 $f(x_0)$는 관측된다. 이러한 의미로 $f(x)$를 black-box 함수라고 말한다. 우리의 예제에서 x는 특정 초모수 조합 값이고 초모수를 입력변수로 한 손실함수의 내부구조는 알 수 없지만 초모수 값을 입력하면 이 초모수에 대응하는 손실함수값을 포함하여 metric을 출력하므로 metric은 black-box 함수의 조건을 만족한다. Bayesian optimization의 기본 아이디어는 간단하다. 범위로 주어진 초모수에서 임의로 작은 수의 초모수 조합을 임의 추출하여

$$\{(x_1, f(x_1)), (x_2, f(x_2)), \cdots, (x_m, f(x_m))\}$$

을 관측한다. 이 관측치에 예를 들어 decision tree를 적합하여 decision tree 모형 $\hat{f}(x)$를 추정하게 된다. 이 $\hat{f}(x)$을 black-box 함수를 추정하는 대리함수(surrogate function)라고 한다. 우리의 경우, black-box 함수가 손실함수이므로 $\hat{f}(x)$의 최솟값을 구하고 이를 $\hat{f}(x^*)$라고 표현한다. 여기에서 x^*는 $\min_x \hat{f}(x)$이다. 손실함수 $f(x)$에 좀 더 근접한 $\hat{f}(x)$를 구하기 위해서 다음 단계는 소위 습득함수(acquisition function)를 이용하여 추가적인 초모수조합 x_{m+1}을 구한다. $\{(x_1, f(x_1)), (x_2, f(x_2)), \cdots, (x_m, f(x_m))\}$에 $(x_{m+1}, f(x_{m+1}))$을 추가하여 대리함수 $\hat{f}(x)$를 update하고 최솟값 $\hat{f}(x^*)$도 update한다. 이 과정을 $\hat{f}(x^*)$가 변화하지 않을 때까지 반복한다. 이제 습득함수(acqusition function)에 대해 논의해 보자.

습득함수

습득함수는 EI(expected improvement), LCB(lower confidence bound), 그리고 PI (probability of improvement) 등이 있다.

1. EI

EI는 다음을 만족하는 x를 선택한다.

$$\min_x E(f(x)-f(\tilde{x}))$$

여기에서 $f(\tilde{x})$는 현재까지 관측된 black-box 함수 $f(x)$의 최댓값이다. 즉,

$$f(\tilde{x})=\max(f(x_1),f(x_2),\cdots,f(x_{m+n})),\ n\geq 1$$

이다. $f(\tilde{x})$는 관측치이므로

$$E(f(x)-f(\tilde{x}))=E(f(x))-f(\tilde{x})$$

이 된다. $E(f(x))$는 새롭게 추가된 x로 update된 $\hat{f}(x)$로 추정된다. 구체적인 예는 다음 절의 Gaussian optimization에서 논의하기로 하자. $E(f(x))$가 $f(\tilde{x})$보다 작아야 새로운 x가 surrogate 함수를 향상시키게 된다.

2. LCB

LCB는 다음을 만족하는 x를 선택하는 습득함수이다.

$$\min_x[E(f(x))-\eta\sigma(f(x))]$$

여기에서 $\sigma(f(x))$는 black-box 함수 $f(x)$의 표준편차이므로 $\hat{f}(x)$의 분산으로 추정한다. surrogate 함수의 선택에 따라 $\hat{f}(x)$의 분산이 다르게 추정되므로 Gaussian optimization에서 이에 대한 논의를 하기로 하자. $\sigma(f(x))$는 $\hat{f}(x)$의 불확실성에 나타내므로 EI의 결정적 x의 선택 대신, LCB는 $\hat{f}(x)$의 불확실성이 크면서 가능한 한 작은 $\hat{f}(x)$가 되는, 즉

$$\min_x(\hat{f}(x)-\eta\times\sqrt{\hat{f}(x)\text{의 분산}})$$

를 만족하는 x를 선택한다. 여기에서 $\hat{f}(x)$은 새로운 x를 추가하여 update된 surrogate 함수이다.

3. PI(probability improvement)

PI는 다음을 만족하는 x를 선택하는 습득함수이다.

$$\min_x P(\hat{f}(x) > f(\tilde{x}))$$

여기에서 $f(\tilde{x})$는 $f(x)$의 최댓값으로 EI에 정의되어 있다. $\hat{f}(x)$가 확률변수이므로 관측치의 최댓값보다 클 확률이 가장 작은 x로 다음 관측 초모수를 선택하는 습득함수가 PI이다.

다음은 Bayesian optimization 중에서 가장 널리 사용되는 Gaussian Process(GP)에 대해 논의하고 surrogate 함수를 어떻게 update하고 acquisition 함수를 계산하는지를 살펴보고자 한다.

10.3.2 GP-Optimization

Gaussian process는 다변량 정규분포의 일반화로 black-box 함수 $f(x_1), f(x_2), \cdots, f(x_M)$가 정규분포를 따른다고 가정한다. 다변량 정규분포에서는 M이 고정되어 있으며 $Cov(f(x_i), f(x_j))$가 x_i와 x_j값에 의존하지 않지만 GP에서는 M이 고정되어 있지 않고 $Cov(f(x_i), f(x_j)) = K(x_i, x_j)$로 x_i와 x_j값에 의존한다. 특히, 여러 가지 kernel K 중

$$K(x_i, x_j) = \sigma^2 e^{-\frac{1}{\ell^2}\| x_i - x_j \|^2}$$

으로 정의하면 이를 RBF(radial basis function)라고 한다. 여기에서 σ^2는 $f(x)$의 분산이며 ℓ은 RBF의 첨도(kurtosis)를 결정하는 초모수로 작을수록 RBF가 뾰쪽한 형태가 된다. 또한 $\|x\|$는 Euclidian distance이다. RBF 이외의 kernel 함수는

https://www.borealisai.com/research-blogs/tutorial-8-bayesian-optimization/

을 참고하길 바란다.

정리하면, GP-Optimization에서는

$$\begin{pmatrix} f(x_1) \\ f(x_2) \\ \vdots \\ f(x_M) \end{pmatrix} \sim N(\mu \cdot 1, RBF)$$

를 가정하고 있다. 여기에서 N은 정규분포를, $\mu \cdot 1 = (\mu, \mu, \cdots, \mu)^T$를 의미하여 $f(x_i)$의 평균이 모두 동일하다고 가정하고 있다.

GP-Optimization의 궁극적인 목적은 관측된 black-box 함수값 $f(x_1), f(x_2), \cdots, f(x_M)$을 이용하여 $f(x)$를 추정하는 것이므로 조건부 확률

$$P(f(x) \mid f(x_1), \cdots, f(x_M)) \tag{10.1}$$

을 구하는 것과 동일하다. 조건부 확률 (10.1)은 관측치 $f(x_1), f(x_2), \cdots, f(x_M)$가 주어졌다는 조건에서 미지의 함수 $f(x)$의 조건부 분포이므로 (10-1)은 posterior 분포가 된다. poeterior 분포 (10.1)은

$$P(f(x) \mid f(x_1), \cdots, f(x_M)) \propto P(f(x_1), \cdots, f(x_M) | f(x)) P(f(x)) \tag{10.2}$$

로 재표현된다. 여기에서 $P(f(x_1), \cdots, f(x_M) | f(x))$는 우도함수(likelihood function)이고 $P(f(x))$는 prior 분포이다. 그러므로 $P(f(x))$는 surrogate 함수 분포가 되며 surrogate 함수 $f(x)$는 우도함수에 의해 update 되므로 우도함수 $P(f(x_1), \cdots, f(x_M) | f(x))$는 acquisition function 역할을 한다고 해석할 수 있다. 이와 같이 posterior 분포를 이용하여 surrogate 함수를 update하기 때문에 GP-Optimization을 Bayesian optimization이라고 한다. 이제 (10.2)의 posterior 분포를 유도해 보자. $f(x), f(x_1), \cdots, f(x_M)$이 Gaussian process를 따르므로

$$\begin{pmatrix} f(x) \\ f(x_1) \\ f(x_2) \\ \vdots \\ f(x_M) \end{pmatrix} \sim N(\mu \cdot 1, \widetilde{\Sigma})$$

이다. 여기에서 $\widetilde{\Sigma} = \begin{pmatrix} K(0) & \Sigma_{12}^T \\ \Sigma_{12} & \Sigma \end{pmatrix}$, $\Sigma_{12} = (K(x,x_1), K(x,x_2), \cdots, K(x,x_M))^T$, 그리고

$$\Sigma = \begin{pmatrix} K(0), & K(x_1,x_2), & \cdots, & K(x_1,x_M) \\ K(x_2,x_1), & K(0), & \cdots, & K(x_2,x_M) \\ \vdots & \vdots & & \vdots \\ K(x_M,x_1), & K(x_M,x_2), & \cdots, & K(0) \end{pmatrix}$$

이다. 즉, Σ_{12}는 $f(x)$와 $[f(x_1), \cdots, f(x_M)]$ 간의 공분산이며 Σ는 $f(x_1), \cdots, f(x_M)$의 분산·공분산행렬이다. 그러면 다변량 정규분포의 조건부 유도 공식에 의해

$$P(f(x) | f(x_1), \cdots, f(x_M)) = N(\mu + \Sigma_{12}^T \Sigma^{-1}(\boldsymbol{f} - \mu \cdot 1),\ K(0) - \Sigma_{12}^T \Sigma^{-1} \Sigma_{12}) \tag{10.3}$$

가 된다. 여기에서 $\boldsymbol{f} = (f(x_1), \cdots, f(x_M))^T$이다. 또한 μ는 $\hat{\mu} = \frac{1}{M}\sum_{i=1}^{M} f(x_i)$으로 추정되고, $K(0) = \sigma^2$는 $\hat{\sigma}^2 = \frac{1}{M-1}\sum_{i=1}^{M}(f(x_i) - \hat{\mu})^2$으로 추정된다. posterior 분포 (10.3)에 의해, Σ_{12}가 x의 함수이므로, update된 GP-Optimization의 surrogate 함수의 분포는

$$\hat{f}(x) \sim N(\mu(x), \sigma^2(x))$$

로 표현할 수 있다. 여기에서 $\mu(x) = \hat{\mu} + \Sigma_{12}^T \Sigma^{-1}(\boldsymbol{f} - \hat{\mu} \cdot 1)$이고 $\sigma^2(x) = \hat{\sigma}^2 - \Sigma_{12}^T \Sigma^{-1} \Sigma_{12}$이다. 그러므로 EI에서 $E(f(x)) = \mu(x)$이며, LCB에서 $E(f(x)) - \eta\sigma(f(x)) = \mu(x) - \eta\sigma(x)$이고 PI에서 $P(\hat{f}(x) > f(\tilde{x})) = P(\frac{\hat{f}(x) - \mu(x)}{\sigma(x)} > \frac{f(\tilde{x}) - \mu(x)}{\sigma(x)}) = 1 - \Phi(\frac{f(\tilde{x}) - \mu(x)}{\sigma(x)})$이며 $\Phi(x)$ 표준정규분포의 cdf이다.

다음 그림은 $f(x_1), f(x_2), \cdots, f(x_5)$가 주어졌을 때의 추정된 surrogate 함수 $\hat{f}(x)$를 보여주고 있다.

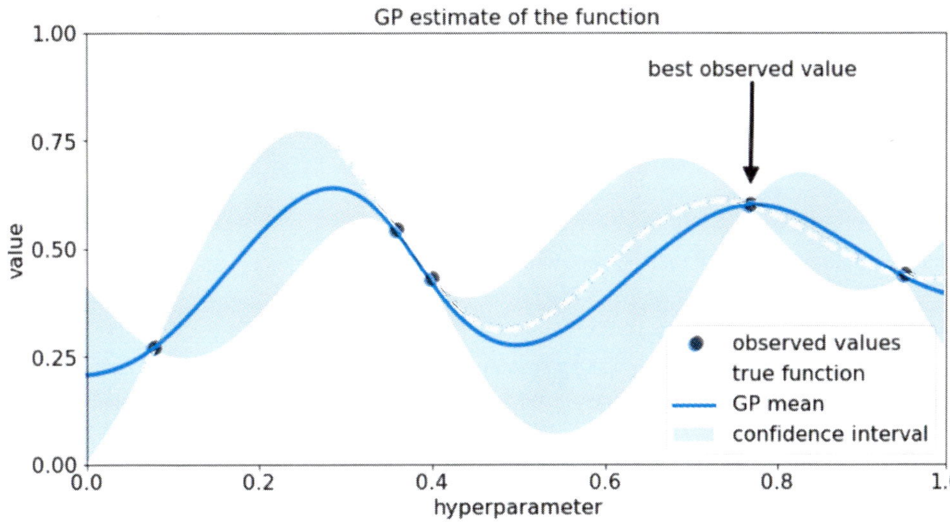

그림 10-1 black-box 함수(true function)와 추정된 GP surrogate 함수(GP mean)

<그림 10-1>에서 점선은 black-box 함수 $f(x)$이고 실선은 GP surrogate 함수 $\hat{f}(x)$, 그리고 confidence interval은 (10.3)에 주어진 평균±표준편차를 보여주고 있다. 앞에서 논의한 acquisition 함수 중 하나로 새로운 x_6를 선택하여 surrogate 함수 $\hat{f}(x)$를 update하게 된다. $\hat{f}(x)$의 최솟값이 줄어들지 않을 때까지 반복하고 최종적으로 $x^* = \min_x \hat{f}(x)$를 구하여 최적 초모수를 산출한다.

10.3.3 초모수 조절을 위한 사례분석

GP-Optimization을 포함하여 Bayesian optimization을 sklearn에서 실행하기 위해

```
pip install scikit-optimize
```

을 실행하여 skopt을 설치해야 한다. 설치 후, 아래와 같이 Grid search, Random search, Bayesian optimization을 실행하기 위한 클래스들을 호출한 후, 데이터를 학습하고 초모수를 조절할 모형으로 XGBoost를 호출한다. XGBoost는 제14장부터 제17장까지 자세하게 논의될 것이다. 여기에서는 단순하게 XGBoost를 하나의 통

계모형이라고 생각하면 된다.

```
#!pip install scikit-optimize
import numpy as np
from xgboost import XGBClassifier
from sklearn.model_selection import StratifiedKFold,
                    GridSearchCV, RandomizedSearchCV,RepeatedStratifiedKFold
from skopt import BayesSearchCV
from skopt.space import Real, Categorical, Integer
from sklearn.model_selection import cross_val_score
```

다음의 맞춤형 함수 grid_search_xg는 세 종류의 초모수 선택 방법을 적합시키고 cross-validation을 통해 검증데이터로부터 선택된 최적 초모수와 최적 초모수를 적용했을 때의 accuracy를 출력하도록 하고 있다. 좀 더 안정적인 accuracy를 계산하기 위해 세 번의 cross-validation을 반복할 수 있도록 RepeatedStrafiedKFold를 이용하고 있다. cross-validation에 대한 개념과 원리는 다음 절에서 자세하게 논의될 것이다.

```
def grid_search_xg(params, search='random'):
    xgb = XGBClassifier(random_state=2)
    repeatedkfold = RepeatedStratifiedKFold(n_splits=5,n_repeats=3, random_state=2)
    if search=='random':
        grid = RandomizedSearchCV(xgb, params, cv=repeatedkfold, n_iter=50,
                                   n_jobs=-1, random_state=2)
    elif search=='grid':
        grid = GridSearchCV(xgb, params, cv=repeatedkfold, n_jobs=-1)
    else:
        grid=BayesSearchCV(xgb,params,cv=repeatedkfold,verbose=0)
    grid.fit(X, y)

    best_params = grid.best_params_
    print("Best params:", best_params)
    best_score = grid.best_score_
    print("Best score: {:.5f}".format(best_score))
```

아래 프로그램에서 볼 수 있듯이 3^7가지 초모수 조합 중 Grid search를 통해 최적 초모수 결과와 이때의 accuracy=0.965인 것을 보여주고 있다.

```
grid_search_xg(params={'n_estimators':[30,50,100],'learning_rate':[0.03,0.05,0.07],
    'max_depth':[1,2,3],'gamma':[0.3,0.5,0.7], 'min_child_weight':[3,5,7],
    'subsample':[0.75,0.8,0.85],'colsample_bytree':[0.85,0.9,0.95]},search='grid')
```

```
Best params: {'colsample_bytree': 0.85, 'gamma': 0.5, 'learning_rate': 0.07, 'max_depth': 3,
'min_child_weight': 7, 'n_estimators': 100, 'subsample': 0.8}
Best score: 0.96543
```

Grid search는 모든 가능한 초모수 조합을 실행하므로 시간이 오래 걸릴 수밖에 없다. 주어진 조합에서 Random search를 사용하면 시간을 많이 단축할 수 있을 뿐만 아니라, Grid search와 거의 유사한 성능을 가진 초모수를 선택할 가능성이 높다. 다음은 Random search를 적용한 결과이다. 3^7가지 초모수 조합 중 오직 50개의 조합만 임의추출 했지만 Grid search와 거의 동일한 accuracy를 보여주고 있다.

```
grid_search_xg(params={'n_estimators':[30,50,100],'learning_rate':[0.03,0.05,0.07],
      'max_depth':[1,2,3],'gamma':[0.3,0.5,0.7], 'min_child_weight':[3,5,7],
      'subsample':[0.75,0.8,0.85],'colsample_bytree':[0.85,0.9,0.95]},search='random')
```

```
Best params: {'subsample': 0.8, 'n_estimators': 100, 'min_child_weight': 3, 'max_depth': 2,
'learning_rate': 0.07, 'gamma': 0.7, 'colsample_bytree': 0.9}
Best score: 0.96193
```

다음은 Bayesian optimization으로 초모수의 범위를 초모수의 자료 타입에 따라 Integer, Real, Categorical로 정의한다. BayesSearchCV는 default로 surrogate 함수를 Gaussian process으로 사용하고 10개의 초기 초모수 조합을 임의 추출한다. acquisition 함수로 선택하는 추가적인 초모수 조합은 50개이다. 최적 초모수는 Grid search나 Random search와 다르며 accuracy는 더 좋아진 것을 볼 수 있다.

```
grid_search_xg(params={'n_estimators':Integer(30,200),'learning_rate':Real(0.03,0.1),
          'max_depth':Integer(1,3),'gamma':Real(0.3,2.5), 'min_child_weight':Integer(1,7),
          'subsample':Real(0.1,0.85),'colsample_bytree':Real(0.35,0.95)},search='bayesian')
```

```
Best params: OrderedDict([('colsample_bytree', 0.35), ('gamma', 0.3), ('learning_rate', 0.06013565656040405), ('max_depth', 3), ('min_child_weight', 1), ('n_estimators', 200), ('subsample', 0.47504255160248476)])
Best score: 0.97132
```

다음은 surrogate 함수로 Gaussian process를 이용하고 acquisition 함수로 gp_hedge를 사용하는 skopt.gp_minimize를 논의하고자 한다. gp_hedge는 EI, LCB, PI acquisition 함수를 확률적으로 임의추출한 acquisition 함수이다. skopt.gp_minimize는 BayesSearchCV의 부모클래스이며 n_initial_points=으로 초기 초모수 조합 수를 조절할 수 있으며, acquisition 함수도 "LCB", "EI", "PI", "gp_hedge"로 선택적으로 지정할 수 있다. default는 gp_hedge이다. acquisition 함수로 추가할 수 있는 초모수 조합도 n_calls= 으로 조절할 수 있으며 default는 n_calls=100이다.

먼저, 분석할 자료로 Boston 자료를 호출하고 Boston 자료의 목적변수는 주택가격이므로, 회귀모형 중 GradientBoostingRegressor를 호출하여 적합시키고 있다.

```
import numpy as np
from sklearn.datasets import load_boston
from sklearn.ensemble import GradientBoostingRegressor
from sklearn.model_selection import cross_val_score

boston = load_boston()
X, y = boston.data, boston.target
n_features = X.shape[1]

reg = GradientBoostingRegressor(n_estimators=50, random_state=0)
```

다음은 초모수 자료 타입에 따라 초모수를 Integer와 Real로 정의하고 있으며 학습률을 앞에서 설명한 logarithm uniform으로 임의 추출하기 위해 "log-uniform"을

argument로 지정하고 있다. @use_named_args(space)는 decorator라고 말하며 바로 뒤따르는 맞춤형 함수 objective의 arguments가 space임을 선언해 주고 있다.

```
from skopt.space import Real, Integer
from skopt.utils import use_named_args

space  = [Integer(1, 5, name='max_depth'),
          Real(10**-5, 10**0, "log-uniform", name='learning_rate'),
          Integer(1, n_features, name='max_features'),
          Integer(2, 100, name='min_samples_split'),
          Integer(1, 100, name='min_samples_leaf')]

@use_named_args(space)
def objective(**params):
    reg.set_params(**params)

    return -np.mean(cross_val_score(reg, X, y, cv=5, n_jobs=-1,
                                    scoring="neg_mean_absolute_error"))
```

다음은 objective라는 함수로 정의된 모형을 gp_minimize에 적용하여 res_gp.fun 속성과 res_gp.x[i] 속성을 이용하여 각각 최적 초모수일 때의 MSE와 최적초모수를 출력하는 프로그램을 보여주고 있다.

```
from skopt import gp_minimize
res_gp = gp_minimize(objective, space, n_calls=50, random_state=0)

"Best score=%.4f" % res_gp.fun
```

```
'Best score=2.8779'
```

```
print("""Best parameters:
- max_depth=%d
- learning_rate=%.6f
- max_features=%d
- min_samples_split=%d
- min_samples_leaf=%d""" % (res_gp.x[0], res_gp.x[1],
                            res_gp.x[2], res_gp.x[3],
                            res_gp.x[4]))
```

```
Best parameters:
- max_depth=4
- learning_rate=0.218633
- max_features=13
- min_samples_split=100
- min_samples_leaf=1
```

최종적으로 plot_convergence로 surrogate 함수의 최솟값이 수렴했는지를 확인할 수 있다. 우리의 surrogate 함수는 MSE이므로 n_calls 대비 MSE를 그리면 아래와 같이 35개의 추가적인 초모수조합부터 최소 MSE가 달성된 것을 확인할 수 있다.

```
from skopt.plots import plot_convergence

plot_convergence(res_gp)
```

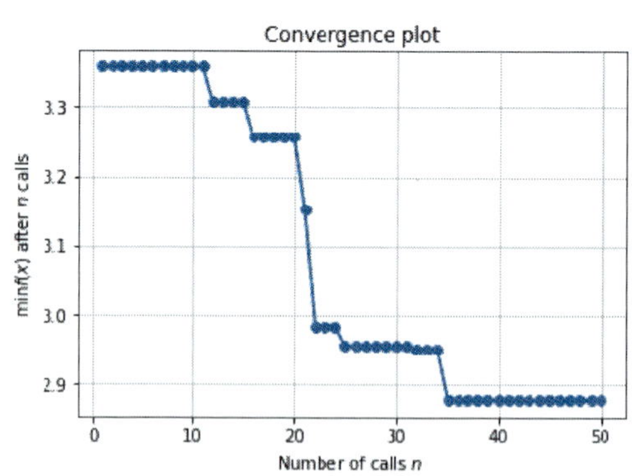

10.4 교차검증(cross-validation)

머신러닝 모형은 특성변수를 이용하여 모형의 성능을 향상시키므로 특성변수를 전혀 사용하지 않은 모형보다는 우수해야 한다. 예를 들어 목적변수 y가 이항변수일 때, 1의 비율이 70%이면 최소한 머신러닝 모형의 정밀도는 70% 이상이어야 한다. 특성변수와 무관하게 목적변수값을 모두 1로 예측하면 정밀도는 70%가 되기 때문이다. 이를 평균모형(mean model)이라고 하며 머신러닝 모형은 학습데이터와 시험데이터 모두에서 평균모형보다는 성능이 우수해야 한다. 목적변수가 연속형일 때 평균모형은 평균 $\bar{y}$이고 모든 예측치를 $\bar{y}$로 대입하는 모형이다. 손실함수가 평균제곱오차이면 학습데이터와 시험데이터에서 측정된 머신러닝 모형의 평균제곱오차는 평균모형의 평균제곱오차보다는 작아야 한다.

머신러닝에서 모형진단은 앞 절에서 설명한 바와 같이 <그림 10-2>와 같이 전체 자료의 분할로부터 출발한다.

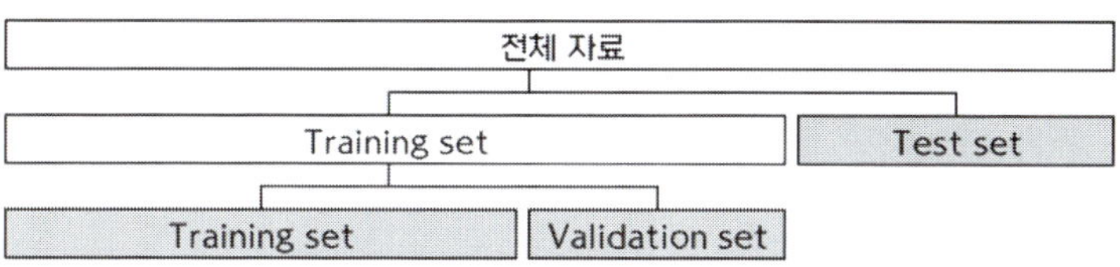

그림 10-2 자료의 분할(고정형)

일반적으로 70:15:15의 비율로 분류하지만 빅데이터에서는 90:5:5의 비율로 분류한다. 이러한 자료분할은 이미 논의했듯이 머신러닝 모형의 variance와 bias를 측정하고 진단하며 초모수를 조절하는 데 핵심적인 역할을 한다. 그러나 <그림 10-2>와 같은 고정된 자료분할은 선택된 검증데이터에 크게 의존하는 치명적인 약점을 가지게 된다. 특히 데이터의 크기가 작을 경우에는 이러한 현상이 두드러진다. 즉, 검증데이터가 잘 선택되면 좋은 결과를 보이고 잘못 선택되면 검증데이터의 성능이 나쁘게 나온다면 초모수의 선택이 옳은지 그른지를 판단할 수 없게 된다. 이러한 약점을 보완하기 위해 제안된 방법이 아래에 소개되는 k-분할 교차검증(k-fold cross-validation)이다.

<그림 10-2>의 학습데이터(training set)를 <그림 10-3>과 같이 임의의 k개 폴드(fold)로 분할한다. 이 중 (k-1)개는 학습데이터로, 나머지 1개는 검증데이터로 이용한다. k개로 분할되어 있으므로 각 분할을 차례대로 검증데이터로 할당하면 총 k번의 서로 다른 검증데이터가 만들어진다. 이는 총 k번의 검증데이터의 성능측정이 가능하다는 의미를 가지게 된다.

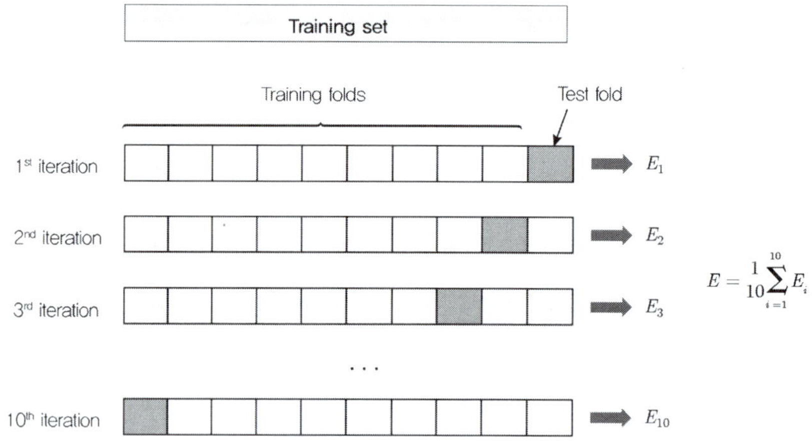

그림 10-3 10-fold 교차검증

<그림 10-3>과 같이 학습데이터를 10등분으로 나누고, 초모수 값을 결정하는 절차를 구체적으로 살펴보기로 하자. 첫 번째 자료분할에서 첫 9개 분할에 속한 데이터를 학습데이터로 하고 맨 마지막 분할에 있는 데이터를 검증데이터로 사용한다. 학습데이터를 이용하여 고정된 초모수값하에서 모형의 모수를 추정하고 이 모형을 검증데이터에 적용하여 구한 성능을 E_1이라고 표기하자. 같은 방법으로 두 번째 자료분할에서는 끝에서 두 번째 분할에 있는 데이터를 검증데이터, 나머지를 학습데이터로 사용하여 학습데이터로 모형을 학습시키고 학습된 모형을 검증데이터에 적용하여 성능 E_2를 구한다. 이 과정을 10번째 자료분할까지 반복하여, 검증데이터 성능 $E_1, \ldots, E_{10}$을 구하고 평균 $\frac{1}{10}\sum_{i=1}^{10} E_i$으로 고정된 초모수의 성능을 평가한

다. 다른 초모수로 변경하여 이 새로운 초모수에 대해서도 동일한 절차로 해당 초모수의 성능을 구한다. 또 다른 초모수들에 대해서도 동일하게 반복한 후, 이 중 가장 우수한 검증성능을 가진 초모수로 모형의 초모수를 결정한다. 모형의 성능은 일반적으로 손실함수값으로 측정되지만, 분석목적이 분류(classification)일 때는 이미 8.3절에서 설명한 정밀도나 f1이 성능측도로 더 많이 사용된다.

k-분할 교차검증에서 분할의 개수는 일반적으로 k=10을 사용하지만, 자료가 매우 작은 경우에는 k를 자료의 개수로 놓는 1개의 검증데이터 교차검증(leave-one-out cross-validation)이 있다. 예를 들어, 자료가 20개이면 19개의 자료를 학습데이터로, 나머지 1개를 검증데이터로 나누게 되므로 20개의 자료분할이 존재하게 된다.

지금까지 학습모형의 최종 성능 및 일반화는 고정된 시험데이터에 학습모형을 적용하여 산출하였다. 하지만 이 역시 앞에서 논의한 바와 같이 자료의 크기가 작을 경우 학습된 모형의 성능이 선택된 시험데이터에 민감하게 반응하기 때문에, 교차검증의 개념을 도입할 필요가 있다. <그림 10-4>는 중첩 교차검증(nested cross-validation)의 개념도를 보여주고 있다.

먼저 전체 자료를 학습데이터와 시험데이터를 위한 k_1-분할을 하면 <그림 10-4>와 같이 k_1개의 학습데이터 + 시험데이터 세트가 만들어진다. 이 세트 각각에 있는 학습데이터를 <그림 10-3>과 동일하게 k_2-분할을 통해 학습데이터와 검증데이터를 만들어 검증데이터에서의 성능을 구한다. 이를 $k_1 - k_2$ 교차검증($k_1 - k_2$ cross-validation)이라고 한다. <그림 10-4>는 5-2 교차검증의 예를 보여주고 있다. 전체 데이터를 5등분하여 그중 하나를 교대로 시험데이터로, 나머지 4개를 학습데이터로 사용한다. 이 학습데이터는 다시 2등분하여 그중 하나를 교대로 검증데이터로 사용하는 중첩 교차검증이다. 그러므로 k_1개 분할은 외곽루프(outer loop)를 형성하고 이 외곽루프 안에는 k_2개의 내부루프(즉, k_2개의 학습데이터 + 검증데이터 세트)가 형성된다. k_2 내부루프를 이용하여 최적의 초모수나 규제화를 조정 선택한 후, 외곽루프 시험데이터 모형의 최종성능을 계산한다. 그러므로 모형의 최종성능 및 일반화의 척도는 k_1개 구해지고 이 k_1개의 성능척도를 평균하여 모형의 최종성

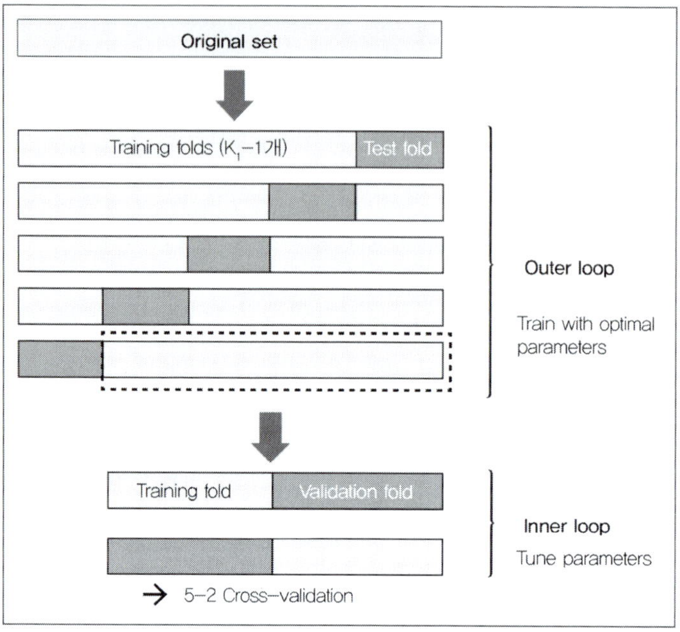

그림 10-4 중첩 교차검증의 개념도($k_1 = 5$일 때)

능 및 일반화를 점검한다. 경쟁 모형도 동일한 방법으로 최종성능을 구해 모형 간의 성능을 비교할 수 있다.

중첩교차검증을 하게 되면 k_2 내부루프에 의해 k_2개의 초모수와 이에 따른 모형의 모수추정치를 계산하게 된다. 그런데 이러한 k_2개의 초모수와 모수 추정치 중에 가장 좋은 것을 선택하려는 시도는 매우 잘못된 것이다. 서로 다른 k_2개의 초모수와 모형의 모수는 당연하게 표본에 의존하여 다르게 되며 이러한 변동은 초모수와 모형의 모수의 표본오차로 해석해야 하기 때문이다. 중첩교차검증은 오직 적합된 모형에 대한 표본에 의존하지 않는 평균 performance를 구하는 것이 주목적이다. 이러한 이유로 만약 자료가 충분하게 큰 데이터이면 일반적으로 중첩교차검증은 사용하지 않는다.

머신러닝을 적용하기 위해 특성변수의 차원이 지나치게 클 때는 PCA나 LDA를 통해 차원축소 과정을 거친 후에 분류나 회귀모형을 적용하게 된다. 그런데 이를 일일이 지정하고 그 결과를 받아서 다시 적용을 반복하는 일은 매우 괴로운 작업이 될 것이다. scikit learn은 pipeline 명령어를 이용하여 이를 체계적이고 쉽게 해결할 수 있게 해준다.

자료를 내려받아 좀 더 구체적으로 살펴보자. 다음 자료는 유방암 자료로, 유방암 환자(M)와 정상인(B)의 2개 클래스와 30개 특성변수로 구성된 자료이다. 30개의 특성 자료는 세포핵의 디지털 이미지 자료이다.

```
import  pandas as pd
df=pd.read_csv('https://archive.ics.uci.edu/ml/machine-learning-databases
                    /breast-cancer-wisconsin/wdbc.data', header=None)

from sklearn.preprocessing import LabelEncoder
X=df.loc[:, 2:].values  # 30개의 feature를 할당
y=df.loc[:, 1].values
le=LabelEncoder()
y=le.fit_transform(y)   # class [B, M]을 class [0, 1]로 전환
le.classes_
```

```
(out)          array(['B', 'M'], dtype=object)
```

```
le.transform(['M', 'B'])
```

```
(out)          array([1, 0], dtype=int64)
```

```
print(1-y.mean())
```

```
0.6274165202108963
```

위의 결과(1-y.mean())는 학습데이터와 시험데이터에서의 모형의 성능이 최소한 0.63 이상이 되어야 모형의 기능을 할 수 있다는 것을 의미한다. 위의 값은 특성변수를 전혀 사용하지 않고 어떤 자료가 있든 관계없이 y를 0으로 무조건 분류하면 약 63%의 정밀도를 보이기 때문이다. 그러나 아래 논의에서 볼 수 있듯이 로지스틱 회귀나 SVM 모형 모두 평균모형보다는 우수한 것을 볼 수 있을 것이다.

먼저, 자료를 학습데이터와 시험데이터로 분류하자.

```
# Data split
from sklearn.model_selection import train_test_split
X_train, X_test, y_train, y_test = train_test_split(X, y, test_size=0.20,
                                                    stratify=y, random_state=1)

# Pipeline
from sklearn.preprocessing import StandardScaler
from sklearn.decomposition import PCA
from sklearn.linear_model import LogisticRegression
from sklearn.pipeline import make_pipeline
pipe_lr = make_pipeline(StandardScaler(), PCA(n_components=4),
                        LogisticRegression(random_state=1))# 적용 순서대로 나열
pipe_lr.fit(X_train, y_train)
y_train_pred = pipe_lr.predict(X_train)
y_test_pred = pipe_lr.predict(X_test)

# Accuracy score
pipe_lr.score(X_train, y_train)
```

```
(out)    0.967032967032967
```

```
pipe_lr.score(X_test, y_test)
```

```
(out)    0.956140350877193
```

PCA를 사용할 때 자료의 측도에 따른 왜곡을 피하기 위해 자료의 표준화가 필요하다. make_pipeline() 함수는 사용하고자 하는 모든 자료변환(transformers)을 적용 순서로 나열한 후 최종적인 학습모형을 지정해주면 된다. 앞의 프로그램은 pipeline의 구성이

표준화 → PCA → Logistic Regression

으로 구성되어 있다. pipe_lr.fit(x_train, y_train)을 실행하게 되면 pilpline의 구성에 따라, training data에서

> 표준화 fit → 표준화 transformation → PCA fit
> → PCA transformation → Logistic regression fit

의 순서로 자료를 처리한다. pipe_lr.predict(x_train)이나 pipe_lr.predict(x_test)는 각각 training data와 test data에

> 표준화 transformation → PCA transformation
> → Logistic regression prediction

의 순서로 자료를 처리하는 명령어이다.

이제 pipeline을 이용한 k-분할 교차검증을 고려하여 보자. Scikit learn에서는 각 분할의 클래스 비율이 전체 클래스 비율과 동일하도록 층화 k-분할 교차검증(stratified k-fold cross-validation)을 제공하고 있다.

```
from sklearn.model_selection import cross_val_score
scores=cross_val_score(estimator=pipe_lr, X=X_train, y=y_train, cv=10)
print('CV accuracy scores: %s' % scores)
```

```
(out)    CV accuracy scores: [0.97826087 0.95652174 0.95652174 0.95652174
         0.91304348 0.97777778 0.97777778 0.97777778 1.         0.97777778]
```

```
import numpy as np
print('CV accuracy: %.3f +/- %.3f' % (np.mean(scores), np.std(scores)))
```

```
(out)    CV accuracy: 0.967 +/- 0.022
```

위 프로그램은 10개의 분할(k=10)로 구성된 교차검증으로, 10개의 검증데이터로부터 구한 10개의 정밀도 및 이 정밀도의 평균과 표준편자를 계산하여 출력해주고 있다. 평균 0.967의 정밀도를 보여주고 있음을 알 수 있다. cross-validation의 목적은 초모수의 결정에 있다. 위 예제에서는 단순하게 작동원리를 설명한 것이다. 초모수의 결정은 곧 설명할 GridSearchCV() 클래스를 이용한다.

다음은 모형진단을 위한 편의와 분산을 산출하는 프로그램이다.

```
import numpy as np
import matplotlib.pyplot as plt
from sklearn.model_selection import learning_curve
pipe_lr=make_pipeline(StandardScaler(),
                      LogisticRegression(penalty='l2', random_state=1))
train_sizes, train_scores, test_scores =\
              learning_curve(estimator=pipe_lr, X=X_train, y=y_train,
                             rain_sizes=np.linspace(0.1, 1.0, 10), cv=10)
train_mean=np.mean(train_scores, axis=1)
train_std=np.std(train_scores, axis=1)
test_mean=np.mean(test_scores, axis=1)
test_std=np.std(test_scores, axis=1)

plt.plot(train_sizes, train_mean, color='blue', marker='o', markersize=5,
         label='training accuracy')
plt.fill_between(train_sizes, train_mean + train_std, train_mean - train_std,
                 alpha=0.15, color='blue')

plt.plot(train_sizes, test_mean, color='green', linestyle='—', marker='s',
         markersize=5, label='validation accuracy')
plt.fill_between(train_sizes, test_mean + test_std, test_mean - test_std,
                 alpha=0.15, color='green')

plt.grid()
plt.xlabel('Number of training samples')
plt.ylabel('Accuracy')
plt.legend(loc='lower right')
plt.ylim([0.8, 1.03])
plt.show()
```

(out)

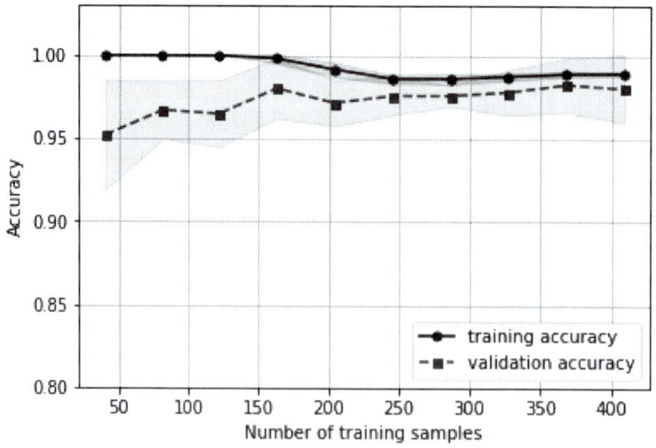

위 예제는 자료의 표준화와 L_2 규제화(λ의 default는 1)를 가진 로지스틱 회귀(logistic regression)를 이용하였다. $k=10$인 교차검증을 표본의 크기를 0.1 ~ 1.0까지 균등하게 10등분(np.linspace(0.1, 1, 10))하여 학습데이터와 검증데이터에서의 정밀도를 표본크기별로 10개씩 산출하게 된다. 위 그림은 평균정밀도를 그린 것이며 표준편차를 계산하여 신뢰구간(그림자 부분)을 포함하고 있다. 결과적으로 과대 및 과소 적합 문제가 발생하지 않은 모형으로 판단할 수 있다.

다음으로 고려해야 할 문제는 초모수의 결정이다. pipeline을 이용한 초모수를 결정하기 위해 모형의 모수에 대한 key를 알아야 한다. 이를 위해 아래와 같이 get_params().key()를 이용하면 된다.

```
from sklearn.svm import SVC
model=SVC()
print(model.get_params().keys())
from sklearn.tree import DecisionTreeClassifier
DecisionTreeClassifier().get_params().keys()
```

```
dict_keys(['C', 'break_ties', 'cache_size', 'class_weight', 'coef0', 'decision_function_shape',
'degree', 'gamma', 'kernel', 'max_iter', 'probability', 'random_state', 'shrinking', 'tol',
'verbose'])

dict_keys(['ccp_alpha', 'class_weight', 'criterion', 'max_depth', 'max_features',
'max_leaf_nodes', 'min_impurity_decrease', 'min_impurity_split', 'min_samples_leaf',
'min_samples_split', 'min_weight_fraction_leaf', 'random_state', 'splitter'])
```

Scikit learn은 grid search에 의해 최상의 초모수를 구할 수 있도록 GridSearchCV() 함수를 제공하고 있다. make_pipeline에서는 2개 이상의 모형을 사용하므로 GridSearchCV()의 param_grid에는 모형의 key를 그대로 사용하지 못한다. 원래 SVM에서 초모수 'C'를 사용해야 하지만 make_pipeline에서는 'svc__C'로 지정해야 한다.

```
from sklearn.model_selection import GridSearchCV
from sklearn.svm import SVC
pipe_svc = make_pipeline(StandardScaler(), SVC(random_state=1))
param_range = [0.0001, 0.001, 0.01, 0.1, 1.0, 10.0, 100.0, 1000.0]
param_grid = [{'svc__C': param_range, 'svc__kernel': ['linear']},
              {'svc__C': param_range, 'svc__gamma': param_range,
               'svc__kernel': ['rbf']}]
gs = GridSearchCV(estimator=pipe_svc, param_grid=param_grid,
                  scoring='accuracy', cv=10)
gs = gs.fit(X_train, y_train)
print(gs.best_score_)
```

```
(out)      0.9846153846153847
```

```
print(gs.best_params_)
```

```
(out)      {'svc__C': 100.0, 'svc__gamma': 0.001, 'svc__kernel': 'rbf'}
```

```
clf = gs.best_estimator_
clf.fit(X_train, y_train)
clf.score(X_test, y_test)
```

```
(out)      0.9736842105263158
```

위 프로그램은 GridSearchCV()를 이용하여 SVM 중 선형모형을 사용할지 또는 커널 SVM을 사용할지와, 각 경우에서 초모수 C가 어떤 값을 가질 때 검증데이터의 정밀도(프로그램에서 scoring='accuracy'으로 지정)가 가장 큰 값을 갖는지를 결정하고 있다. grid search를 10-분할 교차검증을 사용하여 param_range와 param_grid에 지정된 값 중에서 찾아내고 있다. 최종적으로 $C=100$, 커널은 방사형기저함수(radial basis function, rbf), 함수 내의 $\gamma=0.001$을 가진 비선형 커널 SVM이 가장 높은 검증 정밀도를 갖는 것으로 나타났다. 'gs.best_estimator_'를 이용하여 최적의 모형을 검증데이터를 포함한 전체 학습데이터에 적합(fit)하여 모수를 재추정하고, 시험데이터에 이 모형을 적용하여 최종 정밀도는 0.974로 나타났다.

다음은 Bayesian optimization을 실행하기 위해 BayesSearchCV를 호출하여 최적 초모수를 찾고 있다. 초모수의 타입에 따라 Integer, Real, Categorical을 지정한 것을 볼 수 있다

```
### Grid search에 의한 초모수 결정 (SVM) ###
from sklearn.model_selection import GridSearchCV,RandomizedSearchCV
from skopt import BayesSearchCV
from skopt.space import Real, Categorical, Integer
from sklearn.svm import SVC
pipe_svc = make_pipeline(StandardScaler(), SVC(random_state=1))

param_space = {'svc__C': Real(1e-6,1e+6, prior='log-uniform'), 'svc__gamma':
Real(1e-6,1e+1, prior='log-uniform'),'svc__kernel':Categorical(['linear','poly','rbf'])}
gs = BayesSearchCV(estimator=pipe_svc, search_spaces=param_space,
                   scoring='accuracy', cv=10)
gs = gs.fit(X_train, y_train)
print(gs.best_score_)
print(gs.best_params_)
print(gs.score(X_test,y_test))
```

```
0.9846859903381642
OrderedDict([('svc__C', 26.83), ('svc__gamma', 0.0184), ('svc__kernel', 'rbf')])
0.974
```

이제 SVM을 이용한 분류와 분류나무모형을 이용한 분류 중 어느 모형이 더 좋은 최종 성능을 가지는지를 점검하기 위해 5-3 중첩 교차검증(5-3 cross-validation)을 이용하고자 한다. 5-분할 CV인 외곽루프(즉, 전체 자료를 5개의 분할로 학습데이터+시험데이터)와 3-분할 CV인 내부루프(즉, 학습데이터를 3개의 분할로 학습데이터+검증데이터)를 가진 중첩 CV이다.

내부루프의 목적이 초모수의 결정이므로 GridSearchCV() 함수를 사용하고 외곽루프는 시험데이터의 성능을 점검하므로 cross_val_score() 함수를 사용한다. 다음 프로그램에서 cross_val_score()에서는 X, y(즉, 전체 데이터)를 사용하고 있음을 유의하도록 하자. 이렇게 데이터를 지정해야 X, y를 다섯 개로 분할된 학습데이터와 시험데이터로 나누고 이 분할 내에서 각 학습데이터는 다시 학습데이터와 검증데이터로 3개로 분할한 후, GridSearchCV()를 이용하여 초모수를 결정할 수 있다. 물론 GridSearchCV 대신 RandomizedSearchCV나 BayesSearchCV를 사용해도 된다.

```
gs=GridSearchCV(estimator=pipe_svc, param_grid=param_grid,
                scoring='accuracy', cv=3)
scores=cross_val_score(gs, X, y, scoring='accuracy', cv=5)
print('CV accuracy: %.3f +/- %.3f' % (np.mean(scores), np.std(scores)))

from sklearn.tree import DecisionTreeClassifier
gs=GridSearchCV(estimator=DecisionTreeClassifier(random_state=0),
                param_grid=[{'max_depth': [1, 2, 3, 4, 5, 6, 7, None]}],
                scoring='accuracy', cv=3)
scores=cross_val_score(gs, X, y, scoring='accuracy', cv=5)
print('CV accuracy: %.3f +/- %.3f' % (np.mean(scores), np.std(scores)))
```

```
(out)      CV accuracy: 0.976 +/- 0.016
           CV accuracy: 0.936 +/- 0.023
```

위 결과로, SVM(97.6%) 모형이 분류나무모형(93.6%)보다 월등하게 정밀도가 높게 나타나므로 더 우수한 분류모형이라고 할 수 있다.

중첩교차검증에서 GridSearchCV와 cross_val_score를 이용하여 test data의 accuracy나 loss의 불편 추정치를 구하게 된다. 이 말을 좀 더 자세하게 풀어쓰면 다음과 같다. GridSearchCV에 의해 각 외곽루프 내 내부루프에서 가장 우수한 초모수를 선택하므로, 시험데이터 성능의 평균은 가장 우수한 초모수에서 측정된 시험데이터 성능의 불편추정량이 된다.

예를 들어, 5-분할 외곽루프의 경우, GridSearchCV에 의해 각 루프당 검증데이터의 성능을 최상으로 하는 초모수 조합으로 구한 시험데이터 성능이 산출되고 5-분할이므로 이 5개의 시험데이터 성능의 평균을 구하게 된다.

GridSearchCV에 적용하여 구한 가장 좋은 초모수 조합은 선택한 학습데이터에 의존한다. 즉, 학습데이터가 어떻게 선택되느냐에 따라 초모수조합은 다르다는 것을 의미하게 되므로, 실제 데이터분석에서는 학습데이터를 GridSearchCV에 적용하여 최상의 초모수를 구한 후, 중첩교차검증으로 구한 시험데이터 성능의 평균을 학습데이터의 성능과 비교하여 과대적합 여부를 판단하고, 시험데이터 성능의 평균이 해당 모형의 성능이 된다. 물론 데이터가 충분히 크면 중첩교차검증을 사용하지 않고 직접 구한 시험데이터의 성능을 이용해도 통계적으로 문제가 되지 않는다.

```
from sklearn.tree import DecisionTreeClassifier
from sklearn.model_selection import KFold
inner_cv=KFold(n_splits=3, shuffle=True, random_state=0)
outer_cv=KFold(n_splits=5, shuffle=True, random_state=0)
gs = GridSearchCV(estimator=DecisionTreeClassifier(random_state=0),
                  param_grid=[{'max_depth': [1, 2, 3, 4, 5, 6, 7, None]}],
                  scoring='accuracy', cv=inner_cv)
scores = cross_val_score(gs, X, y, scoring='accuracy', cv=outer_cv)
print('CV accuracy: %.3f +/- %.3f' % (np.mean(scores), np.std(scores)))
```

```
CV accuracy: 0.942 +/- 0.012
```

위 프로그램은 KFold를 이용하여 5-3 중첩 교차검증을 실시하였다. 이전 프로그램과 비교하여 Kfold의 가장 큰 장점은 shuffle=True를 부여하여 교차검증을 위한 분할 이전에 자료를 잘 뒤섞을 수 있다는 것이다. 이외에도

from sklearn.model_selection import StratifiedKFold

를 이용하여, 목적변수 y가 범주형일 때 각 분할(fold) 내의 범주비율이 전체 데이터의 범주비율과 근사적으로 같도록 조정하여 아래와 같이 시험데이터의 정밀도를 측정할 수 있다.

```
from sklearn.tree import DecisionTreeClassifier
from sklearn.model_selection import StratifiedKFold
inner_cv=StratifiedKFold(n_splits=3, shuffle=True, random_state=0)
outer_cv=StratifiedKFold(n_splits=5, shuffle=True, random_state=0)
gs = GridSearchCV(estimator=DecisionTreeClassifier(random_state=0),
                  param_grid=[{'max_depth': [1, 2, 3, 4, 5, 6, 7, None]}],
                  scoring='accuracy', cv=inner_cv)
scores = cross_val_score(gs, X, y, scoring='accuracy', cv=outer_cv)
print('CV accuracy: %.3f +/- %.3f' % (np.mean(scores), np.std(scores)))
```

```
(out)      CV accuracy: 0.912 +/- 0.021
```

Kfold의 shuffle=True와 StratifiedKfold는 선택의 문제이지, 모형의 성능이 좋고 나쁨의 기준이 될 수 없다. shuffling 없이 구한 모형의 성능이 shuffle=True의 성능보다 좋더라도 shuffle=True에서 구한 모형의 성능이 맞은 것이며, StratifiedKfold에서 구한 모형의 성능이 Kfold보다 좋지 않더라도 목적변수가 분류이면 StratifiedKfold에서 구한 성능이 맞는 모형성능이다. 통계적으로 shuffle한 것이 옳고, 분류일 경우에는 표본을 층화추출(stratified random sampling)하는 것이 옳기 때문이다.

연습문제

1 제9장의 wine_data를 이용하여 logistic, SVM, CART 모형을 적합하되, Bayesian Optimization을 이용하고 nested cross validation을 적용하여 최선의 모형을 산출하라.

Chapter **11**

회귀분석

Regression Analysis

회귀는 분류와 더불어 지도학습의 양축이다. 회귀와 분류는 목표변수 y의 타입에 의해 결정된다. 회귀는 특성변수 x로부터 연속형인 y를 예측하고자 하고, 분류는 x로부터 클래스인 y를 예측하고자 한다. 이미 KNN이나 의사결정나무에서 회귀를 공부한 바 있지만, 회귀모형 중에서 가장 유용하고 가장 널리 사용되는 모형은 선형회귀모형(linear regression model)이다. 그 이유는 해석이 용이하고 모수추정이 쉽기 때문이다.

11.1 선형회귀모형

선형회귀모형의 고전적인 모형은

$$y_i = \beta_0 + \beta_1 x_{1i} + \cdots + \beta_p x_{pi} + \varepsilon_i \tag{11.1}$$

로 표현한다. 여기에서 $i = 1, 2, \cdots, n$으로 n은 관측치의 개수, $x_1, \cdots, x_p$는 p개의 특성변수이고 ε_i는 i번째 오차항이다. ε_i는 관측되지 않지만 평균이 0이고 분산이 σ^2인 서로 간에 독립적인 확률변수이다.

선형회귀모형의 가장 좋은 특징은

$$y_i = \beta_0 + \beta_1 h_1(x_{1i}) + \beta_2 h_2(x_{2i}) + \cdots + \beta_p h_p(x_{pi}) + \varepsilon_i$$

도 역시 선형모형이라는 것이다. 예를 들어, $x_1,$ x_2 두 개의 특성변수가 있을 때

$$y_i = \beta_0 + \beta_1 x_{1i} + \beta_2 x_{1i}^2 + \beta_3 x_{1i} x_{2i} + \beta_4 e^{x_{2i}} + \varepsilon_i \tag{11.2}$$

도 선형모형에 속한다. $x_{1i}^2 = x_{2i}^*$, $x_{1i} x_{2i} = x_{3i}^*$, $e^{x_{2i}} = x_{4i}^*$로 각각 놓으면 식 (11.2)는 식 (11.1)로 표현될 수 있기 때문이다. 그러므로 선형모형은 y와 x의 관계가 선형이건 비선형이건 관계없이 y_i와 모수 β의 관계가 선형일 때 이를 선형모형이라

고 한다.

주된 이유는 특성변수가 제곱형태이건, 지수형태이건 관계없이 식 (11.1)처럼 표현이 되면 β의 추정 방법은 동일하기 때문이다. 그러므로 선형모형을 적용하기 위해 가장 먼저 해야 할 일은 y와 특성변수 각각에 대한 scatter plot을 그린 후 특성변수를 적절하게 변환하여야 한다. 식 (11.1)의 특성변수 x_j들이 변환된 것으로 간주하고 식 (11.1)의 β를 추정하여 보자.

$$\begin{aligned} y_i &= \beta_0 + \beta_1 x_{1i} + \beta_2 x_{2i} + \cdots + \beta_p x_{pi} + \varepsilon_i \quad , i = 1, 2, \cdots, n \\ &= \boldsymbol{\beta}^T \boldsymbol{x}_i + \varepsilon_i \end{aligned} \tag{11.3}$$

로 쓸 수 있다. 여기에서 $\boldsymbol{x}_i = (1, x_{1i}, \cdots, x_{pi})^T$이고 $\boldsymbol{\beta} = (\beta_0, \beta_1, \cdots, \beta_p)^T$이다. 식 (11.3)에서 ε_i는 오차항이므로 이 오차항의 y_i에 대한 영향력을 최소화하기 위해

$$\sum_{i=1}^{n} \varepsilon_i^2 = \sum_{i=1}^{n} (y_i - \boldsymbol{\beta}^T \boldsymbol{x}_i)^2 \tag{11.4}$$

를 최소화하는 β를 최소제곱추정치(least squared estimate) 또는 OLS(Ordinary least squared estimate)라고 한다. 식 (11.4)를 최소로 하는 β는 머신러닝에서는 기울기하강법(2.6절 참조)을 통해 구하게 된다. 기울기하강법을 사용하는 근본적인 이유 중의 하나는 모수 β가 너무 많아서(동일하게 특성변수가 너무 많아서) 아래에 정의된 $(X^T X)^{-1}$를 구하기 어려울 때 사용한다.

기울기하강법을 사용하지 않고 식 (11.4)를 최소로 하는 β를 직접 구하여 보자. β가 많지 않다는 가정에서

$$X = (\boldsymbol{x}_1, \boldsymbol{x}_2, \cdots, \boldsymbol{x}_n)^T, \ \boldsymbol{y} = (y_1, y_2, \cdots, y_n)^T, \ \boldsymbol{\varepsilon} = (\varepsilon_1, \varepsilon_2, \cdots, \varepsilon_n)^T$$

라고 표기하면 식 (11.3)은

$$\boldsymbol{y} = X\boldsymbol{\beta} + \boldsymbol{\varepsilon}$$

으로 표현되고 식 (11.4)는

$$\sum_{i=1}^{n}\varepsilon_i^2 = \boldsymbol{\varepsilon}^T\boldsymbol{\varepsilon} = (\boldsymbol{y} - X\beta)^T(\boldsymbol{y} - X\beta) = \boldsymbol{y}^T\boldsymbol{y} - 2\beta^T X^T\boldsymbol{y} + \beta^T X^T X\beta$$

가 된다. 이를 β에 대해 미분을 취하여 0으로 놓고 β를 구하면

$$\hat{\beta} = (X^TX)^{-1}X^T\boldsymbol{y}$$

가 된다. $(X^TX)^{-1}$가 존재하기 위한 조건은 특성변수들이 선형적으로 종속관계가 아니어야 한다. 이 의미는 특성변수들 간의 상관관계(pearson correlation)가 1이 아니어야 한다는 뜻과 같다. 그러므로 선형회귀모형을 적용하기 위해 특성변수들 간의 상관계수를 점검하여야 하며, 일반적으로 상관계수의 절댓값이 0.9 이상이면 두 변수 중에 하나를 특성변수로부터 제외하면 된다.

선형회귀모형의 진단은 잔차플롯으로부터 출발한다. $\hat{y}_i = \hat{\beta}_0 + \hat{\beta}_1 x_{1i} + \cdots + \hat{\beta}_p x_{pi}$를 y_i의 예측치라고 할 때, 잔차는 $r_i = y_i - \hat{y}_i$이다. 잔차 플롯은 x축에 $\hat{y}_i$값을, y축에 잔차 r_i를 그린 플롯을 말한다. 이 잔차는 식 (11.1)에서 정의한 오차항 ε_i의 추정치이므로 모형이 잘 설정(즉, 선형모형이 맞고 특성변수 $\boldsymbol{x}$의 선택 및 변환)되었다면 r_i는 오차항 ε_i의 가정에 부합하여야 할 것이다. 그러므로 r_i가 0을 중심으로 임의(random)로 잘 퍼져 있어야 할 것이다. 만약 잔차 플롯이 추세가 있거나 싸인이나 코싸인 형태이면 선형회귀모형을 수정하여 재적합해야 한다.

11.2 Quantile 회귀

앞 절에서 논의한 선형회귀모형은 목적변수 y의 분포가 좌우 대칭이고 등분산이면 가장 우수한 성능을 보여준다. 선형회귀모형의 손실함수는 MSE로, 주어진 특성변수 값에서 선형회귀 추정치가 y와 같도록 회귀계수를 추정하면 손실함수가 최소가 된다. 그러므로 선형회귀모형은 특성변수 x와 목적변수 y의 평균과의 관계를 찾는 모형이라고 할 수 있다.

Quantile 회귀는 특성변수와 목적변수 y의 분위수(quantile)의 관계를 규명하려는 회귀모형으로, 주어진 $x_1, x_2, \cdots, x_p$에 대해 $u = y - \beta_0 - \beta_1 x_1 - \cdots - \beta_p x_p$로 정의할 때 quantile 회귀의 손실함수는

$$L_\tau(\beta) = E_{Y|x}(\tau \max(u, 0) + (1-\tau)\max(-u, 0)), \quad 0 \le \tau \le 1$$

으로 정의된다. 만약 $\tau = 0.5$이면 $L_{0.5}(\beta) = 0.5 E_{Y|x}(|u|)$가 됨을 쉽게 알 수 있다.

손실함수 $L_\tau(\beta)$를 최소로 하는 β를 구하기 위해, $x_1, x_2, \cdots, x_p$가 주어졌다는 조건부이므로 논의의 간편함을 위해 $\beta_0 + \beta_1 x_1 + \cdots + \beta_p x_p = \theta$로 놓으면

$$L_\tau(\beta) \equiv L_\tau(\theta) = \tau \int_\theta^\infty (y-\theta) f(y) dy + (1-\tau) \int_{-\infty}^\theta (\theta - y) f(y) dy$$

가 된다. $L_\tau(\theta)$를 θ에 대해 미분을 취한 후, 0으로 놓으면

$$\frac{\partial L_\tau(\theta)}{\partial \theta} = -\tau \int_\theta^\infty f(y) dy + (1-\tau) \int_{-\infty}^\theta f(y) dy = 0$$

을 만족하는 θ이므로

$$\tau \int_\theta^\infty f(y) dy = (1-\tau) \int_{-\infty}^\theta f(y) dy$$

가 된다. 그러므로 $\int_{-\infty}^\theta f(y) dy = \tau$를 만족하는 θ가 확률변수 Y의 τ분위수이면 $L_\tau(\theta)$가 최소가 된다.

정리하면, 고정된 $x_1, x_2, \cdots, x_p$에서 $\beta_0 + \beta_1 x_1 + \cdots + \beta_p x_p$가 목적변수 y의 τ 분위수를 만족하도록 $\beta_0, \beta_1, \cdots, \beta_p$를 추정하는 회귀모형이 quantile 회귀모형이다. $L_\tau(\beta)$는

$$\hat{L}_\tau(\beta) = \frac{1}{n} \sum_{i=1}^n \rho_\tau(y_i - \beta_0 - \beta_1 x_{1i} - \cdots - \beta_p x_{pi}),$$

$$\rho_\tau(u) = \tau \max(u, 0) + (1-\tau)\max(-u, 0)$$

으로 추정되므로 quantile 회귀는 $\hat{L}_\tau(\beta)$를 이용하여 모수 β를 추정하게 된다.

이상에서 살펴본 바와 같이 quantile 회귀는 다양한 분위수의 회귀모형을 구할 수 있으므로 연구목적에 따라 필요한 분위수의 quantile 회귀모형을 구축할 수 있다. 예를 들어, 5% quantile 회귀와 95% quantile 회귀를 구해 이 범주 밖에 위치한 관측치를 이상치(outlier)로 판정할 수 있다. 분위수는 이상치에 민감하지 않으므로 이상치에 저항성(resistance)을 가지고 있으며, 목적변수의 분포가 좌우 대칭이거나 등분산성을 가지고 있어야 하는 등의 분포에 대한 가정이 불필요하다.

아래 프로그램은 $y = 10 + 0.5x + \epsilon$, $\epsilon \sim N(0, (0.5 + 0.5x)^2)$를 따르는 변수를 생성하고 있다. 목적변수 y의 분산이 특성변수 x값에 따라 증가하고 있는 회귀 데이터이다. 그러므로 앞 절에서 선형회귀모형의 등분산 가정을 위배한 데이터를 생성한 것이다.

```
import numpy as np

rng = np.random.RandomState(42)
x = np.linspace(start=0, stop=10, num=100)
X = x[:, np.newaxis]
y_true_mean = 10 + 0.5 * x
y_normal = y_true_mean + rng.normal(loc=0, scale=0.5 + 0.5 * x, size=x.shape[0])
```

다음 그림은 목적변수 y의 산포도와 $y - 10 - 0.5x$로 정의된 오차의 histogram을 보여주고 있다. 특성변수 x가 증가함에 따라 목적변수 y의 분산이 점점 커지고 있지만 오차의 histogram은 좌우 대칭으로 나타난 것을 보여주고 있다. 비록 목적변수가 등분산이 아니더라도 오차의 분포가 좌우 대칭이면 선형회귀모형의 성능은 대체적으로 우수하다.

```
import matplotlib.pyplot as plt

_, axs = plt.subplots(nrows=1, ncols=2, figsize=(15, 5), sharey="row")

axs[0].plot(x, y_true_mean, label="True mean")
axs[0].scatter(x, y_normal, color="black", alpha=0.5, label="Observations")
axs[1].hist(y_true_mean - y_normal, edgecolor="black")

axs[0].set_title("Dataset with heteroscedastic Normal distributed targets")
axs[1].set_title( .
    "Residuals distribution for heteroscedastic Normal distributed targets")


axs[0].set_ylabel("y")
axs[0].set_xlabel("x")
axs[1].set_ylabel("Counts")
axs[1].set_xlabel("Residuals")
```

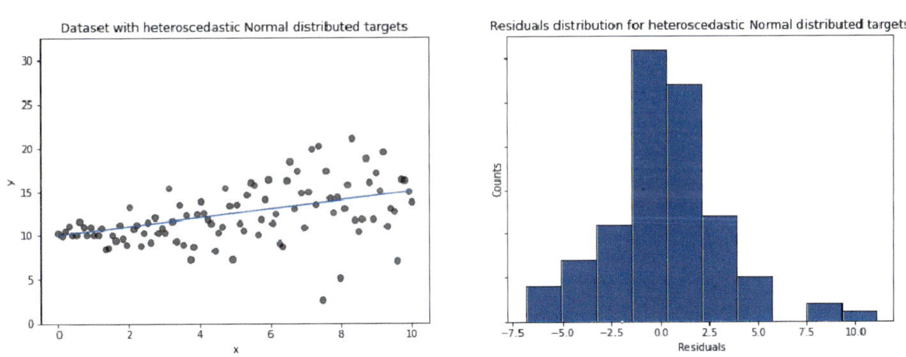

아래 프로그램은 앞에서 생성한 이분산 자료에 5개의 quantile 회귀를 적용한 예를 보여주고 있다. QuantileRegression 클래스 내의 alpha는 L1 규제화로 default=1.0이다.

```
from sklearn.linear_model import QuantileRegressor

quantiles = [0.05, 0.25, 0.5, 0.75, 0.95]
predictions = {}
for quantile in quantiles:
    qr = QuantileRegressor(quantile=quantile, alpha=0)
    y_pred = qr.fit(X, y_normal).predict(X)
    predictions[quantile] = y_pred
```

아래 프로그램은 앞 프로그램에서 적용한 5개의 quantile 회귀와 $y = 10 + 0.5x$ (mean)을 그린 그림을 보여주고 있다. 5% quantile 회귀가 가장 아래에 있고 분위수가 증가함에 따라 점차적으로 quantile 회귀선이 상향하고 있으며 95% quantile 회귀선이 가장 위에 위치하고 있음을 볼 수 있다. 중위수(50%) quantile 회귀와 mean(선형회귀로 해석할 수 있음)과 거의 일치한 것을 볼 수 있다. 오차가 좌우 대칭이기 때문이다.

```
import plotly.graph_objects as go
fig=go.Figure()
fig.add_trace(go.Scatter(x=x, y=y_true_mean, mode='lines+markers',name="mean"))
fig.add_trace(go.Scatter(x=x,y=y_normal, mode='markers', name='obs'))
for quantile, y_pred in predictions.items():
    fig.add_trace(go.Scatter(x=x, y=y_pred, name=f"Quantile: {quantile}"))

fig.show()
```

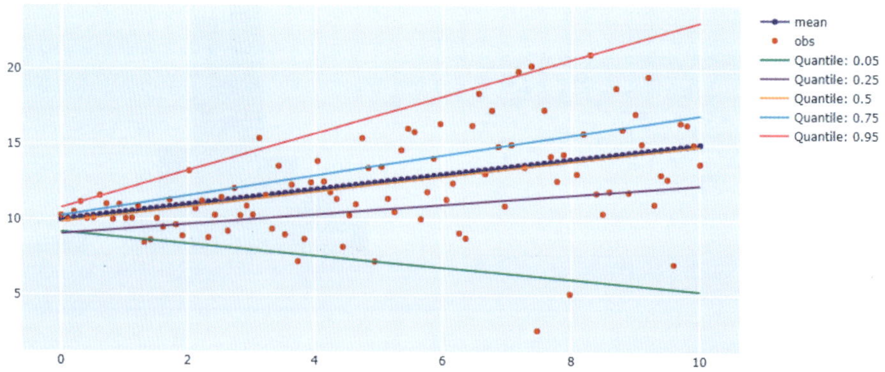

다음은 Boston house 데이터로 총 506개의 표본으로 구성되어 있고 총 13개의 특성변수와 주택가격인 목적변수(MEDV)로 구성되어 있다. quantile 회귀의 시각적 비교를 위해 13개의 특성변수 중 RM만을 이용한 단순회귀를 고려하고 있다.

```
import pandas as pd
import numpy as np
house=pd.read_csv('./house.csv')
print(house.head())
print(house.shape)
x=house['RM']
X=np.array(x).reshape(-1,1)
y=house['MEDV']
```

```
   Unnamed: 0     CRIM    ZN  INDUS  CHAS    NOX     RM   AGE     DIS  RAD  ₩
0           0  0.00632  18.0   2.31     0  0.538  6.575  65.2  4.0900    1
1           1  0.02731   0.0   7.07     0  0.469  6.421  78.9  4.9671    2
2           2  0.02729   0.0   7.07     0  0.469  7.185  61.1  4.9671    2
3           3  0.03237   0.0   2.18     0  0.458  6.998  45.8  6.0622    3
4           4  0.06905   0.0   2.18     0  0.458  7.147  54.2  6.0622    3

     TAX  PTRATIO       B  LSTAT  MEDV
0  296.0     15.3  396.90   4.98  24.0
1  242.0     17.8  396.90   9.14  21.6
2  242.0     17.8  392.83   4.03  34.7
3  222.0     18.7  394.63   2.94  33.4
4  222.0     18.7  396.90   5.33  36.2
(506, 15)
```

특성변수 RM과 목적변수 MEDV의 산포도는 다음과 같다.

```
import matplotlib.pyplot as plt
plt.scatter(x, y, color="blue", alpha=0.5)
```

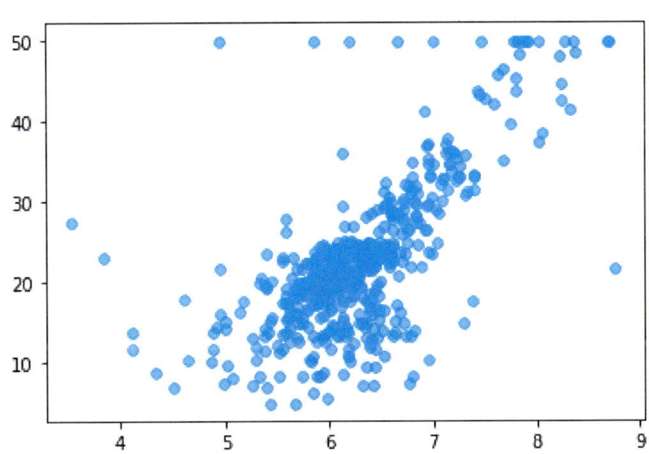

아래 프로그램은 선회귀모형과 5개의 quantile 회귀를 실행하고 있다. 그 결과를 그림으로 보여 주고 있다.

```
from sklearn.linear_model import LinearRegression
lmodel=LinearRegression()
lmodel.fit(X, y)
y_pred_reg=lmodel.predict(X)

from sklearn.linear_model import QuantileRegressor

quantiles = np.arange(0.1, 0.96, 0.2).round(2)
predictions = {}

for quantile in quantiles:
    qr = QuantileRegressor(quantile=quantile, alpha=0)
    y_pred = qr.fit(X, y).predict(X)
    predictions[quantile] = y_pred
```

아래 그림을 자세하게 살펴보면 중위수 quantile 회귀선이 전반적으로 선형회귀선보다는 상향하고 있지만 특성변수 값이 작을 때는 중위수 quantile 회귀선이 약간 하향하고 있는 것을 볼 수 있다. 특성변수 값이 작을 때 전반적으로 목적변수 MEDV 값이 이상치에 가까울 정도로 높게 나와 선형회귀선이 중위수 qauantile 회귀선보다 더 민감하게 반응했기 때문이다. 그러나 특성변수가 점차적으로 커지면 고정된 특성변수에서 목적변수의 분포가 큰 값 쪽으로 치우쳐있어 중위수 quantile 회귀선이 선형회귀선보다 높게 나타났다.

```
import plotly.graph_objects as go
fig=go.Figure()
fig.add_trace(go.Scatter(x=x, y=y, mode='markers',name="obs"))
fig.add_trace(go.Scatter(x=x,y=y_pred_reg,mode='lines+markers', name='reg'))
for quantile, y_pred in predictions.items():
    fig.add_trace(go.Scatter(x=x, y=y_pred, name=f"Quantile: {quantile}"))
fig.update_layout(height=700,width=1000,title_text='Regression and Quantile Regressions',
title_x=0.5)
fig.show()
```

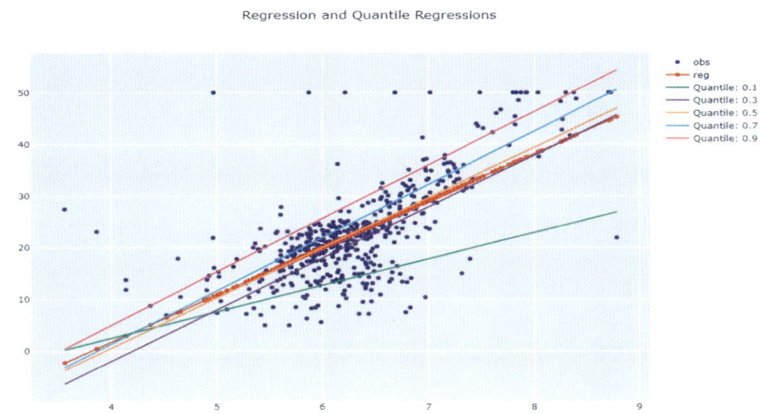

11.3 로버스트 회귀(Robust regression model)

선형회귀모형은 오차항의 제곱합을 최소로 하기 때문에 이상치(outlier, 오차항의 절댓값이 예외적으로 큰 값)에 영향을 크게 받는다.

<그림 11-1>은 4개의 이상치('ㅇ'으로 표기)를 보여주고 있으며, 올바른 선형모형(실선)이 이상치의 영향으로 잘못 추정된 선형회귀모형(점선)을 보여주고 있다. 오차의 제곱을 최소로 해야 하기 때문에 큰 오차를 가지고 있는 이상치에 쏠린 회귀모형을 추정하는 문제점을 가지게 된다. 실제 자료분석에서 이러한 이상치는 매우 흔하게 나타나기 때문에 이상치에 민감하지 않은 로버스트 회귀가 필요하게 된다. 통계학에서는 M-추정, LTS, DPM 등이 있으나 머신러닝에서는 RANSAC(random sample consensus)을 사용하고 있다. RANSAC은 매우 직관적이지만 이상치에 매우 로버스트(저항성이 큰)한 회귀모형이다.

절차를 정리하면

1. 학습데이터에서 작은 크기의 임의표본을 뽑는다. 작은 크기의 의미는 특성변수 총수 + 20 ~ 30개의 표본을 의미한다.

2. 이 작은 크기의 표본에 OLS 추정치를 구하고 추정된 모형에 전체 학습데이터를 적용하여 잔차를 구한다.
3. step 2에서 구한 잔차의 중위수(median)를 구한 후 각 잔차의 MAD(즉, $|r_i - median(r_i)|$, 여기에서 r_i는 잔차)를 구하여 MAD가 d(보통 4 ~ 5)보다 작은 관측치만 모으고 이를 콘센서스셋(concensus set)이라고 한다.
4. 이 콘센서스셋에 OLS를 재적합한다.
5. step 1 ~ step 4를 M번 반복한다.

이 반복 과정에서 가장 큰 크기의 콘센서스셋으로 계산된 OLS 추정치가 RANSAC 회귀이다. 그러므로 실제로 step 4는 오직 한 번 사용된다. step 3에서 사용한 MAD는 다른 측도로 바꿀 수 있다. 예를 들어, 표준화된 오차의 절댓값도 좋은 대안이 될 것이다. step 2와 step 4에서 사용한 OLS는 다른 추정치로 대체할 수 있다. 예를 들어, 오차항의 제곱합을 최소화하는 대신 오차항의 절댓값을 최소화하는 최소절대오차 추정치를 사용할 수 있다. 그러므로 RANSAC에서 step5의 반복수 M, step 1의 임의표본수, 그리고 step 3에서 임계값 d가 미리 정하여야 할 초모수가 된다. RANSAC은 step 3에서 MAD가 d 안에 있는 자료만 사용하기 때문에 이 자료들은 일종의 써포트벡터(support vector)라고 할 수 있다.

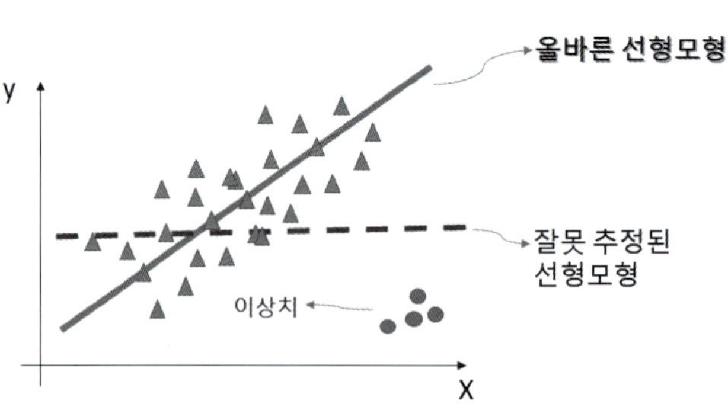

그림 11-1 선형회귀모형과 이상치

11.4 SVM 회귀와 커널 SVM 회귀

SVM 회귀를 이해하기 위해 <그림 11-2>를 살펴보자.

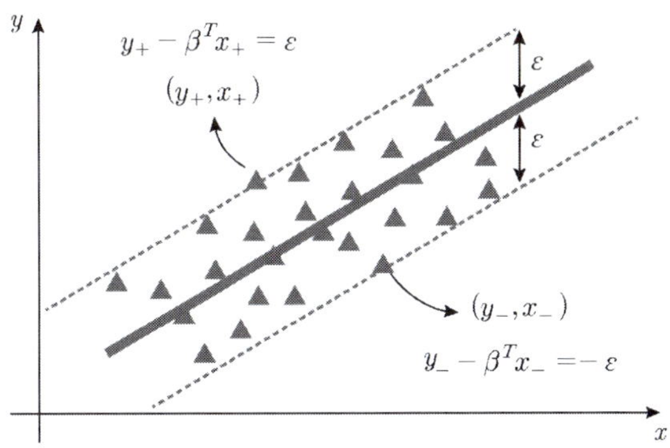

그림 11-2 SVM 회귀의 이해

<그림 11-2>는 비록 특성변수가 1개일 때의 그림이지만 특성변수가 d개일 때 자료의 산포도라고 상상하자. 모든 자료 점들이 넓이가 ϵ인 튜브(tube) 안에 있는 것을 볼 수 있다. SVM 회귀의 목표는 주어진 ε에서 모든 자료$(y_i, \boldsymbol{x}_i)$, $i = 1, 2, \cdots, n$가 $|y_i - \boldsymbol{\beta}^T \boldsymbol{x}_i| \le \varepsilon$를 만족하는 $\boldsymbol{\beta}$를 찾는 데에 있다. 튜브의 상부 끝선 위에 있는 관측치를 $(y_+,\ \boldsymbol{x}_+)$로, 하부 끝선 위에 있는 관측치를 $(y_-,\ \boldsymbol{x}_-)$로 표현하면

$$y_+ - \boldsymbol{\beta}^T \boldsymbol{x}_+ = \varepsilon \text{이고 } y_- - \boldsymbol{\beta}^T \boldsymbol{x}_- = -\varepsilon$$

이 된다. 그러므로 두 직선의 거리는 $y_+ \quad y_- + \boldsymbol{\beta}^T(\boldsymbol{x}_- - \boldsymbol{x}_+) - 2\varepsilon$이 된다. 모든 관측치를 ϵ 안에 포함하는 직선은 수많이 존재할 것이며, 이들의 거리는 모두 2ϵ이므로 $\boldsymbol{\beta}^T$를 표준화하기 위해 양변에 $\| \boldsymbol{\beta} \| = \sqrt{\sum_{i=0}^{d} \beta_i^2}$ 를 양변에 나눠준다.

$$\frac{(y_+ - y_-) + \boldsymbol{\beta}^T(\boldsymbol{x}_- - \boldsymbol{x}_+)}{\| \boldsymbol{\beta} \|} = \frac{2\varepsilon}{\| \boldsymbol{\beta} \|} \qquad (11.5)$$

식 (11.5)의 표준화 거리를 최대화한다는 것은 $(y_{+}, \boldsymbol{x}_{+})$와 $(y_{-}, \boldsymbol{x}_{-})$ 사이를 지나는 선형평면 중, $(y_{+}, \boldsymbol{x}_{+})$와 $(y_{-}, \boldsymbol{x}_{-})$ 사이의 거리를 최대로 하는 선형평면을 의미한다. 그러므로 상부 및 하부 끝선상의 관측치인 $(y_{+}, \boldsymbol{x}_{+})$와 $(y_{-}, \boldsymbol{x}_{-})$는 써포트벡터가 된다. 고정된 ϵ에서 식 (11.5)의 표준화거리의 최대화는 $\| \beta \|$의 최소화와 동일하고, $\| \beta \|$의 최소화는 $\| \beta \|^2$의 최소화와 동일하므로 SVM 회귀는 모든 관측치 $i = 1, 2, \cdots, n$에 대해 $|y_i - \boldsymbol{x}_i^T \beta| \le \varepsilon$을 만족한다는 조건에서 $\| \beta \|^2$를 최소화하는 문제로 귀결된다. 이는 SVM 분류와 개념적으로 같다고 할 수 있다.

그러나 실제 문제에서 ε을 매우 크게 잡지 않는 한 모든 표본 i에 대해 $|y_i - \boldsymbol{x}_i^T \beta| \le \varepsilon$를 만족할 수 없으므로, SVM 분류와 동일하게 다음 조건이 만족되도록 완화변수(slack variable) ζ_i와 ζ_i^*를 도입하자. 즉, $y_i - \boldsymbol{x}_i^T \beta \le \varepsilon + \zeta_i$와 $\boldsymbol{x}_i^T \beta - y_i \le \varepsilon + \zeta_i^*$으로 조건을 완화하고자 한다. 여기에서 ζ_i, $\zeta_i^* \ge 0$이다.

<그림 11-3>은 완화변수 ζ_i와 ζ_i^*를 표시하고 있다. 즉, ε-튜브 밖에 있는 관측치를 완화변수로 표현한 것이다. 그러므로 SVM 회귀의 최적화의 문제는

$$\begin{gathered} \underset{\beta}{\text{minimize}} \ \| \beta \|^2 + c \sum_{i=1}^{n} (\zeta_i + \zeta_i^*) \\ y_i - \boldsymbol{x}_i^T \beta \le \varepsilon + \zeta_i \text{와 } \boldsymbol{x}_i^T \beta - y_i \le \varepsilon + \zeta_i^* \end{gathered} \tag{11.6}$$

가 된다.

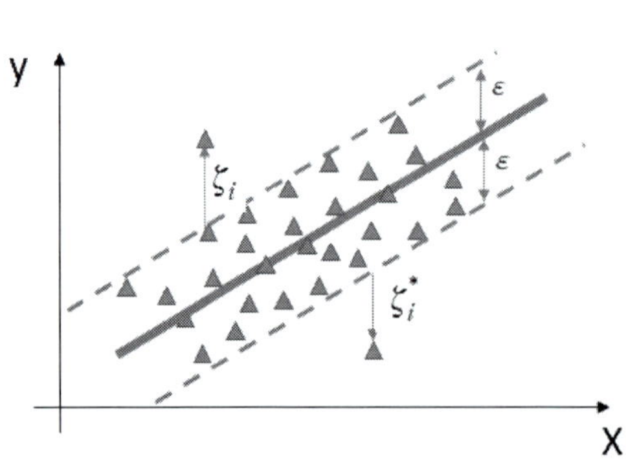

그림 11-3 Slack 변수 ζ_i와 ζ_i^*

식 (11.6)의 최적화 문제는 다음과 같이 정의된 ε-insensitive 손실함수

$$l_{\varepsilon}(r) = \begin{cases} 0 \text{ if } \ |r| < \varepsilon \\ |r| - \varepsilon \ \ 0/w \end{cases}$$

를 이용하여

$$l(\beta) = \sum_{i=1}^{n} l_{\varepsilon}(y_i - \boldsymbol{x}_i^T \beta) + \lambda \parallel \beta \parallel^2$$

를 최소화하는 문제와 동일하다. 단 $\lambda = \dfrac{1}{c}$이다. 그러므로 식 (11.6)의 최적화 문제는 $|y_i - \boldsymbol{x}_i^T \beta| < \varepsilon$이면 0의 손실을 부여하고 ε-튜브 밖의 관측치에만 손실을 부여한 모수 추정방법이라고 할 수 있다.

식 (11.6)의 최적화를 라그랑지 승수 α_i α_i^*, η_i, 그리고 η_i^*를 이용하여 2.6절에 따라 손실함수를 정의하면

$$\begin{aligned} l_p = \frac{1}{2} \parallel \beta \parallel^2 + c\sum_{i=1}^{n}(\zeta_i^* + \zeta_i) + \sum_{i=1}^{n}\alpha_i(y_i - \boldsymbol{x}_i^T\beta - \varepsilon - \zeta_i) \\ + \sum_{i=1}^{n}\alpha_i^*(\boldsymbol{x}_i^T\beta - y_i - \varepsilon - \zeta_i^*) - \sum_{i=1}^{n}(\eta_i\zeta_i + \eta_i^*\zeta_i^*) \end{aligned} \tag{11.7}$$

이며 이 l_p를 최소화하는 β, ζ_i와 ζ_i^*에 대해 미분을 취해 0으로 놓고 풀면

$$\sum_{i=1}^{n}(\alpha_i - \alpha_i^*)\boldsymbol{x}_i = \beta, \ \ \alpha_i = c - \eta_i, \ \ \alpha_i^* = c - \eta_i^*$$

가 된다. 그러므로 α_i와 α_i^*를 구하면 β를 구할 수 있게 된다. 이를 식 (11.7)에 대입하면

$$l_p = \varepsilon\sum_{i=1}^{n}(\alpha_i + \alpha_i^*) - \sum_{i=1}^{n}y_i(\alpha_i - \alpha_i^*) + \frac{1}{2}\sum_{i,j=1}^{n}(\alpha_i^* - \alpha_i)(\alpha_j^* - \alpha_j)\boldsymbol{x}_i^T\boldsymbol{x}_j \tag{11.8}$$

이 되고 이 l_p를 최소화하는 α_i와 α_i^*는

$$\alpha_i(y_i - \boldsymbol{x}_i^T\beta - \varepsilon - \zeta_i) = 0,\ \alpha_i^*(\boldsymbol{x}_i^T\beta - y_i - \varepsilon - \zeta_i^*) = 0,\ (c - \alpha_i)\zeta_i = 0,$$

$$\text{그리고}\ (c - \alpha_i^*)\zeta_i^* = 0$$

의 조건하에서 구하게 된다.

이에 대한 해는 convex quadratic 프로그램 문제로 공개된 알고리즘으로 쉽게 해결할 수 있다. ε-튜브 안의 모든 관측치는 $\zeta_i = \zeta_i^* = 0$이고 $|y_i - \boldsymbol{x}_i^T\beta| < \varepsilon$이므로 조건 $\alpha_i(y_i - \boldsymbol{x}_i^T\beta - \varepsilon - \zeta_i) = 0$와 $\alpha_i^*(\boldsymbol{x}_i^T\beta - y_i - \varepsilon - \zeta_i^*) = 0$에 의해 ε-튜브 안의 모든 관측치에 대응하는 $\alpha_i = \alpha_i^* = 0$이 된다. 그런데 $\beta = \sum_{i=1}^{n}(\alpha_i - \alpha_i^*)\boldsymbol{x}_i$이기 때문에 ε-튜브 안의 관측치는 β를 구하는 데 기여하지 못한다는 것을 의미한다. 즉, ε-튜브 경계선상이나 튜브 밖에 있는 관측치만 β를 계산하는 데 기여하게 되어 이들 관측치가 써포트벡터가 된다. 그러므로 초모수인 ϵ가 크면 클수록 모수 β를 구하기 위한 써포트벡터는 줄어들게 된다. 이는 적절하게 작은 ϵ을 선택하여 모수추정의 신뢰도를 확보해야 한다는 것을 의미한다.

$y_i = \boldsymbol{\beta}^T\boldsymbol{x}_i$이고 $\hat{\boldsymbol{\beta}} = \sum_{i=1}^{n}(\hat{\alpha}_i - \hat{\alpha}_i^*)\boldsymbol{x}_i$이므로 새로운 특성변수값 $\boldsymbol{x}$에 대한 y의 예측치는

$$f(\boldsymbol{x}) = \hat{\boldsymbol{\beta}}^T\boldsymbol{x} = \sum_{i=1}^{n}(\hat{\alpha}_i - \hat{\alpha}_i^*)\boldsymbol{x}_i^T\boldsymbol{x} \tag{11.9}$$

가 된다.

커널 SVM 분류에서 논의한 바와 동일하게 ε-insensitive 손실함수하에서 비선형 커널 SVM 회귀는 식 (11.8)의 $\boldsymbol{x}_i^T\boldsymbol{x}_i$ 대신에 적절한 kernel 함수 $K(\boldsymbol{x}_i, \boldsymbol{x}_j)$를 대입하여 대응되는 α_i와 α_i^*를 구한 후 비선형 커널 SVM 회귀의 예측치는

$$\hat{y}_i = \sum_{i=1}^{n}(\hat{\alpha}_i - \hat{\alpha}_i^*)K(\boldsymbol{x}_i, \boldsymbol{x})$$

이 된다.

11.5 규제화된 선형회귀모형

로지스틱 회귀모형에서 이미 L_1 규제와 L_2 규제에 대하여 논의하였지만(5장 참조) 선형회귀모형에서는 L_1 규제와 L_2 규제의 통계적인 의미를 좀 더 구체적으로 살펴보고자 한다.

먼저 L_2 규제화를 살펴보면

$$\sum_{i=1}^{n}(y_i - \boldsymbol{x}_i^T\beta)^2 + \lambda\sum_{j=1}^{p}\beta_j^2 \tag{11.10}$$

를 최소화하는 β를 L_2 규제화에서 구한 β의 추정치라고 한다. 11.1절에서 사용한 행렬 $\boldsymbol{y}$와 X를 이용하여 식 (11.10)을 재표현하면

$$l(\beta) = (\boldsymbol{y} - X\beta)^T(\boldsymbol{y} - X\beta) + \lambda\beta^T\beta$$

가 되며 $\dfrac{\partial l(\beta)}{\partial\beta} = -2X^T\boldsymbol{y} + 2X^TX\beta + 2\lambda\beta = 0$을 β에 대해 풀면

$$\hat{\beta}_{Ridge} = (X^TX + \lambda I)^{-1}X^T\boldsymbol{y}$$

가 된다. 이 추정치를 리지(ridge) 회귀추정치라고 한다. 통계학에서는 이 리지회귀를 X^TX의 역행렬이 존재하지 않을 때, 선형회귀모형을 적용하는 방법으로 사용하였으므로 $\hat{\beta}_{Ridge}$에 대한 해석문제가 있었다. 그러나 L_2 규제화로 $\hat{\beta}_{Ridge}$는 해석이 가능해졌으며 회귀모형의 과대적합을 해결하는 한 방법으로 유용하게 사용하고 있다.

L_1 규제화는 $\sum_{i=1}^{n}(y_i - \boldsymbol{x}_i^T\beta)^2 + \lambda\sum_{j=1}^{p}|\beta_j|$을 최소화하는 β를 구하는 방법으로, λ가 크면 클수록 설명력이 작은 순서로 β_j를 0으로 수렴하도록 하는 규제화(regularization)로서, 결과적으로 특성변수를 선택하는 회귀모형이며 이를 LASSO(Least absolute shrinkage and selection operator)라고 한다.

$y_1, y_2, \cdots, y_n$의 결합분포 $P(\boldsymbol{y}|\beta) = P(y_1, y_2, \cdots, y_n|\beta)$를 β의 함수로 간주하여

$L(\beta|y_1, y_2, \cdots, y_n)$으로 재표현하면 이를 우도함수라고 한다. 이 우도함수를 최대로 하는 β를 최대우도추정치(maximum likelihood estimate, MLE)라고 한다. 한편,

$$P(\beta|\boldsymbol{y}) = \frac{P(y|\beta)\boldsymbol{P}(\beta)}{P(\boldsymbol{y})}$$

는 조건부 확률 공식에 의해 쉽게 구할 수 있다. $P(\beta|\boldsymbol{y})$를 β의 사후분포(posterior distribution)라고 하며, 이 사후분포를 최대화하는 β를 최대사후분포추정치(maximum a posteriori estimate, MAP)라고 한다. $P(\beta)$를 사전분포(prior distribution)라고 하는데, 모수 β에 대한 사전정보이며 표본을 통해 새롭게 얻은 β에 대한 표본정보 $P(y|\beta)$를 통해 $P(\beta)$를 최신화(update)한 것이 사후분포 $P(\beta|\boldsymbol{y})$이다.

회귀모형 $y_i = \boldsymbol{x}_i^T\beta + \epsilon_i, \quad i = 1, 2, \cdots, n$에서 ϵ_i가 $i.i.d.$한 $N(0, \sigma^2)$를 가정하면

$$\log L(\beta|\boldsymbol{y}) = \log P(y_1, y_2, \cdots, y_n|\beta) = \log((\frac{1}{\sqrt{2\pi\sigma^2}})^n \exp(-\frac{1}{\sigma^2}\sum_{i=1}^{n}(y_i - \boldsymbol{x}_i^T\beta)^2)$$

이므로 MLE는

$$max_\beta \log L(\beta|\boldsymbol{y}) = max_\beta(-\frac{1}{2\sigma^2}\sum_{i=1}^{n}(y_i - \boldsymbol{x}_i\beta)^2) = min_\beta \sum_{i=1}^{n}(y_i - \boldsymbol{x}_i^T\beta)^2$$

가 된다.

한편, MAP는 β_j가 $i.i.d.$인 정규분포 $N(0, \tau^2)$를 가정하면,

$$\begin{aligned} max\ _\beta \log P(\beta|\boldsymbol{y}) &= max\ _\beta(\log P(\boldsymbol{y}|\beta) + \log P(\beta)) \\ &= max\ _\beta(-\frac{1}{2\sigma^2}\sum_{i=1}^{n}(y_i - \boldsymbol{x}_i^T\beta)^2 - \frac{1}{2\tau^2}\sum_{j=1}^{p}\beta_j^2) \\ &= \frac{1}{2\sigma^2} min\ _\beta(\sum_{i=1}^{n}(y_i - \boldsymbol{x}_i^T\beta)^2 + \frac{\sigma^2}{\tau^2}\sum_{j=1}^{p}\beta_j^2) \\ &= min\ _\beta(\sum_{i=1}^{n}(y_i - \boldsymbol{x}_i^T\beta)^2 + \lambda\sum_{j=1}^{p}\beta_j^2) \end{aligned}$$

이 된다. 그러므로 L_2 규제는 y_i가 서로 간에 독립인 $N(\boldsymbol{x}_i^T\beta, \sigma^2)$이고 β_j의 사전분포가 $i.i.d.$인 정규분포 $N(0, \tau^2)$일 때의 베이지안 추정치인 MAP와 일치함을 보

여주고 있다. λ가 클수록 τ^2가 작아지고 $\log P(\beta)$는 $\beta_j = 0$일 때 가장 큰 확률을 가지게 되므로 λ가 클수록 $\beta_j = 0$에 가깝게 하는 효과를 가지게 된다.

이제 β_j가 $i.i.d.$한 Laplace 분포를 따를 때, 즉

$$P(\beta_j) = \frac{1}{b}\exp(-\frac{|\beta_j|}{b})$$

를 따를 때(평균이 0인 Laplace 분포),

$$\begin{aligned} max\ _\beta \log P(\beta|\boldsymbol{y}) &= max\ _\beta(\log P(\boldsymbol{y}|\beta) + \log P(\beta)) \\ &= max\ _\beta(-\frac{1}{2\sigma^2}\sum_{i=1}^{n}(y_i - \boldsymbol{x}_i^T\beta)^2 - \frac{1}{b}\sum_{j=1}^{p}|\beta_j|) \\ &= \frac{1}{2\sigma^2} min\ _\beta(\sum_{i=1}^{n}(y_i - \boldsymbol{x}_i^T\beta)^2 + \frac{2\sigma^2}{b}\sum_{j=1}^{p}|\beta_j|) \\ &= min\ _\beta(\sum_{i=1}^{n}(y_i - \boldsymbol{x}_i^T\beta)^2 + \lambda\sum_{j=1}^{p}|\beta_j|) \end{aligned}$$

이 된다. 그러므로 L_1 규제는 y_i가 서로 간에 독립인 $N(\boldsymbol{x}_i^T\beta, \sigma^2)$이고 β_j의 사전 분포가 평균이 0인 $i.i.d.$인 Laplace 분포일 때의 베이지안 추정치인 MAP와 일치함을 보여주고 있다. λ가 클수록 b가 작아지고 $\log P(\beta)$는 $\beta_j = 0$일 때 가장 큰 확률을 가지게 되므로 λ가 클수록 $\beta_j = 0$에 가깝게 하는 효과를 가지게 된다. 즉, L_1, L_2 규제화 모두 λ가 클수록 $\beta_j = 0$에 가깝게 만드는 효과가 있지만 L_1이 좀 더 sparse(0을 더 많이 만드는)한 효과를 가지고 있다. 예를 들어, $(\beta_1, \beta_2) = (1,0)$와 $(\beta_1, \beta_2) = (1/\sqrt{2}, 1/\sqrt{2})$인 경우를 고려할 때 L_2에서는 $1^2 + 0^2 = 1$이고 $(\frac{1}{\sqrt{2}})^2 + (\frac{1}{\sqrt{2}})^2 = 1$로 두 경우가 모두 같으나, L_1에서는 $|1| + |0| < |\frac{1}{\sqrt{2}}| + |\frac{1}{\sqrt{2}}| = \sqrt{2}$이므로 $(\beta_1, \beta_2) = (1,0)$이 손실함수를 더 작게 만들게 되어 $(\beta_1, \beta_2) = (1,0)$을 선택하게 된다.

L_1 규제화와 L_2 규제화를 결합한 선형회귀모형을 Elastic Net이라고 하며 Elastic Net는 $\sum_{i=1}^{n}(y_i - \boldsymbol{x}_i^T\beta)^2 + \lambda_1\sum_{j=1}^{p}|\beta_j| + \lambda_2\sum_{j=1}^{p}\beta_j^2$을 최소화하는 β를 구하여 β의 추정치로 사용한다. scikit learn에서는 Ridge, LASSO, Elastic Net 모형을 해당 클래스

를 호출하여 실행한다. 리지 회귀는 다음과 같다.

```
from sklearn.linear_model import Ridge
rd=Ridge(alpha=1.0)
```

여기서 alpha는 L_2 규제의 λ를 의미한다.

LASSO는 다음과 같다.

```
from sklearn.linear_model import Lasso
lss=Lasso(alpha=1.0)
```

끝으로, Elastic Net은 다음과 같다.

```
from sklearn.linear_model import ElasticNet
elt=ElasticNet(alpha=1.0 , l1_ratio=0.5)
```

여기에서 alpha는 L_1과 L_2 규제화에 사용하는 $\lambda_1+\lambda_2$의 값이고 $l1$_ratio는 alpha $\times l1$_ratio로 L_1 규제하의 λ_1 값을 부여한다. 그러므로 $l1_ratio=1$이면 이는 LASSO가 되며 $l1_ratio=0$이면 Elastic Net은 리지회귀가 된다.

회귀모형은 이외에도 이미 논의를 한 KNN, 의사결정나무(회귀나무)를 이용한 회귀모형이 있으며 이어지는 제13장에서 다루는 Boosting을 이용한 회귀가 있다.

11.6 Scikit learn을 이용한 회귀분석

아래 자료는 미국 Boston 지역의 집값에 대한 자료이고, MEDV(집 가격, 단위 $1,000)가 y변수이며 13개의 특성변수로 MEDV를 회귀분석을 통해 예측하고자 한다.

```
import pandas as pd
house = pd.read_csv('https://raw.githubusercontent.com/rasbt/'
                    'python-machine-learning-book-2nd-edition'
                    '/master/code/ch10/housing.data.txt',header=None,sep='\s+')
house.columns = ['CRIM', 'ZN', 'INDUS', 'CHAS','NOX', 'RM', 'AGE', 'DIS', 'RAD','TAX',
'PTRATIO', 'B', 'LSTAT', 'MEDV']
house.head()
```

```
Out[2]:
CRIM        ZN INDUS  CHAS     NOX  ...   TAX  PTRATIO       B  LSTAT  MEDV
 0    0.00632   18.0   2.31  0  0.538  ...  296.0     15.3  396.90   4.98  24.0
 1    0.02731    0.0   7.07  0  0.469  ...  242.0     17.8  396.90   9.14  21.6
 2    0.02729    0.0   7.07  0  0.469  ...  242.0     17.8  392.83   4.03  34.7
 3    0.03237    0.0   2.18  0  0.458  ...  222.0     18.7  394.63   2.94  33.4
 4    0.06905    0.0   2.18  0  0.458  ...  222.0     18.7  396.90   5.33  36.2
 5    rows x 14 columns]
```

선형회귀모형을 적합시키기 위해 변수들 간의 선형성, 특히 MEDV와 특성변수의 관계를 살펴보기 위해 다음과 같이 scatter plot 행렬을 구하여 보자.

```
import plotly.express as px
fig=px.scatter_matrix(house, dimensions= ['LSTAT', 'INDUS', 'NOX', 'RM',
                      'MEDV'],title='Scatter Matrix')
fig.show()
fig=px.scatter_matrix(house, dimensions= ['ZN', 'AGE', 'DIS', 'TAX','PTRATIO',
                      'MEDV'],title='Scatter Matrix')
fig.show()
```

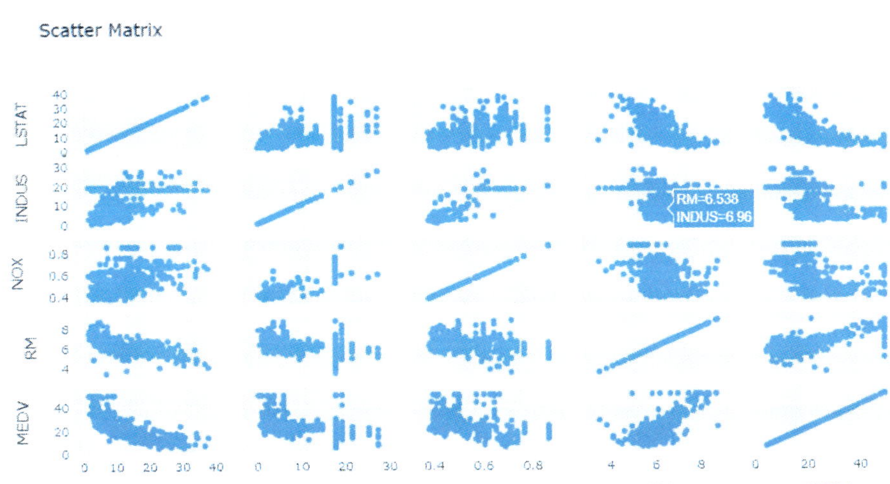

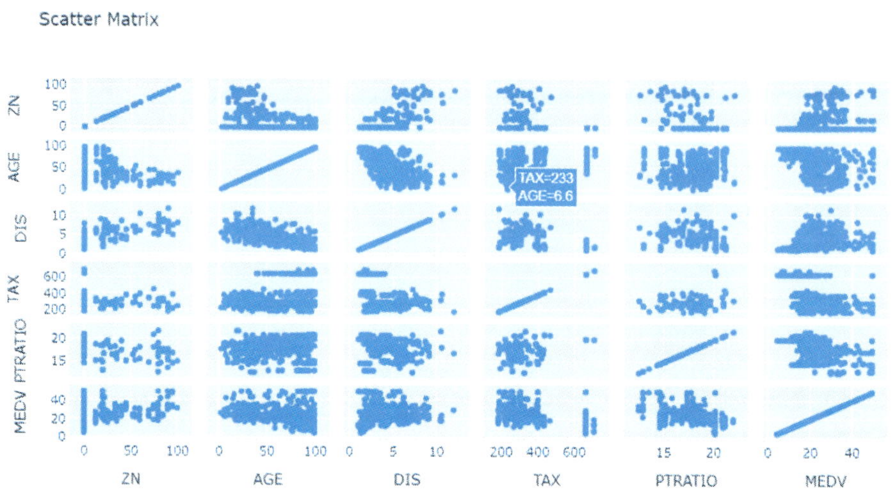

LSTAT와 INDUS는 MEDV와 지수적 감소 형태를, RM은 선형관계를 보여주고 있다.

특성변수 중 LSTAT가 y 변수인 MEDV와 −0.738의 상관관계를 가지고 있고, 특성변수 LSTAT와 RM의 상관계수는 −0.614, ZN과 DIS와는 0.664, 그리고 AGE와 DIS의 상관계수는 −0.748로 가장 높은 역의 상관관계를 보여주고 있다. 그러나 상관계수의 절댓값이 0.9보다 큰 특성변수 간의 상관계수가 없어 다중공선성은 우려할 수준이 아닌 것으로 보인다.

```
import numpy as np
cm1 = np.corrcoef(house[col1].values.T)
cm2 = np.corrcoef(house[col2].values.T)
print(cm1)
print(cm2)
```

```
In [5]: print(cm1)
[[ 1.          0.60379972  0.59087892 -0.61380827 -0.73766273]
 [ 0.60379972  1.          0.76365145 -0.39167585 -0.48372516]
 [ 0.59087892  0.76365145  1.         -0.30218819 -0.42732077]
 [-0.61380827 -0.39167585 -0.30218819  1.          0.69535995]
 [-0.73766273 -0.48372516 -0.42732077  0.69535995  1.        ]]

In [6]: print(cm2)
[[ 1.         -0.56953734  0.66440822 -0.31456332 -0.39167855  0.36044534]
 [-0.56953734  1.         -0.74788054  0.50645559  0.26151501 -0.37695457]
 [ 0.66440822 -0.74788054  1.         -0.53443158 -0.23247054  0.24992873]
 [-0.31456332  0.50645559 -0.53443158  1.          0.46085304 -0.46853593]
 [-0.39167855  0.26151501 -0.23247054  0.46085304  1.         -0.50778669]
 [ 0.36044534 -0.37695457  0.24992873 -0.46853593 -0.50778669  1.        ]]
```

다음은 특성변수 LSTAT와 INDUS가 y와 지수적 관계를 보이므로 로그를 취해 변환된 특성변수를 만드는 프로그램이다.

```
import numpy as np
house['LLSTAT']=np.log(house['LSTAT'])
house['LINDUS']=np.log(house['INDUS'])
house.head()
```

```
      CRIM    ZN  INDUS  CHAS   ...    LSTAT  MEDV    LLSTAT    LINDUS
0  0.00632  18.0   2.31     0   ...     4.98  24.0  1.605430  0.837248
1  0.02731   0.0   7.07     0   ...     9.14  21.6  2.212660  1.955860
2  0.02729   0.0   7.07     0   ...     4.03  34.7  1.393766  1.955860
3  0.03237   0.0   2.18     0   ...     2.94  33.4  1.078410  0.779325
4  0.06905   0.0   2.18     0   ...     5.33  36.2  1.673351  0.779325
```

다음은 y 변수와 특성변수 X를 정의하고 학습데이터와 시험데이터를 만든 후, LinearRegression를 호출하여 선형회귀분석을 하는 프로그램이다. 회귀계수와 회귀절편은 LinearRegression의 속성(attribute)인 intercept_와 coef_를 이용하여 출력하고 있다.

```
y = house['MEDV'].values
house=house.drop(['LSTAT','INDUS','MEDV'],axis=1)
X = house.values

from sklearn.model_selection import train_test_split
X_train, X_test, y_train, y_test = train_test_split(X, y, test_size=0.3, random_state=1)
from sklearn.linear_model import LinearRegression
mlr = LinearRegression()
mlr.fit(X_train, y_train)

print('Slope:', mlr.coef_)
```

```
(out)   Slope: [-1.36676828e-01 3.13177997e-02  2.52393199e+00 -1.70295629e+01
          1.23977704e+00 3.06818458e-02 -1.28840466e+00 2.61968148e-01
         -6.58141653e-03 -8.27862485e-01  4.90558897e-03 -9.97211822e+00
         -6.04522425e-01]
```

```
print('Intercept:', mlr.intercept_)
```

```
(out)       Intercept: 65.69779117501709
```

아래는 추정된 회귀모형을 학습데이터와 시험데이터에 적용하여 잔차를 구하는 프로그램이다. 그림에서 볼 수 있듯이 파란색은 학습데이터의 잔차, 빨간색은 시험데이터의 잔차이다.

```
y_train_pred=mlr.predict(X_train)
y_test_pred=mlr.predict(X_test)
import plotly.graph_objects as go
fig=go.Figure()
fig.add_trace(go.Scatter(x=y_train_pred, y=y_train_pred-y_train, mode='markers',
                         name='Training data'))
fig.add_trace(go.Scatter(x=y_test_pred, y=y_test_pred-y_test, mode='markers', name='Test
                         data'))
fig.update_layout(width=600,height=400, title_text='Residual Plots versus predicted values',
                  title_x=0.5)
fig.update_xaxes(title_text='predicted')
fig.update_yaxes(title_text='residuals')
fig.show()
```

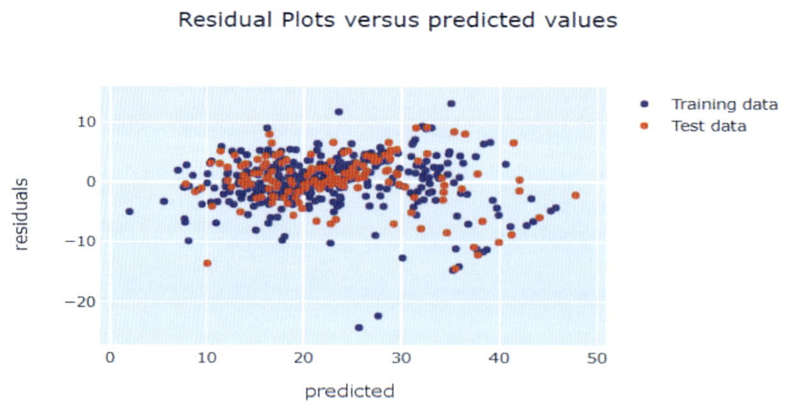

MSE는 $\frac{1}{n}\sum_{i=1}^{n}(y_i - \hat{y}_i)^2$으로 mean squared error의 약자이며 선형회귀모형에 있는 오차항의 분산 추정치로 사용하지만 머신러닝에서는 손실함수값으로 해석한다. 아래는 학습데이터와 시험데이터에서 계산된 MSE 계산 프로그램이다.

```
from sklearn.metrics import mean_squared_error
print('MSE train: %.3f, test: %.3f' % (mean_squared_error(y_train, y_train_pred),
mean_squared_error(y_test, y_test_pred)))
```

```
(out)       18.139, test: 17.416
```

다음으로 회귀모형에서 사용하는 결정계수에 대해 살펴보자. 결정계수는

$$R^2 = \frac{\sum_{i=1}^{n}(y_i - \bar{y})^2 - \sum_{i=1}^{n}(y_i - \hat{y}_i)^2}{\sum_{i=1}^{n}(y_i - \bar{y})^2} = 1 - \frac{\sum_{i=1}^{n}(y_i - \hat{y}_i)^2}{\sum_{i=1}^{n}(y_i - \bar{y})^2}$$

으로 $\sum_{i=1}^{n}(y_i - \bar{y})^2$은 특성변수가 모형에 없을 때의 잔차제곱합이며 $\sum_{i=1}^{n}(y_i - \hat{y})^2$은 특성변수를 모형에 포함시켰을 때의 잔차제곱합이다. 잔차는 모형이 설명하지 못한 오차로 해석할 수 있으므로, R^2는 특성변수에 의해 오차$\sum_{i=1}^{n}(y_i - \bar{y})^2$를 줄인 비율로 해석할 수 있다. 그러므로 R^2가 1이면 특성변수가 y를 정확하게 예측한다는 말이고, 0이면 특성변수가 y의 예측에 전혀 기여하지 못한다고 해석할 수 있다.

다음은 선형회귀에서 가장 많이 쓰이는 결정계수(R^2)를 산출하는 프로그램으로, 모형을 추정한 학습데이터의 결정계수보다 시험데이터의 결정계수가 높게 나타났다.

```
from sklearn.metrics import r2_score
print('R^2 train: %.3f, test: %.3f' %(r2_score(y_train, y_train_pred), r2_score(y_test,
y_test_pred)))
```

```
(out)       train: 0.777, test: 0.810
```

다음은 RANSACRegressor을 호출하여 RANSAC을 적용한 프로그램이다. max_trials는 concensus sets를 만들기 위한 표본을 뽑는 반복수를 말하고, min_sample은 각 반복에서 뽑은 표본의 수를 지정한다.

```
# RANSAC Regressor
from sklearn.linear_model import RANSACRegressor
rans = RANSACRegressor(max_trials=100, min_samples=45, loss='absolute_loss',
                       residual_threshold=5.0, random_state=1)
rans.fit(X, y)
y_train_pred=rans.predict(X_train)
y_test_pred=rans.predict(X_test)
```

다음은 로버스트 RANSAC에서 회귀계수를 추정하는 데 사용한 데이터(inlier)와 특이치(outlier)를 논리식(boolean)으로 출력하는 프로그램이다. 총 354개의 학습데이터 각각에 대해 True, False로 출력한다. 그러므로 inlier_mask에서 True이면 outlier_mask에서는 False를 출력한다. 로버스트 회귀는 특이치를 찾아내는 데 매우 중요한 수단이다.

```
inlier_mask=rans.inlier_mask_
outlier_mask=np.logical_not(inlier_mask)
```

```
inner [  True  True False  True False  True  True  True False False  True  True
  True  True  True  True  True  True  True False  True  True  True  True
  True  True False  True  True  True  True  True  True  True  True False
  True  True  True  True  True  True False  True False  True False False
  True False  True  True  True  True  True  True  True  True  True  True
  True  True  True  True  True  True  True  True  True  True  True  True
  True  True False  True  True  True  True  True  True  True False  True
  True False False  True  True  True  True False  True  True  True  True
  True  True  True  True  True  True  True  True  True False  True  True
  True  True False  True  True False False  True  True  True  True  True
  True  True  True  True  True  True  True  True  True  True  True  True
  True  True  True  True  True  True  True False  True  True  True False
  True  True  True  True  True False  True  True  True  True False  True
  True  True  True  True  True  True  True  True  True  True  True  True
  True  True  True  True  True  True  True  True  True  True  True  True
```

다음 프로그램은 SVM 회귀 프로그램으로 선형 SVM 회귀(SVR(kernel='linear', C=1.0, epsilon=0.1)와 비선형 커널 SVM 회귀(SVR(kernel='rbf', C=1.0, epsilon=0.1, gamma='scale')를 비교하고 있다. SVM 회귀는 SVR(support vector regression)을 호출하여 실행한다. 선형 SVM 회귀는 svl로, 비선형 커널 SVM 회귀는 svr로 객체화하여 두 모형을 비교하였다. C는 완화변수의 허용 정도를 제어하고 epsilon은 SVR 모형의 support vector의 경계를 나타내고 있다.

```
from sklearn.svm import SVR
svl=SVR(kernel='linear', C=1.0, epsilon=0.1)
svr=SVR(kernel='rbf', C=1.0, epsilon=0.1, gamma='scale')
svl.fit(X_train,y_train)
svr.fit(X_train,y_train)
y_train_predsvl=svl.predict(X_train)
y_train_predsvr=svr.predict(X_train)
y_test_predsvl=svl.predict(X_test)
y_test_predsvr=svr.predict(X_test)
```

MSE를 기준으로 선형 SVM 회귀가 비선형 SVM 회귀보다 우수함을 알 수 있다. 복잡한 모형이 항상 좋다는 것은 편견에 불과함을 보여주는 예이다.

```
# 모형의 MSE
from sklearn.metrics import mean_squared_error
mse_l_train=mean_squared_error(y_train, y_train_predsvl)
mse_l_test=mean_squared_error(y_test, y_test_predsvl)
mse_n_train=mean_squared_error(y_train, y_train_predsvr)
mse_n_test=mean_squared_error(y_test, y_test_predsvr)
print(mse_l_train,mse_l_test,mse_n_train,mse_n_test)
```

```
(out)      22.2697 16.3823 68.89149 92.01554
```

```
# 모형의 R^2
from sklearn.metrics import r2_score
R2_l=r2_score(y_train, y_train_predsvl)
R2_n=r2_score(y_train, y_train_predsvr)
print(R2_l,R2_n)
```

```
(out)      0.7257056445901271 0.1514683433931302
```

비선형 SVM 회귀의 $R^2 = 0.15$이지만 결정계수로 해석되지 않는다.

연습문제

1 house 데이터에 적용한 linear regression, support vector machine(선형), 그리고 RANSAC에 의해 추정된 선형모형을 제시하고, RANSAC(그러므로 outlier가 제거된 OLS 선형모형)과의 비교를 통해 linear regression 모형과 support vector machine을 설명하라.

2 house 데이터에 적용된 SVM에서 epsilon의 역할을 support vector의 관점에서 논의하라.

Chapter **12**

군집

Clustering

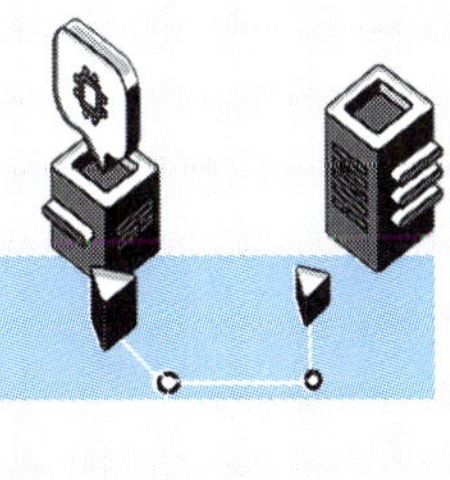

군집(clustering)은 특성변수의 유사성을 토대로 관측치를 2개 이상의 그룹으로 구별하는 비지도학습(unsupervised learning)이다. 지도학습(supervised learning)에는 정답이 있지만(즉, 목표변수 y가 관측되어 머신러닝이 맞는지 구별할 수 있지만) 군집으로 대표되는 비지도학습은 정답이 없다.

d개의 특성변수로 구성된 i번째 관측치와 i'번째 관측치인 $\boldsymbol{x}_i$와 $\boldsymbol{x}_{i'}$의 유사성은 다음과 같은 비유사성(dissimilarity) 측도에 의해 측정된다. 그러므로 비유사성 측도는 관측치 간의 비유사성을 측정하며 비유사성 측도가 작을수록 두 개의 관측치 $\boldsymbol{x}_i$와 $\boldsymbol{x}_{i'}$는 좀 더 유사하다고 해석한다.

1. 특성변수가 연속형일 때

   가장 많이 사용되는 거리는 제곱 유클리디안 거리(squared ecludean distance)로 다음과 같이 정의된다.

$$d(\boldsymbol{x}_i, \boldsymbol{x}_{i'}) = \sum_{j=1}^{m} (x_{ij} - x_{i'j})^2$$

로, 여기서 j는 j번째 특성변수를 나타내는 첨자이고, d개의 특성변수 중 m개가 연속형인 것으로 가정한다.

비슷한 측도로 $d(\boldsymbol{x}_i, \boldsymbol{x}_{i'}) = \sum_{j=1}^{m} \left| x_{ij} - \underline{x}_{i'j} \right|$가 있다. 또한 상관계수측도

$$d(\boldsymbol{x}_i, \boldsymbol{x}_{i'}) = \frac{\sum_{j=1}^{m} (x_{ij} - \bar{x}_i)(x_{i'j} - \bar{x}_{i'})}{\sqrt{\sum_{j=1}^{m} (x_{ij} - \bar{x}_i)^2 \sum_{j=1}^{m} (x_{i'j} - \bar{x}_{i'})^2}}$$

도 비유사성 측도로 사용되며 이는 m개의 특성변수로 구성된 관측치 $\boldsymbol{x}_i$와 $\boldsymbol{x}_{i'}$의 음의 상관계수로 해석할 수 있다. 여기서 $\bar{x}_i = \frac{1}{m} \sum_{j=1}^{m} x_{ij}$이다. 만약 특성변수별로 표준화되어 있으면 상관계수측도는 $2(1 - corr(\boldsymbol{x}_i, \boldsymbol{x}_{i'}))$이 되기 때문이다.

2. 순서변수(ordinal variable)일 때

순서변수의 예는 성적(A, B, C, D, F), 선호도(좋다/그저 그렇다/좋아하지 않는다)와 같이 연속형은 아니지만 순서가 있는 특성을 가지고 있다. 순서변수의 크기가 M일 때, 변수의 각 값을

$$\frac{i-1/2}{M},\ i=1,\ 2,\ \cdots,\ M$$

으로 변환 후 연속형 비유사성 측도를 사용하여 유사성을 측정한다.

3. 범주형 변수(categorical variable)일 때

범주형 자료의 유사성은 일반적으로 같은 범주형이면 0, 다른 범주형이면 1로 유사성 측도를 부여하여 사용한다. 즉, j번째 특성변수가 범주형일 때 i번째 관측치와 i'번째 관측치에서 각각의 j번째 특성변수가 같은 범주형에 속하면 0, 그렇지 않으면 1로 값을 부여한다는 의미이다.

이상에서 살펴본 바와 같이 특성변수의 특성에 따라 비유사성 또는 유사성 측도를 선택하여야 하며, 특히 특성변수가 연속형일 때 특성변수가 측도에 영향받지 않도록(scale-free) 자료분석 이전에 표준화를 해야 한다.

12.1 *K*-means 군집

K-means 군집은 가장 널리 사용되는 군집방법으로, 다음과 같은 간단한 절차로 *K*개의 군집을 형성한다. 이 *K*는 미리 정해주어야 하는 숫자이며, 이는 *K*-means 군집의 최대 약점이지만 군집이 중심점에 몰려있고(spherical shape) 군집의 크기가 비슷하면 좋은 군집방법이다.

1. 특성변수의 자료타입에 따라 자료를 변환한 후 특성변수를 표준화한다.
2. 학습데이터로부터 K개의 임의표본을 뽑고 이를 K개 군집의 중심값 μ_l, $l=1,2,\ldots,K$로 놓는다.
3. 제곱 유클리디안 거리를 기준으로 각 관측치를 가장 가까운 μ_l 군집에 편입한다.
4. 각 군집의 평균을 구해 이를 새로운 군집의 중심값 μ_l로 놓은 후 단계 3을 실행한다.
5. 각 군집의 소속이 변하지 않을 때까지, 또는 미리 정해진 최대 반복횟수에 도달할 때까지 단계 4를 반복한다.

$S_l^2 = \sum_{i \in l}\sum_{j=1}^{d}(x_{ij}-\mu_{lj})^2$는 군집 l에 포함된 관측치들만의 μ_l로부터의 제곱 유클리디안 거리의 합이다. 여기에서 μ_{lj}는 군집 l 내에 있는 j번째 특성변수의 평균이다.

K-means 군집 알고리즘은 고정된 K에서

$$SSE(K) = \sum_{l=1}^{K} S_l^2 \tag{12.1}$$

을 최소화하는 문제와 동일하다. 식 (12.1)의 $SSE(K)$를 y축에, K를 x축에 놓고 그린 그림을 팔꿈치그림(elbow plot)이라고 하며, K가 증가함에 따라 $SSE(K)$ 값

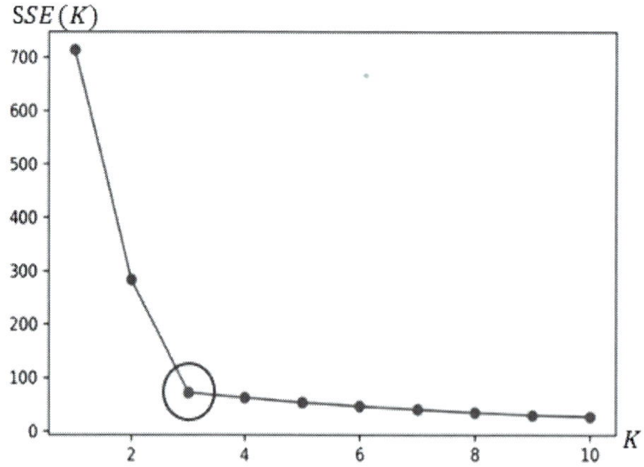

그림 12-1 팔꿈치 방법에 의한 K의 결정

이 급격하게 감소하다가, 일정 K값 이상에서는 $SSE(K)$값의 감소 속도가 현저하게 줄어드는 지점에 도달한다. <그림 12-1>은 이에 대한 가상의 그림으로 그림의 형태가 팔꿈치와 닮았고, K=3 또는 4에서 군집의 개수를 정해 K-means 군집을 실행한다.

K-means 군집은 단계 2에서 임의로 뽑은 K개의 중심값이 나쁠 경우 군집의 결과가 나쁘게 나타날 수 있다. 이에 대한 해결책 중 하나가 K-means^{++}이다. K-means^{++}는 K-means 군집에서 K개의 임의표본 대신 다음 단계에 따라 K개의 초기 중심값을 정한다.

1. n개의 표본으로 구성된 학습데이터로부터 1개의 임의표본을 뽑는다. 이를 초기 중심값 μ_1으로 한다.
2. 나머지 $(n-1)$개의 자료에 대해 μ_1으로부터의 유클리디안 거리를 구하고 이 거리에 비례한 확률을 $(n-1)$개의 자료 각각에 부여한 후, 이 확률에 비례하여 1개의 임의표본을 뽑는다. 이를 두 번째 초기 중심값 μ_2로 한다. 그러므로 가장 먼 거리에 있는 표본이 μ_2가 될 가능성이 높다.
3. $(n-2)$개의 자료에 대해 $\min(d(\boldsymbol{x}_i, \boldsymbol{\mu}_1), d(\boldsymbol{x}_i, \boldsymbol{\mu}_2))$를 구하여 이 최소거리에 비례한 확률을 $(n-2)$개 자료 각각에 부여한 후, 이 확률에 비례하여 1개의 임의표본을 뽑아 이를 세 번째 초기 중심값 μ_3로 한다.
4. 앞의 방법을 최종 μ_K를 구할 때까지 반복한다. 즉, $(n-(K-1))$개의 자료로부터 $\min(d(\boldsymbol{x}_i, \boldsymbol{\mu}_1), \cdots, d(\boldsymbol{x}_i, \boldsymbol{\mu}_{K-1}))$을 구하여 이 거리에 비례한 확률을 $(n-(K-1))$개 자료 각각에 부여한 후, 임의표본 1개를 뽑아 이를 K번째 초기 중심값 μ_K로 놓는다.

12.2 계층적 군집(hierachical clustering)

계층적 군집은 결합적 군집(agglomerative clustering)과 분할적 군집(divisive clustering)이 있다. 결합적 군집은 n개의 자료가 있을 때 자료 각각이 하나의 군집이 되고 유사성 거리측도 기준으로 군집을 하나씩 결합(agglomerate)하여, 최종적으로 하나의 군집이 될 때까지 결합을 반복하는 군집방법이다. 한편, 분할적 군집은 모든 자료를 하나의 군집으로 만든 후 군집를 하나씩 떼어내는 하향식(top-down) 군집방법이다. 개념적으로 두 가지 방법은 동일하므로 여기에서는 결합적 군집만을 고려하고자 한다.

결합적 군집의 출발점에서는 각 표본이 하나의 군집을 형성하므로 군집 간의 거리를 쉽게 정의할 수 있다. n개 군집 간의 거리(유클리디안 거리 등과 같은)를 구해 가장 가까운 두 개의 군집을 합치게 된다. 결합적 군집의 두 번째 단계부터는 군집 내에 2개 이상의 관측치를 포함하므로 군집 간의 거리를 정의하여야 한다. 이를 위해 두 개의 군집 A와 B에 대하여, A에 속해있는 관측치를 $\boldsymbol{x}_1, \cdots, \boldsymbol{x}_{n_A}$, 군집 B에 속해있는 관측치를 $\boldsymbol{z}_1, \cdots, \boldsymbol{z}_{n_B}$라고 표기하자. 이 두 군집 A와 B의 거리를 측정하는 대표적인 측도는 다음과 같다.

완전연계군집(Complete-linkage clustering)

$$\max\{d(\boldsymbol{x}_i, \boldsymbol{z}_j); i=1, \cdots, n_A, \ j=1, \cdots, n_B\}$$

단순연계군집(Single-lingage clustering)

$$\min\{d(\boldsymbol{x}_i, \boldsymbol{z}_j); i=1, \cdots, n_A, \ j=1, \cdots, n_B\}$$

평균연계군집(Average-linkage clustering)

$$\frac{1}{n_A n_B}\sum_{i=1}^{n_A}\sum_{j=1}^{n_B} d(\boldsymbol{x}_i, \boldsymbol{z}_j)$$

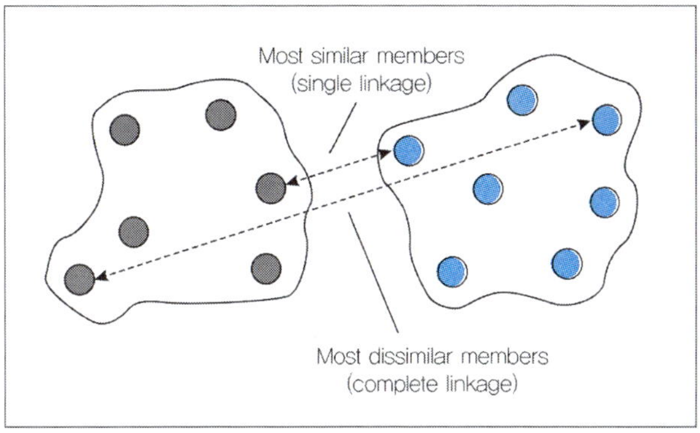

그림 12-2 군집 간의 거리

<그림 12-2>는 단순연계군집과 완전연계군집의 거리개념을 보여주고 있다. 단순연계는 두 군집 A와 B의 멤버들 중 가장 가까운 거리를 의미하고, 반대로 완전연계는 가장 멀리 떨어진 멤버들 간의 거리를 의미하고 있다. 평균연계는 A의 멤버와 B의 멤버들 간의 가능한 모든 쌍을 만든 후, 이 쌍들의 거리의 평균을 의미한다.

결합적 군집 알고리즘을 정리하면 다음과 같다.

1. 모든 n개의 관측치들 간의 거리를 계산한 후 가장 가까운 두 개의 관측치를 합하여 하나의 군집으로 합친다.
2. $k=n-1, \cdots, 2$에 대하여, 적절한 연계군집을 이용하여 k개 군집 간의 거리를 구해 가장 가까운 거리를 가진 두 개의 군집을 하나의 군집으로 합친다.

계층적 군집의 가장 큰 장점은 K-means 군집과 달리, 군집의 개수 K를 미리 정할 필요가 없다는 점이다. 두 개의 군집을 반복적으로 합치는 과정을 알 수 있고, 이를 기반으로 군집의 개수를 정할 수도 있다.

12.3 DBSCAN과 HDBSCAN

공간상에 높은 밀도(high density)를 가지고 모여 있는 관측치들을 하나의 그룹으로 간주하고 낮은 밀도를 가지고 홀로 있는 관측치는 이상치 또는 잡음(noise)으로 분류하는 밀도기반군집(density-based clustering)이 DBSCAN(Density-Based Spatial Clustering of Approximations with Noise)과 HDBSCAN(Hierarchical DBSCAN)의 핵심 아이디어이다. DBSCAN은 초모수(hyper parameter)로 하나의 군집을 형성하기 위해 최소 관측치의 개수 M과 ϵ-nearest neighbors(ϵ-NN, 2차원 및 3차원 공간에서는 반지름이 ϵ인 원 또는 공)를 사용하며 다음과 같이 군집을 찾아낸다.

(1) 임의 관측치를 선택하고 이 관측치에 군집 1을 부여한다.
(2) 이 관측치의 ϵ-nearest neighbors를 구하고 ϵ-NN 내에 있는 관측치의 수가 M보다 작으면 잡음(noise) 또는 이상치(outlier)로 표시하며,
(3) M보다 크거나 같으면 이 관측치 모두에게 군집 1을 할당한다. 만약 군집 1에 속한 관측치들 중 M개 이상의 ϵ-NN이 있으면 이들 ϵ-NN도 모두 군집 1을 할당한다.
(4) 군집 1의 어느 관측치도 M개 이상의 ϵ-NN가 존재하지 않을 때까지 반복한다.
(5) 군집 2를 형성하기 위해 (1) ~ (4)를 반복한다.
(6) 모든 관측치가 군집 소속으로 분류되거나 잡음으로 분류될 때까지 위의 절차를 반복한다.

최소 자료개수 M은 일반적으로 (특성변수 +1)을 사용한다. ϵ은 너무 작으면 많은 관측치가 잡음자료로 분류되고, ϵ이 너무 크면 군집의 개수가 너무 작아지게 되어 ϵ은 DBSCAN의 성능에 결정적인 역할을 한다. 이러한 초모수 ϵ을 결정하여야 하는 문제를 근본적으로 해결하는 군집기법이 HDBSCAN이다.

HDBSCAN는 다음과 같은 절차로 군집을 형성한다.

(1) 상호접근가능거리(mutually reachability distance, mrd)를 다음과 같이 정의한다.

$$d_{mr}(\boldsymbol{x}_p, \boldsymbol{x}_q) = \max(d_{core}(\boldsymbol{x}_p), d_{core}(\boldsymbol{x}_q), d(\boldsymbol{x}_p, \boldsymbol{x}_q))$$

여기에서 $d_{core}(\boldsymbol{x}_p)$는 $\boldsymbol{x}_p$로부터 M번째($\boldsymbol{x}_p$를 포함)로 가까운 관측치까지의 거리를 말하고 $d(\boldsymbol{x}_p, \boldsymbol{x}_q)$는 관측치 $\boldsymbol{x}_p$와 $\boldsymbol{x}_q$의 유클리디안 거리이다. $\boldsymbol{x}_p$와

$\boldsymbol{x}_q$ 사이에 밀집된 자료가 많이 있으면 $d_{mr}(\boldsymbol{x}_p,\boldsymbol{x}_q)=d(\boldsymbol{x}_p,\boldsymbol{x}_q)$가 되어 밀집된 군집 내 관측치의 mrd는 모두 유클리디안 거리로 일정하게 된다. 그러므로 군집은 그대로 유지되게 된다. 그러나 $\boldsymbol{x}_p$가 밀집된 군집에 있지만 $\boldsymbol{x}_q$는 이상치로 홀로 떨어져 있다면 $d_{mr}(\boldsymbol{x}_p,\boldsymbol{x}_q)=d_{core}(\boldsymbol{x}_q)$가 되어 원래의 유클리디안 거리보다 더 멀리 떨어뜨리는 역할을 하게 된다.

(2) $\lambda=\frac{1}{\epsilon}$으로 놓고 가장 큰 $d_{mr}(\boldsymbol{x}_p,\boldsymbol{x}_q)$보다 큰 ϵ(그러므로 가장 작은 λ)을 택하여 DBSCAN을 실시하면 하나의 군집만 존재하게 된다. 점차적으로 λ를 증가(그러므로 ϵ를 감소)시키면서 DBSCAN을 하면 2개의 군집이 만들어질 것이다. 그러면 DBSCAN은 시작 관측치(이를 $\boldsymbol{x}_p$라고 하자)로부터의 mrd가 계산되며, 2개의 군집이 만들어질 때까지 ϵ이 감소함에 따라 $d_{mr}(\boldsymbol{x}_p,\boldsymbol{x}_q)$가 큰 순서대로 첫 군집에서 떨어져 나가는 관측치 $\boldsymbol{x}_q$가 생겨날 것이다. 이를 하나의 군집에서 두 개의 군집으로 나누어지기 위한 파편의 순서라고 생각하면 될 것이다. 파편으로 나갈 때의 λ값을 λ_q라고 표현하자. 이러한 파편들로 두 번째의 군집이 생성될 것이며 2개의 군집이 생성될 순간에 마지막으로 파편으로 떨어져 나간 관측치의 λ_q를 λ_ϵ이라고 하자. 2개의 군집이 만들어질 때까지 원래의 군집에서 떨어져 나간 가장 작은 λ_q부터 λ_ϵ까지의 총합을 λ_{birth}라고 정의한다.

(3) (2)에서 생성된 두 개의 군집은 ϵ이 감소함에 따라 각각의 자식군집(child clusters)을 만들게 될 것이다. 두 개의 군집 중 어느 한 군집, 예를 들어 첫 번째 군집이 ϵ_1에서 2개의 군집으로 나뉘었다면 첫 번째 군집의 안정성(stability)은 $\sum_{q\in \text{첫 번째 군집}}(\lambda_q-\lambda_{birth})$가 된다. 두 번째 군집에 대해서도 동일한 절차로 두 번째 군집의 안정성을 구한 후, 첫 번째와 두 번째 군집의 안정성의 합을 두 개 군집의 λ_{birth}라고 정의한다.

(4) ϵ을 계속하여 감소시켜 가면서 군집의 크기가 최소 M이 될 때까지 계속하고 각 군집의 안정성을 계산한다. 군집에 속하지 못한 관측치는 잡음 또는 이상치로 표기한다.

(5) (군집수와 군집의 결정) 절차 (4)에서 형성된 최하위 자식군집(그러므로 가장 많은 군집)을 잠정적으로 참군집이라고 선언하고 이 최하위 자식군집을 시작점으로 하여 점차적으로 상위군집 방향으로 다음과 같이 참군집을 결정한다. 기준은 안정성이다. 자식군집의 λ_{birth}가 바로 상위군집(부모군집)의 안정성보다 크면 부모군집의 안정성을 자식군집의 λ_{birth}로 대체한다. 만약 반대로 자식군집의 안정성의 합이 부모군집의 안정성보다 작다면 부모군집이 참군집이 되며 자식군집은 참군집에서 제외한다. 이 과정을 최상위군집(즉, 하나의 군집)까지 반복하여 참군집을 결정하고 이 참군집의 수가 최종 군집의 수가 된다.

HDBSCAN에서의 초모수는 오직 M이 된다. 절차 (2) ~ (4)에서 사용한 ϵ은 단지 HDBSCAN을 설명하기 위해 도입하였을 뿐 군집을 위해 미리 정할 필요가 없기 때문이다. 군집을 형성하기 위한 M의 결정은 경험적으로 비교적 쉽게 결정할 수 있을 것이다.

그림 12-3 λ값의 변화에 따른 군집 형성과정($M=10$일 경우)

<그림 12-3>은 λ의 증가(즉, ϵ의 감소)에 따른 HDBSCAN 군집 형성과정을 보여주고 있다. 첫 번째 군집의 분화는 $\lambda_{\epsilon}=3$에서 발생하고 왼쪽 군집의 자식군집은 $\lambda_{\epsilon_1}=5.2$에서 발생하고 있음을 보여주고 있다. 군집의 기둥이 점점 줄어드는

모습을 보이는 것은 λ가 증가함에 따라 관측치들이 파편으로 하나씩 떨어져 나가기 때문에 일어나는 현상이다. 파편이 떨어져 나갈 때의 λ_q와 부모군집에서 계산된 λ_{birth}를 이용하여 군집 안정성 측도를 산출, 최종적으로 2개의 군집이 결정되는 과정을 <그림 12-4>에서 보여주고 있다.

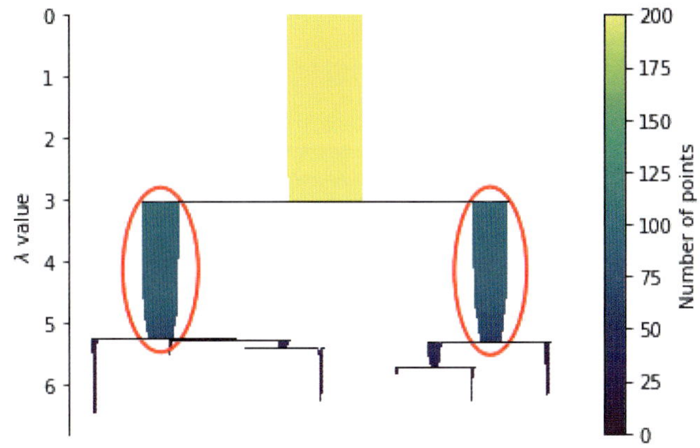

그림 12-4 HDBSCAN 안정도 측도에 의한 최종 2개의 군집 결정

DBSCAN과 HDBSCAN의 직관적인 차이점은 아래의 그림과 같이 요약할 수 있다. <그림 12-5>와 같이 2개의 산이 있을 때, 즉 2개의 참 cluster가 있을 때, DBSCAN은 global threshold를 써서 3개의 cluster를 찾아내지만, HDBSCAN은 각 산에 각자의 threshold를 사용하여(local threshold) 왼쪽 산의 2개의 봉우리가 하나의 산으로 구성된 것을 찾아내는 cluster 알고리즘으로 해석할 수 있다.

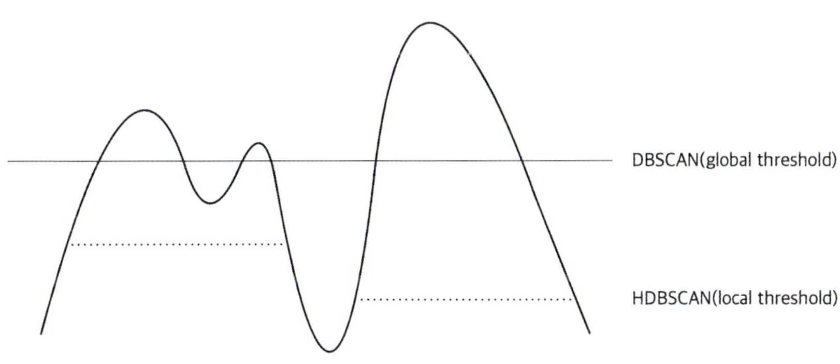

그림 12-5 DBSCAN과 HDBSCAN의 차이점

12.4 Scikit learn을 이용한 군집

K-means 군집, 계층적 군집, 그리고 DBSCAN을 적용하기 위해 아래의 인공적인 자료를 생성하기로 하자.

```
from sklearn.datasets import make_blobs
X, y =
make_blobs(n_samples=200,n_features=2,centers=3,cluster_std=0.5,shuffle=True,random_state
=0)

import plotly.graph_objects as go
fig=go.Figure()
fig.add_trace(go.Scatter(x=X[:,0], y=X[:,1], mode='markers'))
fig.update_layout(width=500, height=400)
fig.show()
```

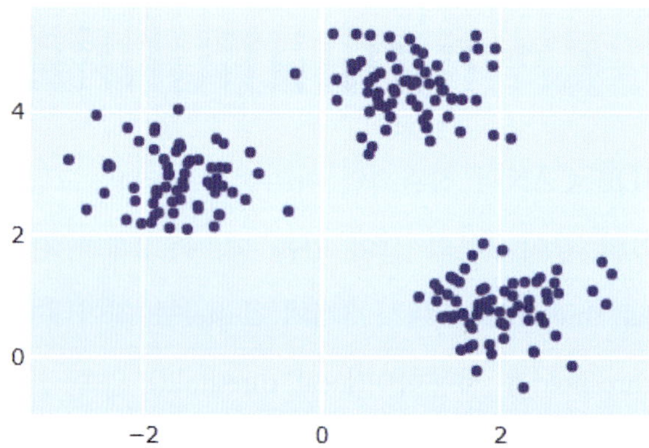

그림 12-6 3개의 군집을 가진 자료

<그림 12-6>은 2개의 특성변수에 의해 3개의 군집으로 구분할 수 있는 자료를 보여주고 있다. 먼저 K-means 군집을 적용하여 보자.

```
from sklearn.cluster import KMeans
km =
KMeans(n_clusters=3,init='k-means++',n_init=10,max_iter=300,tol=1e-04,random_state=0)
y_km = km.fit_predict(X)
```

n_init=10은 서로 다른 3개의 중심값을 갖는 K-means^{++} algorithm을 독립적으로 10회 수행하고, 이 10개 중 가장 작은 제곱오차(SSE)를 갖는 모형을 최종 모형으로 선택하겠다는 것을 의미한다. K-means 군집을 수행하길 원한다면 init='random'으로 주면 된다. init의 default 값은 'K-means^{++}'이다. <그림 12-5>에서 볼 수 있듯이 군집의 수는 3이 당연하지만, 실습을 위해 <그림 12-1>의 팔꿈치 방법을 이용하여 군집의 개수 K를 결정하여 보자. 각 $SSE(K)$는 속성 "inetia_"로 구할 수 있으며, 다음 프로그램을 수행하여 쉽게 팔꿈치그림을 그릴 수 있다.

```
distortions = []
for i in range(1, 11):
    km = KMeans(n_clusters=i,n_init=10,max_iter=300,random_state=0)
    km.fit(X)
    distortions.append(km.inertia_)
import numpy as np
fig=go.Figure()
fig.add_trace(go.Scatter(x=np.arange(1,11), y=distortions,mode='lines+markers'))
fig.update_layout(width=500, height=400)
fig.update_xaxes(title_text='number of cluster')
fig.update_yaxes(title_text='SSE(k)')
fig.show()
```

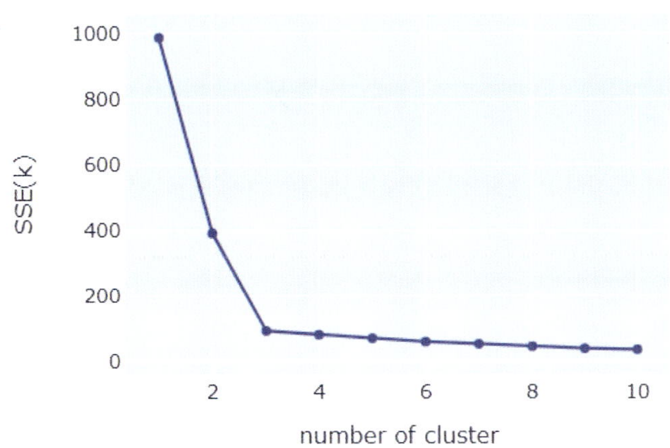

그림 12-7 팔꿈치그림

<그림 12-7>에서 볼 수 있듯이 $SSE(K)$는 예상대로 $K=3$일 때까지 빠르게 감소하고, 그 이후로는 감소하는 속도가 급격하게 줄어들어 $K=3$이 좋은 선택임을 보여주고 있다. 이제 군집결과를 km_plus(K-means^{++} 군집의 결과)를 이용하여 그려보자.

```
fig=go.Figure()
fig.add_trace(go.Scatter(x=X[y_km == 0, 0],y=X[y_km == 0,1],
            mode='markers',name='cluster1'))
fig.add_trace(go.Scatter(x=X[y_km == 1, 0],y=X[y_km == 1, 1],
            mode='markers',name='cluster2'))
fig.add_trace(go.Scatter(x=X[y_km == 2, 0],y=X[y_km == 2, 1],
            mode='markers',name='cluster3'))
fig.add_trace(go.Scatter(x=km.cluster_centers_[:, 0],y=km.cluster_centers_[:, 1],
            mode='markers', marker=dict(size=12,colorscale='Viridis'), name='centroid'))
fig.show()
```

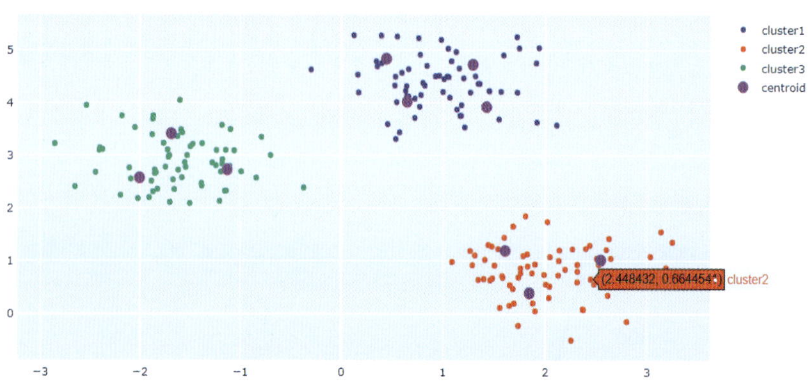

그림 12-8 K-means^{++} 군집 결과

다음은 계층적 군집을 위해서 생성한 자료이다.

```
import pandas as pd
import numpy as np
np.random.seed(123)
features = ['X', 'Y', 'Z']
```

```
id = ['ID0','ID1','ID2','ID3','ID4']
X = np.random.random_sample([5,3])*10
df = pd.DataFrame(X, columns=features, index=id)
df
```

	X	Y	Z
ID0	6.964692	2.861393	2.268515
ID1	5.513148	7.194690	4.231065
ID2	9.807642	6.848297	4.809319
ID3	3.921175	3.431780	7.290497
ID4	4.385722	0.596779	3.980443

```
from sklearn.cluster import AgglomerativeClustering
agg = AgglomerativeClustering(n_clusters=3,affinity='euclidean',linkage='complete')
labels = agg.fit_predict(X)
print('Cluster labels: %s' % labels)
```

```
(out)    Cluster labels: [1 0 0 2 1]
```

```
agg = AgglomerativeClustering(n_clusters=2,affinity='euclidean',linkage='complete')
labels = agg.fit_predict(X)
print('Cluster labels: %s' % labels)
```

```
(out)    Cluster labels: [0 1 1 0 0]
```

오직 5개의 관측치를 이용하여 계층적 군집이 $K=3$인 경우와 $K=2$인 경우를 보여주고 있다. $K=3$일 때 1번째와 5번째 자료가 하나의 군집, 2번째와 3번째가 또 하나의 군집, 4번째 자료가 세 번째 군집을 형성하고 있다. $K=2$로 줄어들면 4번째 자료가 1번째와 5번째 자료로 구성된 군집에 편입되었음을 알 수 있다. 이러한 군집의 변동은 군집의 가지치기(pruning)에 유용하게 사용할 수 있다.

다음의 자료는 K-means 군집, 계층적 군집, DBSCAN, HDBSCAN을 비교하기 위해 생성한 자료이다.

```
from sklearn.datasets import make_moons
X, y = make_moons(n_samples=200,noise=0.05,random_state=0)
import plotly.express as px
fig=px.scatter(x=X[:,0],y=X[:,1])
fig.update_layout(width=500,height=380)
fig.show()
```

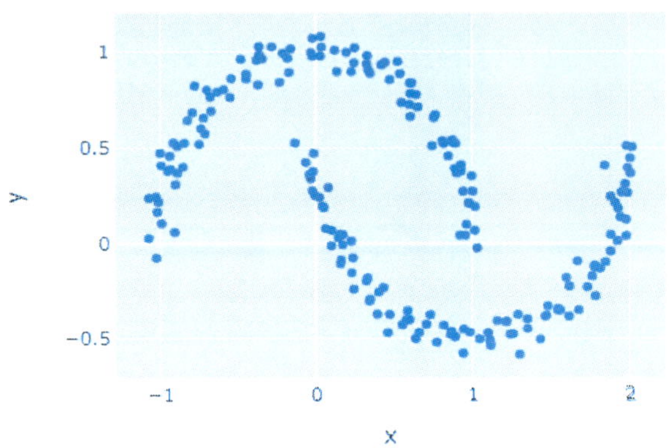

그림 12-9 곡선형 2개의 cluster로 구성된 자료

<그림 12-9>를 보면 군집의 개수가 2개임을 알 수 있다. *K*-means 군집과 계층적 군집을 적용하여 보자.

```
from sklearn.cluster import KMeans
km = KMeans(n_clusters=2, random_state=0)  # K-means++ clustering
y_km = km.fit_predict(X)
from sklearn.cluster import AgglomerativeClustering
ac = AgglomerativeClustering(n_clusters=2, linkage='complete')
#Agglomerative clustering
y_ac = ac.fit_predict(X)

from plotly.subplots import make_subplots
import plotly.graph_objects as go
fig=make_subplots(rows=1, cols=2, subplot_titles=('K-means clustering', 'Agglomerative
clustering'))
fig.add_trace(go.Scatter(x=X[y_km==0,0], y=X[y_km==0,1],
mode='markers',name='cluster1'), row=1,col=1)
fig.add_trace(go.Scatter(x=X[y_km==1,0], y=X[y_km==1,1], mode='markers',
name='cluster2'), row=1,col=1)
```

```
fig.add_trace(go.Scatter(x=X[y_ac==0,0], y=X[y_ac==0,1], mode='markers',
name='cluster1'), row=1,col=2)
fig.add_trace(go.Scatter(x=X[y_ac==1,0], y=X[y_ac==1,1], mode='markers',
name='cluster2'), row=1,col=2)
fig.update_layout(height=400, width=800, title_text='Clustering', title_x=0.5)
fig.show()
```

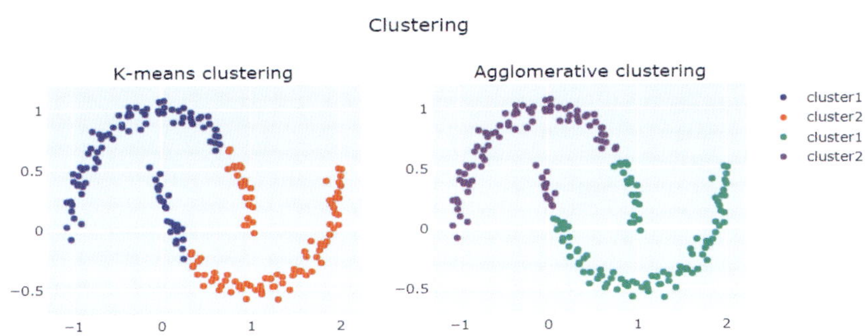

그림 12-10 *K*-means 군집과 결합적 군집

<그림 12-10>을 살펴보면 *K*-means 군집보다 계층적 군집이 약간 더 좋은 것으로 나타났으나, 두 군집방법 모두 공간을 선분으로 나누는 선형적 군집이므로 이러한 현상은 피할 수 없다. 그러므로 군집이 이 가공자료처럼 공간적으로 서로 간에 교차하는 곡면형일 때, *K*-means 군집과 계층적 군집 중 하나인 결합적 군집(Agglomerative clustering)은 효율적이지 않다.

```
from sklearn.cluster import DBSCAN
db = DBSCAN(eps=0.2,min_samples=5,metric='euclidean')
y_db = db.fit_predict(X)
fig=go.Figure()
fig.add_trace(go.Scatter(x=X[y_db==0,0],y=X[y_db==0,1],
          mode='markers',name='cluster1'))
fig.add_trace(go.Scatter(x=X[y_db==1,0],y=X[y_db==1,1],
          mode='markers',name='cluster2'))
fig.update_layout(width=500,height=380)
fig.show()
```

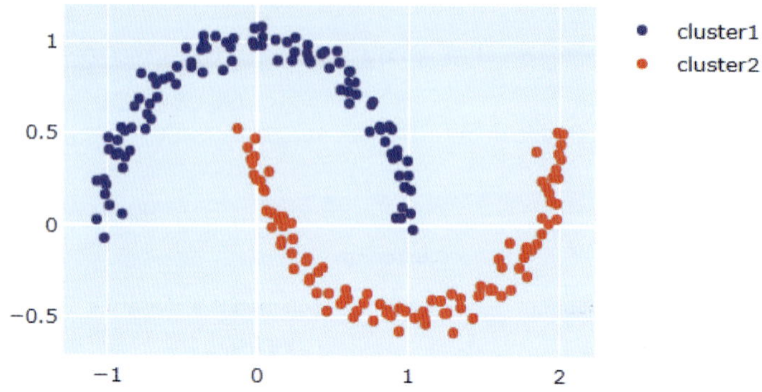

그림 12-11 DBSCAN에 의한 군집

<그림 12-11>은 DBSCAN이 군집을 성공적으로 실행하고 있음을 보여주고 있다. 특성변수의 차원이 증가함에 따라 DBSCAN의 군집성능은 현격하게 저하된다. 물론 *K*-mens 군집이나 계층적 군집도 차원의 저주(curse of dimensionality)로부터 자유롭지는 않다. 차원의 저주에 가장 취약한 거리 측도는 유클리디안 거리이다.

다음은 HDBSCAN을 적용하여 군집분석을 한 경우로, 2개의 군집을 잘 분류하는 것으로 나타났으며 군집결과는 <그림 12-12>에 제시되어 있다. 일반적으로 비선형분류에서 HDBSCAN이 DBSCAN보다 우수한 것으로 알려져 있다.

```
import hdbscan
hdb=hdbscan.HDBSCAN(min_samples=10)
y_hdb = hdb.fit_predict(X)
fig=go.Figure()
fig.add_trace(go.Scatter(x=X[y_hdb==0,0],y=X[y_hdb==0,1],
                mode='markers',name='cluster1'))
fig.add_trace(go.Scatter(x=X[y_hdb==1,0],y=X[y_hdb==1,1],
                mode='markers',name='cluster2'))
fig.update_layout(width=500,height=380)
fig.show()
```

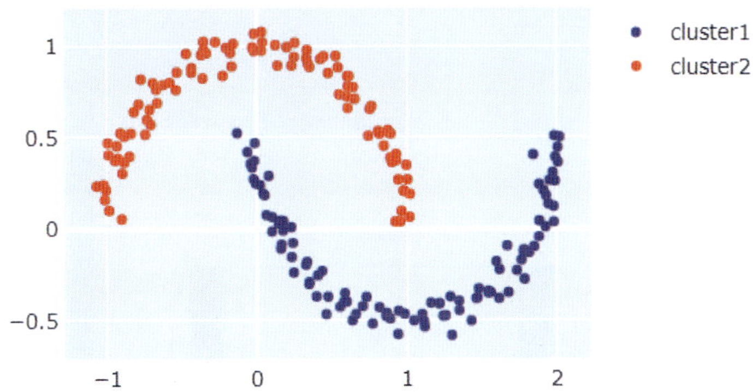

그림 12-12 HDBSCAN에 의한 군집

```
hdb.condensed_tree_.plot()
```

그림 12-13 λ값의 변화에 따른 군집 형성과정($M=10$일 경우)

<그림 12-13>은 HDBSCAN을 이용하여 하나의 군집으로부터 7개 군집의 형성 과정을 λ의 변화에 따라 보여주고 있다. <그림 12-14>는 안정성측도를 이용하여 최종적으로 2개의 군집을 결정하는 과정을 보여주고 있다.

```
hdb.condensed_tree_.plot(select_clusters=True)
```

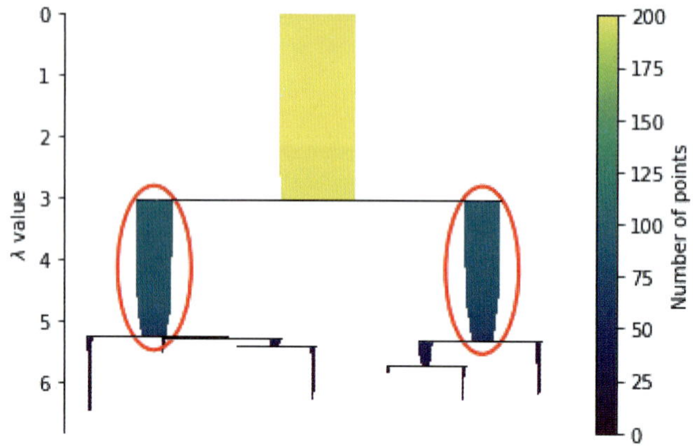

그림 12-14 HDBSCAN 안정성측도에 의한 최종 2개의 군집 결정과정

군집에서 군집의 개수 K를 결정하는 가장 좋은 방법은 2차원 그림이다. 그러나 특성변수의 개수가 3개 이상이면(물론 3차원 그림은 가능하다) 실제적으로 시각화가 불가능하다. 특성변수의 차원이 아주 클 경우에는 PCA나 LDA를 이용하여 적절한 크기의 차원축소가 우선되어야 한다. PCA나 LDA를 통해 자료를 2차원으로 축소시키고 예측된 군집명을 축소된 2차원 자료에 부여한 후, 2차원 산포도(scatter plot)를 통해 군집의 질적 평가를 수행할 수 있다.

제6장에서 논의하였고 제13장에서 논의할 손글씨 자료에 군집분석을 적용하여 손글씨를 식별하여 보기로 한다.

```
from sklearn.datasets import load_digits
digits=load_digits()
digits.data.shape
```

```
(out)       (1797, 64)
```

위 데이터는 특성변수 X에 대한 shape으로, 64개의 특성변수로 구성된 1797개의 표본임을 알 수 있다.

```
from sklearn.cluster import KMeans
kmeans = KMeans(n_clusters=10,random_state=0)
clusters = kmeans.fit_predict(digits.data)
kmeans.cluster_centers_.shape
```

```
(out)        (10, 64)
```

위 프로그램에서 n_cluster=10은 군집이 0 ~ 9의 10개 정수임을 알고 있기 때문에 지정한 것이다. kmeans.cluster_centers_.shape는 10개 cluster의 중심값을 나타낸다. 이를 다음의 코드를 이용하여 image로 표현하면 <그림 12-14>와 같다.

```
import matplotlib.pyplot as plt
fig, ax=plt.subplots(2, 5, figsize=(8, 3))
centers=kmeans.cluster_centers_.reshape(10, 8, 8)
for axi, center in zip(ax.flat, centers):
    axi.set(xticks=[], yticks=[])
    axi.imshow(center, interpolation='nearest', cmap=plt.cm.binary)
```

그림 12-15 10개 군집 중심값의 이미지

<그림 12-15>에서 볼 수 있듯이 1과 8을 제외하고 중심값 자체로 숫자를 판별할 수 있을 것으로 보인다. 그런데 10개의 군집은 차례가 없이 부여된다. 이들을 실제 참값과 일치시키는 방법은, 예를 들어 cluster 2번이 부여된 자료에 참 0 ~ 9 중 "5"가 가장 많이 포함되어 있으면 cluster 2번의 라벨을 "5"로 부여하면 된다. 이를 위한 프로그램은 다음과 같다.

```
from scipy.stats import mode
labels=np.zeros_like(clusters)
for i in range(10):
    mask=(clusters == i)
    labels[mask]=mode(digits.target[mask])[0]

from sklearn.metrics import accuracy_score
accuracy_score(digits.target, labels)
```

```
(out)     0.7935447968836951
```

약 80%의 정확도를 보이고 있으며, 이는 Naive Bayes보다 약간 낮은 정밀도이다. 원인이 무엇인지 알아보기 위해 다음의 confusion_matrix()를 실행하여 보자.

```
from sklearn.metrics import confusion_matrix
import seaborn as sns
mat = confusion_matrix(digits.target, labels)
print(mat)
```

```
[[177   0   0   0   1   0   0   0   0   0]
 [  0  55  24   1   0   1   2   0  99   0]
 [  1   2 148  13   0   0   0   3   8   2]
 [  0   0   0 154   0   2   0   7   7  13]
 [  0   7   0   0 163   0   0   7   4   0]
 [  0   0   0   0   2 136   1   0   0  43]
 [  1   1   0   0   0   0 177   0   2   0]
 [  0   0   0   0   0   0   0 177   2   0]
 [  0   5   3   2   0   4   2   5 100  53]
 [  0  20   0   6   0   6   0   7   2 139]]
```

그림 12-16 *K*-means classifier에 의한 분류결과

<그림 12-16>을 보면, 예상대로 1과 8 간에 오분류가 많이 발생하였다는 것을 알 수 있다.

연습문제

1 Sklearn에서 제공하는 make_circles data에 적절한 noise를 첨가한 후, *K*-means++, DBSCAN, HDBSCAN을 적용하여 비교하라.

Chapter 13

앙상블학습

Ensemble learning

우리는 지금까지 많은 종류의 분류기법(classifier)과 회귀기법(regression)을 논의하여 왔다. 앙상블은 이러한 기법들의 모임이며 이 기법들을 이용하여 예측성능을 높이는 학습을 앙상블학습(ensemble learning, 앙상블러닝)이라고 한다. 그러므로 앙상블학습은 분석의 종착점이라고 할 수 있으며, 대부분 분류기법에 다양하게 사용되므로 분류를 중심으로 설명을 진행하고자 한다. 필요시, 앙상블회귀도 논의할 것이다. 가장 쉬운 앙상블학습은 투표분류기법(voting classifier)이다. 2개 이상의 분류기법들을 동일한 학습데이터에 각각 적합시킨 후 이를 이용하여 분류기법별로 새로운 자료에 대한 클래스를 예측하고, 예측된 클래스 중 빈도가 가장 높은 클래스를 이 새로운 자료의 최종 클래스로 할당하는 방법이다. 이러한 할당 방법을 hard voting이라고 한다. 각 분류기법이 특정 클래스에 속할 확률을 제공한다면, 각 분류기법별로 특정 관측치가 클래스에 속할 확률을 구한 뒤 그 클래스에 속할 평균 확률을 계산한다. 평균 확률이 가장 큰 클래스로 이 특정관측치의 클래스로 할당하는 것을 soft voting이라고 한다. 이러한 앙상블기법은 앙상블에 이용되는 분류기법들이 개념적으로 독립적일 때 효과가 높게 나타난다. 또한 앙상블학습은 딥러닝을 쓸 만큼 자료의 크기가 충분하지 않을 때, 딥러닝만큼의 성능을 보이는 머신러닝 모형이다. 정밀도가 낮은 수많은 모형을 학습시켜 이를 통합한 정밀도가 높은 메타모형(meta model)이 앙상블모형이다.

13.1 Bagging, Pasting, 그리고 Random forest

앙상블기법은 사실 통계학에서 가장 중요한 개념인 대수의 법칙(law of large number, LLN)에 기초하고 있다. LLN은 독립적인 표본들로부터 계산된 표본 적률은 표본의 수가 증가하면서 모적률로 접근한다는 이론이다. 다시 말해서 표본의 크기가 클수록 표본평균은 모평균으로 접근하므로 독립적인 분류기법이 많을수록 분류의 정밀도가 높아지게 된다. 독립적인 분류기법이 많으면 정밀도가 높아지겠지만 현재까지 개발된 분류기법의 종류가 LLN을 적용할 만큼 많지도 않고 서로 간에 독립적인지 검정할 수 있는 방법 또한 없다. 이러한 이유 때문에 적은 수의 분류기법을 사용하되 학습데이터를 대폭 늘리는 방법을 고려하게 되었다.

학습데이터를 늘리는 방법은 두 가지가 있다. 첫 번째로 원래의 학습데이터를 붓스트랩(bootstrap)하는 방법이다. 즉, 원래의 학습데이터의 크기가 n개라면 이 학습데이터에서 임의로 n개의 표본을 뽑되 with replacement로 표본을 뽑는 방법이다. 예를 들어, 원래의 학습데이터가 $\{1,2,3,4,5\}$로 구성되어 있을 때 with replacement로 표본을 뽑는다는 것은 한 번 뽑힌 표본도 다시 집어넣어 다시 뽑을 수 있기 때문에 새로운 학습데이터로 $\{1,1,4,5,5\}$를 만들 수 있다. 그러므로 with replacement로 표본을 뽑게 되면 동일한 표본을 반복적으로 뽑을 수 있다. 이러한 절차로 M개의 학습데이터셋을 생성한다. 이 방법을 bagging(bootstrap aggregating)이라고 한다. 두 번째로 원래의 학습데이터로부터 without replacement로 임의의 표본을 뽑아 새로운 학습데이터를 생성하는 방법이 pasting이다. 원래의 학습데이터가 $\{1,2,3,4,5\}$라고 가정할 때, without replacement로 표본을 뽑아 새로운 학습데이터로 $\{1,3,5\}$를 만드는 방법이다. 그러므로 without replacement는 한 번 뽑은 표본은 다시 뽑을 수 없다는 것을 의미한다. 분석에 이용되는 머신러닝이 분류일 때는 hard voting이나 soft voting을 이용하여 클래스를 예측한다.

예를 들어, 2개의 클래스로 목표변수를 분류하고자 할 때, 3가지의 분류기법이 있고 $M=100$으로 100개의 학습데이터셋이 생성되었다고 가정하자. 특성변수 x를 가진 새로운 관측치(즉, 시험데이터)의 클래스를 예측하는 것이 목적이다. 3가지 분류기법은 각각 100번의 예측 클래스를 할당할 것이다. 300번의 할당 중 첫 번째 클래스로의 예측이 많은지, 두 번째 클래스로의 예측이 많은지에 따라 새로운 관측치의 범주를 할당하면 hard voting이다. 한편, soft voting은 300번의 두 클래스에 대한 할당확률의 평균을 구해서 높은 평균 확률을 가진 클래스를 새로운 관측치의 클래스로 예측한다. 회귀인 경우, 300개의 목표변수 예측값의 평균을 목표변수 y의 최종예측값으로 한다. 일반적으로 bagging이 pasting보다 우수한 것으로 나타나(Geron, 2017) bagging을 주로 사용한다.

Bagging에서는 붓스트랩의 특성상 학습데이터의 일부가 반복적으로 뽑혀 붓스트랩 학습데이터로 사용되기 때문에 붓스트랩 학습데이터에 포함되지 않은 학습데이터 일부가 존재할 수밖에 없다. 학습데이터에 포함되지 않은 자료(out-of-bag, oob)를 검증데이터로 이용할 수 있다는 점 또한 bagging의 장점이다.

Random forest는 의사결정나무의 bagging 버전이라고 볼 수 있다. 분석 절차를 정리하면 다음과 같다.

Random forest 분석 절차

1. 크기가 n이고 d개의 특성변수를 가진 원래의 학습데이터에서 n개의 확률 붓스트랩 표본을 뽑아 새로운 학습데이터를 만든다.
2. 이 새로운 학습데이터를 이용하여 의사결정나무의 노드마다 d개의 특성변수 중 임의로 k개의 특성변수를 뽑아, 이 k개의 변수에 대해서 의사결정나무의 일반적인 절차를 따라 의사결정나무를 완성한다.
3. 절차 1, 2를 M번 반복한다.

의사결정나무가 분류를 위한 것이라면 새로운 관측치의 특성변수를 M개의 분류나무에 적용하여 voting으로 결정하고, 회귀일 경우 M개의 목표변수 y 예측치의 평균을 최종예측치로 한다. Random forest에서 특성변수를 임의추출하는 이유는 M개의 의사결정나무 간의 상관관계를 최소화하기 위함이다. 이러한 과정을 거치지 않으면, 예를 들어 변별력이 뛰어난 특성변수가 존재할 때 M개의 의사결정나무 거의 대부분이 이 변수를 선택하게 되어 결과적으로 의사결정나무 간의 상관관계가 높아지게 된다. 모든 Random forest는 학습데이터와 특성변수의 확률화(randomness) 때문에 과대적합의 가능성이 낮아 가지치기(prune)가 필요하지 않으며 k는 일반적으로 $k=\sqrt{d}$로 택한다. 그러므로 Random forest의 초모수는 절차 3에 있는 M이다. M이 클수록 대수의 법칙에 의해 Random forest의 성능이 좋아지므로 컴퓨터의 계산 능력을 고려하여 가능한 한 큰 M을 선택하는 것이 좋다. 의사결정나무는 random forest뿐만 아니라 대부분의 앙상블학습에 사용된다.

앙상블학습 중 우수한 성능을 보여주고 있는 boosting은 앞의 bagging이나 pasting의 resampling을 이용하는 대신 특성변수 x에 대응하는 목적변수를 잔차로 정의하고 이 잔차를 반복적으로 줄이는 앙상블 기법이다. 그러므로 boosting에서는 목적변수를 직전 반복에서 정의된 잔차로 정의하게 되어 고정된 특성변수 x에 목적변수만 변경한 여러 개의 데이터셋을 만든 것으로 해석할 수 있다. Boosting을 구체적으로 살펴보기 전에 의사결정나무가 앙상블학습의 기반모형으로 쓰이는 이유를 살펴보기로 한다.

13.2 앙상블학습을 위한 통계적 머신러닝의 특성

머신러닝에서 분석 전에 실시하는 사전자료정리(preprocessing) 과정은 올바른 분석 결과와 성능향상에 매우 중요한 역할을 한다. 적절한 학습 알고리즘의 선택을 위해 다음과 같이 6가지 사항을 고려하여야 한다.

1. 자료의 타입에 민감한가?
   실제 문제에서는 자료의 타입이 실수, 명명형(nominal), 범주형(categorical) 등 복합적 형태로 나타난다. 이럴 경우, 머신러닝은 자료의 타입에 덜 민감하여야 한다.
2. 결측(missing) 자료에 민감한가?
   결측은 관측치 모두가 결측인 경우(unit missing)와 특성변수 중 일부가 결측인 경우(item missing)가 있다. 특성변수 중 일부가 결측인 경우가 대부분이며 이러한 관측치를 불완전 관측치(incomplete observation)라고 한다. 결측자료가 많을 때 머신러닝이 결측자료에 민감하면 적절한 분석도구가 될 수 없을 것이다.
3. 자료의 이상치에 민감한가?
   머신러닝에서 모수추정을 할 때 이상치(outlier)의 영향이 덜 민감한 머신러닝 분석방법을 채택하여야 한다. 손실함수로 제곱오차를 사용하는 머신러닝 알고리즘은 이상치에 매우 민감하므로 이상치를 제거하고 사용하여야 한다.

4. 자료의 표준화가 필요한가?

   거리의 개념을 사용하는 머신러닝 손실함수에서는 특성변수 자료의 측도(scale) 문제를 없애기 위해서 자료의 표준화가 필요한 경우가 있으며, 특히 딥러닝에서는 필수적이다. 자료의 변환은 원래 자료가 가지고 있는 정보의 손실 또는 왜곡이 있을 수밖에 없으며, 특히 분석결과의 해석에 문제를 일으킬 수 있다.

5. 해석의 용이성

   특성변수의 변화가 목적변수에 영향을 주는 정도를 측정하기 위해서는 머신러닝 모형의 해석이 용이하여야 한다. 통계학이나 계량 경제학에서 선형모형이 유용하게 사용되는 이유는 해석의 용이함 때문이다.

6. 성능

   학습데이터에 모형을 적합시키고 시험데이터에 적용하여 평가한 머신러닝의 성능은 가장 중요하면서 최종 점검사항이며, 다른 머신러닝과의 비교를 위한 수단이다.

<표 13-1>은 앞에서 논의한 분석자료 준비과정(preprocessing)에서 고려하여야 할 6가지 사항에 대한 개별 머신러닝 분석방법의 특성들을 보여주고 있다. 의사결정나무는 예측성능(predictive performance)을 포함하여 분석자료의 준비과정이 거의 필요 없다는 것을 알 수 있다.

표 13-1 Learning 방법들의 특성 비교

특성	로지스틱	KNN	LDA	SVM	의사결정나무	최소제곱 선형모형	Neural network
자료 type 민감성	상	상	상	상	하	상	상
결측자료 영향	상	중	상	상	하	상	상
이상치 민감성	상	하	상	상	하	상	상
표준화	필요	필요	필요	필요	불필요	필요	필요
해석의 용이성	용이	난해	난해	용이	용이	용이	매우 난해
성능	중간	중간	중간	중간	중간	중간	높음

그러므로 주어진 자료에 머신러닝을 적용하기 위해 필수적인 분석자료 준비과정이 거의 필요없는 "off-the-shelf"(기성품) 분석방법이 의사결정나무이다. 기울기부스팅(Gradient Boosted Method, GBM)과 Extreme Gradient Boosting(XGboost) 등 앙상블학습은 기초모형으로 의사결정나무를 사용하며 여러 개의 의사결정나무를 순차적으로 결합하여 성능을 혁신적으로 높인 머신러닝 기법이다. 특히 CatBoost는 범주형 특성변수에 대해 one-hot encoding과 같은 별도의 수량화 작업 없이 분석을 할 수 있으며 성능 또한 매우 우수한 것으로 알려져 있다.

13.3 아다부스트(AdaBoost)

Boosting의 뜻은 개선함(to improve)이다. 노드가 1개뿐인 의사결정나무를 고려하여 보자. 즉, 여러 개의 특성변수 중 하나를 택해 2개의 구간으로 나누어 분류하는 의사결정나무를 가정해보자. 이러한 의사결정나무는 2개의 범주만 있는 간단한 모형일지라도, 임의분류(random classification)보다 약간 좋을 가능성이 높다. 이처럼 분류 성능이 임의분류보다 약간 좋은 머신러닝을 weak learner라고 한다. 그러나 이러한 weak learner도 다음과 같이 반복적으로 사용되면 지금까지 논의한 어떤 단일 분류기법보다 훨씬 성능이 좋은 머신러닝이 가능해진다.

먼저 weak learner를 이용해 분류를 한 후, n개의 학습데이터 중 분류가 올바르게 된 학습데이터의 가중치는 줄이고 오분류된 학습데이터에 대해서는 가중치를 높여서 기존 weak learner + 새로운 weak learner로 분류를 한다. 오분류된 학습데이터에 상대적으로 높은 가중치가 부여됐으므로 이렇게 더해진 두 개의 weak learner들은 오분류된 학습데이터의 일부를 제대로 분류할 것이다. 오분류된 학습데이터에 가중치를 높이고 세 번째 weak learner를 추가하여 오분류된 학습데이터의 일부를 제대로 분류한다. 이러한 절차를 M번 반복하여 M개의 weak learner를 합하여 최종 분류모형으로 사용한다. 이와 같이 추가적(additive)으로 개선되는 학습방법을 boosting이라고 한다. Bagging 모형의 대표격인 random forest 모형과 boosting의 근본적인 차이는 다음과 같다. random forest에서는 M개의 독립적인 모형을 서로 다른 M개의 boostrap 학습데이터에 적용하여 각 예측치의 평균을 산출하는 반면, boosting에서는 한 개의 학습데이터에 순차적(sequential)으로 weak learner를 적용하여 최종모형을 구성한다.

아다부스트(adaptive boosting)는 목적변수가 $y \in \{-1,1\}$인 경우에 적용된다. 즉, 두 개의 클래스가 있을 때 분류를 목적으로 하고 있다. 우리는 이러한 이항분류가 다항분류로 일반화하여 적용할 수 있는 one-versus-rest 기법을 여러 번 논의한 바 있으므로 아다부스트의 이항분류는 다항분류에도 적용된다.

아다부스트의 손실함수는 지수함수, 즉 $\exp(-yh(\boldsymbol{x}))$으로 정의된다. $h(\boldsymbol{x})$는 특성변수 $\boldsymbol{x}$를 이용한 y의 추정치이므로 $y=1$ 또는 -1이므로 y의 예측치는 $\hat{y}=sign(h(\boldsymbol{x}))$가 된다. 그러므로 지수손실함수는 $h(\boldsymbol{x})$가 y와 같은 부호(즉, 정확하게 예측)이면 손실이 줄어들고, 다른 부호를 가지게 되면 손실이 증가하는 구조를 가지고 있다.

아다부스트는 이름에서 유추할 수 있듯이 y의 추정치 $h(\boldsymbol{x})$를

$$h_m(\boldsymbol{x}) = h_{m-1}(\boldsymbol{x}) + as_m f_m(\boldsymbol{x})$$

로 정의하여 $h_0(\boldsymbol{x})=0$으로 놓으므로 $h_m(\boldsymbol{x}) = \sum_{k=1}^{m} as_k f_k(\boldsymbol{x})$가 되도록 하고 있다. 즉, $(m-1)$-step 추정치 $h_{m-1}(\boldsymbol{x})$에 가중치 as_m를 곱한 추가적인 추정치 $f_m(\boldsymbol{x})$를 더해서 m-step 추정치 $h_m(\boldsymbol{x})$로 update하는 추정치이다. 여기에서 $f_m(\boldsymbol{x})$는 decision tree와 같은 분류모형으로 1 또는 -1 값을 출력하며 as_m에서 as는 amount of say의 약자로서 손실함수를 최소로 하는 값이다.

n개의 표본을 이용한 지수손실함수를 정의하면

$$\begin{aligned} l_m &= \sum_{i=1}^{n} \exp(-y_i h_m(\boldsymbol{x}_i)) = \sum_{i=1}^{n} \exp[-y_i(h_{m-1}(\boldsymbol{x}_i) + as_m f_m(\boldsymbol{x}_i))] \\ &= \sum_{i=1}^{n} w_m(\boldsymbol{x}_i) \exp(-y_i as_m f_m(\boldsymbol{x}_i)) \end{aligned}$$

가 된다. 여기에서 $w_m(\boldsymbol{x}_i) = \exp(-y_i h_{m-1}(\boldsymbol{x}_i))$이다. 이미 언급했듯이 $h_{m-1}(\boldsymbol{x}_i)$는

y_i의 $(m-1)$-step 추정치이므로 $h_{m-1}(\boldsymbol{x}_i)$가 y_i와 같은 부호이면서 값이 크면(즉 좋은 추정치이면) $w_m(\boldsymbol{x}_i)$는 작아지고, $h_{m-1}(\boldsymbol{x}_i)$와 y_i가 다른 부호이면서 값이 크면(즉, 나쁜 추정치이면) $w_m(\boldsymbol{x}_i)$는 커지게 된다. 그러므로 $h_{m-1}(\boldsymbol{x}_i)$로 y_i를 잘못 추정하면 i번째 표본 $(y_i, \boldsymbol{x}_i)$에 큰 가중치인 $w_m(\boldsymbol{x}_i)$를 부여한 모형 $f_m(\boldsymbol{x}_i)$를 추정하고, $(m-1)$ -step에서 y_i를 잘 추정하면 i번째 표본 $(y_i, \boldsymbol{x}_i)$에 작은 가중치인 $w_m(\boldsymbol{x}_i)$를 부여한 모형 $f_m(\boldsymbol{x}_i)$를 추정하게 된다.

이제 손실함수 $l_m = \sum_{i=1}^{n} w_m(\boldsymbol{x}_i)\exp(-y_i as_m f_m(\boldsymbol{x}_i))$을 최소로 하는 as_m을 구해 보자. y_i와 $f_m(\boldsymbol{x}_i)$는 1 또는 -1이므로

$$
\begin{aligned}
l_m &= \sum_{y_i = f_m(\boldsymbol{x}_i)} w_m(\boldsymbol{x}_i)\exp(-as_m) + \sum_{y_i \neq f_m(\boldsymbol{x}_i)} w_m(\boldsymbol{x}_i)\exp(as_m) \\
&= (e^{as_m} - e^{-as_m})\sum_{i=1}^{n} w_m(\boldsymbol{x}_i) I(y_i \neq f_m(\boldsymbol{x}_i)) + e^{-as_m}\sum_{i=1}^{n} w_m(\boldsymbol{x}_i)
\end{aligned}
$$

으로 재표현할 수 있다. 위 식에서 볼 수 있듯이 $f_m(\boldsymbol{x}_i)$에 의해 잘 분류된 관측치에는 e^{-as_m}만큼의 추가적 가중치(즉, $w_m(\boldsymbol{x}_i)e^{-as_m}$의 가중치)를 부여하여 가중치를 줄여주고 오분류가 발생된 관측치에는 e^{as_m}만큼의 추가적인 가중치를 부여하게 가중치를 증가시킨다. 위 식을 as_m에 대해 미분을 취한 후 0으로 놓고 풀면

$$
as_m = \frac{1}{2}\ln\frac{1-e_m}{e_m}, \quad e_m = \frac{\sum_{i=1}^{n} w_m(\boldsymbol{x}_i) I(y_i \neq f_m(\boldsymbol{x}_i))}{\sum_{i=1}^{n} w_m(\boldsymbol{x}_i)}
$$

이 된다. 위 결과에 의해 모형 $f_m(\boldsymbol{x}_i)$에 의해 잘못 추정된 i번째 표본 $(y_i, \boldsymbol{x}_i)$에 대해 확률화 가중치 $\frac{w_m(\boldsymbol{x}_i)}{\sum_{i=1}^{n} w_m(\boldsymbol{x}_i)}$를 부여하여 계산된 오분류율이 e_m이다. 이러한 e_m의 계산방법은 구체적인 예를 통해 자세하게 논의될 것이다.

$h_m(\boldsymbol{x}_i) = h_{m-1}(\boldsymbol{x}_i) + as_m f_m(\boldsymbol{x}_i)$이므로 $h_M = \sum_{m=1}^{M} as_m f_m(\boldsymbol{x}_i)$가 된다. 그러므로

$$
\hat{y}_i = sign(h_M(\boldsymbol{x}_i))
$$

으로 y_i를 예측하게 된다. 여기에서 M은 초모수이다.

간단한 예제를 통해 아다부스트를 좀 더 상세하게 이해하고 as_m과 e_m의 계산 방법을 이해해 보도록 하자.

표 13-2 아다부스트를 위한 학습데이터

관측치	1	2	3	4	5	6	7	8
x	5	10	15	20	25	30	35	40
y	−1	−1	1	1	1	−1	−1	1
가중치	1/8	1/8	1/8	1/8	1/8	1/8	1/8	1/8

<표 13-2>는 특성변수가 오직 하나인 경우를 보여주고 있다. 제7장에서 논의했듯이, 의사결정나무의 노드를 결정하기 위해 Gini 지수, cross-entropy 등의 불순도 지수를 이용하여 계산한 정보획득(information gain, IG)이 가장 큰 노드는 $x = 12.5$라고 가정하자. 물론 두 개 이상의 특성변수가 있다면 각 변수별로 가장 큰 IG를 구해 이 중 가장 큰 IG를 가진 변수의 노드가 의사결정나무의 노드가 된다. 아다부스트는 일반적으로 노드가 하나인 decision tree인 소위, tree stump를 사용한다. $x < 12.5$이면 $f_1 = -1$로 분류하고 $x \geq 12.5$이면 $f_1 = 1$로 분류하는 tree stump이다. 그러므로 $f_1 = 2I[x \geq 12.5] - 1$이며 6, 7번째 관측치를 오분류하게 된다. 한편 $h_0 = 0$이므로 모든 표본에 대해 $w_1(x_i) = 1$이 되며 $\dfrac{\sum_{i=1}^{8} w_1(\boldsymbol{x}_i) I(y_i \neq f_1(\boldsymbol{x}_i))}{\sum_{i=1}^{8} w_1(\boldsymbol{x}_i)} = \dfrac{\sum_{i=1}^{8} I(y_i \neq f_1(\boldsymbol{x}_i))}{8}$ $= e_1 = \dfrac{2}{8} = 0.25$가 된다. 이 첫 번째 tree stump의 정보량 $as_1 = \dfrac{1}{2} ln(\dfrac{1-e_1}{e_1}) = 0.55$가 된다.

이 as_1을 이용하여, 오분류가 발생한 관측치의 새로운 가중치는 $e^{0.55} = 1.733$이 되고 오분류가 발생하지 않은 관측치의 새로운 가중치는 $e^{-0.55} = 0.577$이 된다.

표 13-3 아다부스트를 위한 조정된 가중치의 계산

관측치	1	2	3	4	5	6	7	8
x	5	10	15	20	25	30	35	40
y	−1	−1	1	1	1	−1	−1	1
가중치	0.577	0.577	0.577	0.577	0.577	1.733	1.733	0.577
조정가중치	0.083	0.083	0.083	0.083	0.083	0.251	0.251	0.083

<표 13-3>은 오분류가 발생한 관측치와 잘 분류된 관측치의 표본 가중치를 계산한 것과 가중치의 합이 1이 되도록 만든 조정가중치를 보여주고 있다. 이 조정가중치가 앞에서 논의한 확률화 가중치 $\frac{w_2(\boldsymbol{x}_i)}{\sum_{i=1}^{8} w_2(\boldsymbol{x}_i)}$이다.

이제 이 확률화 가중치(또는 조정가중치)를 어떻게 적용하여 as_m과 e_m를 계산하는지 살펴보도록 하자. 조절가중치를 이용하여 아래와 같이 tree stump를 구성하기 위한 데이터를 만들어보자. 0 ~ 1 사이의 값을 균등분포(uniform distribution)로부터 8개의 표본을 임의추출하여 새로운 표본을 구성한다. 예를 들어, 0.1이 추출되면 2번째 관측치가 표본에 포함되고, 0.415보다 크고 0.666보다 작은 값을 균등분포로부터 추출하면 6번째 관측치가 표본이 된다.

표 13-4 두 번째 tree stump를 위한 데이터셋

관측치	1	2	3	4	5	6	7	8
x	10	15	20	30	30	35	35	40
y	−1	1	1	−1	−1	−1	−1	1
가중치	1/8	1/8	1/8	1/8	1/8	1/8	1/8	1/8

<표 13-4>는 균등분포로부터 구성된 자료를 보여주고 있다. <표 13-2> 최초의 표본에서 오분류된 6, 7번째 자료가 2번 반복해서 표본에 포함된 것을 볼 수 있다. 즉, 오분류된 자료가 두 번째 tree stump를 구성하는데 가중치가 높아졌다는 것을 의미한다. 이러한 새로운 표본 생성이 조정가중치의 역할이다. 두 번째 tree stump는 첫 번째 stump를 구성하는 절차를 반복하므로 우선 각 자료의 가중치를 1/8로

원위치하고 불순도 지수에 따라 tree stump의 노드를 결정한다. 이 노드가 $x=25$이면 $f_2 = 2I[x \le 25]-1$이 되고 2개의 관측치가 오분류되었으므로 오차 $e_2 = 0.25$이며 $as_2 = 0.55$가 된다. 이를 이용하여 기존의 tree stump f_1에 f_2를 추가하여 다음과 같이 y의 추정함수를 구한다.

$$\begin{aligned}\hat{y} &= sign(h_2(\boldsymbol{x})) = sign(as_1 \cdot f_1(\boldsymbol{x}) + as_2 \cdot f_2(\boldsymbol{x})) \\ &= sign(0.55 \cdot (2I[x \ge 12.5]-1) + 0.55 \cdot (2I[x \le 25]-1))\end{aligned}$$

이 새로운 추정함수를 이용하여 전체자료를 재분류하고 $w_3(\boldsymbol{x}_i) = \exp(-y_i h_2(\boldsymbol{x}_i))$으로 새로운 조정가중치로 표본을 구성한 후, 분류 모형 f_3를 적합하고 적용한다. 적용 결과로 산출된 계산오차 e_3를 이용하여 as_3를 구하고 $h_3(\boldsymbol{x}) = \sum_{i=1}^{3} as_i f_i(\boldsymbol{x})$를 정의한다. 이러한 과정을 M번 반복하여 최종 예측함수

$$\hat{y} = sign(\sum_{i=1}^{M} as_i \cdot f_i(\boldsymbol{x}))$$

를 구하게 된다.

13.4 기울기부스팅(Gradient Boosting Method)

목적변수 y_i와 추정모형 $f(\boldsymbol{x}_i)$의 거리를 측정하는 손실함수 l이 있으며 이 손실함수가 $f(\boldsymbol{x}_i)$에 대해 미분 가능하다고 가정하자. 즉,

$$\sum_{i=1}^{n} l(y_i, f(\boldsymbol{x}_i)) \tag{13.1}$$

를 최소화하는 $f(\boldsymbol{x}_i)$를 구하고자 한다. 식 (13.1)을 최소화하기 위해 기울기하강법(gradient decent)을 적용하면

$$f_m(\boldsymbol{x}_i) = f_{m-1}(\boldsymbol{x}_i) - \eta_m \frac{\partial l(y_i, f(\boldsymbol{x}_i))}{\partial f(\boldsymbol{x}_i)}|_{f(\boldsymbol{x}_i) = f_{m-1}(\boldsymbol{x}_i)} \\ = f_{m-1}(\boldsymbol{x}_i) - \eta_m g_{im} \tag{13.2}$$

이 되고, 여기에서 $i = 1,2,...,n$이고 $g_{im} = \frac{\partial l(y_i, f(\boldsymbol{x}_i))}{\partial f(\boldsymbol{x}_i)}|_{f(\boldsymbol{x}_i) = f_{m-1}(\boldsymbol{x}_i)}$이다.

<표 13-5>는 표본 하나에 대한 손실함수와 추정모형 $f(\boldsymbol{x}_i)$에 대한 음의 미분 g_{im}을 보여주고 있다. 선형회귀 모형에서 사용하는 손실함수 MSE, quantile 회귀에서 사용하는 절댓값 손실함수(MAE), support vector machine에서 사용하는 Huber 손실함수, 그리고 분류에서 사용하는 deviance 손실함수(binary-crossentropy와 동일한 손실함수임) 각각에 대해 구한 $-1x$ 손실함수 미분은 MSE와 deviance 손실함수의 경우, 잔차(residual)와 동일하다는 것을 알 수 있다. quantile 회귀의 MAE인 경우의 음의 미분 값은 잔차의 부호이며, Huber 손실인 경우는 잔차의 변형인 것을 볼 수 있다. 그러므로 식 (13.2)에 의해 $-g_{im}$은 $(m-1)$번째 update된 추정모형에 의한 추정치와 목적변수 y_i의 잔차 또는 잔차의 함수라고 해석할 수 있다.

표 13-5 손실함수와 기울기

도구	손실	$-\frac{\partial l}{\partial f(\boldsymbol{x}_i)}$	비고
회귀	$(y_i - f(\boldsymbol{x}_i))^2$	$y_i - f(\boldsymbol{x}_i)$	제곱오차
	$\|y_i - f(\boldsymbol{x}_i)\|$	$sign(y_i - f(\boldsymbol{x}_i))$	절대오차
	$(y_i - f(\boldsymbol{x}_i))^2$ if $\|y_i - f(\boldsymbol{x}_i)\| < \delta$ $2\delta\|y_i - f(\boldsymbol{x}_i)\| - \delta^2$ if $\|y_i - f(\boldsymbol{x}_i)\| \geq \delta$.	$y_i - f(\boldsymbol{x}_i)$ if $\|y_i - f(\boldsymbol{x}_i)\| < \delta$ $\delta sign\|y_i - f(\boldsymbol{x}_i)\|$ if $\|y_i - f(\boldsymbol{x}_i)\| \geq \delta$	후버손실 (Huber loss)
분류	$\log(1+\exp(-y_i f(\boldsymbol{x}_i)))$	$\frac{\partial l}{\partial f(\boldsymbol{x}_i)} = y_i - \pi_i = y_i - \frac{1}{1+e^{-2f(\boldsymbol{x}_i)}}$	binarycross entropy

* $\pi_i = P(y_i = 1) = \frac{1}{1+e^{-2f(\boldsymbol{x}_i)}}$

GBM은 이 잔차를 설명하는 모형으로 적은 수의 노드를 가진 의사결정나무를 $-g_{im}$에 적용한다. 즉,

$$\sum_{i=1}^{n}(-g_{im}-\sum_{j=1}^{J}\gamma_{jm}I(\boldsymbol{x}_i \in R_{jm}))^2 \tag{13.3}$$

을 최소화하는 γ_{jm}과 R_{jm}을 구하게 된다.

이를 손실함수 (13.1)에 대입하면

$$\sum_{i=1}^{n} l(y_i, f_{m-1}(\boldsymbol{x}_i)+\eta_m \sum_{j=1}^{J}\hat{\gamma}_{jm}I(\boldsymbol{x}_i \in R_{jm})) \tag{13.4}$$

이 된다. 최종적으로 (13.4)를 최소화하는 $\eta_m \gamma_{jm}$을 구한다. 그러므로 식 (13.3)에서 구한 γ_{jm}은 예비추정치이고 의사결정나무에 의해 구한 $I(\boldsymbol{x}_i \in R_{jm})$만을 이용하게 된다.

지금까지 논의한 기울기나무부스팅(Gradient tree Boosting) 알고리즘을 정리하면 다음과 같다.

1. 초기치 $\sum_{i=1}^{n} l(y_i, \gamma)$를 최소화하는 $f_0(\boldsymbol{x}_i)=\gamma$
2. $m=1$부터 M까지

(a) $g_{im}=[\frac{\partial l(y_i, f(\boldsymbol{x}_i))}{\partial f(\boldsymbol{x}_i)}]_{f=f_{m-1}},\ i=1,2,...,n$

(b) weak learner 의사결정나무를 이용하여 $\sum_{i=1}^{n}(-g_{im}-\sum_{j=1}^{J}\gamma_{jm}I(\boldsymbol{x}_i \in R_{jm}))^2$을 최소화하는 γ_{jm}과 R_{jm}을 구한다.

(c) $\sum_{i=1}^{n} l(y_i, f_{m-1}(\boldsymbol{x}_i)+\eta_m \sum_{j=1}^{J}\gamma_{jm}I(\boldsymbol{x}_i \in R_{jm}))$을 최소화하는 $\eta_m \gamma_{jm}$을 구한다.

(d) $f_m(\boldsymbol{x}_i)=f_{m-1}(\boldsymbol{x}_i)+\hat{\eta}_m \sum_{j=1}^{J}\hat{\gamma}_{jm}I(\boldsymbol{x}_i \in R_{jm})$으로 업데이트한다.

3. $\widehat{f}(\boldsymbol{x}_i)=f_M(\boldsymbol{x}_i)$이다.

GBM 알고리즘에서 2-(b)는 information gain을 SSE로 정의한 의사결정나무를 구하는 과정이다. GBM 알고리즘에 의해 GBM의 초모수는 총추가모형의 수인 M과 의사결정나무의 총영역수인 J이다. 알고리즘에서는 J를 고정했지만, J_m으로 m번째 추가모형에 의존하도록 설정해도 된다.

y가 분류이고 y의 범주수가 K일 때, one.vs.rest 기법을 적용하여 분류나무부스팅의 2(a) ~ 2(d)를 K번 반복하여 $\widehat{f^k}(\boldsymbol{x}_i)$, $k=1,\ldots,K$를 구한다. 그러므로 $f_M(\boldsymbol{x}_i)$는 클래스 숫자만큼 K개가 산출되어

$$p_k(\boldsymbol{x}_i) = \frac{e^{\widehat{f^k}(\boldsymbol{x}_i)}}{\sum_{k=1}^{K} e^{\widehat{f^k}(\boldsymbol{x}_i)}}$$

에 의해 i번째 학습데이터가 범주 k에 속할 확률을 예측할 수 있다. GBM 알고리즘에 사용된 의사결정나무의 크기인 J는 일반적으로 $4 \le J \le 8$의 값을 갖는다.

13.4.1 GBM의 이해

GBM 알고리즘을 이해하기 위해 y가 연속형이고 손실함수가 MSE인 경우를 고려하여 보자. 가장 간단한 경우로 특성변수 x는 1개이고 weak learner로는 tree stump를 가정하자. 물론 실제 문제에서는 특성변수가 2개 이상이며 weak learner는 깊이가 4 ~ 8인 의사결정나무를 일반적으로 사용한다.

표 13-6 GBM의 이해를 위한 간단한 자료

x	1	2	3	4	5
y	5	12	14	20	39

<표 13-5>에 의해 $-g_{im} = y_i - f(x_i)$이다. GBM 알고리즘에 의해 SSE를 최소화하는 $f_0(x_i) = \bar{y}$이므로 $-g_{i1} = y_i - \bar{y}$가 된다.

<표 13-6>의 자료에서 $f_0 = \bar{y} = 18$이 된다. 이 잔차에 대해 tree stump를 적용한

다. 즉, 두 개의 영역 각각에서 계산한 SSE의 합이 최소가 되는 노드를 결정하고, GBM 알고리즘 2-(c)에 의해 이 잔차의 SSE를 최소로 하는 추정치는 각 영역의 평균이다. <표 13-7>의 $\eta_1\gamma_1$이 이에 해당하며 노드를 $x=4.5$로 하였을 때 $x<4.5$ 영역에 속한 $y-\bar{y}$의 평균은 −5.3이고, $x \ge 4.5$ 영역에 속한 $y-\bar{y}$의 평균은 21이다. GBM 알고리즘 2-(d)에 의해 y의 추정치는 $f_1=f_0+\eta_1\gamma_1$으로 업데이트된다. 다시 잔차 $y-f_1$을 구하고 이 잔차에 tree stump를 적용한다. <표 13-7>에서 노드는 $x=2.5$이고 두 영역의 평균은 각각 -4.2와 2.9(<표 13-7>의 $\eta_2\gamma_2$)로 계산되었다. $f_2=f_1+\eta_2\gamma_2$로 업데이트되고 잔차 $y-f_2$를 계산한다. 이러한 절차를 잔차가 충분하게 작아질 때까지 반복한다. 그러므로 손실함수가 SSE일 때의 GBM은 잔차를 순차적으로 줄이는 머신러닝 기법이라고 해석할 수 있다.

표 13-7 손실함수가 SSE일 때의 GBM

x	y	$f_0=\bar{y}$	$y-f_0$	$\eta_1\gamma_1$	f_1	$y-f_1$	$\eta_2\gamma_2$	f_2	$y-f_2$
1	5	18	−13	−5.3	12.7	−7.7	−4.2	8.5	−3.5
2	12	18	−6	−5.3	12.7	−0.7	−4.2	8.5	3.5
3	14	18	−4	−5.3	12.7	1.3	2.9	15.6	−1.6
4	20	18	2	−5.3	12.7	7.3	2.9	15.6	4.4
5	39	18	21	21	39	0	2.9	41.9	−2.9

이제 손실함수가 <표 13-5>의 오차의 절댓값(SAE) $\sum_{i=1}^{n}|y_i-f(\boldsymbol{x}_i)|$이면 이 오차의 절댓값을 최소로 하는 $f_0=median(y_i)$이므로 <표 13-6> 데이터에서 $f_0=14$가 된다. 오차의 절댓값의 미분은 <표 13-5>와 같이 $-g_{i1}=sign(y_i-f(\boldsymbol{x}_i))$이므로 $sign(y_i-f_0)=\{-1,-1,\ 0,\ 1,\ 1\}$이 된다. 이 자료를 대상으로 GBM 알고리즘 2-(b)에 의해 tree stump를 적용하면 최소의 SSE를 가지는 노드는 $x=2.5$ 또는 $x=3.5$가 된다. 만약 $x=2.5$를 선택하면 GBM 알고리즘 2-(c)를 적용하여, 두 영역의 잔차 y_i-f_0의 SAE를 최소로 하는 추정치는 각 영역의 중위수이므로 <표 13-8>과 같이 $\eta_1\gamma_1$이 구해진다. $f_1=f_0+\eta_1\gamma_1$이므로 $sign(y_i-f_{1i})=\{-1,\ +1,\ -1,\ 0,\ +1\}$이 된다. 이 값에 대해 최소의 SSE를 가진 노드는 $x=3.5$이며 두 영역의 중위수는

각각 -3.5와 9.5이다. 이 값이 <표 13-8>의 $\eta_2\gamma_2$이다. $f_2 = f_1 + \eta_2\gamma_2$이므로 이를 이용하여 $sign(y_i - f_{2i})$와 잔차 $y_i - f_{2i}$를 산출하고 잔차가 충분히 작아질 때까지 이를 반복한다. SSE와 비교하여 손실함수로 SAE를 사용하면, 의사결정나무의 노드는 $sign(y_i - f_m)$의 SSE에 의해 결정되고 추정치 $\eta_m\gamma_m$은 각 영역의 중위수가 된다. 중위수를 사용하기 때문에 y의 이상치에 민감하지 않은 GBM 기법이라고 할 수 있다. 그러나 손실함수와 관계없이 y가 연속형인 회귀 목적함수이면 GBM은 잔차를 계속해서 줄여나가는 기법이라고 할 수 있다.

표 13-8 손실함수가 SAE일 때의 GBM

x	y	f_0	$sign(y-f_0)$	$\eta_1\gamma_1$	f_1	$y-f_1$	$\eta_2\gamma_2$	f_2	$y-f_2$
1	5	14	−1	−5.5	8.5	−3.5	−3.5	5	0
2	12	14	−1	−5.5	8.5	3.5	−3.5	5	7
3	14	14	0	6	20	−6	−3.5	16.5	−1.5
4	20	14	1	6	20	0	9.5	29.5	−9.5
5	39	14	1	6	20	19	9.5	29.5	9.5

끝으로 y변수가 클래스일 때, 즉 분류가 목적일 때의 GBM을 고려하여 보자. 클래스의 수가 K개일 때, 하나-나머지(one-versus-rest) 기법에 따라 첫 번째 클래스 대 나머지 클래스, 두 번째 클래스 대 나머지 클래스, ..., K번째 클래스 대 나머지 클래스의 차례로 적용하여 분류기 $f_1, f_2, \cdots, f_K$를 각각 산출한다.

f_1을 산출하는 방법을 살펴보자. 우선 i번째 데이터가 첫 번째 클래스에 속하면 $y_i = 1$, 그렇지 않으면 $y_i = 0$ 값을 할당한다. 이후의 절차는 SSE 손실함수를 사용한 GBM과 동일하다. 좀 더 자세히 살펴보면, <표 13-5>에 의해 로짓 손실함수(즉, binary crossentropy)의 음의 미분값, 즉 $-g_i$는 $y_i - \pi_i$이므로 f_0는 y_i의 평균(총 학습데이터에서 첫 번째 클래스의 비율)이므로 잔차는 $y_i - f_0$가 되고 이 잔차들의 SSE를 최소화하는 낮은 깊이의 의사결정나무를 결정하고, 각 영역별로 $y_i - f_0$의 평균을 구한다. 이 값이 $\eta_1\gamma_1$이 되므로 $f_1 = \bar{y} + \eta_1\gamma_1$이고 다시 잔차 $y_i - f_1$을 이용하여 의사결정나무를 선정하고 영역별로 잔차의 평균인 $\eta_2\gamma_2$를 구한다. 이 절차

를 잔차가 충분하게 작아질 때까지 반복한다. 그러므로 y_i를 0 또는 1로 바꾼 것을 제외하고 SSE를 이용한 GBM과 완전하게 일치한다는 것을 확인할 수 있다. 동일한 방법으로 $f_2, f_3, \cdots, f_K$를 구한다. 이 $f_1, f_2, \cdots, f_K$는 모두 의사결정나무의 복합함수이며 특성변수만의 함수이므로, 특성함수를 이 K의 함수에 모두 대입하여 이 중 가장 큰 값을 갖는 클래스를 이 특성함수의 클래스로 할당한다.

13.4.2 GBM의 해석

의사결정나무는 순차적으로 특성변수를 택하여 특성변수값을 2개의 영역으로 나누기 때문에 해석이 쉽고 명료하다. 그러나 덧셈 방식의 부스팅에 의한 의사결정나무는 수많은 의사결정나무로 구성되어 있어 별도의 해석 도구가 필요하다. 이에 해당하는 것에는 특성변수가 목적변수를 설명하는 중요도(importance)와 부분의존플롯(partial dependence plot)이 있다.

먼저 GBM이 회귀로 사용될 경우, 매 나무회귀에서 관심 특성변수가 2개의 영역으로 나눈 결과로 줄어든 오차제곱합(SSE)을 구한다. GBM에서는 나무회귀를 M번 반복하므로 줄어든 오차제곱합의 평균을 구할 수 있고, 특성변수별로 줄어든 오차제곱합의 평균을 구할 수 있다. 특성변수별 줄어든 오차제곱합의 평균을 줄어든 전체 오차제곱합 평균으로 나누면 각 특성변수의 중요도를 구할 수 있다. 분류인 경우, 오차제곱합 대신 7.2절의 information gain을 이용하여 회귀와 동일한 절차에 따라 상대 중요도를 구하게 된다.

부분의존플롯은 선형회귀모형에서 회귀계수 β와 같은 역할을 한다. 예를 들어, $y = \beta_1 X_1 + \beta_2 X_2 + \epsilon$ 모형에서 β_1은 X_2의 효과를 제거한 후 X_1이 한 단위 증가하면 y는 β_1 단위만큼 증가한다는 의미를 갖는다. GBM에서의 부분의존플롯은 비교적 용이하다. 관심을 가지고 있는 특성변수의 다양한 값에 대해 최종적으로 구한 $f_M(\boldsymbol{x}_i)$의 값을 플롯한다. 예를 들어, x_1변수가 관심변수일 때 표본 $i = 1, 2, \ldots, n$이므로 x_1변수 관측치를 X축에 놓고 대응된 $f_M(\boldsymbol{x}_i)$를 Y축에 그리면 된다. $\boldsymbol{x}_i = (x_{i1}, x_{i2}, x_{i3})$, $i = 1, 2, 3, 4$라면, 즉 3개의 특성변수와 4개의 관측치가 있고 x_1 변수가 $x_{21} < x_{11} < x_{41} < x_{31}$의 순서라면 대응되는 $f_M(\boldsymbol{x}_2)$, $f_M(\boldsymbol{x}_1), f_M(\boldsymbol{x}_4), f_M(\boldsymbol{x}_3)$로 그림을 그리면 변수 x_1의 값이 증가할 때 $f_M(\boldsymbol{x})$의 행태를 알게 된다.

13.5 XGBoost(Extreme Gradient Boosting)

XGBoost는 GBM과 동일한 알고리즘을 사용하지만, 자료의 크기가 딥러닝을 사용할 만큼 크지 못하거나 정형화된 자료에서는 가장 강력한 머신러닝 기법이라고 할 수 있다. GBM과 가장 큰 차이점은 계산속도가 훨씬 빠르고 과대적합을 방지하기 위한 정규화가 있다는 것이다. 참고로 GBM은 과대적합이 자주 일어나는데, 모수에 대한 규제화의 기능이 없어 GridSearch 등의 기능을 이용하여 모수를 조절하여야 한다. 이러한 관점에서 XGBoost를 규제화된 GBM(regularized GBM)이라고 한다. 또 다른 특징으로는 결측치를 모두 0으로 처리하여(물론 결측치를 다른 값으로 지정할 수 있다) 이 값을 결측치로 학습하게 하는 기능이 있으며, 특성변수를 임의로 일부만 뽑아 사용할 수도 있다. 그러므로 의사결정나무(CART)를 기초모형으로 쓰게 되면 이 XGboost는 random forest와 유사한 기능을 가지게 된다.

이제 XGboost의 작동원리를 구체적으로 살펴보도록 하자. GBM은 $\hat{y}_i = \sum_{k=0}^{M} \phi_k(\boldsymbol{x}_i)$의 형태로 $\phi_0(\boldsymbol{x}_i)$는 손실함수가 SSE일 때 $\bar{y}$, SAE일 때 y의 중위수, 로짓일 때 특정 클래스의 비율인 것을 살펴본 바 있다. 이미 GBM에서 살펴본 바와 같이 손실함수가 무엇이든 개념적으로 동일하므로 손실함수가 SSE일 경우로 설명을 전개하고자 한다. $\phi_1(\boldsymbol{x}_i)$는 잔차 $y_i - \bar{y}$에 T개의 영역으로 분리된 CART를 적용하여 구한 영역별 잔차 $y_i - \bar{y}$의 평균이고, $\phi_2(\boldsymbol{x}_i)$는 잔차 $y_i - (\phi_0(\boldsymbol{x}_i) + \phi_1(\boldsymbol{x}_i))$에 적용한 CART의 영역별 평균이며, 이를 반복하여 최종적으로 $\phi_M(\boldsymbol{x}_i)$는 잔차 $y_i - \sum_{k=0}^{M-1} \phi_k(\boldsymbol{x}_i)$에 적용한 CART의 영역별 평균으로 계산한 바 있다. $\phi_k(\boldsymbol{x}_i)$의 영역별 평균을 w_j, $j = 1, 2, \cdots, T$로 표기하고(이 w_j은 k에 의존하지만 부호의 복잡함을 피하기 위해

생략함) $\hat{y}^{(m-1)} = \sum_{k=0}^{m-1} \phi_k(\boldsymbol{x}_i)$라고 표기하자.

이제 일반적인 손실함수 l에 대해 XGboost에서 정의한 $\phi_m(\boldsymbol{x}_i)$의 손실함수는

$$\ell^{(m)} = \sum_{i=1}^{n} l(y_i, \hat{y}^{(m-1)} + \phi_m(\boldsymbol{x}_i)) + \gamma T + 1/2\,\lambda \sum_{j=1}^{T} w_j^2 \tag{13.5}$$

으로 정의한다. $\phi_m(\boldsymbol{x}_i)$는 잔차 $y_i - \hat{y}^{(m-1)}$에 적용한 CART 추정치이며 w_j는 영역 j의 $\phi_m(\boldsymbol{x}_i)$ 값이다. 그러므로 XGboost는 영역수 T와 모수 w_j에 대한 규제를 통해 과대적합문제를 해결하려는 손실함수를 가지고 있다. 만약 $\gamma = \lambda = 0$이면 XGboost는 GBM과 동일한 결과를 산출하게 된다. 식 (13.5)의 손실함수를 ϕ_m에 대해 테일러 전개에 의한 2차 항까지 근사하면

$$\ell^{(m)} \approx \sum_{i=1}^{n} [l(y_i, \hat{y}^{(m-1)}) + g_i \phi_m(\boldsymbol{x}_i) + 1/2 h_i \phi_m^2(\boldsymbol{x}_i)] + \gamma T + 1/2\,\lambda \sum_{j=1}^{T} w_j^2 \tag{13.6}$$

여기에서 $g_i = \dfrac{\partial l(y_i, \hat{y}^{(m-1)})}{\partial \hat{y}^{(m-1)}}$이고 $h_i = \dfrac{\partial^2 l(y_i, \hat{y}^{(m-1)})}{(\partial \hat{y}^{(m-1)})^2}$이다. 식 (13.6)에서 $l(y_i, \hat{y}^{(m-1)})$은 이미 계산된 상수이므로 식 (13.6)을 최소화하는 $\phi_m(\boldsymbol{x}_i)$(동일하게 w_j)를 찾는 손실함수는

$$\ell^{(m)} = \sum_{i=1}^{n} [g_i \phi_m(\boldsymbol{x}_i) + 1/2 h_i \phi_m^2(\boldsymbol{x}_i)] + \gamma T + 1/2\,\lambda \sum_{j=1}^{T} w_j^2 \tag{13.7}$$

이다. I_j를 $\phi_m(\boldsymbol{x}_i)$의 j번째 영역에 포함된 표본이라고 할 때, I_j 안의 모든 표본은 $\phi_m(\boldsymbol{x}_i) = w_j$이므로 식 (13.7)은 다음과 같이 재표현된다.

$$\ell^{(m)} = \sum_{j=1}^{T} [w_j \sum_{i \in I_j} g_i + \frac{1}{2} w_j^2 (\lambda + \sum_{i \in I_j} h_i)] + \gamma T \tag{13.8}$$

$\ell^{(m)}$을 최소화하는 w_j를 구하면

$$w_j = -\frac{\sum_{i \in I_j} g_i}{\lambda + \sum_{i \in I_j} h_i}$$

이며 이를 식 (13.8)에 대입하면

$$\ell^{(m)} = -\frac{1}{2}\sum_{j=1}^{T}\frac{(\sum_{i \in I_j} g_i)^2}{\lambda + \sum_{i \in I_j} h_i} + \gamma T \tag{13.9}$$

이다. 식 (13.9)에서 $\phi_m(\boldsymbol{x}_i)$의 j번째 영역에 의한 손실함수의 기여도는

$$-\frac{1}{2}(\sum_{i \in I_j} g_i)^2 / (\lambda + \sum_{i \in I_j} h_i)$$

이다. 그러므로 영역 j를 분할하여 생긴 영역을 $I_j = I_L \bigcup I_R$으로 표현해서 줄어든 손실함수값은

$$IG_j = \frac{1}{2}\left[\frac{(\sum_{i \in I_L} g_i)^2}{(\lambda + \sum_{i \in I_L} h_i)} + \frac{(\sum_{i \in I_R} g_i)^2}{(\lambda + \sum_{i \in I_R} h_i)} - \frac{(\sum_{i \in I_j} g_i)^2}{(\lambda + \sum_{i \in I_j} h_i)}\right]$$

이 된다. 그러므로 XGboost에서는 이 IG_j가 가장 큰 특성변수의 노드를 선택하는 기준으로 사용한다. 정리하면 다음과 같다.

손실함수에 따라 ϕ_0를 y의 전체평균 또는 중위수 또는 특정클래스의 비율을 구한 후, $\hat{y}^{(0)} = \phi_0$로 놓는다. $l(y_i, \hat{y}^{(0)})$를 $\hat{y}^{(0)}$에 대해 미분하여 g_i와 h_i를 계산하고 IG의 값이 가장 큰 특성변수와 노드를 구한다.

$m = 1$부터 M까지

(1) 잔차 $y_i - \sum_{k=0}^{m-1}\phi_k$에 의사결정나무 모형 ϕ_m을 적용한다.

(2) $\hat{y}^{(m)} = \sum_{k=0}^{m}\phi_k$로 놓고 $l(y_i, \hat{y}^{(m)})$을 $\hat{y}^{(m)}$에 대해 미분하여 g_i와 h_i를 구한다.

(3) g_i와 h_i를 이용하여 ϕ_m의 영역별로 IG를 최대로 하는 특성변수와 의사결정 나무의 새로운 분할을 위한 노드를 선택한다.

(4) 식 (13.12)의 XGboost 손실함수인 $l^{(m)}$이 더 이상 감소하지 않을 때까지 M을 줄이거나 증가시키되, 과대적합이 되지 않도록 한다.

XGboost에서 M, T, γ, λ는 초모수이다. XGBoost는 scikit-learn 라이브러리 또는 독립적인 라이브러리로 사용한다. XGBoost의 사용 예는 뒤에 나오는 실제 적용사례에서 좀 더 자세하게 논의될 것이다.

13.6 LightGBM

LightGBM은 XGBoost의 변형이다. 첫 번째 변형은 <그림 13-1>의 왼쪽 그림과 같이, 좌우균형이 맞는 의사결정나무가 되도록 수준단위(level-wise)로 증가시키는 기존의 방법 대신, 오른쪽 그림과 같이 잎사귀단위(leaf-wise)로 증가하는 방법으로 의사결정나무를 만든다. 그러므로 LightGBM의 의사결정나무는 좌우균형이 맞지 않는 불균형 의사결정나무가 되며, XGBoost와 비교하여 동일한 개수의 leaf로 좀 더 효과적이고 높은 수준의 성능을 기대할 수 있는 반면 과대적합이 발생할 가능성이 높다. LightGBM에서는 실수형 특성변수를 histogram의 bin으로 범주화하여 decision tree의 노드를 결정하므로 계산속도가 획기적으로 빠른 장점을 가지고 있다.

LightGBM의 또 다른 특성은 Gradient-based One-Side Sampling(GOSS)을 사용하여 모든 표본을 사용하지 않고도 모형의 성능을 유지하는 기능이다. 모든 표본

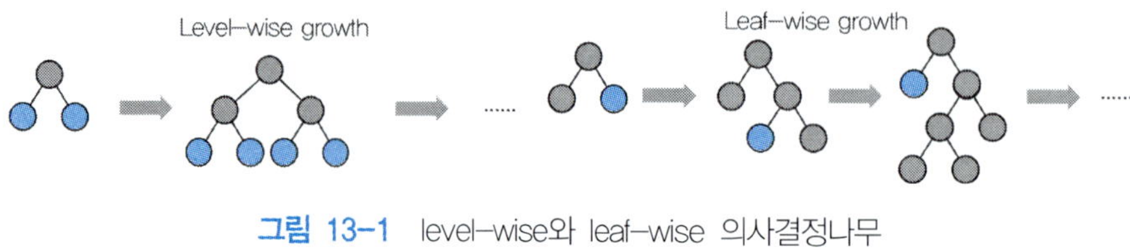

그림 13-1 level-wise와 leaf-wise 의사결정나무

을 사용하지 않으므로 XGBoost에 비해 속도가 매우 빠르다. GOSS의 기본적인 아이디어는 "각 표본은 손실함수를 줄이는 데 동일한 기여를 하지 않는다"에서 출발한다. 13.4절 GBM에서 구한 각 표본에 대한 미분(gradient)(식 (13.7), SSE의 경우 미분이 잔차이므로 잔차값의 절댓값)의 절댓값 기준으로 미분값이 큰 $a\times100\%$의 표본과 나머지 $(1-a)\times100\%$ 중 $b\times100\%$의 자료만을 이용하여 의사결정나무를 결정한다. 즉, 전체 표본 중 $(a+b(1-a))\times100\%$의 자료만 사용하며 미분값이 작은 $(1-a)\times100\%$ 표본은 $b\times100\%$만 사용하므로, 표본가중치를 $\frac{1-a}{b}$로 증가시켜 불순도 측도계산 시 사용한다. 표본가중치를 증가시키는 이유는 미분값이 작은 표본의 분포가 왜곡되지 않도록 하기 위함이다. LightGBM은 이러한 특성으로 XGBoost보다 계산속도가 훨씬 빠르고 성능 또한 우수한 것으로 나타났다.

13.7 CatBoost

XGBoost가 2014년에 발표되었고 LightGBM은 2017년 1월에, CatBoost는 2017년 4월에 발표되었다. 이미 살펴본 바와 같이 XGBoost와 LightGBM은 다음과 같은 절차로 모형을 학습한다.

(1) 모든 데이터를 이용하여 모형을 학습한 후 적용한 데이터로부터 잔차를 구한다.
(2) 잔차를 목적변수로 하여 동일한 특성변수를 재적합한다.
(3) (1)과 (2)를 M번 반복한다.

절차 (1)에 의해 모든 관측치에 하나의 동일한 모형으로 잔차를 구하고, 절차 (2)에 의해 동일한 특성변수를 반복적으로 사용하므로 XBGoost와 LightGBM은 과대적합(overfitting)이 자주 발생한다. CatBoost는 두 가지 측면에서 XGBoost와 LightGBM과 다르다. 첫 번째로는 표본의 잔차를 모두 다른 모형으로부터 구한다는 것이며,

두 번째로는 특성변수가 범주형일 때 일반적으로 사용하는 one-hot encoding 대신 실수인 순서목표통계량(ordered target statistic)으로 전환하여 사용한다는 것이다. 범주형 특성변수의 범주가 2개인 경우에는 자동으로 one-hot encoding으로 수량화하고, 3개 이상의 범주를 가지고 있을 때는 별도의 처리 없이 순서목표통계량으로 전환한다. 이러한 범주형 특성변수의 실수화를 위한 자동화 기능 때문에 Category and Boosting을 뜻하는 CatBoost라는 이름이 부여되었다. 관측치의 잔차가 관측치별로 다른 모형으로부터 구해지기 때문에 과대적합이 잘 일어나지 않고 범주형 특성변수의 자동 실수화로 수렴속도가 빠르다.

CatBoost의 두 가지 특성을 쉽게 이해하기 위해 다음과 같은 가상의 자료를 이용하자.

표 13-9 CatBoost를 이해하기 위한 가상자료

id	시간	x_1	$x_2, \cdots, x_k$	y(온도)	y_1	y_2
ob_0	0	sunny	$\cdots$	35	1	A
ob_1	1	sunny	$\cdots$	32	0	B
ob_2	2	cloudy	$\cdots$	15	1	C
ob_3	3	cloudy	$\cdots$	14	0	C
ob_4	4	mostly cloudy	$\cdots$	10	0	A
ob_5	5	cloudy	$\cdots$	20	0	A
ob_6	6	cloudy	$\cdots$	25	1	B
ob_7	7	sunny	$\cdots$	30	1	A

<표 13-9>는 k개의 특성변수와 3개의 목적변수를 보여주고 있다. 특성변수 x_1은 문자로 된 범주형이고 나머지 특성변수는 범주형 또는 실수형을 가정한다. 목적변수 y는 실수형이고 y_1과 y_2는 범주형으로 분류가 목적일 때를 가정하기 위한 목적변수이다. 시간은 자료의 순서를 의미하며 CatBoost에서는 이 시간변수를 자동으로 생성한다. CatBoost도 GBM에서 파생되었으므로 자료를 의사결정나무에 적합시킨 후 잔차를 구하고, 이 잔차에 또 다른 의사결정나무를 적합시켜 잔차를 구하는 절차를 M번 반복한다. 그러나 CatBoost에서는 반복할 때마다 자료를 임의로 뒤섞기(random permutation)하여 <표 13-10>의 시간을 결정한다. 즉, CatBoost에

서는 반복할 때마다 자료의 순서가 다르게 되며 다음의 절차를 따른다.

(1) 시간 기준으로 시점 t 이전까지의 자료만을 이용하여 모형을 구축하고(일반적으로 의사결정나무), 이 모형을 이용하여 ob_t의 잔차를 구한다. 예를 들어, $ob_0,$ $ob_1,$ ob_2를 이용하여 구축한 의사결정나무를 적용해서 ob_3의 잔차를 구한다.

(2) (1)에 의해 총 8개의 관측치가 있으므로 7개의 잔차를 구하게 되고 이 잔차를 목적변수로 하여 GBM과 동일한 절차로 M개의 의사결정나무를 구하고 최종추정치는 이 M개 의사결정나무 합이 된다.

절차 (1)에서 적용하는 의사결정나무는 깊이만 같고 반복마다 시간순서가 다르므로 영역과 영역별 추정치는 다르게 된다. 이로 인하여 같은 관측치이더라도 반복마다 직전 관측치들이 다르게 되어 다른 추정치(boosting)가 구해지게 되며 이는 과대적합을 방지하는 데 기여하게 된다. 그러나 자료가 많아지면 계산용량이 지나치게 커지는 문제 때문에 CatBoost에서는 소위 순서부스팅(ordered boosting)을 사용한다. <표 13-10>을 이용하여 순서부스팅을 설명하면 다음과 같다.

ob_0로 ob_1의 잔차를 구하고 ob_0와 ob_1을 이용하여 ob_2와 ob_3의 잔차를 구한다. 이제 ob_0, ob_1, ob_2, ob_3를 이용하여 모형을 구축한 후, ob_4, ob_5, ob_6, ob_7의 잔차를 구한다. 이와 같이 계산용량을 대폭 줄여 수렴속도를 높이는 순서부스팅을 사용한다.

다음은 CatBoost의 두 번째 특성인 범주형 특성변수의 순서목적통계량(ordered TS)을 구하여 보자. 먼저 <표 13-10>의 목적변수가 실수인 y인 경우, 회귀가 목적이며 범주형 특성변수 x_1은 시점 t에서 x_1의 범주와 일치하는 t 시점 이전까지의 y의 평균으로 x_1의 ordered TS를 구한다. 예를 들어, ob_5의 cloudy는 ob_2와 ob_3의 y 평균, 즉 $\frac{15+14}{2}$로 수량화되고 ob_6의 cloudy는 $\frac{15+14+20}{3}$으로 수량화된다. 이러한 아이디어는 통계학의 ANOVA 모형의 접근법과 일치한다. 그러나 ob_2의 cloudy는 $\frac{0}{0}$이 되어 문제가 된다. 이를 방지하기 위해 다음과 같이 prior를 이용한다. ob_5의 cloudy는 $\frac{15+14+a \cdot p}{2+a}$, ob_6의 cloudy는 $\frac{15+14+20+a \cdot p}{3+a}$, 그리고

ob_2의 cloudy는 $\frac{a \cdot p}{a} = p$가 된다. CatBoost에서는 p는 전체 y의 평균으로 정의하고 $a = 1$을 선택하여 사용한다.

이제 목적변수가 y_1과 같이 이항분류일 때를 고려하여 보자. $p = 0.05$이고 $a = 1$을 가정하여 계산절차를 살펴보면 시점 t에서 x_1의 범주와 일치하는 t 시점 이전의 $y_1 = 1$인 비율로 정의된다. 예를 들어, ob_0의 sunny는 $\frac{0+0.05}{0+1}$, ob_1의 sunny는 $\frac{1+0.05}{1+1}$, ob_5의 cloudy는 $\frac{1+0.05}{2+1}$, 그리고 ob_7의 sunny는 $\frac{1+0.05}{2+1}$가 된다.

목적변수가 y_2와 같이 3개의 클래스로 구성되어 있으면 x_1의 수량화는 3개의 실수값을 갖는 특성변수로 변환한다. x_{10}는 y_2의 클래스 A에 대한 TS, x_{11}은 클래스 B에 대한 TS, 그리고 x_{12}는 클래스 C에 대한 TS로, x_{1i}는 시점 t이전에 대응하는 y클래스 i로 정의된다. 예를 들어, ob_5의 cloudy는

$$x_{10} = \frac{0+0.05}{2+1},\ x_{11} = \frac{0+0.05}{2+1},\ x_{12} = \frac{2+0.05}{2+1}$$

이고 ob_7의 sunny는

$$x_{10} = \frac{1+0.05}{2+1},\ x_{11} = \frac{1+0.05}{2+1},\ x_{12} = \frac{0+0.05}{2+1}$$

가 된다.

CatBoost는 이러한 순서목적통계량으로 범주형 특성변수가 많을수록 모형의 성능이 우수한 것으로 나타났다(Prokhorenkova 외, 2018; Dorogush 외, 2017). CatBoost의 또 다른 특징은 특성변수의 조합(feature combination)으로 의사결정나무에서 최상위 노드(root node)를 제외하고, 두 번째 분할(split)부터 범주형 특성변수의 모든 조합을 추가적으로 만들어서 의사결정나무의 분할에 기여한다. 예를 들어, <표 13-10>에서 x_2가 습도이고 high와 low만 있다고 가정하자. 그리고 두 번째 분할에서 x_2가 분할되어 high와 low로 분할되었다면 자식노드로 x_1과의 조합인 (high, sunny), (high, cloudy), (high, mostly cloudy), (low, sunny), (low, cloudy), (low, mostly cloudy)를 추가적인 범주형 특성변수로 만들고 이 범주에 대해 ordered TS를 계산한다.

물론 x_1이외에 범주형 특성변수가 있으면 이 특성변수와도 특성변수의 조합을 만들고 TS를 계산한다. 세 번째 분할에서 이러한 특성변수 조합은 다른 특성변수와 경쟁하여 세 번째 분할 특성변수와 노드를 결정한다. 이와 같이 범주형을 동시에 고려하면 범주의 결합효과(joint effect)를 모형에 반영할 수 있기 때문이다. 두 번째 선택된 특성변수가 범주형이 아닌 실수형일지라도 bin으로 범주화하여 범주형 특성변수로 바꾼다.

13.8 적용사례

아래의 자료는 이미 여러 번 사용한 Iris 데이터로 자료의 사전작업을 보여주고 있다.

```
import seaborn as sns
iris=sns.load_dataset('iris')
X=iris.drop('species', axis=1)
y=iris['species']

from sklearn.preprocessing import LabelEncoder
classle=LabelEncoder()
y=classle.fit_transform(iris['species'].values)

from sklearn.model_selection import train_test_split
X_train,X_test,y_train,y_test=train_test_split(X,y, test_size=0.3, random_state=1, stratify=y)
```

아래 프로그램은 random forest, SVM, 그리고 로지스틱 회귀를 통해 Iris 꽃 품종을 분류하고 각각의 정밀도를 출력하고 있다. VotingClassifier 클래스를 호출하여 이 세 가지의 분류법을 앙상블 머신러닝으로 합쳐서 그 결과를 보여주고 있다. 앙상블러닝이 개별분류법보다 최소한 같거나 우수하다는 점을 알 수 있다.

```
from sklearn.ensemble import RandomForestClassifier
from sklearn.ensemble import VotingClassifier
from sklearn.linear_model import LogisticRegression
from sklearn.svm import SVC

log_cl=LogisticRegression()
rf_cl=RandomForestClassifier()
svm_cl=SVC()
voting_cl=VotingClassifier(estimators=[('lr', log_cl), ('rf', rf_cl), ('svc', svm_cl)], voting='hard')
voting_cl.fit(X_train, y_train)

from sklearn.metrics import accuracy_score
for cl in (log_cl, rf_cl, svm_cl, voting_cl):
    cl.fit(X_train, y_train)
    y_pred = cl.predict(X_test)
    print(cl.__class__.__name__, accuracy_score(y_test, y_pred))
```

```
(out)    LogisticRegression 0.9777777777777777
         RandomForestClassifier 0.9555555555555556
         SVC 0.9777777777777777
         VotingClassifier 0.9777777777777777
```

아래 예제는 Bagging learning을 위한 프로그램이다. 500개의 Decision tree 모형을 사용하였으며 max_sample=100은 붓스트랩 표본의 크기이다. 총 training 개수에서 60%의 표본을 이용하여 bagging learning을 하려면 max_sample=0.6을 지정하면 된다. default=1.0이다. 그러므로 Bagging은 Bootstrap 표본의 크기를 조절할 수 있으며 bootstrap=False를 지정하면 pasting을 실행하게 된다.

```
from sklearn.ensemble import BaggingClassifier
from sklearn.tree import DecisionTreeClassifier
bag_cl=BaggingClassifier(DecisionTreeClassifier(), n_estimators=500, max_samples=100,
bootstrap=True)
bag_cl.fit(X_train, y_train)
y_pred=bag_cl.predict(X_test)

from sklearn.metrics import accuracy_score
print(accuracy_score(y_test, y_pred))
```

```
(out)    0.9777777777777777
```

아래 예제는 out_of_bag (oob) 자료를 이용하여 검증데이터의 정밀도를 구한 프로그램이다. BaggingClassifier 클래스에서 oob_score=True로 지정해주면 된다.

```
bag_cl2=BaggingClassifier(DecisionTreeClassifier(), n_estimators=500, bootstrap=True,
oob_score=True)
bag_cl2.fit(X_train, y_train)
print(bag_cl2.oob_score_)
```

```
(out)     0.9428571428571428
```

아래 프로그램은 앙상블학습 중 Adaboost를 적용한 사례이다. AdaBoostClassifier 클래스를 호출하여 실행하며, 깊이가 2인 분류나무를 이용하여 Adaboost를 Iris 자료에 $M=500$번을 적용하여 최신화하였다. 낮은 깊이의 분류나무를 적용하였음에도 학습데이터의 정밀도는 1이고 시험데이터의 정밀도는 0.978로 나타났다.

```
from sklearn.ensemble import AdaBoostClassifier
ada_t=AdaBoostClassifier(DecisionTreeClassifier(max_depth=2), n_estimators=500,
random_state=1)
ada_t.fit(X_train, y_train)
y_train_pred=ada_t.predict(X_train)
y_test_pred=ada_t.predict(X_test)
from sklearn.metrics import accuracy_score
ada_train=accuracy_score(y_train, y_train_pred)
ada_test=accuracy_score(y_test, y_test_pred)

print("Adaboost train/test accuracy %0.3f/%0.3f" %(ada_train, ada_test))
```

```
(out)     Adaboost train/test accuracy 1.000/0.978
```

아래 예제는 기울기부스팅을 Iris 데이터에 적용한 프로그램이다. 기울기부스팅에 의한 분류는 GradientBoostingClassifier 클래스를 호출하여 실행한다. M=100이고 사용한 분류나무는 깊이가 2인 낮은 깊이의 의사결정나무이다. staged_predict는 매 stage($m=1,2,\ldots,M$)마다 예측치를 산출해주므로 시험데이터에 이를 적용하여 정밀도를 계산할 수 있게 한다. 시험데이터의 정밀도가 가장 높은(np.argmax(accuracies)) m을 찾아, 이 m을 M으로 기울기부스팅을 학습데이터에 다시 적용하여(gbcl_best=GradientBoostingClassifier(max_depth=2, n_estimators=best_n_estimator)) GBM 모형을 추정하고 있다.

```
import seaborn as sns
iris=sns.load_dataset('iris')
X=iris.drop('species', axis=1)
y=iris['species']

from sklearn.preprocessing import LabelEncoder
classle=LabelEncoder()
y=classle.fit_transform(iris['species'].values)

import numpy as np
from sklearn.model_selection import train_test_split
from sklearn.metrics import accuracy_score
X_train,X_test,y_train,y_test=train_test_split(X,y, test_size=0.3, random_state=1, stratify=y)

from sklearn.ensemble import GradientBoostingClassifier
gbcl=GradientBoostingClassifier(n_estimators=100, max_depth=2)
gbcl.fit(X_train, y_train)
accuracies=[accuracy_score(y_test,y_pred) for y_pred in gbcl.staged_predict(X_test)]
best_n_estimator=np.argmax(accuracies)
gbcl_best=GradientBoostingClassifier(max_depth=2, n_estimators=best_n_estimator)
gbcl_best.fit(X_train, y_train)
y_train_pred=gbcl_best.predict(X_train)
y_test_pred=gbcl_best.predict(X_test)
print(accuracy_score(y_train, y_train_pred))
print(accuracy_score(y_test, y_test_pred))
```

```
(out)    0.9523809523809523
         0.9555555555555556
```

아래 예제는 회귀를 위해 기울기부스팅 앙상블을 House 데이터에 적용한 사례이다. House 데이터는 총 13개의 특성변수로 구성되어 있으며 맨 마지막 열에 있는 'MEDV'가 주택가격으로 단위는 $1,000이다.

```
import pandas as pd
house = pd.read_csv('https://raw.githubusercontent.com/rasbt/'
                    'python-machine-learning-book-2nd-edition'
                    '/master/code/ch10/housing.data.txt',header=None,sep='\s+')
house.columns = ['CRIM', 'ZN', 'INDUS', 'CHAS', 'NOX', 'RM', 'AGE', 'DIS', 'RAD', 'TAX',
'PTRATIO', 'B', 'LSTAT', 'MEDV']
house.head()
```

	CRIM	ZN	INDUS	CHAS	NOX	RM	AGE	DIS	RAD	TAX	PTRATIO	B	LSTAT	MEDV
0	0.00632	18.0	2.31	0	0.538	6.575	65.2	4.0900	1	296.0	15.3	396.90	4.98	24.0
1	0.02731	0.0	7.07	0	0.469	6.421	78.9	4.9671	2	242.0	17.8	396.90	9.14	21.6
2	0.02729	0.0	7.07	0	0.469	7.185	61.1	4.9671	2	242.0	17.8	392.83	4.03	34.7
3	0.03237	0.0	2.18	0	0.458	6.998	45.8	6.0622	3	222.0	18.7	394.63	2.94	33.4
4	0.06905	0.0	2.18	0	0.458	7.147	54.2	6.0622	3	222.0	18.7	396.90	5.33	36.2

house.info()는 데이터셋 house에 대한 총 표본수(506개), 총 변수 수(14개), 변수별로 결측여부, 변수의 자료타입 등을 보여주고 있다.

```
print(house.info())
```

```
<class 'pandas.core.frame.DataFrame'>
RangeIndex: 506 entries, 0 to 505
Data columns (total 14 columns):
CRIM        506 non-null float64
ZN          506 non-null float64
INDUS       506 non-null float64
CHAS        506 non-null int64
NOX         506 non-null float64
RM          506 non-null float64
AGE         506 non-null float64
DIS         506 non-null float64
RAD         506 non-null int64
TAX         506 non-null float64
PTRATIO     506 non-null float64
B           506 non-null float64
LSTAT       506 non-null float64
MEDV        506 non-null float64
dtypes: float64(12), int64(2)
memory usage: 55.4 KB
None
```

GradientBoostingRegressor 클래스를 호출하여 실행하며 반복을 120으로 잠정적으로 설정하고 회귀나무의 깊이를 3으로 선택하였다.

bst_n_estimators=np.argmin(errors)에 의해 가장 낮은 MSE를 보여주는 M을 결정한 후 모형을 재추정하고 있다. gbrg_best.feature_importances_ 속성(attribute)을 이용하여 0부터 12로 label된 특성변수('CRIM', 'ZN', 'INDUS', 'CHAS', 'NOX', 'RM', 'AGE', 'DIS', 'RAD', 'TAX', 'PTRATIO', 'B', 'LSTAT')의 상대적인 기여도를 출력하고 있다. 6번째 특성변수(RM)의 기여도는 26.6%, 13번째 특성변수(LSTAT)의 기여도는 51.4%로 13개의 변수 중 이 두 개의 특성변수가 78% 기여하는 것으로 나타났다.

```
from sklearn.tree import DecisionTreeRegressor
X=house.iloc[:, :-1].values
y=house['MEDV'].values

import numpy as np
from sklearn.model_selection import train_test_split
from sklearn.metrics import mean_squared_error
X_train, X_test, y_train, y_test = train_test_split(X, y, test_size=0.5,
                    random_state=1)

from sklearn.ensemble import GradientBoostingRegressor
gbrg=GradientBoostingRegressor(n_estimators=120, max_depth=3)
gbrg.fit(X_train, y_train)
errors=[mean_squared_error(y_test, y_pred) for y_pred in
                            gbrg.staged_predict(X_test)]
bst_n_estimators=np.argmin(errors)
gbrg_best=GradientBoostingRegressor(max_depth=3,
                                n_estimators=bst_n_estimators)
gbrg_best.fit(X_train, y_train)
print(gbrg_best.feature_importances_)
```

```
(out)       [4.91366516e-02 4.83846814e-05 5.67729554e-03 6.21104369e-04
             1.61785430e-02 2.66285836e-01 9.96807655e-03 7.76471669e-02
             4.74499481e-03 1.53524849e-02 2.51302405e-02 1.56344608e-02
             5.13574760e-01]
```

다음은 이 두 개의 특성변수에 대한 값의 증가에 따른 목표변수 y의 변화를 살펴보기 위해 plot_partial_dependence 함수를 이용하여 그림을 그리고 있다. features에 지정하여 5번, 12번 특성변수의 플롯을 각자 그리고 (5,12)에 의해 5번과 12번의 2차원 그림을 보여주는 명령어이다.

```
from sklearn.inspection import plot_partial_dependence
fig1=plot_partial_dependence(gbrg_best, X_train, features=[5])
fig2=plot_partial_dependence(gbrg_best, X_train, features=[12])
fig3=plot_partial_dependence(gbrg_best, X_train, features=[(5,12)])
```

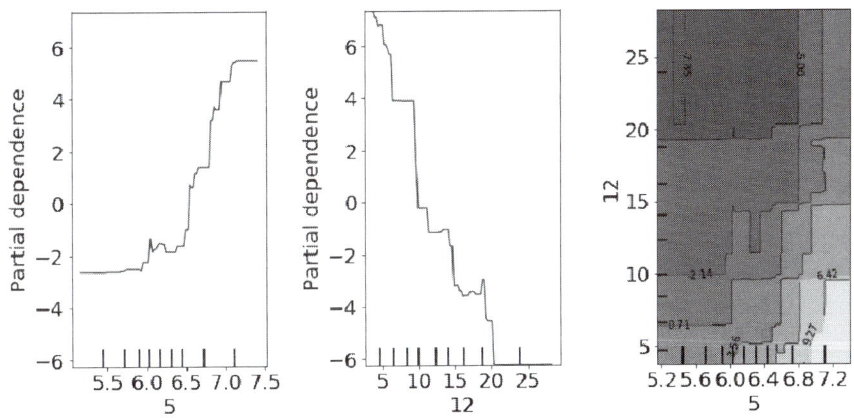

지금까지 논의한 앙상블모형의 적용은 모두 분류이기 때문에 Random Forest Classifier, BaggingClassifier, GradientBoostingClassifier 등으로 클래스를 Classifier로 사용하였다. 만약 회귀를 원한다면 단순하게 Classifier를 Regressor로 바꿔서 사용하면 된다. 다음의 예제는 House 데이터에 회귀나무모형을 적용한 것이며, 오직 하나의 특성변수만을 이용한 것은 추정된 회귀선을 2차원상에 보이기 위함이다. 추정된 회귀선은 step 함수 형태의 비선형회귀임을 알 수 있다.

```
import pandas as pd
house=pd.read_csv('https://raw.githubusercontent.com/rasbt/'
                  'python-machine-learning-book-2nd-edition'
                  '/master/code/ch10/housing.data.txt',header=None,sep='\s+')
ihouse.columns=['CRIM', 'ZN', 'INDUS', 'CHAS', 'NOX', 'RM', 'AGE', 'DIS', 'RAD', 'TAX',
'PTRATIO', 'B', 'LSTAT', 'MEDV']

from sklearn.tree import DecisionTreeRegressor
X=house[['LSTAT']].values
y=house['MEDV'].values
tree=DecisionTreeRegressor(max_depth=3)
tree.fit(X, y)
sort_idx=X.flatten().argsort()

def lin_regplot(X, y, model):
    plt.scatter(X, y, c='steelblue', edgecolor='white', s=70)
    plt.plot(X, model.predict(X), color='black', lw=2)
    return None
import matplotlib.pyplot as plt
lin_regplot(X[sort_idx], y[sort_idx], tree)
plt.xlabel('% lower status of the population [LSTAT]')
plt.ylabel('Price in $1000s [MEDV]')
plt.show()
```

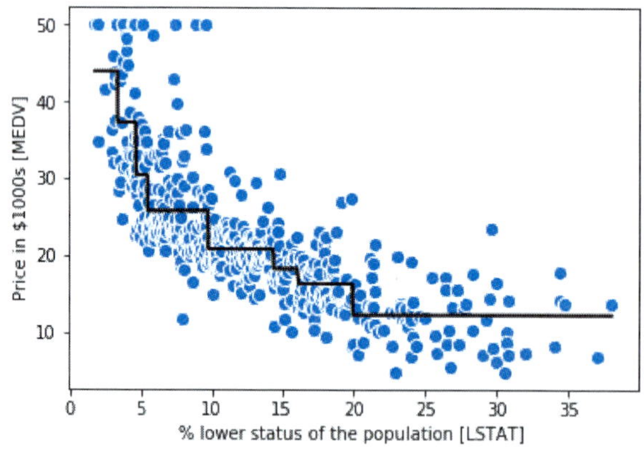

다음은 random forest 모형을 House 데이터에 적용한 예이다. random forest 모형은 RandomForestRegressor 클래스를 호출하여 실행되며, 1,000개의 회귀나무를 이용하며 노드를 분류할 때 MSE를 사용하고 있다. 과대적합이 되어 모수에 대한 규제화가 필요하여 보인다.

```
X=house.iloc[:, :-1].values
y=house['MEDV'].values

from sklearn.model_selection import train_test_split
X_train, X_test, y_train, y_test = train_test_split(X, y, test_size=0.3, random_state=1)

from sklearn.ensemble import RandomForestRegressor #max_depth=5
forest=RandomForestRegressor(n_estimators=1000, criterion='mse', random_state=1)
forest.fit(X_train, y_train)
y_train_pred=forest.predict(X_train)
y_test_pred=forest.predict(X_test)
from sklearn.metrics import mean_squared_error
from sklearn.metrics import r2_score
print('RMSE train : %0.3f, test: %0.3f' %(np.sqrt(mean_squared_error(y_train,
y_train_pred)), np.sqrt(mean_squared_error(y_test, y_test_pred))))
print('R**2 train : %0.3f, test: %0.3f' %(r2_score(y_train, y_train_pred), r2_score(y_test,
y_test_pred)))
```

```
(out)       RMSE train : 1.254, test: 2.884
            R**2 train : 0.981, test: 0.910
```

```
import plotly.graph_objects as go
fig=go.Figure()
fig.add_trace(go.Scatter(x=y_train_pred, y=y_train-y_train_pred, mode='markers', name=
'Training data'))
fig.add_trace(go.Scatter(x=y_test_pred, y=y_test-y_test_pred, mode='markers', name='Test data'))
fig.update_layout(width=600, height=400, title_text='Residual Plots versus predicted values',
title_x=0.5)
fig.update_xaxes(title_text='predicted')
fig.update_yaxes(title_text='residuals')
fig.show()
```

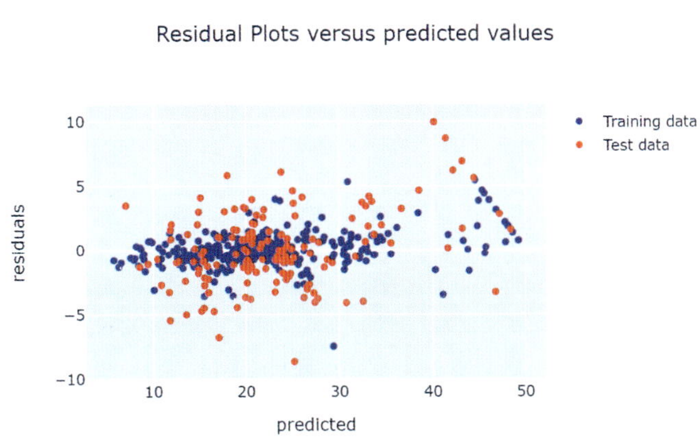

제6장 Naive Bayes에서 다룬 0 ~ 9까지 손글씨를 random forest를 이용하여 식별하고자 한다.

```
from sklearn.datasets import load_digits
digits=load_digits()
print(digits.keys())
```

```
(out)        dict_keys(['data', 'target', 'target_names', 'images', 'DESCR'])
```

여기에서 'target'은 y변수로, 0 ~ 9가 10개의 class 변수이며, data는 X변수로 8×8 pixel data를 64차원의 특성변수로 전환한 것이다. 그리고 'images'는 8×8 pixel 자료를 의미한다. 다시 6장으로 가서 데이터의 형태를 보는 번거로움을 피하기 위해 손글씨와 이에 대응하는 참값을 다음의 프로그램으로 그려보기로 한다.

```
import matplotlib.pyplot as plt
fig=plt.figure(figsize=(6,6)) # figure size in inches
for i in range(64):
    ax=fig.add_subplot(8, 8, i+1, xticks=[], yticks=[])
    ax.imshow(digits.images[i], cmap=plt.cm.binary, interpolation='nearest')
    ax.text(0, 7, str(digits.target[i]))
```

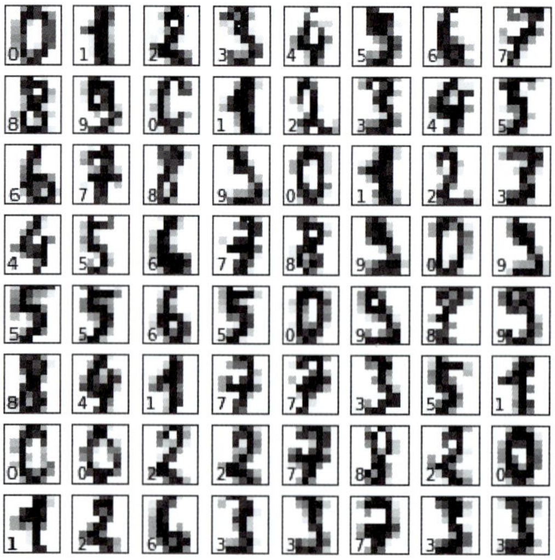

위 프로그램에서 ax.text는 실제 참값을 손글씨 옆에 출력하는 명령어이다.

```
from sklearn.model_selection import train_test_split
X_train, X_test, y_train, y_test=train_test_split(digits.data, digits.target,
                                                  random_state=0)

from sklearn.ensemble import RandomForestClassifier
rfc=RandomForestClassifier(n_estimators=1000)
rfc.fit(X_train, y_train)
y_test_pred=rfc.predict(X_test)

from sklearn import metrics
print(metrics.classification_report(y_test, y_test_pred))
```

```
              precision    recall  f1-score   support

           0       1.00      0.97      0.99        38
           1       1.00      0.96      0.98        45
           2       0.95      1.00      0.98        42
           3       0.98      0.98      0.98        45
           4       0.97      1.00      0.99        37
           5       0.98      0.98      0.98        48
           6       1.00      1.00      1.00        52
           7       1.00      0.96      0.98        50
           8       0.94      0.98      0.96        46
           9       0.98      0.98      0.98        47

   micro avg       0.98      0.98      0.98       450
   macro avg       0.98      0.98      0.98       450
weighted avg       0.98      0.98      0.98       450
```

정밀도가 평균적으로 98%로 나타나 Naive Bayes의 83%보다 월등하게 향상되었음을 알 수 있다.

아래 프로그램은 House 데이터에 XGboost를 적용한 사례이다. XGboost 적용은 먼저 xgboost를 호출하여 시작한다. XGboost가 호출되지 않으면 anaconda의 prompt 창으로 들어가서 'pip install xgboost'를 입력하여 먼저 xgboost를 설치하여야 한다. XGboost의 회귀를 위해서는 XGBRegressor 클래스를 이용하고 분류가 목적인 경우에는 XGBClassifier 클래스를 이용한다. objective는 손실함수를 정의하는 것으로, 회귀인 경우에는 'reg:squarederror'가 디폴트이며 이는 MSE를 의미한다.

XGBClassifier를 사용할 때의 objective는 이항 분류일 경우에는 'binary:logistic'을 쓰고, 다항 분류일 경우에는 'multi:softmax' 또는 'multi: softprob'을 지정하면 된다. 이 두 가지 다중분류 손실함수는 모두 softmax 함수이지만 softprob는 출력을 확률로 해준다는 차이점이 있다. booster는 추정에 의사결정나무('gbtree')를 사용할지, 아니면 선형모형('gblinear')을 사용할지, 또는 dart라는 또 다른 의사결정나무('dart')를 쓸지를 지정한다. 디폴트는 gbtree로, 일반적으로 가장 우수하다. colsample_bytree는 의사결정나무에서 사용하는 특성변수들 중 몇 %를 사용할지 지정하여 주는 것으로, random forest 모형과 동일하게 과대적합을 방지하는 데 중요한 역할을 한다. learning_rate는 학습률을, max_depth는 의사결정나무의 깊이를 지정하여 주고, alpha는 L_1 규제화의 정도를, lambda는 L_2 규제화의 정도를 조절한다. 또한 n_estimators는 몇 개의 의사결정나무를 사용할 것인지를 지정하여 준다. 즉, n_estimators는 M을 말한다. 아래의 결과를 보면 앞에서 사용한 random forest 모형보다 과대적합이 많이 완화된 것을 볼 수 있다.

```
# House data에 xgboost 적용.
import xgboost as xgb
from sklearn.metrics import mean_squared_error
import pandas as pd
import numpy as np

X=house.iloc[:, :-1].values
y=house['MEDV'].values
from sklearn.model_selection import train_test_split
X_train, X_test, y_train, y_test = train_test_split(X, y, test_size=0.3, random_state=1)
xg_reg=xgb.XGBRegressor(objective='reg:squarederror', booster='gbtree',
colsample_bytree=0.75, learning_rate=0.1, max_depth=5, alpha=10, n_estimators=30)
xg_reg.fit(X_train, y_train)
pred_train=xg_reg.predict(X_train)
pred_test=xg_reg.predict(X_test)
rmse_train=np.sqrt(mean_squared_error(y_train, pred_train))
rmse_test=np.sqrt(mean_squared_error(y_test, pred_test))
print('RMSE train : %0.3f, test: %0.3f' %(rmse_train, rmse_test))
```

```
RMSE train :     2.034, test: 3.427
```

XGBoost에서도 cv 함수를 이용하여 교차검증이 가능하다. 그러나 주의하여야 할 것은 XGBoost에서 사용하는 자료타입으로 변환하여야 하며 아래와 같이 DMatrix를 이용하여야 한다. DMatrix의 data는 넘파이 2차원(2D) 자료여야 한다. 그러므로 다항분류일 때, 문자일 경우 LabelEncoder를 이용하여 0 ~ (총범주수 −1)로 자료를 전환하여야 한다. xgb.cv에서 nfold는 학습데이터를 5등분한다는 뜻이며, 그중 하나는 검증데이터로 사용된다는 의미이다. num_boost_round는 몇 개의 의사결정나무를 XGBoost에 사용할 것인지를 지정하는 것으로 앞에서 사용한 n_estimators와 동일하다. early_stopping_rounds=20은 연속하여 20번까지 의사결정나무를 썼는데도 metric(우리 예제에서 rmse)가 더 이상 줄어들지 않으면, 20번째의 의사결정나무에서 멈추라는 명령어이다.

```
paras={'objective':'reg:squarederror', 'colsample_bytree':0.6, 'max_depth':5, 'alpha':10}
data_dim1=xgb.DMatrix(data=X_train, label=y_train)
cv_result=xgb.cv(dtrain=data_dim1, params=paras, nfold=5, num_boost_round=60,
                 early_stopping_rounds=20, metrics='rmse', as_pandas=True, seed=1)
cv_result.head()
```

	train-rmse-mean	test-rmse-std	test-rmse-mean	test-rmse-std
0	17.139679	0.223515	17.271275	1.054852
1	12.606229	0.223895	12.896409	1.042451
2	9.444665	0.226033	9.855797	1.089853
3	7.218817	0.181744	7.906023	1.086968
4	5.632334	0.200208	6.552482	1.144863

다음 결과는 맨 마지막 60번째(그러므로 총 60개)의 의사결정나무에서 계산된 시험데이터의 rmse=3.86임을 보여주고 있다.

```
print(cv_result['test-rmse-mean'].tail(1))
```

```
59    3.865178
Name: test-rmse-mean, dtype: float64
```

XGBoost는 사용한 의사결정나무의 구체적 분류를 출력할 수 있다. 아래 프로그램은 첫 번째 의사결정나무의 분류를 보여주고 있다. plot_tree로 이러한 그림을 출력하였으며 이 그림의 출력을 위해 matplotlib.pyplot을 호출하였다.

xgb.train은 앞에서 xg_reg=xgb.XGBRegressor를 사용한 xg_reg.fit과 동일하지만 xgb.train이 속도가 훨씬 빠르다. 그러나 2019년부터 XGB를 적용하면 자동으로 DMatrix가 만들어져 현재는 두 방법의 속도 차이가 없다.

```
xg_reg1=xgb.train(params=paras, dtrain=data_dim1, num_boost_round=60)
import matplotlib.pyplot as plt
xgb.plot_tree(xg_reg1,num_trees=0)
plt.rcParams['figure.figsize']=[50,10]
plt.show()
```

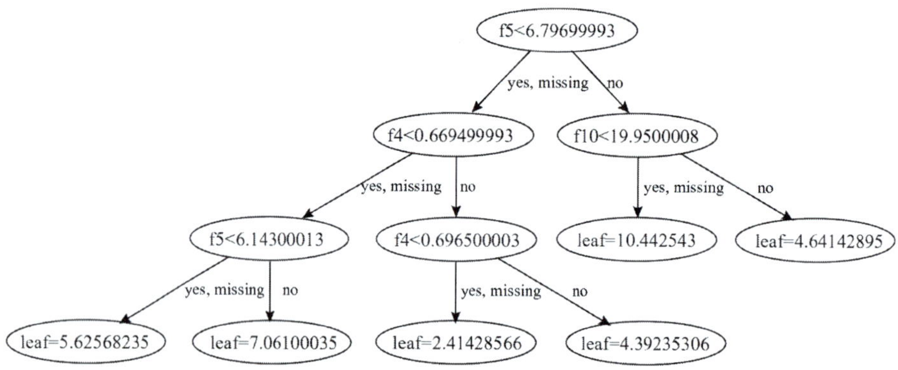

다음은 plot_importance를 이용하여 변수별로 중요도를 출력해서 각 설명변수의 상대적 중요도를 측정할 수 있다.

```
xgb.plot_importance(xg_reg1)
plt.rcParams['figure.figsize']=[5,5]
plt.show()
```

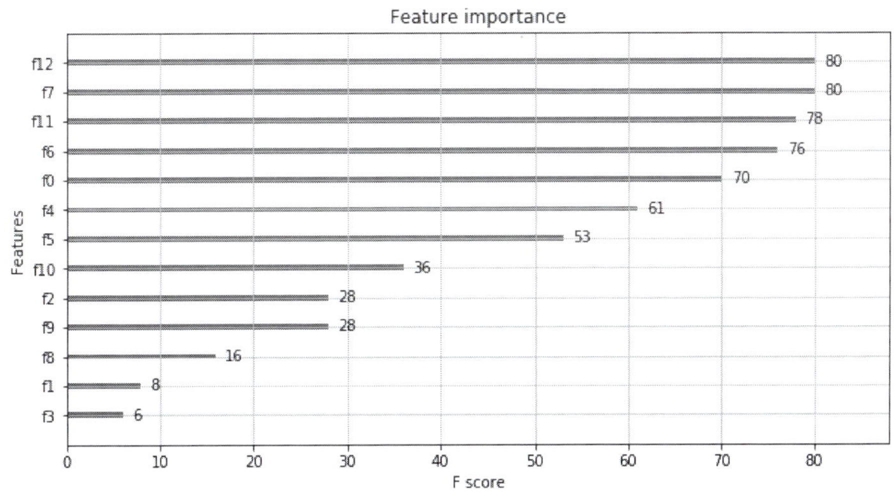

다음은 XGBoost에 gridsearch를 교차검증을 통해 구하는 프로그램이다. XGBoost의 초모수를 결정하는 데 사용한다.

```
from sklearn.model_selection import GridSearchCV
param={'max_depth':range(3,10,2),'colsample_bytree':[i/100.0 for i in range(75,90,5)]}
xgsearch=GridSearchCV(estimator=xgb.XGBRegressor(objective='reg:squarederror',
max_depth=5,alpha=10),param_grid=param,
                    scoring='neg_mean_squared_error', cv=5)
xgsearch.fit(X_train,y_train)
xgsearch.best_params_, xgsearch.best_score_
```

```
({'colsample_bytree': 0.75, 'max_depth': 5}, -12.103208228411457)
```

다음은 LightGBM을 적용한 사례이다. Jupyter notebook에 !pip install lightgbm를 입력하여 LightGBM을 설치한 후, 아래 프로그램과 같이 LGBMRegressor를 호출하여 실행한다. 분류일 경우에는 LGBMClassifier를 호출하여 실행하면 된다. XGBoost에서 사용한 동일한 house 데이터를 사용하였다. XGBoost의 RMSE보다 약간 크게 나왔으나 n_estimators를 증가시켜 비교하여 볼 필요가 있다. n_estimators

의 수를 증가시켜보면 LightGBM의 실행속도가 매우 빠르다는 것을 알 수 있을 것이다. 이는 교차검증을 통해 초모수를 결정할 때 시간을 획기적으로 줄일 수 있다는 이점이 된다. XGBoost의 교차검증은 n_estimators가 커짐에 따라 시간증가가 큰 부담이 될 경우가 많다.

```
from lightgbm import LGBMRegressor
lgbm_reg=LGBMRegressor(booster='gbtree',colsample_bytree=0.75,
learning_rate=0.1,max_depth=5, alpha=10, n_estimators=30)
lgbm_reg.fit(X_train, y_train)
pred_train=lgbm_reg.predict(X_train)
pred_test=lgbm_reg.predict(X_test)
rmse_train=np.sqrt(mean_squared_error(y_train,pred_train))
rmse_test=np.sqrt(mean_squared_error(y_test,pred_test))
print('RMSE train : %0.3f, test: %0.3f' %(rmse_train, rmse_test))
```

```
RMSE train : 2.963, test: 3.433
```

다음으로 house 데이터를 이용해서 CatBoost를 실행하여 보자. CatBoost는 가급적 Jupyter notebook에서 실행하는 것이 좋다. 의사결정나무를 그림으로 그리는 plot_tree가 Jupyter notebook에서만 실행되기 때문이다.

```
pip install catboost
```

를 실행하여 CatBoost를 설치한 후, 다음과 같은 프로그램을 실행하여 보자.

```
import pandas as pd
house = pd.read_csv('https://raw.githubusercontent.com/rasbt/'
                    'python-machine-learning-book-2nd-edition'
                    '/master/code/ch10/housing.data.txt',header=None,sep='\s+')
house.columns = ['CRIM', 'ZN', 'INDUS', 'CHAS', 'NOX', 'RM', 'AGE', 'DIS', 'RAD', 'TAX',
'PTRATIO', 'B', 'LSTAT', 'MEDV']
```

```
house.head()
```

	CRIM	ZN	INDUS	CHAS	NOX	RM	AGE	DIS	RAD	TAX	PTRATIO	B	LSTAT	MEDV
0	0.00632	18.0	2.31	0	0.538	6.575	65.2	4.0900	1	296.0	15.3	396.90	4.98	24.0
1	0.02731	0.0	7.07	0	0.469	6.421	78.9	4.9671	2	242.0	17.8	396.90	9.14	21.6
2	0.02729	0.0	7.07	0	0.469	7.185	61.1	4.9671	2	242.0	17.8	392.83	4.03	34.7
3	0.03237	0.0	2.18	0	0.458	6.998	45.8	6.0622	3	222.0	18.7	394.63	2.94	33.4
4	0.06905	0.0	2.18	0	0.458	7.147	54.2	6.0622	3	222.0	18.7	396.90	5.33	36.2

CatBoostRegressor를 model로 객체화하고 실행하면 총 1,000개의 반복수(동일하게 1,000개의 의사결정나무)에 따른 손실값의 출력을 볼 수 있다(지면상 생략). CatBoostRegressor의 손실은 default로 RMSE를 이용한다.

```
X=house.iloc[:, :-1].values
y=house['MEDV'].values
from sklearn.model_selection import train_test_split
X_train, X_test, y_train, y_test = train_test_split(X, y, test_size=0.3, random_state=1)

from catboost import CatBoostRegressor
model=CatBoostRegressor()
model.fit(X_train, y_train)
```

다음 프로그램은 위 프로그램과 동일한 프로그램이지만 Pool 클래스를 이용하여 학습데이터와 검증데이터를 하나로 묶어서 사용할 수 있도록 하고 있다.

```
from catboost import Pool,CatBoostRegressor

train_dataset=Pool(data=X_train, label=y_train)
eval_dataset=Pool(data=X_test, label=y_test)

model=CatBoostRegressor(l2_leaf_reg=0.01)
model.fit(train_dataset, use_best_model=True, eval_set=eval_dataset, verbose=False)
```

verbose=False를 부여하여 1,000개의 반복수에 따른 손실함수값 등을 출력하지 않도록 제어할 수 있으며, model.fit에 use_best_model=True를 부여하여 eval_set=eval_dataset에 지정된 검증데이터를 기준으로 RMSE가 가장 작은 CatBoost 모형을 선택한다. l2_leaf_reg=0.01을 통해 XGBoost와 동일하게 L2 규제화를 할 수 있다. 아래와 같이 get_best_score()와 get_best_iteration() 함수를 이용하여 최적의 RMSE 값과 CatBoost 모형을 구성하는 의사결정나무수가 266개임을 알 수 있다.

```
model.get_best_score()
```

```
{'learn': {'RMSE': 0.1679522008468206},
 'validation': {'RMSE': 2.865266680923542}}
```

```
model.get_best_iteration()
```

```
266
```

아래와 같이 feature_importance_ 속성과 feature_name_ 속성에 의해 RM과 LSTAT가 가장 기여도가 높은 특성변수임을 확인할 수 있다.

```
model.feature_importances_
```

```
array([ 4.26958606,  0.63774676,  1.93728202,  2.05296325,  6.84380198,
       23.35856344,  5.1234405 ,  8.2476556 ,  2.16492686,  2.84204745,
        5.76445948,  4.51770252, 32.2398241 ])
```

```
model.feature_names_
```

```
['0', '1', '2', '3', '4', '5', '6', '7', '8', '9', '10', '11', '12']
```

CatBoost는 교차검증(cross-validation)도 아래와 같이 실행할 수 있다. params는 dictionary 형태로 정의하고 266개의 의사결정나무가 가장 좋은 CatBoost 모형을 만들어 내는지를 살펴보기 위해 300개의 iteration을 지정하였고 depth=6으로 의사결정나무의 깊이를 지정하고 있다. CatBoost에서는 default로 depth=6으로 하기 때문에 'depth':6은 사실 불필요한 옵션이다. 'early_stopping_rounds':3은 검증데이터 기준으로 연속해서 3번 성능개선이 없으면 stop하라는 명령어이다. CV 옵션을 살펴보면 train_dataset을 5등분하여 이 중 하나를 검증데이터로 사용하여 검증데이터의 RMSE의 평균이 가장 낮은 CatBoost 모형을 선택하고 있다. plot='True'를 부여하여 검증데이터의 RMSE의 평균과 표준편차로 RMSE의 추이를 그리라는 명령어이다. 이 명령어는 Jupyter notebook에서만 작동한다. 아래 프로그램을 보면 'iteration':300까지 가장 좋은 catBoost 모형에 도달하지 않은 것을 볼 수 있다. 'iteration' 옵션을 생략하여 1,000번을 모두 실행하든지, 최소한 iteration을 증가시킬 필요가 있어 보인다. 앞의 결과와 비교하여 볼 때, 즉 266 반복에서 최선의 모형으로 나타났으나 이는 교차검증과 다른 결과임을 알 수 있다. 그러므로 266 반복수는 우연하게 나타난 결과이며 교차검증의 중요성을 보여주고 있다.

```
from catboost import cv
params={'iterations':300, 'depth':6, 'loss_function':'RMSE', 'verbose':False, 'early_stopping_rounds':3}
scores=cv(train_dataset, params, fold_count=5, plot='True')
```

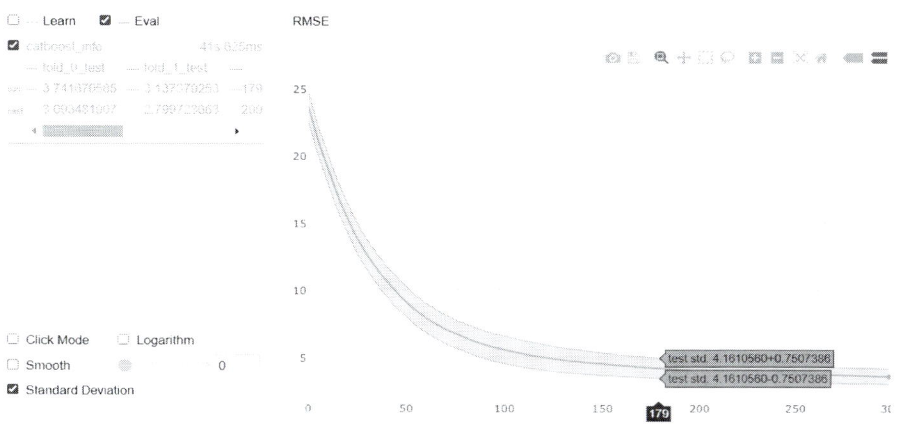

```
print(scores)
```

```
     iterations  test-RMSE-mean  test-RMSE-std  train-RMSE-mean
0             0       23.510292       1.091259        23.517684
1             1       22.975188       1.098176        22.976231
2             2       22.457963       1.074249        22.439920
3             3       21.980690       1.073414        21.945841
4             4       21.461576       1.077422        21.419153
..          ...             ...            ...              ...
295         295        3.579754       0.581318         1.730699
296         296        3.577024       0.580372         1.724695
297         297        3.574150       0.580315         1.721127
298         298        3.571543       0.579899         1.716693
299         299        3.568152       0.580563         1.711524

     train-RMSE-std
0          0.273520
1          0.268615
2          0.278004
3          0.272646
4          0.267129
..              ...
295        0.066979
296        0.065616
297        0.066852
298        0.067852
299        0.067776

[300 rows x 5 columns]
```

다음은 IRIS 데이터를 이용한 분류문제를 CatBoost에 적용하는 프로그램이다. 여기에서 눈에 띄는 것은 CatBoost에서 사용하는 자료가 반드시 numpy 데이터일 필요 없이 pandas 데이터를 직접 사용하여도 된다는 것이다. pandas 데이터를 사용하면 model.feature_names_ 속성에서 보여준 것과 같이 특성변수의 이름을 직접 사용할 수 있는 이점이 있다.

```
import seaborn as sns
iris = sns.load_dataset('iris')
X = iris.drop('species', axis=1)
y=iris['species']

from sklearn.model_selection import train_test_split
X_train,X_test,y_train,y_test=train_test_split(X, y, test_size=0.3, random_state=1, stratify=y)

from catboost import Pool,CatBoostClassifier

train_dataset=Pool(data=X_train, label=y_train)
eval_dataset=Pool(data=X_test, label=y_test)

model=CatBoostClassifier(l2_leaf_reg=0.01, iterations=10, depth=2, eval_metric='Accuracy')
model.fit(train_dataset, use_best_model=True, eval_set=eval_dataset)
```

```
0:	learn: 0.9523810	test: 0.9777778	best: 0.9777778 (0)	total: 582us	remaining: 5.24ms
1:	learn: 0.9523810	test: 0.9777778	best: 0.9777778 (0)	total: 1.19ms	remaining: 4.78ms
2:	learn: 0.9809524	test: 0.9333333	best: 0.9777778 (0)	total: 1.65ms	remaining: 3.85ms
3:	learn: 0.9714286	test: 0.9777778	best: 0.9777778 (0)	total: 2.04ms	remaining: 3.07ms
4:	learn: 0.9714286	test: 0.9777778	best: 0.9777778 (0)	total: 2.7ms	remaining: 2.7ms
5:	learn: 0.9523810	test: 0.9777778	best: 0.9777778 (0)	total: 3.13ms	remaining: 2.09ms
6:	learn: 0.9523810	test: 0.9777778	best: 0.9777778 (0)	total: 3.51ms	remaining: 1.5ms
7:	learn: 0.9523810	test: 0.9777778	best: 0.9777778 (0)	total: 3.97ms	remaining: 992us
8:	learn: 0.9714286	test: 0.9777778	best: 0.9777778 (0)	total: 4.37ms	remaining: 485us
9:	learn: 0.9714286	test: 0.9777778	best: 0.9777778 (0)	total: 4.92ms	remaining: 0us

bestTest = 0.9777777778
bestIteration = 0

Shrink model to first 1 iterations.
Out[18]:<catboost.core.CatBoostClassifier at 0x250ff59e390>
```

```
model.get_best_score()
```

```
{'learn': {'Accuracy': 0.9809523809523809, 'MultiClass': 0.7587002153046126},
 'validation': {'Accuracy': 0.9777777777777777,
  'MultiClass': 0.7666363272673766}}
```

```
model.get_best_iteration()
```

```
0
```

```
model.feature_names_
```

```
['sepal_length', 'sepal_width', 'petal_length', 'petal_width']
```

위 프로그램에서 볼 수 있듯이 최선의 CatBoost 모형을 판별하기 위해 eval_metric='Accuracy'로 지정하고 있으며 XGBoost와 같이 L2 규제화를 사용하고 있다. 정밀도 기준으로 0.978이 가장 좋은 정밀도이며 첫 번째 반복(iteration=0)에서 가장 좋은 CatBoost 모형이 선택된 것을 볼 수 있다. 아래 그림은 iteration=0을 지정하여 tree_idx=0에서의 의사결정나무를 pool=train_dataset에 지정된 train_dataset을 이용하여 그린 그림이다. 그림의 value는 softmax 함수를 계산하는 값으로 petal_width$\leq$0.75를 만족하면 품종이 setosa일 확률은

$$\frac{e^{0.060}}{e^{0.060}+e^{-0.030}+e^{-0.030}}=0.35$$

이고 versicolor일 확률은

$$\frac{e^{-0.030}}{e^{0.060}+e^{-0.030}+e^{-0.030}}=0.323$$

그리고 virginica일 확률은 0.323으로 petal_width$\leq$0.75이면 setosa로 분류하게 된다.

```
model.plot_tree(tree_idx=0, pool=train_dataset)
```

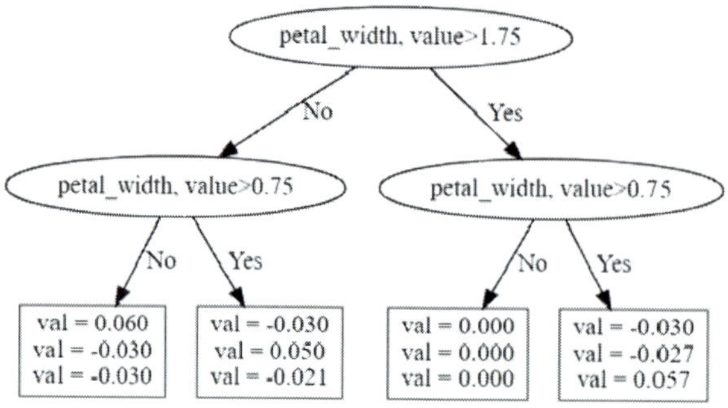

다음 예제는 특성변수 대부분이 범주형인 tips 데이터를 이용한 CatBoost 모형 적용사례이다. plotly.express에 내장되어 있는 tips 데이터를 불러내어 특성변수를 살펴보면 sex, smoker, day, time은 모두 문자로 표현된 범주형 자료인 것을 볼 수 있다. 특성변수 size가 범주형인지를 보기 위해 np.unique 함수를 이용하여 확인한 결과, 오직 5개의 범주만 있으므로 범주형 특성변수로 사용할 수 있음을 알 수 있다. 그러나 size는 순서가 있으므로 해석의 용이성을 위해 실수형 특성변수로 이용하고자 한다. 만약 size를 범주형으로 이용하고 싶은데 실수형으로 입력되어 있으면 df_tips['size'].astype(np.int)를 이용하여 정수형으로 전환해야 한다. 범주형 특성변수 값은 정수형이어야 하기 때문이다. 아래 프로그램과 같이 자료를 학습데이터와 검증데이터로 분류하고 특성변수가 범주형임을 선언하기 위해 cat_features=[1,2,3,4]를 지정하고 있다. cat_features는 list 자료형태이며 특성변수 column 위치를 지정해준다. 이 cat_features는 Pool 클래스에 cat_features 옵션으로 반영되고 있으며 one_hot_max_size=3을 지정하여 범구형 특성변수의 범주가 3개 이하이면 one_hot encoding으로 범주형 자료를 수량화하라는 옵션이다(default는 2).

```
import numpy as np
import plotly.express as px
df_tips=px.data.tips()
size_n=np.unique(df_tips['size'])
print(size_n)
#df_tips['size']=df_tips['size'].astype(np.float32)
df_tips.head()
```

```
[1 2 3 4 5 6]
```

	total_bill	tip	sex	smoker	day	time	size
0	16.99	1.01	Female	No	Sun	Dinner	2
1	10.34	1.66	Male	No	Sun	Dinner	3
2	21.01	3.50	Male	No	Sun	Dinner	3
3	23.68	3.31	Male	No	Sun	Dinner	2
4	24.59	3.61	Female	No	Sun	Dinner	4

```
X=df_tips.drop('total_bill', axis=1)
Y=df_tips['total_bill']
from sklearn.model_selection import train_test_split
X_train,X_test,y_train,y_test=train_test_split(X, Y, test_size=0.3, random_state=1)
```

```
from catboost import Pool, CatBoostRegressor
train_data=X_train
eval_data=X_test
train_label=y_train
eval_label=y_test
cat_features=[1,2,3,4]
train_dataset=Pool(data=train_data, label=train_label, cat_features=cat_features)
eval_dataset=Pool(data=eval_data, label=eval_label, cat_features=cat_features)

model=CatBoostRegressor(l2_leaf_reg=0.01, iterations=10, depth=3, eval_metric='RMSE',
one_hot_max_size=3)
model.fit(train_dataset,use_best_model=True, eval_set=eval_dataset)
```

```
0:	learn: 8.6647662	test: 9.0884054	best: 9.0884054 (0)	total: 4.6ms	remaining: 41.4ms
1:	learn: 8.5539401	test: 8.9938637	best: 8.9938637 (1)	total: 9.22ms	remaining: 36.9ms
2:	learn: 8.4200742	test: 8.8475760	best: 8.8475760 (2)	total: 10.1ms	remaining: 23.5ms
3:	learn: 8.3332551	test: 8.7623686	best: 8.7623686 (3)	total: 16.5ms	remaining: 24.8ms
4:	learn: 8.2293126	test: 8.6804390	best: 8.6804390 (4)	total: 17.5ms	remaining: 17.5ms
5:	learn: 8.1133363	test: 8.5654370	best: 8.5654370 (5)	total: 18.9ms	remaining: 12.6ms
6:	learn: 8.0278360	test: 8.4957680	best: 8.4957680 (6)	total: 19.7ms	remaining: 8.45ms
7:	learn: 7.9347924	test: 8.4034721	best: 8.4034721 (7)	total: 20.3ms	remaining: 5.08ms
8:	learn: 7.8431808	test: 8.3006628	best: 8.3006628 (8)	total: 21.1ms	remaining: 2.34ms
9:	learn: 7.7611528	test: 8.2219878	best: 8.2219878 (9)	total: 21.8ms	remaining: 0us

bestTest = 8.221987823
bestIteration = 9
```

```
model.get_best_score()
```

```
{'learn': {'RMSE': 7.761152757557254},
 'validation': {'RMSE': 8.22198782325997}}
```

다음 그림과 같이 깊이가 3인 8번째 iteration 의사결정나무를 그려주고 있다. 7번째 iteration에서 계산된 잔차의 평균을 영역별로 주고 있는 것을 볼 수 있다. 아래의 결과에 의해 total_bill을 예측하는 데 중요한 특성변수는 tip과 size이다.

```
import catboost
model.plot_tree(tree_idx=8, pool=train_dataset)
```

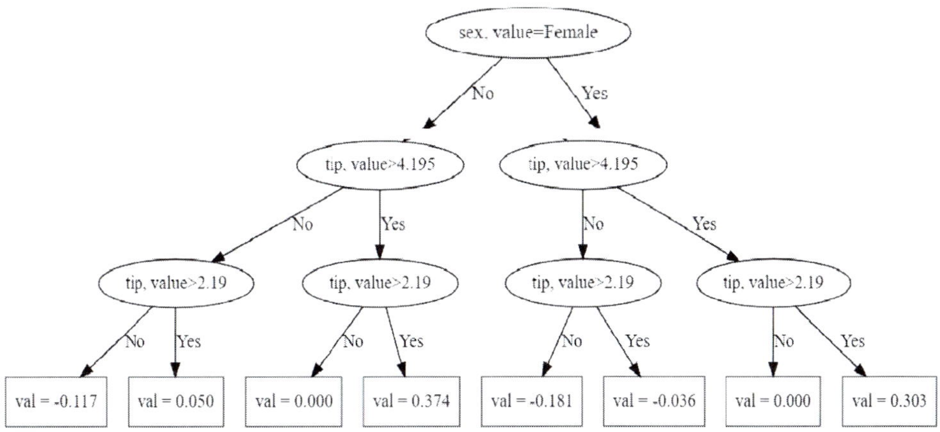


```
model.feature_importances_
```

```
array([47.37119581, 0.88319658, 4.1361321, 0., 0., 47.60947551])
```

```
model.feature_names_
```

```
['tip', 'sex', 'smoker', 'day', 'time', 'size']
```

연습문제

1 Random forest, XGBoost, LightGBM, Catboost 각각에 대해 모수조절(parameter tuning), 특히 과대적합(overfitting) 방지를 위한 방법을 논의하고 공통점과 차이점에 대해 설명하라.

Chapter **14**

XGBoost, LightGBM, CatBoost의 비교와 특성

지금까지 논의한 머신러닝 기법은 소위 표형식 데이터[tabular data, 행렬 형태로 정리된 데이터를 말하며 일반적으로 구조화된 데이터(structured data)라고도 한다]에 대한 자료분석으로 분류(classification), 회귀(regression), 차원축소(dimensional reduction), 그리고 군집(clustering)으로 구분할 수 있다. 차원축소나 군집은 자체의 분석목적도 있지만 분류나 회귀를 적용하기 위한 자료분석 전 단계로 이용하는 경우가 많다. 그러므로 자료분석의 최종목적은 주로 분류와 회귀가 일반적이다.

Tabular 데이터의 자료분석에서 가장 뛰어난 성능을 보여주고 있는 분석기법은 XGBoost, LightGBM, CatBoost이다. 비록 제13장 앙상블러닝에서 이 세 가지 boosting 기법을 논의하였지만 초모수의 튜닝(tuning), 세 모형 간의 성능 비교, 그리고 선형회귀모형, 로지스틱 회귀모형(logistic regression), 써포트벡터 모형(support vector machine), 판별분석(discruminant analysis), decision tree, gradient boosting, random forest와 같은 모형과의 비교 등은 논의되지 않았다. 지금부터는 이러한 논의를 포함하여 제14장부터 제17장에 걸쳐, XGBoost, LightGBM, CatBoost의 성능개선과 이 세 boosting 모형의 특성을 살펴볼 것이다. Kaggle에서 모형의 성능을 높이기 위해 사용하는 상관관계가 낮은 앙상블학습(building non-correlated ensembles)과 stacking에 대한 논의도 포함되며, 개발된 모형을 산업에 배치(deployment)하기 위한 모형의 자동화도 논의할 것이다.

Tabular 데이터가 주어졌을 때 자료분석을 위한 첫 단계는 자료의 정제과정(data wrangling)이다. Data wrangling은 결측치의 대체, 범주형 자료의 수량화, 자료의 표준화 등을 포함하여, 특성변수로부터 새로운 특성변수를 생성하는 과정도 포함하는 개념이다. 결측치의 처리는 자료분석을 위해 필수적이지만, 자료의 수량화는 분석도구에 따라 필수적이거나 불필요한 경우가 있다. 예를 들어, CatBoost 경우 범주형 자료에 대한 수량화는 별도로 하지 않아도 된다.

지금부터 사용하는 데이터는

https://archive.ics.uci.edu/ml/datasets/

또는

https://github.com/PacktPublishing/Hands-On-Gradient-Boosting-with-XGBoost-and-Scikit-learn

에서 구할 수 있다. 사실 두 번째 주소는 Wade(2020)가 첫 번째 주소에 있는 원래의 데이터를 필요에 의하여 수정한 데이터로, 우리는 두 번째 주소의 데이터를 사용할 것이다. 또한 앞으로 실행하는 프로그램은 Wade(2020)와 완전하게 다른 프로그램이지만 프로그램 구조는 Wade의 구조를 원용하였음을 밝혀 둔다.

14.1 전통적 통계모형과의 비교: 회귀(regression)

아래와 같이 pd.read_csv()를 이용하여 bike_rentals.csv를 읽는다. pd.read_csv()의 입력이 'bike_rentals.csv'인 것은 현재의 프로그램 파일이 있는 동일한 경로에 'bike_rental.csv' 파일이 있기 때문이다. 만약 프로그램 파일과 다른 경로에 데이터가 있으면, 예를 들어 bike_rentals.csv가 c:/users/ysp/Data/bike_rentals.csv에 있다면

df_bikes=pd.read_csv('c:/users/ysp/Data/bike_rentals.csv')

로 경로를 지정하면 된다.

14.1.1. 자료의 사전정리 및 수량화

아래 프로그램으로 첫 5개의 데이터를 살펴볼 수 있으며 .describe()로 각 특성변수의 분포를 확인할 수 있다. 특성변수는 대부분이 731개의 관측수를 가지고 있으나 yr, mnth, temp, atemp, hum, windspeed는 731개보다 작은 관측치를 가지고 있음을 볼 수 있다.

```
import pandas as pd
df_bikes = pd.read_csv('bike_rentals.csv')
df_bikes.head()
```

	instant	dteday	season	yr	mnth	holiday	weekday	workingday	weathersit	temp	atemp	hum	windspeed	casual	registered	cnt
0	1	2011-01-01	1.0	0.0	1.0	0.0	6.0	0.0	2	0.344167	0.363625	0.805833	0.160446	331	654	985
1	2	2011-01-02	1.0	0.0	1.0	0.0	0.0	0.0	2	0.363478	0.353739	0.696087	0.248539	131	670	801
2	3	2011-01-03	1.0	0.0	1.0	0.0	1.0	1.0	1	0.196364	0.189405	0.437273	0.248309	120	1229	1349
3	4	2011-01-04	1.0	0.0	1.0	0.0	2.0	1.0	1	0.200000	0.212122	0.590435	0.160296	108	1454	1562
4	5	2011-01-05	1.0	0.0	1.0	0.0	3.0	1.0	1	0.226957	0.229270	0.436957	0.186900	82	1518	1600

```
df_bikes.describe()
```

	instant	season	yr	mnth	holiday	weekday	workingday	weathersit	temp	atemp	hum	windspeed	
count	731.000000	731.000000	730.000000	730.000000	731.000000	731.000000	731.000000	731.000000	730.000000	730.000000	728.000000	726.000000	73
mean	366.000000	2.496580	0.500000	6.512329	0.028728	2.997264	0.682627	1.395349	0.495587	0.474512	0.627987	0.190476	84
std	211.165812	1.110807	0.500343	3.448303	0.167155	2.004787	0.465773	0.544894	0.183094	0.163017	0.142331	0.077725	68
min	1.000000	1.000000	0.000000	1.000000	0.000000	0.000000	0.000000	1.000000	0.059130	0.079070	0.000000	0.022392	
25%	183.500000	2.000000	0.000000	4.000000	0.000000	1.000000	0.000000	1.000000	0.336875	0.337794	0.521562	0.134494	31
50%	366.000000	3.000000	0.500000	7.000000	0.000000	3.000000	1.000000	1.000000	0.499167	0.487364	0.627083	0.180971	71
75%	548.500000	3.000000	1.000000	9.750000	0.000000	5.000000	1.000000	2.000000	0.655625	0.608916	0.730104	0.233218	109
max	731.000000	4.000000	1.000000	12.000000	1.000000	6.000000	1.000000	3.000000	0.861667	0.840896	0.972500	0.507463	341

이를 확인하기 위해 .info() 함수를 이용하여 df_bikes 자료에 대한 정보를 아래와 같이 볼 수 있다.

```
df_bikes.info()
```

```
<class 'pandas.core.frame.DataFrame'>
RangeIndex: 731 entries, 0 to 730
Data columns (total 16 columns):
 #   Column      Non-Null Count  Dtype
---  ------      --------------  -----
 0   instant     731 non-null    int64
 1   dteday      731 non-null    object
 2   season      731 non-null    float64
 3   yr          730 non-null    float64
 4   mnth        730 non-null    float64
 5   holiday     731 non-null    float64
 6   weekday     731 non-null    float64
 7   workingday  731 non-null    float64
 8   weathersit  731 non-null    int64
 9   temp        730 non-null    float64
 10  atemp       730 non-null    float64
 11  hum         728 non-null    float64
 12  windspeed   726 non-null    float64
 13  casual      731 non-null    int64
 14  registered  731 non-null    int64
 15  cnt         731 non-null    int64
dtypes: float64(10), int64(5), object(1)
memory usage: 91.5+ KB
```

위 출력으로부터 bike_rentals 데이터는 731개의 관측치와 15개의 특성변수와 1개의 목적변수(cnt)로 구성되어 있음을 알 수 있다. 또한 특성변수 dteday만 범주형(object)이고 yr, mnth, temp, atemp는 각각 1개의 결측치, hum은 3개의 결측치, 그리고 windspeed는 5개의 결측치가 발생하였음을 알 수 있다.

아래 프로그램과 같이 df_bikes.isna().sum()으로 특성변수별 결측치의 합을 구할 수 있으며, df_bikes.isna().sum().sum()으로 총 결측치의 수를 계산할 수 있다. 그 결과 총 12개의 결측치가 발생하였음을 알 수 있다.

```
print(df_bikes.isna().sum())
print(df_bikes.isna().sum().sum())
```

```
instant       0
dteday        0
season        0
yr            1
mnth          1
holiday       0
weekday       0
workingday    0
weathersit    0
temp          1
atemp         1
hum           3
windspeed     5
casual        0
registered    0
cnt           0
dtype: int64
12
```

다음은 df.bikes[조건문] 형태로 조건문을 만족하는 df_bikes만 데이터셋으로 만드는 프로그램을 보여주고 있다. 즉, 조건문 df_bikes.isna().any(axis=1)에 의해 "axis=1(특성변수축)에 하나라도(any) 결측치가 있으면(isna())"이 조건문이 된다.

```
df_bikes[df_bikes.isna().any(axis=1)]
```

	instant	dteday	season	yr	mnth	holiday	weekday	workingday	weathersit	temp	atemp	hum	windspeed	casual	registered	cnt
56	57	2011-02-26	1.0	0.0	2.0	0.0	6.0	0.0	1	0.282500	0.282192	0.537917	NaN	424	1545	1969
81	82	2011-03-23	2.0	0.0	3.0	0.0	3.0	1.0	2	0.346957	0.337939	0.839565	NaN	203	1918	2121
128	129	2011-05-09	2.0	0.0	5.0	0.0	1.0	1.0	1	0.532500	0.525246	0.588750	NaN	664	3698	4362
129	130	2011-05-10	2.0	0.0	5.0	0.0	2.0	1.0	1	0.532500	0.522721	NaN	0.115671	694	4109	4803
213	214	2011-08-02	3.0	0.0	8.0	0.0	2.0	1.0	1	0.783333	0.707071	NaN	0.205850	801	4044	4845
298	299	2011-10-26	4.0	0.0	10.0	0.0	3.0	1.0	2	0.484167	0.472846	0.720417	NaN	404	3490	3894
388	389	2012-01-24	1.0	1.0	1.0	0.0	2.0	1.0	1	0.342500	0.349108	NaN	0.123767	439	3900	4339
528	529	2012-06-12	2.0	1.0	6.0	0.0	2.0	1.0	2	0.653333	0.597875	0.833333	NaN	477	4495	4972
701	702	2012-12-02	4.0	1.0	12.0	0.0	0.0	0.0	2	NaN	NaN	0.823333	0.124379	892	3757	4649
730	731	2012-12-31	1.0	NaN	NaN	0.0	1.0	0.0	2	0.215833	0.223487	0.577500	0.154846	439	2290	2

아래 프로그램과 같이 .fillna() 함수를 이용하여 windspeed의 중위수(median)로 windspeed의 결측치를 대체하고 있다. inplace=True를 부여하여 df.bikes 데이터를 자료의 변동이 일시적이 아님을 선언하고 있다. 결측치가 발생한 windspeed의 56, 62가 중위수로 대체된 것을 보여주고 있다.

```
df_bikes['windspeed'].fillna((df_bikes['windspeed'].median()), inplace=True)
df_bikes.iloc[[56, 81]]
```

	instant	dteday	season	yr	mnth	holiday	weekday	workingday	weathersit	temp	atemp	hum	windspeed	casual	registered	cnt
56	57	2011-02-26	1.0	0.0	2.0	0.0	6.0	0.0	1	0.282500	0.282192	0.537917	0.180971	424	1545	1969
81	82	2011-03-23	2.0	0.0	3.0	0.0	3.0	1.0	2	0.346957	0.337939	0.839565	0.180971	203	1918	2121

다음은 특성변수 'hum'의 결측치를 대체하고자 한다. 습도인 hum은 계절별 차이가 크므로 계절별 습도의 중위수로 습도의 결측치를 대체하고자 한다. 우선 season별로 특성변수의 median을 구하면 다음과 같다.

```
df_bikes.groupby(['season']).median()
```

season	instant	yr	mnth	holiday	weekday	workingday	weathersit	temp	atemp	hum	windspeed	casual	registered	cnt
1.0	366.0	0.5	2.0	0.0	3.0	1.0	1.0	0.285833	0.282821	0.543750	0.202750	218.0	1867.0	2192.0
2.0	308.5	0.5	5.0	0.0	3.0	1.0	1.0	0.562083	0.538212	0.646667	0.191546	867.0	3844.0	4941.5
3.0	401.5	0.5	8.0	0.0	3.0	1.0	1.0	0.714583	0.656575	0.635833	0.165115	1050.5	4110.5	5353.5
4.0	493.0	0.5	11.0	0.0	3.0	1.0	1.0	0.410000	0.409708	0.661042	0.167918	544.5	3815.0	4634.5

다음 프로그램은 season별 hum의 중위수로 hum의 결측치를 대체하고 그 결과를 보여주고 있다.

```
df_bikes['hum'] = df_bikes['hum'].fillna(df_bikes.groupby('season')['hum'].transform('median'))
df_bikes.iloc[[129,213,388]]
```

	instant	dteday	season	yr	mnth	holiday	weekday	workingday	weathersit	temp	atemp	hum	windspeed	casual	registered	cnt
129	130	2011-05-10	2.0	0.0	5.0	0.0	2.0	1.0	1	0.532500	0.522721	0.646667	0.115671	694	4109	4803
213	214	2011-08-02	3.0	0.0	8.0	0.0	2.0	1.0	1	0.783333	0.707071	0.635833	0.205850	801	4044	4845
388	389	2012-01-24	1.0	1.0	1.0	0.0	2.0	1.0	1	0.342500	0.349108	0.543750	0.123767	439	3900	4339

다음 출력에서 볼 수 있듯이 특성변수 'temp'와 'atemp'의 결측치가 iloc 기준으로 701번째 관측치에서 발생하였음을 알 수 있다.

```
df_bikes[df_bikes['temp'].isna()]
```

	instant	dteday	season	yr	mnth	holiday	weekday	workingday	weathersit	temp	atemp	hum	windspeed	casual	registered
701	702	2012-12-02	4.0	1.0	12.0	0.0	0.0	0.0	2	NaN	NaN	0.823333	0.124379	892	3757

'temp'와 'atemp'가 기온이므로 날짜 기준으로 전날과 다음날의 평균으로 대체하는 것이 좋은 선택 중의 하나이며 다음과 같이 대체한다.

```
mean_temp = (df_bikes.iloc[700]['temp'] + df_bikes.iloc[702]['temp'])/2
mean_atemp = (df_bikes.iloc[700]['atemp'] + df_bikes.iloc[702]['atemp'])/2
df_bikes['temp'].fillna(mean_temp, inplace=True)
df_bikes['atemp'].fillna((mean_atemp), inplace=True)
df_bikes.iloc[[701]]
```

	instant	dteday	season	yr	mnth	holiday	weekday	workingday	weathersit	temp	atemp	hum	windspeed	casual	registered
701	702	2012-12-02	4.0	1.0	12.0	0.0	0.0	0.0	2	0.375417	0.38635	0.823333	0.124379	892	3757

앞에서 살펴보았듯이 특성변수 dteday의 dtype은 'object'로 범주형이다. 특성변수 dteday를 년도, 월, 일로 인식할 수 있도록 dtype을 'datetime'으로 전환한 후, 이로부터 월을 나타내는 특성변수 mnth의 결측치를 대체하고자 한다. 아래 프로그램과 같이 pd.to_data()를 이용하여 dteday의 dtype을 'datetime'으로 전환한다.

```
df_bikes['dteday'].dtype
```

```
dtype('O')
```

```
df_bikes['dteday'] = pd.to_datetime(df_bikes['dteday'])
print(df_bikes['dteday'])
```

```
0      2011-01-01
1      2011-01-02
2      2011-01-03
3      2011-01-04
4      2011-01-05
          ...
726    2012-12-27
727    2012-12-28
728    2012-12-29
729    2012-12-30
730    2012-12-31
Name: dteday, Length: 731, dtype: datetime64[ns]
```

다음과 같이 datetime.month를 이용하여 특성변수 mnth를 특성변수 dteday로부터 정의할 수 있다. 다음 출력을 보면 특성변수 yr는 연도를 의미하지만 2011년은 0.0, 2012년은 1.0으로 표준화되어 있어 yr의 결측치를 1.0으로 대체하면 된다.

```
import datetime as dt
df_bikes['mnth'] = df_bikes['dteday'].dt.month
df_bikes.tail()
```

	instant	dteday	season	yr	mnth	holiday	weekday	workingday	weathersit	temp	atemp	hum	windspeed	casual	registered	cnt
726	727	2012-12-27	1.0	1.0	12	0.0	4.0	1.0	2	0.254167	0.226642	0.652917	0.350133	247	1867	2114
727	728	2012-12-28	1.0	1.0	12	0.0	5.0	1.0	2	0.253333	0.255046	0.590000	0.155471	644	2451	3095
728	729	2012-12-29	1.0	1.0	12	0.0	6.0	0.0	2	0.253333	0.242400	0.752917	0.124383	159	1182	1341
729	730	2012-12-30	1.0	1.0	12	0.0	0.0	0.0	1	0.255833	0.231700	0.483333	0.350754	364	1432	1796
730	731	2012-12-31	1.0	NaN	12	0.0	1.0	0.0	2	0.215833	0.223487	0.577500	0.154846	439	2290	2

```
df_bikes.loc[730, 'yr'] = 1.0
df_bikes.tail()
```

	instant	dteday	season	yr	mnth	holiday	weekday	workingday	weathersit	temp	atemp	hum	windspeed	casual	registered	cnt
726	727	2012-12-27	1.0	1.0	12	0.0	4.0	1.0	2	0.254167	0.226642	0.652917	0.350133	247	1867	2114
727	728	2012-12-28	1.0	1.0	12	0.0	5.0	1.0	2	0.253333	0.255046	0.590000	0.155471	644	2451	3095
728	729	2012-12-29	1.0	1.0	12	0.0	6.0	0.0	2	0.253333	0.242400	0.752917	0.124383	159	1182	1341
729	730	2012-12-30	1.0	1.0	12	0.0	0.0	0.0	1	0.255833	0.231700	0.483333	0.350754	364	1432	1796
730	731	2012-12-31	1.0	1.0	12	0.0	1.0	0.0	2	0.215833	0.223487	0.577500	0.154846	439	2290	2

마지막으로 불필요한 특성변수 dteday와 causal, registered를 제거하고 있다. dteday는 yr, mnth 등의 변수와 중복되기 때문이고, causal과 registered는 자전거 렌트 유형으로 causal+registered=cnt의 관계를 가지고 있기 때문이다.

```
df_bikes = df_bikes.drop('dteday', axis=1)
df_bikes = df_bikes.drop(['casual', 'registered'], axis=1)
```

결측치가 모두 대체되었고 특성변수가 모두 실수이므로, 이 데이터셋을 to_csv를 이용하여 불필요한 index를 제거한 bike_rentals_cleaned.csv로 현재의 path에 저장하고 있다.

```
df_bikes.to_csv('bike_rentals_cleaned.csv', index=False)
```

14.1.2. 회귀모형의 비교

앞에서 정리한 df_bikes를 이용하여 다양한 회귀모형을 비교하고자 한다. 아래와 같이 특성변수 X와 목적변수 y를 정의한 후, 학습데이터와 시험데이터로 나누고 이 자료에 회귀를 적용하기 위해 LinearRegression과 SVR을 호출하고 있다.

```
X = df_bikes.iloc[:,:-1]
y = df_bikes.iloc[:,-1]
X_n=X.to_numpy()

from sklearn.model_selection import train_test_split
X_train, X_test, y_train, y_test = train_test_split(X, y, random_state=2)

from sklearn.linear_model import LinearRegression
from sklearn.svm import SVR

# Silence warnings
import warnings
warnings.filterwarnings('ignore')
```

아래 프로그램은 선형회귀모형, 선형 SVR, 비선형 SVR을 학습데이터에 학습시킨 후, 시험데이터로 모형의 성능을 측정하기 $\sqrt{MSE}$를 출력하고 있다. 일일 렌트 자전거수를 예측하는데 선형회귀모형이 SVR보다 우수하게 나타났다.

```
lin_reg = LinearRegression()
svl=SVR(kernel='linear')
svr=SVR(kernel='rbf')
lin_reg.fit(X_train, y_train)
svl.fit(X_train,y_train)
svr.fit(X_train,y_train)

y_pred_lin = lin_reg.predict(X_test)
y_pred_svl=svl.predict(X_test)
y_pred_svr=svr.predict(X_test)
```

```
from sklearn.metrics import mean_squared_error
import numpy as np

mse_lin = mean_squared_error(y_test, y_pred_lin)
mse_svl = mean_squared_error(y_test, y_pred_svl)
mse_svr = mean_squared_error(y_test, y_pred_svr)

rmse_lin = np.sqrt(mse_lin)
rmse_svl = np.sqrt(mse_svl)
rmse_svr = np.sqrt(mse_svr)

print("RMSE for Linear model: %0.2f" % (rmse_lin))
print("RMSE for SVM with linear kernel: %0.2f" % (rmse_svl))
print("RMSE for SVM with rbf kernel: %0.2f" % (rmse_svr))
```

```
RMSE for Linear model: 901.00
RMSE for SVM with linear kernel: 1272.24
RMSE for SVM with rbf kernel: 1931.33
```

선형회귀모형의 RMSE=901이므로 예측오차가 아래 출력에 기초하여 0.5σ 이내에 있어 어느 정도 신뢰도가 있는 선형회귀모형임을 알 수 있다.

```
df_bikes['cnt'].describe()
```

```
count      731.000000
mean      4500.618331
std       1943.251230
min          2.000000
25%       3152.000000
50%       4548.000000
75%       5956.000000
max       8714.000000
Name: cnt, dtype: float64
```

다음은 XGBoost, LightGBM, CatBoost의 기본모형(default로 주어진 초모수를 이용하였다는 의미에서)을 동일한 bike_rentals 데이터에 적용하여 학습데이터에 학습시킨 후, 시험데이터에 적용하여 RMSE를 출력하고 있다. 출력결과를 보면 XGBoost의 RMSE=680.61, LightGBM의 RMSE=629.66, CatBoost의 RMSE=586.53으로 선형회귀모형이나 SVR보다 월등한 성능을 보여주고 있다.

```
from xgboost import XGBRegressor
from lightgbm import LGBMRegressor
from catboost import CatBoostRegressor

xg_reg = XGBRegressor()
lgbm_reg=LGBMRegressor()
cat_reg=CatBoostRegressor()

xg_reg.fit(X_train, y_train)
lgbm_reg.fit(X_train, y_train)
cat_reg.fit(X_train, y_train)

y_pred_xg = xg_reg.predict(X_test)
y_pred_lgb = lgbm_reg.predict(X_test)
y_pred_cat = cat_reg.predict(X_test)

mse_xg = mean_squared_error(y_test, y_pred_xg)
mse_lgb = mean_squared_error(y_test, y_pred_lgb)
mse_cat = mean_squared_error(y_test, y_pred_cat)

rmse_xg = np.sqrt(mse_xg)
rmse_lgb = np.sqrt(mse_lgb)
rmse_cat = np.sqrt(mse_cat)
print("RMSE for XGBoost: %0.2f" % (rmse_xg))
print("RMSE for LGBM: %0.2f" % (rmse_lgb))
print("RMSE for CatBoost: %0.2f" % (rmse_cat))
```

```
RMSE for XGBoost: 680.61
RMSE for LGBM: 629.66
RMSE for CatBoost: 586.53
```

14.2 XGBoost, LightGBM, CatBoost에서의 특성변수의 중요도와 효과

XGBoost, LightGBM, CatBoost는 weak learner로 의사결정나무를 이용하고, 최종모형은 수많은 weak learner들의 합으로 정의되므로 모형의 해석에 문제점을 가지고 있다. Tabular 데이터의 분석모형에서 중요한 고려 사항 중 하나는 모형의 해석 가능성이다. 선형회귀모형이나 써포트벡터머신과 같은 전통적인 모형의 장점은 해석이 용하다는 것이지만, 모형의 성능이 다소 떨어진다는 단점을 가지고 있다. XGBoost, LightGBM, CatBoost는 해석상의 문제점을 해결하기 위해 특성변수 중요도(feature importance)와 부분의존도(partial dependency)라는 개념을 도입하였다.

특성변수 중요도는 일반적으로 다음과 같이 산출된다. 각 weak learner에서 split 노드로 사용된 특성 변수의 information gain에 가중치를 곱한다. 여기에서 가중치는 이 특성변수가 split 노드로 결정될 때의 관측치의 수이다. 이를 특성변수별로 모든 weak learner에서 구한 후, 이들의 평균값이 해당 특성변수의 중요도가 된다. 그러므로 특성변수 중요도가 크면 클수록 해당 특성변수의 공헌도는 높아지게 된다.

부분의존도는 목적변수와 특성변수의 관계를 보여주는 척도로서 다른 특성변수가 고정되어 있다는 가정에서 관심있는 특성변수가 증가함에 따라 목적변수의 변화 추이로 정의된다. 학습된 모형에 관심있는 특성변수값만 변화시키고 나머지 특성변수값은 그대로 입력시키므로 표본수만큼 예측치가 산출된다. 이러한 예측치를 ICE(individual conditional expectation)라고 하며 ICE를 평균하면 이 값이 부분의존도가 된다.

다음의 연속된 프로그램들은 XGBoost와 LightGBM에서 제공하는 plot_ importance를 이용하여, XGBoostRegressor와 LGBMRegressor의 특성변수 중요도를 그려주고 있다. XGBoost와 LightGBM의 알고리즘이 서로 다르기 때문에 특성변수 중요도 순서가 약간씩 다른 것을 볼 수 있다.

XGBoost의 속성 feature_importances_는 importance_type='gain'을 default로 계산되며 feature_importances_ 합이 1이 되도록 조절한다.

```
xg_reg.feature_importances_
```

```
array([0.32443476, 0.01025438, 0.        , 0.018042  , 0.02789806,
       0.01165136, 0.01695975, 0.09357423, 0.16439812, 0.2456876 ,
       0.05757224, 0.02952754], dtype=float32)
```

아래 프로그램에 의해 feature_importances_를 차례대로 정렬하여 대응되는 특성변수명을 함께 출력하고 있다. feature_importances_를 작은 값부터 큰 값 순으로 index를 argsort에 의해 구한 후(sort_idx), 이 순서로 특성변수(sorted_col)와 특성변수의 중요도(sortted_imp)를 구한다. sorted_col과 sorted_imp를 짝지어 dictionary 데이터로 만든 후, list 데이터로 변환시켜 역순으로 정리하면 아래와 같이 중요도의 크기순으로 정리된 list를 출력할 수 있다.

```
sorted_idx=np.argsort(xg_reg.feature_importances_)
sorted_col=X_train.columns[sorted_idx]
sorted_imp=xg_reg.feature_importances_[sorted_idx]
feature_dict=dict(zip(sorted_col,sorted_imp))
feature_imp_xg=list(feature_dict.items())[::-1]
print(feature_imp_xg)
```

```
[('instant', 0.32443476), ('atemp', 0.2456876), ('temp', 0.16439812), ('weathersit', 0.09357
4226), ('hum', 0.057572242), ('windspeed', 0.02952754), ('holiday', 0.02789806), ('mnth',
0.018042004), ('workingday', 0.016959755), ('weekday', 0.011651362), ('season', 0.010
254382), ('yr', 0.0)]
```

다음 프로그램은 XGBoost.plot_importance를 이용하여 모든 특성변수의 중요도를 내림차순으로 보여주고 있다. 여기에서 주의하여야 할 것은 XGBoost.plot_ importance의 모수 importance_type='weight'으로 default로 지정되어 있다는 것이다. 그러므로 속성 feature_importances_와 plot_importance의 순서가 다르게 나타날 수 있다. 이를 방지하기 위해서 plot_importance의 importance_type='gain'으로 지정하여야 한다. 참고로 importance_type='weight'는 특성변수가 XGBoost의 모든 weak learner(tree)들에

나타난 총횟수를 의미하고 'gain'은 information gain, 그리고 'cover'는 해당 특성변수가 split될 때 사용한 표본 개수의 평균을 말한다.

```
from xgboost import plot_importance
from matplotlib import pyplot
plot_importance(xg_reg,max_num_features=None,importance_type='gain')
pyplot.show()
```

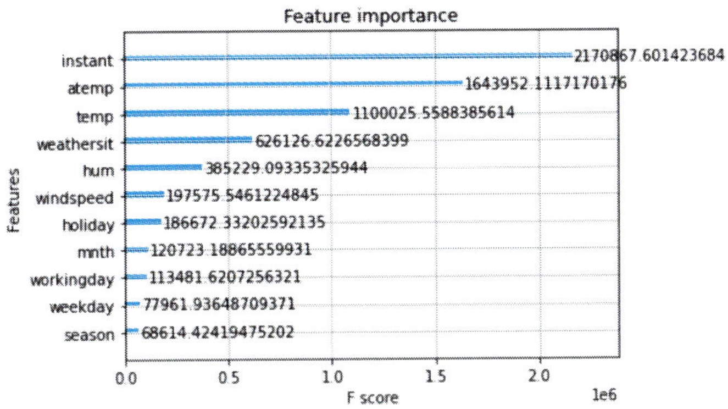

다음 프로그램은 LightGBM을 이용한 feature_importances_와 plot_importance를 보여주고 있다. plot_importance에서 max_num_features로 특성변수 중요도 출력을 제어할 수 있다. 물론 XGBoost에서도 동일하게 max_num_features를 사용할 수 있다. max_num_features=None이 default로 중요도가 0인 특성변수를 제외한 모든 특성변수의 중요도를 출력한다. LightGBM의 중요도는 XGBoost와 다르게 feature_importances_와 plot_importance의 출력결과와 일치한다.

```
lgbm_reg.feature_importances_
```

```
array([455,  53,   0,  73,   0, 119,  52,  37, 280, 223, 374, 363])
```

```
from lightgbm import plot_importance
from matplotlib import pyplot
plot_importance(lgbm_reg,max_num_features=5)
pyplot.show()
```

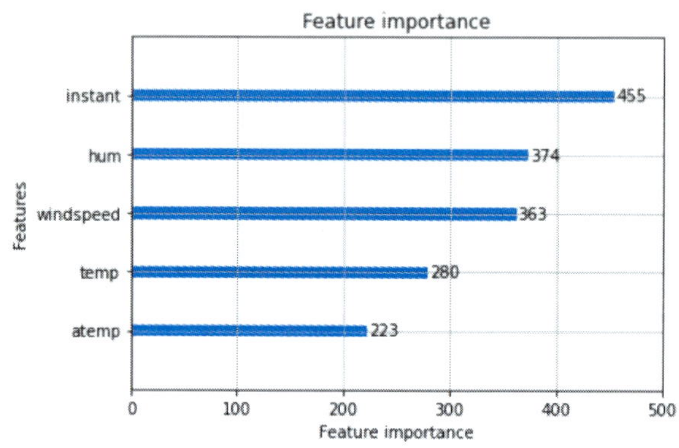

CatBoost의 속성 feature_importances_는 아래와 같이 제공하지만 XGBoost의 plot_importance와 같은 기능은 제공되지 않는다.

```
cat_reg.feature_importances_
```

```
array([22.10005092,  6.0097507 , 17.46774085,  3.3059118 ,  0.23361845,
        2.0193328 ,  1.53466023,  4.92376557, 15.28094312, 13.14261821,
        8.38951698,  5.59209038])
```

다음과 같이 특성변수와 특성변수의 중요도를 내림차순으로 정리한다.

```
sorted_idx=np.argsort(cat_reg.feature_importances_)
sorted_col=X_train.columns[sorted_idx]
sorted_imp=cat_reg.feature_importances_[sorted_idx]
feature_dict=dict(zip(sorted_col,sorted_imp))
imp_cat=list(feature_dict.items())[::-1]
print(imp_cat)
```

```
[('instant', 22.100050923350015), ('yr', 17.467740846032417), ('temp', 15.2809431176
6026), ('atemp', 13.142618207658842), ('hum', 8.389516977417717), ('season', 6.0097
506984090545), ('windspeed', 5.592090377342017), ('weathersit', 4.923765574642038),
('mnth', 3.3059117954918906), ('weekday', 2.019332802005803), ('workingday', 1.534
6602258391266), ('holiday', 0.23361845415081564)]
```

sorted_col과 sorted_imp가 오름차순이기 때문에 가장 큰 값부터 10번째로 큰 값을 features와 feature_imp로 정의하여, CatBoost의 특성변수 중요도의 플롯은 다음과 같이 그릴 수 있다.

```
features=sorted_col[-10:]
feature_imp=sorted_imp[-10:]

import matplotlib.pyplot as plt

plt.barh(features,feature_imp)
plt.xlabel('Feature importance')
plt.ylabel('Features')
plt.show()
```

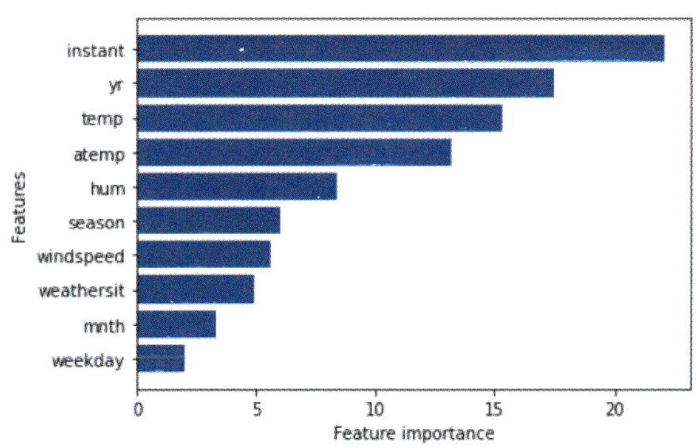

LightGBM은 sklearn의 plot_partial_dependence를 이용하여 1개 또는 2개의 특성변수의 부분의존도를 그릴 수 있다. features=[0,1,(0,1)]를 지정하여 X_train의 첫 번째와 두 번째 특성변수의 부분의존도를 그려준다.

```
from sklearn.inspection import plot_partial_dependence
features=[0,1,(0,1)]
plot_partial_dependence(lgbm_reg,X_train,features)
```

```
<sklearn.inspection._plot.partial_dependence.PartialDependenceDisplay at 0x1633fd10730>
```

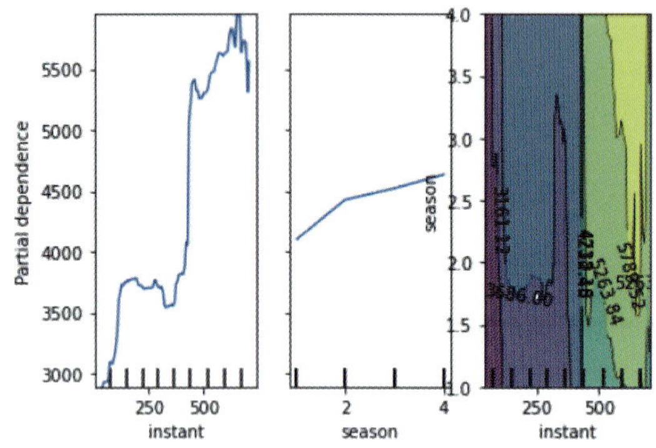

위 그림에서 볼 수 있듯이 instant는 목적변수인 일일 자전거 렌트 수에 계단형식으로 영향을 미치고 season은 1에서 4방향으로 증가하는 현상을 볼 수 있다.

아래 프로그램처럼 kind='both'를 부여하면 부분의존도와 ICE를 동시에 그려준다. 그러나 kind='both'를 주면 features=[(0,1)]과 같은 결합형태는 허용되지 않는다.

```
from sklearn.inspection import plot_partial_dependence
plot_partial_dependence(lgbm_reg,X_train,features=[0],kind='both')
```

```
<sklearn.inspection._plot.partial_dependence.PartialDependenceDisplay at 0x163440dfe80>
```

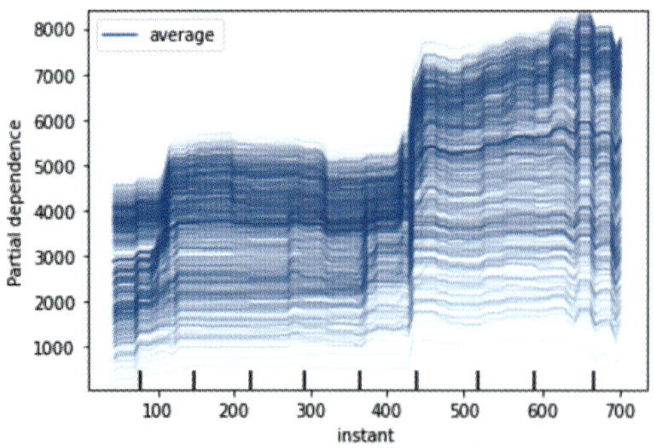

다음에 제공되는 프로그램은 XGBoost와 CatBoost뿐만 아니라 모든 회귀 및 분류모형에 부분의존도를 그릴 수 있는 맞춤형 partial_dependency 함수를 제공하고 있다. partial_dependency 함수의 입력에서 model은 적용할 모형을, X는 학습데이터를, features는 X에 있는 모든 특성변수의 수를, f_id는 부분의존도를 구하고 싶은 특성변수의 index를 의미한다. partial_dependency 함수 내의 grid를 살펴보면 f_id에 지정된 특성변수의 0.1% 분위수부터 99.5% 분위수까지 50등분한 것을 볼 수 있다. 그러므로 f_id에 지정된 특성변수는 실숫값을 갖는 특성변수에만 적용된다.

```
import numpy as np

def partial_dependency(model, X, features, f_id):
    X_temp = X.copy()
    grid = np.linspace(np.percentile(X_temp.iloc[:, f_id], 0.1),
                       np.percentile(X_temp.iloc[:, f_id], 99.5),
                       50)
    y_pred = np.zeros(len(grid))

    for i, val in enumerate(grid):
        X_temp.iloc[:, f_id] = val
        y_pred[i] = model.predict(X_temp.iloc[:, :features]).mean()

    return grid, y_pred
```

다음 프로그램은 f_id가 범주형 자료일 때 맞춤형 partial_dependency 함수를 제공하고 있다. 범주형 자료에 적용해 보길 바란다.

```
# 범주형 데이터를 위한 맞춤형 의존도 함수
import numpy as np

def c_partial_dependency(model, X, features, f_id):
    X_temp = X.copy()
    grid= np.unique(X_temp.iloc[:,f_id])
    y_pred = np.zeros(len(grid))
```

```
    for i, val in enumerate(grid):
        X_temp.iloc[:, f_id] = val
        y_pred[i] = model.predict(X_temp.iloc[:, :features]).mean()

    return grid, y_pred
```

다음 프로그램은 네 번째 특성변수(f_id=3)의 부분의존도의 x축 grid 값, XGBoost로 구한 y축의 값 y_pred를 출력하고 있다.

```
features=X_train.shape[1]

f_id=3
grid,y_pred=partial_dependency(xg_reg,X_train,features,f_id=f_id)
print(grid)
print(y_pred)
```

```
[ 1.          1.2244898   1.44897959  1.67346939  1.89795918  2.12244898
  2.34693878  2.57142857  2.79591837  3.02040816  3.24489796  3.46938776
  3.69387755  3.91836735  4.14285714  4.36734694  4.59183673  4.81632653
  5.04081633  5.26530612  5.48979592  5.71428571  5.93877551  6.16326531
  6.3877551   6.6122449   6.83673469  7.06122449  7.28571429  7.51020408
  7.73469388  7.95918367  8.18367347  8.40816327  8.63265306  8.85714286
  9.08163265  9.30612245  9.53061224  9.75510204  9.97959184 10.20408163
 10.42857143 10.65306122 10.87755102 11.10204082 11.32653061 11.55102041
 11.7755102  12.        ]
[4537.10644531 4537.10644531 4537.10644531 4533.33447266 4533.33447266
 4533.33447266 4533.33447266 4527.21728516 4527.21728516 4527.21728516
 4527.21728516 4527.21728516 4491.78222656 4491.78222656 4486.609375
 4486.609375   4480.51269531 4480.51269531 4481.18408203 4481.18408203
 4481.18408203 4465.70996094 4465.70996094 4465.70996094 4465.70996094
 4466.25634766 4466.25634766 4466.25634766 4466.25634766 4453.62841797
 4453.62841797 4453.62841797 4425.58496094 4425.58496094 4420.765625
 4420.765625   4416.92236328 4416.92236328 4417.16210938 4417.16210938
 4417.16210938 4417.16210938 4417.16210938 4347.19873047 4347.19873047
 4337.85839844 4337.85839844 4238.85644531 4238.85644531 4238.85644531]
```

아래 프로그램은 그림으로 구현된 부분의존도를 보여주고 있다.

```
import plotly.graph_objects as go
fig=go.Figure(data=go.Scatter(x=grid,y=y_pred))
fig.show()
```

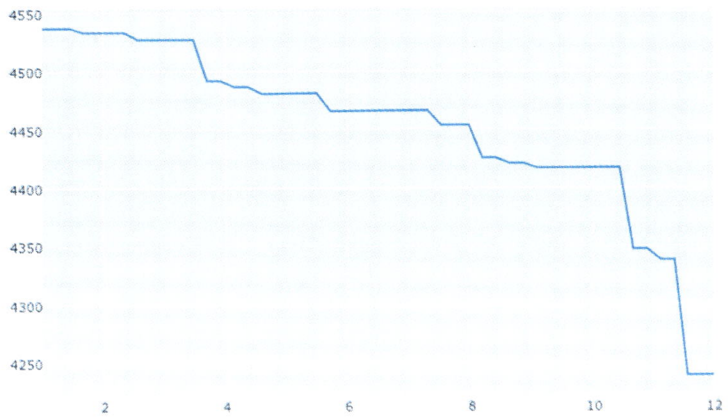

다음은 CatBoost의 부분의존도를 구하고 있다. 모든 특성변수가 실숫값을 가지고 있어서 partial_dependency() 함수를 수정 없이 사용할 수 있다.

```
features=X_train.shape[1]
f_id=3
grid,y_pred=partial_dependency(cat_reg,X_train,features,f_id=f_id)
print(grid)
print(y_pred)
```

```
[ 1.          1.2244898   1.44897959  1.67346939  1.89795918  2.12244898
  2.34693878  2.57142857  2.79591837  3.02040816  3.24489796  3.46938776
  3.69387755  3.91836735  4.14285714  4.36734694  4.59183673  4.81632653
  5.04081633  5.26530612  5.48979592  5.71428571  5.93877551  6.16326531
  6.3877551   6.6122449   6.83673469  7.06122449  7.28571429  7.51020408
  7.73469388  7.95918367  8.18367347  8.40816327  8.63265306  8.85714286
  9.08163265  9.30612245  9.53061224  9.75510204  9.97959184 10.20408163
 10.42857143 10.65306122 10.87755102 11.10204082 11.32653061 11.55102041
```

```
 11.7755102    12.          ]
[4433.65142164 4433.65142164 4433.65142164 4440.57460548 4440.57460548
 4440.57460548 4440.57460548 4476.65427611 4476.65427611 4476.65427611
 4476.65427611 4476.65427611 4432.77194022 4432.77194022 4432.77194022
 4432.77194022 4459.76708367 4459.76708367 4459.76708367 4459.76708367
 4459.76708367 4533.5543164  4533.5543164  4533.5543164  4533.5543164
 4531.78432358 4531.78432358 4531.78432358 4531.78432358 4496.30140004
 4496.30140004 4496.30140004 4496.30140004 4496.30140004 4510.09050128
 4510.09050128 4510.09050128 4510.09050128 4498.83837373 4498.83837373
 4498.83837373 4498.83837373 4498.83837373 4400.15446732 4400.15446732
 4400.15446732 4400.15446732 4350.82816308 4350.82816308 4350.82816308]
```

```
import plotly.graph_objects as go
fig=go.Figure(data=go.Scatter(x=grid,y=y_pred))
fig.show()
```

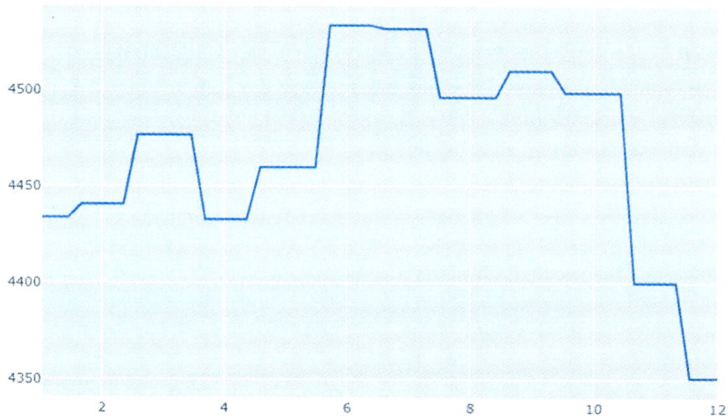

실제적인 모형성능의 비교는 교차검증(cross-validation)을 통해 실행되어야 한다. cross_val_score()는 sklearn이 제공하는 교차검증함수이다. cross_val_score는 검증데이터의 목적함수를 최대로 하므로 scoring='neg_mean_squared_error'로 설정하고 있다.

```
from sklearn.model_selection import cross_val_score
lin_reg = LinearRegression()
svl=SVR(kernel='linear')
svr=SVR(kernel='rbf')

scores_lin = cross_val_score(lin_reg, X, y, scoring='neg_mean_squared_error', cv=10)
scores_svl = cross_val_score(svl, X, y, scoring='neg_mean_squared_error', cv=10)
scores_svr = cross_val_score(svr, X, y, scoring='neg_mean_squared_error', cv=10)

rmse_lin = np.sqrt(-scores_lin)
rmse_svl = np.sqrt(-scores_svl)
rmse_svr = np.sqrt(-scores_svr)

print('Reg rmse:', np.round(rmse_lin, 2))
print('SVM_linear rmse:', np.round(rmse_svl, 2))
print('SVM_rbf rmse:', np.round(rmse_svr, 2))
print('RMSE_lin mean: %0.2f' % (rmse_lin.mean()))
print('RMSE_svl mean: %0.2f' % (rmse_svl.mean()))
print('RMSE_svr mean: %0.2f' % (rmse_svr.mean()))
```

```
Reg rmse: [ 503.89  835.86 1149.85  732.82  670.74  963.91 1135.06 1257.79
 1086.09 1483.05]
SVM_linear rmse: [2123.07 1334.43 1681.64 1120.72 2400.2  2297.68 1539.93
 1400.4  1441.04 3783.14]
SVM_rbf rmse: [3199.08 1651.46  601.76  977.28 1868.24 1558.25 1985.29
 2427.38 2786.28 1929.72]
RMSE_lin mean: 981.91
RMSE_svl mean: 1912.22
RMSE_svr mean: 1898.48
```

다음 프로그램은 cv=10으로 하여 XGBoost, LightGBM, CatBoost의 교차검증 결과를 보여주고 있다. 전통적인 선형회귀모형이나 SVR 모형보다 XGBoost, LightGBM, CatBoost의 성능이 월등하다는 것을 볼 수 있다.

```
xg_reg = XGBRegressor()
lgbm_reg=LGBMRegressor()
cat_reg=CatBoostRegressor()
```

```
scores_xg = cross_val_score(xg_reg, X, y, scoring='neg_mean_squared_error', cv=10)
scores_lgb = cross_val_score(lgbm_reg, X, y, scoring='neg_mean_squared_error', cv=
10)
scores_cat = cross_val_score(cat_reg, X, y, scoring='neg_mean_squared_error', cv=10)

rmse_xg = np.sqrt(-scores_xg)
rmse_lgb = np.sqrt(-scores_lgb)
rmse_cat = np.sqrt(-scores_cat)

print('XGB rmse:', np.round(rmse_xg, 2))
print('LGBM rmse:', np.round(rmse_lgb, 2))
print('Cat rmse:', np.round(rmse_cat, 2))

print('XGB_RMSE mean: %0.2f' % (rmse_xg.mean()))
print('LGBM_RMSE mean: %0.2f' % (rmse_lgb.mean()))
print('Cat_RMSE mean: %0.2f' % (rmse_cat.mean()))
```

```
XGB rmse: [ 694.46  668.91  558.25  696.76  855.1   996.22 1010.88  847.69
  887.75 1808.05]
LGBM rmse: [ 699.43  887.11  527.21  702.47  915.26 1220.89  928.8   809.11
  653.18 1789.04]
Cat rmse: [ 792.05  687.94  439.67  623.34  809.81  554.95  864.6   694.77
  730.26 1443.4 ]
XGB_RMSE mean: 902.41
LGBM_RMSE mean: 913.25
Cat_RMSE mean: 764.08
```

14.3 전통적 통계모형과의 비교: 분류(classification)

다음은 분류를 위한 데이터로 데이터의 크기가 32,561개의 관측치, 인종, 학력, 직업, 결혼 여부, 성별, 연령 등 14개의 특성변수를 이용하여 수입이 $50,000 이상인지 아닌지를 분류하고자 하는 센서스 자료이다. 아래와 같이 센서스 자료를 읽게 되면 첫 번째 자료가 마치 column 이름처럼 되어 있는 것을 볼 수 있다. adult.data에는 column 이름이 없기 때문이다.

```
import pandas as pd
df_census = pd.read_csv('https://archive.ics.uci.edu/ml/machine-learning-databases/
adult/adult.data')
df_census.head()
```

	39	State-gov	77516	Bachelors	13	Never-married	Adm-clerical	Not-in-family	White	Male	2174	0	40	United-States	<=50K
0	50	Self-emp-not-inc	83311	Bachelors	13	Married-civ-spouse	Exec-managerial	Husband	White	Male	0	0	13	United-States	<=50K
1	38	Private	215646	HS-grad	9	Divorced	Handlers-cleaners	Not-in-family	White	Male	0	0	40	United-States	<=50K
2	53	Private	234721	11th	7	Married-civ-spouse	Handlers-cleaners	Husband	Black	Male	0	0	40	United-States	<=50K
3	28	Private	338409	Bachelors	13	Married-civ-spouse	Prof-specialty	Wife	Black	Female	0	0	40	Cuba	<=50K
4	37	Private	284582	Masters	14	Married-civ-spouse	Exec-managerial	Wife	White	Female	0	0	40	United-States	<=50K

이를 해결하기 위해 pd.read_csv()의 입력에 header=None을 지정하면 다음과 같이 정상적인 데이터 형태를 가지게 된다.

```
df_census = pd.read_csv('https://archive.ics.uci.edu/ml/machine-learning-databases/
adult/adult.data', header=None)
df_census.head()
```

	0	1	2	3	4	5	6	7	8	9	10	11	12	13	14
0	39	State-gov	77516	Bachelors	13	Never-married	Adm-clerical	Not-in-family	White	Male	2174	0	40	United-States	<=50K
1	50	Self-emp-not-inc	83311	Bachelors	13	Married-civ-spouse	Exec-managerial	Husband	White	Male	0	0	13	United-States	<=50K
2	38	Private	215646	HS-grad	9	Divorced	Handlers-cleaners	Not-in-family	White	Male	0	0	40	United-States	<=50K
3	53	Private	234721	11th	7	Married-civ-spouse	Handlers-cleaners	Husband	Black	Male	0	0	40	United-States	<=50K
4	28	Private	338409	Bachelors	13	Married-civ-spouse	Prof-specialty	Wife	Black	Female	0	0	40	Cuba	<=50K

다음은 df_census에 column 이름을 부여하고 있으며 income이 목적변수이다. 특성변수 중 education은 학위를 말하고 education-num은 교육기간을 말하므로 중복 정보를 피하고자 특성변수 education을 제외할 것이다.

```
df_census.columns=['age', 'workclass', 'fnlwgt', 'education', 'education-num', 'marital-status',
                   'occupation', 'relationship', 'race', 'sex', 'capital-gain', 'capital-loss',
                   'hours-per-week', 'native-country', 'income']
df_census.head()
```

	age	workclass	fnlwgt	education	education-num	marital-status	occupation	relationship	race	sex	capital-gain	capital-loss	hours-per-week	native-country	income
0	39	State-gov	77516	Bachelors	13	Never-married	Adm-clerical	Not-in-family	White	Male	2174	0	40	United-States	<=50K
1	50	Self-emp-not-inc	83311	Bachelors	13	Married-civ-spouse	Exec-managerial	Husband	White	Male	0	0	13	United-States	<=50K
2	38	Private	215646	HS-grad	9	Divorced	Handlers-cleaners	Not-in-family	White	Male	0	0	40	United-States	<=50K
3	53	Private	234721	11th	7	Married-civ-spouse	Handlers-cleaners	Husband	Black	Male	0	0	40	United-States	<=50K
4	28	Private	338409	Bachelors	13	Married-civ-spouse	Prof-specialty	Wife	Black	Female	0	0	40	Cuba	<=50K

아래 프로그램에서 볼 수 있듯이 14개의 특성변수 중 8개가 text로 표현된 범주형 자료로 수량화가 필요하며 목적변수도 범주형으로 수량화가 필요하다. 그러나 결측치는 없는 것으로 나타났다.

```
df_census.info()
```

```
<class 'pandas.core.frame.DataFrame'>
RangeIndex: 32561 entries, 0 to 32560
Data columns (total 15 columns):
 #   Column          Non-Null Count  Dtype
---  ------          --------------  -----
 0   age             32561 non-null  int64
 1   workclass       32561 non-null  object
 2   fnlwgt          32561 non-null  int64
 3   education       32561 non-null  object
 4   education-num   32561 non-null  int64
 5   marital-status  32561 non-null  object
 6   occupation      32561 non-null  object
 7   relationship    32561 non-null  object
 8   race            32561 non-null  object
 9   sex             32561 non-null  object
 10  capital-gain    32561 non-null  int64
 11  capital-loss    32561 non-null  int64
 12  hours-per-week  32561 non-null  int64
 13  native-country  32561 non-null  object
 14  income          32561 non-null  object
dtypes: int64(6), object(9)
memory usage: 3.7+ MB
```

다음 프로그램과 같이 불필요한 특성함수 education을 제거하고 이를 df_census_p로 정의하여 범주형 자료를 수량화하지 않은 데이터셋이다. 뒤에서 CatBoost를 적용하기 위함이다.

```
df_census_p = df_census.drop(['education'], axis=1)
```

아래 프로그램에서는 get_dummies()를 이용하여 모든 범주형 자료(특성변수와 목적변수)를 one-hot-encoding하고 있다.

```
df_census = pd.get_dummies(df_census_p)
df_census.head()
```

kclass_?	workclass_Federal-gov	workclass_Local-gov	workclass_Never-worked	...	native-country_Scotland	native-country_South	native-country_Taiwan	native-country_Thailand	native-country_Trinadad&Tobago	native-country_United-States	native-country_Vietnam	native-country_Yugoslavia	income_<=50K	income_>50K
0	0	0	0	...	0	0	0	0	0	1	0	0	1	0
0	0	0	0	...	0	0	0	0	0	1	0	0	1	0
0	0	0	0	...	0	0	0	0	0	1	0	0	1	0
0	0	0	0	...	0	0	0	0	0	1	0	0	1	0
0	0	0	0	...	0	0	0	0	0	0	0	0	1	0

위 프로그램 결과의 맨 마지막 2개 열을 보면 목적변수 income이 'income_<=50k'와 'income_>50k'로 각각이 1 또는 0으로 수량화되어 있으므로 아래와 같이 둘 중 하나를 제거하여야 한다. 아래 프로그램에 의해 목적변수 y는 income이 50k를 넘으면 1, 그렇지 않으면 0으로 정의된다.

```
df_census = df_census.drop('income_ <=50K', axis=1)
```

이제 특성변수 X와 목적변수 y를 다음과 같이 정의한다. 즉, 13개의 수량화된 특성변수와 이항값(binary value)을 갖는 목적변수를 정의한다.

```
X = df_census.iloc[:,:-1]
y = df_census.iloc[:,-1]
X.shape
```

```
(32561, 92)
```

분류를 목적으로 하는 통계모형은 로지스틱 회귀, SVM(support vector machine), 그리고 판별분석이 있다. SVM은 선형 SVM과 비선형 SVM이 있고, 판별분석에도 선형판별분석과 이차판별분석(quadratic discriminant analysis)이 있다. 그러나 몇초만에 결과가 산출되는 다른 모형과는 다르게, SVM은 데이터의 크기(31,561개) 때문에 상당한 수준의 성능을 가진 컴퓨터를 사용하였음에도 불구하고 2일 동안 결과가 계산되지 않았다. 이는 SVM은 빅데이터분석에 적합하지 않다는 것을 시사한다.

아래 프로그램은 앞에서 언급한 다양한 통계분류모형을 cross_val_score() 함수에 적용하기 위해 맞춤형 cross_val() 함수를 정의하고 있다. 프로그램에서 볼 수 있듯이 cross_val_score 함수는 default로 scoring='accuracy'로 지정되어 있으므로, 10개의 교체 시험데이터들로 계산된 accuracy의 평균을 출력하고 있다.

```
from sklearn.linear_model import LogisticRegression
from sklearn.svm import SVC
from sklearn.discriminant_analysis import LinearDiscriminantAnalysis,
    QuadraticDiscriminantAnalysis
```

```
import numpy as np
from sklearn.model_selection import cross_val_score

def cross_val(classifier,X=X,y=y, num_splits=10):
```

```
model = classifier
scores = cross_val_score(model, X, y, cv=num_splits)
print('Accuracy:', np.round(scores, 2)
print('Accuracy mean: %0.2f' % (scores.mean()))
```

아래 프로그램 결과는 차례대로 LogisticRegression, LinearDiscriminantAnalysis, QuadraticDiscriminantAnalysis 모형을 적합한 결과를 보여주고 있다. Linear Discriminant Analysis가 가장 좋은 성능을 보여주고 있다.

```
cross_val(LogisticRegression(),X=X,y=y)
```

```
Accuracy: [0.8  0.8  0.79 0.8  0.79 0.81 0.79 0.79 0.79 0.8 ]
Accuracy mean: 0.80
```

```
cross_val(LinearDiscriminantAnalysis(),X=X,y=y)
```

```
Accuracy: [0.84 0.84 0.84 0.83 0.84 0.84 0.85 0.85 0.85 0.84]
Accuracy mean: 0.84
```

```
cross_val(QuadraticDiscriminantAnalysis(),X=X,y=y)
```

```
Accuracy: [0.3  0.24 0.55 0.29 0.24 0.36 0.77 0.24 0.25 0.75]
Accuracy mean: 0.40
```

다음으로 XGBoost, LightGBM, CatBoost를 적용한 결과를 살펴보도록 하자. 아래 결과에서 볼 수 있듯이 세 모형 모두 accuracy가 0.87로 LDA보다 더 우수한 것으로 나타났다.

```
from xgboost import XGBClassifier
from lightgbm import LGBMClassifier
from catboost import CatBoostClassifier

cross_val(XGBClassifier(),X=X,y=y)
```

```
Accuracy: [0.87 0.87 0.87 0.86 0.87 0.87 0.87 0.87 0.88 0.87]
Accuracy mean: 0.87
```

```
cross_val(LGBMClassifier(),X=X,y=y)
```

```
Accuracy: [0.87 0.87 0.87 0.87 0.88 0.87 0.88 0.88 0.88 0.87]
Accuracy mean: 0.87
```

```
cross_val(CatBoostClassifier(n_estimators=100),X=X,y=y)
```

```
Accuracy: [0.87 0.87 0.88 0.87 0.88 0.87 0.87 0.88 0.88 0.87]
Accuracy mean: 0.87
```

CatBoost는 특성변수와 목적변수가 범주형일 경우에도 one-hot-encoding을 통한 수량화가 불필요하다. census 데이터에서 df_census_p는 결측치 처리는 하였지만, 특성변수와 목적변수는 범주형으로 남아있다. 아래 프로그램은 특성변수 X_c에는 범주형이 포함되어 있고 목적변수 y1도 범주형인 것을 확인할 수 있다.

```
X_c = df_census_p.iloc[:,:-1]
print(X_c.info())
y1 = df_census_p.iloc[:,-1]
print(y1.head())
```

```
<class 'pandas.core.frame.DataFrame'>
RangeIndex: 32561 entries, 0 to 32560
Data columns (total 13 columns):
 #   Column          Non-Null Count  Dtype
---  ------          --------------  -----
 0   age             32561 non-null  int64
 1   workclass       32561 non-null  object
 2   fnlwgt          32561 non-null  int64
 3   education-num   32561 non-null  int64
 4   marital-status  32561 non-null  object
 5   occupation      32561 non-null  object
 6   relationship    32561 non-null  object
 7   race            32561 non-null  object
 8   sex             32561 non-null  object
 9   capital-gain    32561 non-null  int64
 10  capital-loss    32561 non-null  int64
 11  hours-per-week  32561 non-null  int64
 12  native-country  32561 non-null  object
dtypes: int64(6), object(7)
memory usage: 3.2+ MB
None
0     <=50K
1     <=50K
2     <=50K
3     <=50K
4     <=50K
Name: income, dtype: object
```

CatBoost에서는 범주형 특성변수의 index를 list 형태로 제공하면 된다. 이는 CatBoostClassifier뿐만 아니라 CatBoostRegressor도 동일하다. 아래 프로그램은 수량화 처리된 CatBoost와 동일한 accuracy 0.87을 보여주고 있다.

```
cat_features=[1,4,5,6,7,8,12]
cross_val(CatBoostClassifier(n_estimators=100,cat_features=cat_features),X=X_c,y=y1)
```

```
Accuracy: [0.87 0.87 0.87 0.87 0.87 0.87 0.87 0.88 0.87 0.87]
Accuracy mean: 0.87
```

아래 프로그램은 XGBoostClassifier의 특성변수 중요도와 부분의존도를 맞춤형으로 구현하는 예제를 보여주고 있다. 이는 14.2절에서 이미 논의하였으므로 별도의 해설은 생략한다.

```
xg_c=XGBClassifier()
xg_c.fit(X,y)
print(xg_c.feature_importances_)
```

```
from xgboost import plot_importance
from matplotlib import pyplot
plot_importance(xg_c,max_num_features=10,importance_type='gain')
pyplot.show()
```

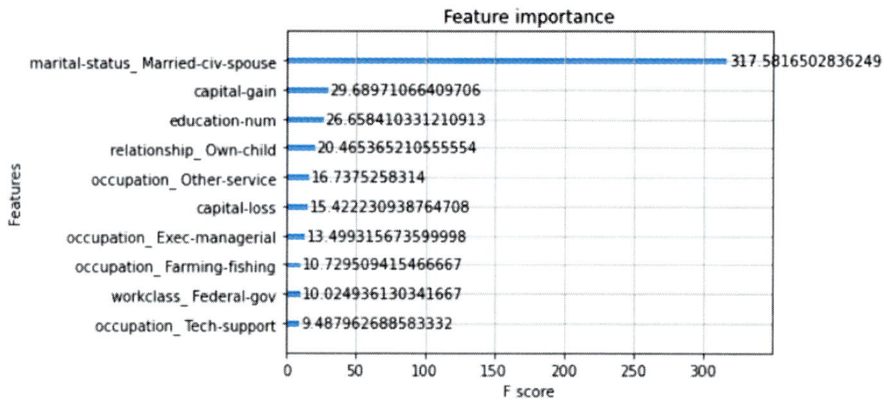


```
sorted_idx=np.argsort(xg_c.feature_importances_)
sorted_col=X.columns[sorted_idx]
sorted_imp=xg_c.feature_importances_[sorted_idx].round(3)
feature_dict=dict(zip(sorted_col,sorted_imp))
feature_impc=list(feature_dict.items())[:-11:-1]
print(feature_impc)
```

```
[('marital-status_ Married-civ-spouse', 0.475), ('capital-gain', 0.044), ('education-num', 0.04), ('relationship_ Own-child', 0.031), ('occupation_ Other-service', 0.025), ('capital-loss', 0.023), ('occupation_ Exec-managerial', 0.02), ('occupation_ Farming-fishing', 0.016), ('workclass_ Federal-gov', 0.015), ('occupation_ Tech-support', 0.014)]
```

```
import numpy as np

def partial_dependency(model, X, features, f_id):
    X_temp = X.copy()
    grid = np.linspace(np.percentile(X_temp.iloc[:, f_id], 0.1),
                       np.percentile(X_temp.iloc[:, f_id], 99.5),
                       50)
    y_pred = np.zeros(len(grid))

    for i, val in enumerate(grid):
        X_temp.iloc[:, f_id] = val
        y_pred[i] = model.predict(X_temp.iloc[:, :features]).mean()

    return grid, y_pred
```

```
features=X.shape[1]

f_id=3
grid,y_pred=partial_dependency(xg_c,X,features,f_id=f_id)
print(grid)
print(y_pred)
```

```
[    0.            695.81632653  1391.63265306  2087.44897959
  2783.26530612  3479.08163265  4174.89795918  4870.71428571
  5566.53061224  6262.34693878  6958.16326531  7653.97959184
  8349.79591837  9045.6122449   9741.42857143 10437.24489796
 11133.06122449 11828.87755102 12524.69387755 13220.51020408
 13916.32653061 14612.14285714 15307.95918367 16003.7755102
 16699.59183673 17395.40816327 18091.2244898  18787.04081633
 19482.85714286 20178.67346939 20874.48979592 21570.30612245
 22266.12244898 22961.93877551 23657.75510204 24353.57142857
 25049.3877551  25745.20408163 26441.02040816 27136.83673469
 27832.65306122 28528.46938776 29224.28571429 29920.10204082
 30615.91836735 31311.73469388 32007.55102041 32703.36734694
 33399.18367347 34095.        ]
[0.18565155 0.02223519 0.02220448 0.02220448 0.02220448 0.01421947
 0.01425018 0.09305611 0.46961088 0.46988729 0.36586714 0.71650134
 0.92761279 0.92767421 0.92767421 0.92242253 0.93338657 0.93338657
 0.93338657 0.93338657 0.93338657 0.93338657 0.93338657 0.93338657
 0.93338657 0.93338657 0.93338657 0.93338657 0.93338657 0.93338657
```

```
0.93338657  0.93301803  0.93301803  0.93301803  0.93301803  0.93301803
0.93301803  0.93301803  0.93301803  0.93301803  0.93301803  0.93301803
0.93301803  0.93301803  0.93301803  0.91852216  0.91852216  0.91852216
0.91852216  0.91852216]
```

```
import plotly.graph_objects as go
fig=go.Figure(data=go.Scatter(x=grid,y=y_pred))
fig.show()
```

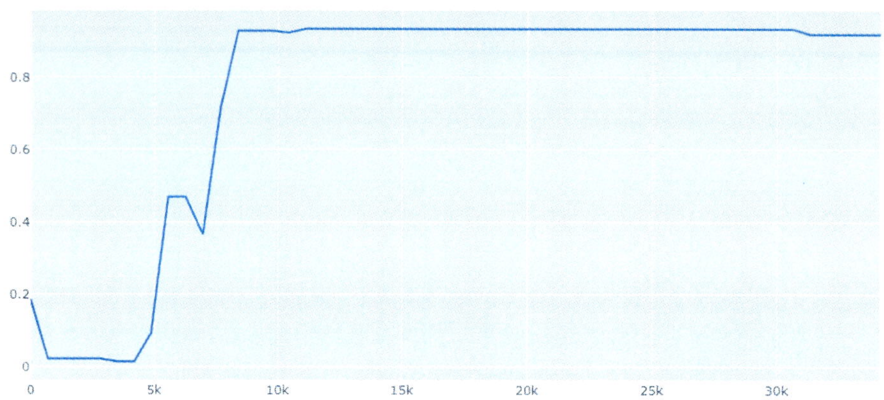

LightGBM과 CatBoost의 특성변수 중요도와 부분의존도도 동일한 방법으로 구현할 수 있다.

연습문제

1 제3장에서 논의한 Auto.csv 자료에서 목적변수는 mpg이다. 이용 가능한 회귀모형을 적용·비교하고 범주형 특성변수에 대한 partial dependency를 그림으로 구현하라.

Chapter 15

Bagging과 Boosting

Bagging & Boosting

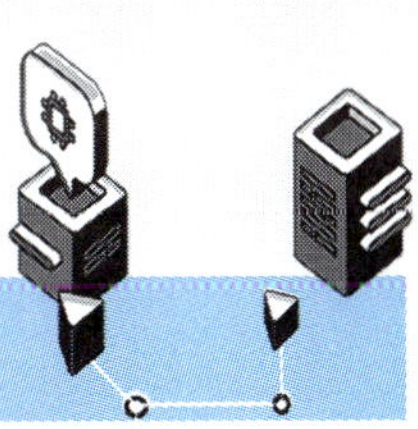

제14장에서 논의한 XGBoost, LightGBM, CatBoost는 앙상블러닝이다. 이미 제13장에서 논의하였지만 앙상블러닝은 bagging(bootstrap aggregating)과 boosting으로 구성되어 있다. bagging은 boostrap으로 N개의 독립적인 표본 셋들을 만든 후, 여기에 각각의 decision tree를 적용하여 구한 N개의 예측모형의 예측치를 평균내어 최종예측치로 한다. 대표적인 bagging은 random forest로, 특성변수를 임의로 선택하여 서로 다른 노드를 가진 decision tree로 구성되어 있다. 한편, boosting은 N개의 decision tree로 구성되어 있지만, 선행 tree의 예측오차(prediction error)를 후행 tree가 최소화한다는 점에서 큰 차이를 보인다. 최종예측치 관점에서 bagging은 N개의 decision tree가 동일한 가중치를 가진 평균이지만, boosting은 N개의 tree의 단순합을 최종추정치로 한다는 차이점이 있다.

대표적인 boosting은 Gradient Boosting이 있으며 XGBoost, LightGBM, Cat Boost는 모두 Gradient Boosting의 개량형이라고 할 수 있다. random forest는 통계적으로 안정적인 예측치를 구한다는 장점이 있지만, 선행 tree로부터의 정보를 후행 tree가 전혀 이용하지 못한다는 단점을 가지고 있다. 이러한 이유로 최근에는 bagging과 boosting을 동시에 이용하는 경향도 있지만, 그 효과는 기대만큼 크지 않다. 이에 대한 논의는 다음 장에서 다루어질 것이다.

15.1 Decision Tree

다음 프로그램은 제14장에서 사용한 bike_rentals 데이터를 불러와서 특성변수를 X_bikes, 목적변수를 y_bikes로 정의하고 있다.

```
import pandas as pd
import numpy as np
import warnings
warnings.filterwarnings('ignore')
```

```
# Download bike_rentals_cleaned dataset
df_bikes = pd.read_csv('bike_rentals_cleaned.csv')

X_bikes = df_bikes.iloc[:,:-1]
y_bikes = df_bikes.iloc[:,-1]
```

```
from sklearn.tree import DecisionTreeRegressor
from sklearn.model_selection import GridSearchCV, cross_val_score, RandomizedSearchCV
from sklearn.model_selection import KFold, StratifiedKFold

tree_reg = DecisionTreeRegressor(random_state=2)

scores = cross_val_score(tree_reg, X_bikes, y_bikes, scoring='neg_mean_squared_error',
cv=5)
rmse = np.sqrt(-scores)
print('RMSE mean: %0.2f' % (rmse.mean()))
```

```
RMSE mean: 1233.36
```

위 결과를 보면 의사결정나무(decision tree)는 제14장에서 다룬 선형회귀모형(RMSE=901)보다 모형의 성능이 훨씬 뒤떨어져 있는 것으로 나타났다. 그러나 의사결정나무는 수많은 초모수를 가지고 있어, 초모수의 튜닝(tuning)은 의사결정나무의 성능을 좌우하는 결정적인 역할을 하게 된다. XGBoost, LightGBM, CatBoost는 의사결정나무를 base learner(같은 의미로 weak learner)로 사용하기 때문에, 이들 세 모형의 초모수도 의사결정나무와 유사한 점이 많다. 이들 세 모형의 초모수의 특징과 튜닝은 제16장에서 자세하게 논의될 것이다.

Bagging과 boosting의 초모수는 sklearn의 GridSearchCV와 Randomized SearchCV, 그리고 skopt의 BayesSearchCV를 이용하면 비교적 쉽게 최상의 초모수를 선택할 수 있다. GridSearch CV는 비교 가능한 모든 초모수 조합에 대해, 교차검증으로 가장 좋은 성능(validation data 기준)을 보이는 초모수를 선택하므로 계산 부담이 크다는 단점을 가지고 있다. RandomizedSearchCV는 모든 가능한 초모수 조합 중 임의로(randomly) 초모수 조합의 일부를 선택한 후, 이 조합 중 가장 우수한 성능을 가진 초모수를 선택하므로 계산 부담이 완화되는 장점을 가지고 있다. 그러므로 초모수를 튜닝하는 좋은 전략은 먼저 GridSearchCV에 개개의 초모수를 적용하여 각 초모수의 범위를 좁힌 후, BayesSearchCV 또는 RandomizedSearchCV로 최종 초모수 튜닝을 하는 방법이다.

다음 프로그램은 GridSearchCV를 적용하기 위한 맞춤형 grid_search 함수를 정의하고 있다.

```
def grid_search(model, params):
    grid_reg = GridSearchCV(model, params, scoring='neg_mean_squared_error', cv=5,
    n_jobs=-1)
    grid_reg.fit(X_bikes, y_bikes)

    best_params = grid_reg.best_params_
    best_score=grid_reg.best_score_
    rmse=np.sqrt(-best_score)
    print("Best params:", best_params)
    print('bestscore',rmse.round(2))
```

min_weight_fraction_leaf는 decision tree의 최종 leaf의 표본수가 전체 표본의 몇 % 이상인지를 지정하는 초모수로 default는 0%이다. 아래와 같이 0.0025로 선택되었지만 성능의 개선은 없는 것으로 나타났다.

```
model=DecisionTreeRegressor(random_state=1)
parms={'min_weight_fraction_leaf':[0.0, 0.0025, 0.005, 0.0075, 0.01]}
grid_search(model=model,params=parms)
```

```
Best params: {'min_weight_fraction_leaf': 0.0025}
bestscore 1244.0
```

min_samples_split은 tree의 split에 필요한 최소표본수로 default는 2이다. min_samples_split=5의 선택은 모형성능에 기여하는 것으로 나타났다.

```
model=DecisionTreeRegressor(random_state=1)
parms={'min_samples_split':[2, 3, 4, 5, 6, 8, 10]}
grid_search(model=model,params=parms)
```

```
Best params: {'min_samples_split': 5}
bestscore 1193.03
```

max_depth는 decision tree의 최대깊이를 지정하는 초모수로 default는 None이다. None은 tree의 최종노드(이를 leaf라고 함)가 min_samples_split의 조건을 만족할 때까지의 최대깊이를 의미한다.

```
model=DecisionTreeRegressor(random_state=1)
parms={'max_depth':[None, 2,4,6,8,10,20,40]}
grid_search(model=model,params=parms)
```

```
Best params: {'max_depth': 20}
bestscore 1242.52
```

지금까지 설명한 초모수 이외에도 max_features, min_samples_leaf 등 여러 초모수가 있으므로 독자 스스로 GridSearchCV를 이용하여 초모수를 튜닝해 보길 바란다. 초모수 각각은 독립적으로 모형의 성능에 기여하지 않더라도 적절한 초모수의 조합을 취하면 모형의 성능을 획기적으로 줄일 수 있다. 그러므로 min_samples_split이나 max_depth가 의사결정나무의 기초모형(default로 주어진 초모수를 이용한다는 측면에서)의 성능을 향상시키지 못하더라도 위 결과를 기초로 초모수의 범위를 좁힌 후, RandomizedSearchCV 또는 BayesSearchCV를 적용하여야 한다.

아래 프로그램은 데이터를 학습데이터와 시험데이터로 분리한 후, RandomizedSearchCV를 학습데이터에 적용한다. 즉, 학습데이터를 5등분하여 그중 하나를 검증데이터로 교차검증하여 최선의 초모수 조합을 찾아내는 과정이다. 최적의 초모수조합을 가진 의사결정나무에 의한 학습데이터의 RMSE=843.54이고 시험데이터의 RMSE=872.2로 나타나 의사결정나무의 성능을 많이 향상시킨 것을 확인할 수 있다.

```
from sklearn.model_selection import train_test_split

X_train,X_test,y_train,y_test=train_test_split(X_bikes,y_bikes)

parm_all={'max_depth':[15,20,25],'min_samples_split':[4,5,6],'min_weight_fraction_leaf':[0.00
15, 0.0025,0.003]}
rand_dtc = RandomizedSearchCV(DecisionTreeRegressor(random_state=1),
            param_distributions=parm_all,
            n_iter=10,scoring='neg_mean_squared_error', cv=5, n_jobs=-1,
            random_state=2)
rand_dtc.fit(X_train,y_train)
print(rand_dtc.best_estimator_)
print('Training score',np.sqrt(-rand_dtc.best_score_).round(2))

best_model = rand_dtc.best_estimator_
y_pred = best_model.predict(X_test)

from sklearn.metrics import mean_squared_error
rmse_test = mean_squared_error(y_test, y_pred)**0.5
print('Test score: {:.3f}'.format(rmse_test))
```

```
DecisionTreeRegressor(max_depth=25, min_samples_split=6,
                      min_weight_fraction_leaf=0.0025, random_state=1)
Training score 843.54
Test score: 871.202
```

시험데이터 RMSE로 측정된 모형의 성능은 시험데이터의 선택에 민감하게 의존하므로, 중첩 교차검증(nested cross-validation)을 다음과 같이 실행하여 모형의 성능을 측정할 필요가 있다.

```
from sklearn.model_selection import KFold, StratifiedKFold
inner_cv=KFold(n_splits=3,shuffle=True,random_state=0)
out_cv=KFold(n_splits=5,shuffle=True,random_state=0)
```

```
parm_all={'max_depth':[15,20,25],'min_samples_split':[4,5,6],'min_weight_fraction_leaf':[0.00
15, 0.0025,0.003]}
rand_dtc = RandomizedSearchCV(DecisionTreeRegressor(random_state=1),
            param_distributions=parm_all,
            n_iter=10, scoring='neg_mean_squared_error', cv=inner_cv, n_jobs=-1,
            random_state=2)
scores=cross_val_score(rand_dtc,X_bikes,y_bikes,scoring='neg_mean_squared_error',cv=o
ut_cv)

rmse=np.sqrt(-scores)
print("RMSE: %.3f, +/-%.3f" %(np.mean(rmse),np.std(rmse)))
```

```
RMSE: 859.157, +/-67.304
```

15.2 Random Forest

다음은 random forest를 bike_rentals 데이터에 적용한 사례를 보여주고 있다. default로 주어진 초모수를 그대로 적용한 결과 RMSE=991.0으로 나와 의사결정나무의 기초모형보다 우수한 것으로 나타났다.

```
from sklearn.ensemble import RandomForestRegressor
rf = RandomForestRegressor(random_state=2, n_jobs=-1)

scores = cross_val_score(rf, X_bikes, y_bikes, scoring='neg_mean_squared_error', cv=5)
rmse = np.sqrt(-scores)
print('RMSE mean: %0.2f' % (rmse.mean()))
```

```
RMSE mean: 991.03
```

의사결정나무와 동일한 절차에 따라 각 초모수를 GridSearchCV로 선택한 후, 초모수의 범위를 좁혀 RandomizedSearchCV를 적용한 결과는 다음과 같다. n_estimators

는 random forest가 bagging이므로 독립적인 표본셋 수(동일하게 의사결정나무의 수)를 말하며 default는 100이다. max_features는 tree의 split을 결정할 때 고려할 특성변수의 수로 auto는 모든 특성변수를 의미하며, 모든 특성변수가 포함되지 않으면 특성변수는 max_features에 지정된 수만큼 임의로 선택된다. 아래의 결과를 보면 decision tree보다 훨씬 우수한 성능을 보여주고 있다.

```
def randomized_search_reg(model,params, cv=10,runs=10):
    rand_reg = RandomizedSearchCV(model, params, n_iter=runs,
                scoring='neg_mean_squared_error', cv=10, n_jobs=-1, random_state=2)
    rand_reg.fit(X_train, y_train)
    best_model = rand_reg.best_estimator_
    best_params = rand_reg.best_params_
    print("Best params:", best_params)
    best_score = np.sqrt(-rand_reg.best_score_)
    print("Training score: {:.3f}".format(best_score))
    return best_model
```

```
rf=RandomForestRegressor(random_state=2, n_jobs=-1)
cv=KFold(n_splits=3,shuffle=True,random_state=0)
params={'n_estimators':[50,100,200,300],'max_features':['auto',0.4,0.5,0.6],'min_samples_spl
it':[4,5,6,7],'max_depth':[None,2,4,6]}
best_model=randomized_search_reg(rf,params,cv=cv,runs=20)

y_pred = best_model.predict(X_test)

from sklearn.metrics import mean_squared_error
rmse_test = mean_squared_error(y_test, y_pred)**0.5
print('Test score: {:.3f}'.format(rmse_test))
```

```
Best params: {'n_estimators': 200, 'min_samples_split': 7, 'max_features': 0.4,
             'max_depth': None}
Training score: 689.558
Test score: 595.607
```

random forest의 최종성능을 점검하기 위한 중첩 교차검증의 결과는 다음과 같다.

```
from sklearn.model_selection import KFold, StratifiedKFold
inner_cv=KFold(n_splits=3,shuffle=True,random_state=0)
out_cv=KFold(n_splits=5,shuffle=True,random_state=0)
parm_all={'n_estimators':[50,100,200],'max_features':['auto',0.4,0.5,0.6],'min_samples_split':[
4,5,6,7],'max_depth':[None,2,4,6]}
rand_rf = RandomizedSearchCV(RandomForestRegressor(random_state=2, n_jobs=-1),
            param_distributions=parm_all, n_iter=20, scoring='neg_mean_squared_error',
            cv=inner_cv, n_jobs=-1, random_state=2)
scores=cross_val_score(rand_rf,X_bikes,y_bikes,scoring='neg_mean_squared_error',cv=out
_cv)

rmse=np.sqrt(-scores)
print("RMSE: %.3f, +/-%.3f" %(np.mean(rmse),np.std(rmse)))
```

```
RMSE: 642.191, +/-80.626
```

15.3 Gradient Boosting

Boosting 기법 중 Gradient Boosting을 적용하여 보자. Gradient Boosting의 기본 모형은 random forest 기본모형보다 우수한 것으로 나타났다.

```
from sklearn.ensemble import GradientBoostingRegressor
gb_r = GradientBoostingRegressor(random_state=2)

scores = cross_val_score(gb_r, X_bikes, y_bikes, scoring='neg_mean_squared_error',
cv=5)
rmse = np.sqrt(-scores)
print('RMSE mean: %0.2f' % (rmse.mean()))
```

```
RMSE mean: 940.25
```

의사결정나무와 동일한 방법으로 초모수를 선택한 결과는 다음과 같다. 여기에서

learning_rate는 0 ~ 1 사잇값을 가지며 각 tree의 기여도를 제어하는 역할로 딥러닝에서 사용하는 learning_rate와 같은 역할을 한다. 즉, 과대적합을 방지하기 위해 모형의 성능이 특정 tree에 지나치게 의존하는 것을 방지하는 역할을 한다. boosting에 사용하는 tree의 수인 n_estimators와 trade-off 관계를 가지고 있다. n_estimators를 줄이거나 증가시키면 learning_rate를 증가시키거나 감소시킨다.

```
gb_r=GradientBoostingRegressor(random_state=2)
cv=KFold(n_splits=3,shuffle=True,random_state=0)
params={'n_estimators':[50,100,200],'subsample':[0.65,0.7,0.75],'learning_rate':[0.1,0.2,0.2
        5],'max_depth':[1,2,3]}
best_model=randomized_search_reg(gb_r,params,cv=cv,runs=20)
y_pred = best_model.predict(X_test)

from sklearn.metrics import mean_squared_error
rmse_test = mean_squared_error(y_test, y_pred)**0.5
print('Test score: {:.3f}'.format(rmse_test))
```

```
Best params: {'subsample': 0.7, 'n_estimators': 200, 'max_depth': 2, 'learning_rate': 0.1}
Training score: 644.829
Test score: 597.990
```

아래는 중첩 교차검증을 통한 Gradient Boosting의 최종성능을 보여주고 있다. decision tree나 random forest보다 더 우수한 것으로 나타났다.

```
from sklearn.model_selection import KFold, StratifiedKFold
inner_cv=KFold(n_splits=3,shuffle=True,random_state=0)
out_cv=KFold(n_splits=5,shuffle=True,random_state=0)
parm_all={'n_estimators':[50,100,200],'subsample':[0.65,0.7,0.75],'learning_rate':[0.1,0.2,0.2
5],'max_depth':[1,2,3]}
rand_rf = RandomizedSearchCV(GradientBoostingRegressor(random_state=2),
param_distributions=parm_all, n_iter=20, scoring='neg_mean_squared_error', cv=inner_cv,
n_jobs=-1, random_state=2)
scores=cross_val_score(rand_rf,X_bikes,y_bikes,scoring='neg_mean_squared_error',cv=out
_cv)
```

```
rmse=np.sqrt(-scores)
print("RMSE: %.3f, +/-%.3f" %(np.mean(rmse),np.std(rmse)))
```

```
RMSE: 621.252, +/-43.696
```

15.4 분류

heart_disease 데이터는 13개의 특성변수와 심장병 유무를 나타내는 목적변수 target으로 구성되어 있으며 총 303개의 표본이 있다. 결측치도 없고 모두 수량화된 변수이므로 자료의 사전정리과정도 불필요하다.

```
df_heart = pd.read_csv('heart_disease.csv')
df_heart.head()
```

	age	sex	cp	trestbps	chol	fbs	restecg	thalach	exang	oldpeak	slope	ca	thal	target
0	63	1	3	145	233	1	0	150	0	2.3	0	0	1	1
1	37	1	2	130	250	0	1	187	0	3.5	0	0	2	1
2	41	0	1	130	204	0	0	172	0	1.4	2	0	2	1
3	56	1	1	120	236	0	1	178	0	0.8	2	0	2	1
4	57	0	0	120	354	0	1	163	1	0.6	2	0	2	1

다음과 같이 특성변수 X와 목적변수 y를 정의한 후, default로 주어진 초모수를 이용한 decision tree, random forest, Gradient Boosting의 accuracy를 cross_val_score() 함수를 이용하여 차례대로 보여주고 있다.

```
from sklearn.tree import DecisionTreeClassifier
from sklearn.ensemble import RandomForestClassifier,GradientBoostingClassifier
```

```
from sklearn.model_selection import GridSearchCV, cross_val_score, RandomizedSearchCV
from sklearn.model_selection import KFold, StratifiedKFold

X = df_heart.iloc[:,:-1]
y = df_heart.iloc[:,-1]
```

```
model = DecisionTreeClassifier(random_state=2)
cv=StratifiedKFold(n_splits=3,shuffle=True,random_state=0)
scores = cross_val_score(model, X, y, cv=cv)
print('Accuracy:', np.round(scores, 2))
print('Accuracy mean: %0.2f' % (scores.mean()))
```

```
Accuracy: [0.7  0.76 0.72]
Accuracy mean: 0.73
```

```
model = RandomForestClassifier(random_state=2)
cv=StratifiedKFold(n_splits=3,shuffle=True,random_state=0)
scores = cross_val_score(model, X, y, cv=cv)
print('Accuracy:', np.round(scores, 2))
print('Accuracy mean: %0.2f' % (scores.mean()))
```

```
Accuracy: [0.77 0.88 0.81]
Accuracy mean: 0.82
```

```
model = GradientBoostingClassifier(random_state=2)
cv=StratifiedKFold(n_splits=3,shuffle=True,random_state=0)
scores = cross_val_score(model, X, y, cv=cv)
print('Accuracy:', np.round(scores, 2))
print('Accuracy mean: %0.2f' % (scores.mean()))
```

```
Accuracy: [0.78 0.82 0.77]
Accuracy mean: 0.79
```

random forest의 accuracy가 가장 높은 것으로 나타났지만, 초모수의 튜닝을 통해 최종모형을 비교하여야 한다. 초모수 튜닝에 의한 최종모형은 반복적으로 논의되었으므로 스스로 실습하여 보길 바란다.

연습문제

Internet에서 bank_marketing.csv(40,000개 이상 관측치를 가진 데이터를 이용할 것)를 이용하여

1 SVM을 적용하여 수렴 여부를 확인하라.

2 decision tree, random forest, Gradient Boosting를 적용하고 비교하라.

3 초모수를 조절하여 가장 우수한 모형을 결정하라.

Chapter 16

XGBoost, LightGBM, CatBoost의 초모수의 특성과 튜닝

Gradient Boosting을 기반으로 수렴속도와 성능을 대폭 개선한 boosting 기법은 XGBoost, LightGBM, CatBoost가 있다. 이 장에서는 이 세 모형의 수렴속도를 비교하고, 초모수의 종류와 특성 그리고 초모수 튜닝을 통해 성능향상을 논의하고, 자료의 불균형(imbalance)을 처리하는 방법을 논의하고자 한다. 추가적으로 random forest를 boosting 기법의 base learner로 사용하는 방법을 논의할 것이다.

16.1 수렴속도 비교

XGBoost, LightGBM, CatBoost의 수렴속도를 비교하기 위해, 총 표본수가 5,087개이고 특성변수 수가 3,197개로 구성된 비교적 큰 데이터인 exoplanets.csv를 이용하고자 한다. exoplanets.csv는 별의 밝기가 주기적으로 변하는지의 유무에 따라 외행성(exoplanets, 태양계 이외의 행성 중 별 주위를 도는 행성)인지 아닌지를 분류하기 위한 데이터이다. 태양계와 같이 행성을 가지고 있으면 LABEL이 2이고 행성이면 LABEL이 1로 되어 있다.

```
df = pd.read_csv('exoplanets.csv')
df.head()
```

	LABEL	FLUX.1	FLUX.2	FLUX.3	FLUX.4	FLUX.5	FLUX.6	FLUX.7	FLUX.8	FLUX.9	...	FLUX.3188	FLUX.3189	FLUX.3190	FLUX.3191	FLUX.3192
0	2	93.85	83.81	20.10	-26.98	-39.56	-124.71	-135.18	-96.27	-79.89	...	-78.07	-102.15	-102.15	25.13	48.57
1	2	-38.88	-33.83	-58.54	-40.09	-79.31	-72.81	-86.55	-85.33	-83.97	...	-3.28	-32.21	-32.21	-24.89	-4.86
2	2	532.64	535.92	513.73	496.92	456.45	466.00	464.50	486.39	436.56	...	-71.69	13.31	13.31	-29.89	-20.88
3	2	326.52	347.39	302.35	298.13	317.74	312.70	322.33	311.31	312.42	...	5.71	-3.73	-3.73	30.05	20.03
4	2	-1107.21	-1112.59	-1118.95	-1095.10	-1057.55	-1034.48	-998.34	-1022.71	-989.57	...	-594.37	-401.66	-401.66	-357.24	-443.76

```
df.info()
```

```
<class 'pandas.core.frame.DataFrame'>
RangeIndex: 5087 entries, 0 to 5086
```

```
Columns: 3198 entries, LABEL to FLUX.3197
dtypes: float64(3197), int64(1)
memory usage: 124.1 MB
```

목적변수 LABEL은 아래와 같이 2값을 갖는 경우가 불과 0.73%에 불과할 정도로 불균형 정도가 매우 심한 데이터이다. 이러한 불균형(imbalance)문제는 16.3절에서 자세하게 논의될 것이다.

```
df['LABEL'].value_counts()
```

```
1    5050
2      37
Name: LABEL, dtype: int64
```

아래와 같이 특성변수 X와 y를 정의한 후, 학습데이터와 시험데이터로 분류한다.

```
X = df.iloc[:,1:]
y = df.iloc[:,0]

from sklearn.model_selection import train_test_split
X_train, X_test, y_train, y_test = train_test_split(X, y,stratify=y, random_state=2)
```

XGBoost, LightGBM, CatBoost의 실행시간을 측정하기 위해 아래와 같이 time을 호출한 후, start=time.time()과 end=time.time() 사이에 분류 알고리즘을 실행시키면 이 알고리즘의 실행시간을 측정할 수 있다. 다음은 Gradient Boost의 실행시간을 측정한 프로그램이다. accuracy는 98.7%이고 실행시간은 약 183초 정도 걸린 것으로 나타났다. Gradient Boosting이 XGBoost, LightGBM, CatBoost의 기초 알고리즘이므로 Gradient Boosting의 실행시간은 좋은 참고자료가 된다.

```
from sklearn.ensemble import GradientBoostingClassifier
from xgboost import XGBClassifier
from lightgbm import LGBMClassifier
from catboost import CatBoostClassifier
from sklearn.metrics import accuracy_score
import time

start = time.time()

gbr = GradientBoostingClassifier(n_estimators=100, max_depth=2, random_state=2)
gbr.fit(X_train, y_train)
y_pred = gbr.predict(X_test)
score = accuracy_score(y_pred, y_test)
print('Score: ' + str(score))

end = time.time()
elapsed = end - start

print('Run Time: ' + str(elapsed) + ' seconds')
```

```
Score: 0.9866352201257862
Run Time: 182.95041513442993 seconds
```

동일한 방법으로 XGBoost, LightGBM, CatBoost의 실행시간을 측정한 결과는 다음과 같다. XGBoost는 13.3초, LightGBM은 1.83초, CatBoost는 3.72초로 runtime이 많이 줄어든 것을 볼 수 있다. 저자의 경험에 따르면 일반적으로 runtime은 LightGBM < XGBoost < CatBoost의 차례를 따른다.

```
from xgboost import XGBClassifier
start = time.time()

xg_reg = XGBClassifier(n_estimators=100, max_depth=2, random_state=2)
xg_reg.fit(X_train, y_train)
y_pred = xg_reg.predict(X_test)
score = accuracy_score(y_pred, y_test)
print('Score: ' + str(score))
end = time.time()
```

```
elapsed = end - start

print('Run Time: ' + str(elapsed) + ' seconds')
```

```
Score: 0.9929245283018868
Run Time: 13.297698974609375 seconds
```

```
from lightgbm import LGBMClassifier
start = time.time()

lgb_reg = LGBMClassifier(n_estimators=100, max_depth=2, random_state=2)
lgb_reg.fit(X_train, y_train)
y_pred = lgb_reg.predict(X_test)
score = accuracy_score(y_pred, y_test)
print('Score: ' + str(score))
end = time.time()
elapsed = end - start

print('Run Time: ' + str(elapsed) + ' seconds')
```

```
Score: 0.9929245283018868
Run Time: 1.8266470432281494 seconds
```

```
from catboost import CatBoostClassifier
start = time.time()

cat_reg = CatBoostClassifier(n_estimators=100, max_depth=2, random_state=2)
cat_reg.fit(X_train, y_train)
y_pred = cat_reg.predict(X_test)
score = accuracy_score(y_pred, y_test)
print('Score: ' + str(score))
end = time.time()
elapsed = end - start

print('Run Time: ' + str(elapsed) + ' seconds')
```

```
Score: 0.9929245283018868
Run Time: 3.719705820083618 seconds
```

16.2 초모수의 비교와 튜닝

XGBoost, LightGBM, CatBoost의 비교는 초모수의 정의로부터 시작하여야 한다. 초모수의 모수명이 다르더라도 같은 기능이 많기 때문이다. <표 16-1>은 XGBoost, LightGBM, CatBoost의 초모수 중 중요한 것만 모아 정리한 것이다. 좀 더 자세한 초모수들은 각 boosting의 documents를 참고하길 바란다.

<표 16-1>에서 XGBoost의 booster는 'gbtree', 'gblinear', 'dart' 등 세 가지가 있다.

표 16-1 XGBoost, LightGBM, CatBoost의 초모수 비교

XGBoost	LightGBM	CatBoost	정의
n_estimators(100)	n_estimators(100) (num_iterations)	n_estimators(1000) (iterations)	base learner의 총 개수
booster('gbtree')	boosting_type('gbdt')	boosting_type ('Ordered')	base learner 타입
learning_rate(0.3)	learning_rate(0.1)	learning_rate ('auto' 또는 0.03)	각 tree의 학습률(0 ~ 1)
max_length(6)	max_depth(−1(무한대))	depth(6) (max_depth)	base leaner의 최대깊이
gamma(0)	N/A	max_leaves(31)	최종노드(leaf)수의 최대치(gamma=0이면 제한이 없음)
subsample(1)	subsample(1) (bagging_fraction)	subsample(1)	base learner에서 사용하는 표본비율(0 ~ 1)
min_child_weight(1)	min_child_weight(1)	min_data_in_leaf(1) (min_child_samples)	최종노드에 필요한 최소표본수
colsample_bytree(1)	colsample_bytree(1)	N/A	base learner에서 사용할 수 있는 특성변수 비율
colsample_bynode(1)	colsample_bynode(1)	colsample_bylevel(1) (rsm)	각 tree의 split에서 사용할 수 있는 특성변수 비율
lambda(1)	lambda_l2(0)	l2_leaf_reg(3)	L2 규제화
alpha(0)	lambda_l1(0)	N/A	L1 규제화
scale_pos_weight(1)	scale_pos_weight(1)	scale_pos_weight(1)	binary 분류에서 1(positive) 값을 가진 표본의 가중치
missing(None)	N/A	nan_mode('Min')	결측치 처리

* 괄호 안의 숫자 및 string은 default 값이며, 다른 이름은 별명으로 호환이 됨

'gbtree'는 base learner로 의사결정나무(decision tree)를 사용하고, 'gblinear'는 특성변수와 목적변수의 관계가 선형적일 때 사용하는 선형회귀모형이 base learner로 사용된다. 'gbtree'를 default로 사용하는 XGBoost가 LinearRegression(회귀인 경우)나 LogisticRegression(분류일 경우)보다 성능이 떨어지거나 거의 비슷할 경우, 'gblinear'를 사용하는 것이 좋다. 'dart'는 Dropouts Additive Regression Tree의 약자로 각 boosting round에서 일정 비율(default=0.1)의 이전 round의 tree를 임의로 빼고(drop) 학습시켜 과대적합을 방지하는 base learner이다. 이는 딥러닝의 dropout과 동일한 개념이다.

LightGBM에서 boosting_type은 'gbdt', 'dart', 'goss', 'rf'가 있다. 'gbdt'는 XGBoost의 'gbtree'와 같고, 'dart'는 XGBoost와 같다. 'goss'는 제13장에서 설명하였듯 Gradient-based One-Side Sampling을 base learner로 사용하며, 'rf'는 random forest의 약자로 random forest를 base learner로 사용하므로 bagging과 boosting을 모두 사용하는 효과를 가지고 있다. LightGBM에서 booster_type='rf'를 지정하면 subsample<1 그리고 bagging_freq>1이 되도록 지정해야 한다. 여기에서 bagging_freq은 boostrap 데이터셋 수이다. XGBoost에서는 예를 들어, num_parallel_tree=20을 부여하면 20개의 독립적인 boostrap 데이터셋 각각에 XGBoost를 적용하고, hard voting이나 soft voting으로 최종예측을 하게 된다.

CatBoost에서의 boosting_type은 'Ordered'와 'Plain'이 있다. 'Ordered'는 제13장에서 설명한 순서부스팅(ordered boosting)을 사용한다는 의미이다. 그렇지만 'Ordered'를 사용하면 runtime이 오래 걸린다는 단점이 있다. runtime을 줄이기 위해서는 'Plain'을 boosting_type으로 지정하면 된다. 'Plain'은 XGBoost의 'gbtree'와 동일하다.

scale_pos_weight는 이항분류(binary classification)를 목적으로 하고 이 두 개의 범주가 불균형(imbalance)일 때 사용하는 초모수이다.

$$\text{scale\_pos\_weight}=\frac{\textit{the}\ \text{number of 0's}}{\text{the number of 1's}}$$

으로 정의되며 이 scale_pos_weight를 positive 범주(즉, 1의 범주)를 가진 표본에 곱하여 가중치를 부여하게 된다. 예를 들어, 1:0=1:20이면 scale_pos-weight=20으로 가중치를 positive 범주에 부여하여 표본의 불균형을 해소하게 된다. 이러한 표본의 불균형문제는 다음 절에서 좀 더 자세하게 논의할 것이다.

결측치가 발생하였을 때, XGBoost는 default로 None이며 np.nan으로 처리하고 missing=−999와 같이 값을 부여하여 결측치를 별도로 처리할 수 있다. LightGBM에서는 결측치에 대해 별도의 처리가 불필요하며, CatBoost에서는 nan_mode='Min'을 default로 한다. 이는 수량화 값을 갖는 특성변수별로 최솟값을 결측치로 대체하여 tree의 split에 영향을 주지 않는 역할을 하게 된다. nan_mode='Max'로 줄 수 있지만, 이는 'Min'과 동일한 효과를 가지므로 특별한 이유가 없다면 선택하여야 할 이유가 없다.

추가적으로, CatBoost에서는 초모수는 아니지만 중요한 모수가 있다. one_hot_max_size는 범주형 특성변수의 one-hot-encoding을 할 범주 수를 지정하는 옵션으로, 예를 들어 one_hot_max_size=3을 주면 범주형 특성변수 중 3개 이하의 범주를 가진 특성변수만 one_hot_encoding하게 되고 default=2이다. 또 하나의 중요한 모수는 cat_features로 특성변수 중 어느 특성변수가 범주형인지를 선언하는 변수이다. 예를 들어, 특성변수 중 0, 2, 3, 5번째 특성변수가 범주형이면 cat_features=[0,2,3,5]으로 지정하면 해당 범주형 특성변수를 수량화하지 않더라도, 범주의 순서목적통계량(ordered TS)을 구하여 처리하게 된다. 사실 순서목적통계량은 평균인코딩(mean encoding)의 변형이라고 할 수 있다. 평균인코딩은 범주형 자료의 범주를 범주별 목적변수의 평균으로 대체하는 것을 말한다. 또한 결과적으로 목적변수의 정보를 범주형 특성변수가 가지게 되며 이를 자료누출(data leakage)이라고 한다. 자료누출은 과대적합의 한 원인이 된다. 순서목적통계량은 각 반복에서 생성된 permutation과 이에 따른 자료순서의 변경 때문에 평균인코딩과 다르게 매번 다른 값을 가지게 되어 자료누출을 방지하는 역할을 하게 된다. 이런 이유로 순서목적통계량은 범주형 특성변수의 수량화의 수단이며, 과대적합을 방지하는 역할도 하게 된다.

XGBoost, LightGBM, 그리고 CatBoost의 장단점을 간략하게 요약하면 다음과 같다. XGBoost는 level-wise growth 알고리즘이다. 그러나 최근에 leaf-wise growth 알고리즘으로 tree를 만들 수 있는 옵션을 추가하였다. 단점은 초모수조절이 복잡하고 one-hot encoding과 같이 sparse 데이터가 많은 경우 계산부담이 크다는 데 있다.

LightGBM은 leaf-wise 알고리즘으로 tree를 구성하므로 손실함수를 최소화하는 데 효과적이다. LightGBM의 또 다른 특성은 실수형 특성변수에 대해 histigram을 기반으로 bin을 만들어 범주형 특성변수로 전환, 이 bin을 기준으로 tree의 노드를 결정하므로 계산 부담을 획기적으로 줄였다는 것이다. LightGBM의 가장 큰 장점 중 하나는 XAI(explainable AI) 기능이 탑재되어 있어 XAI 기법 중 TreeExplainer를 통해 SHAP value를 구해 특성변수가 예측치에 미치는 영향과 기여도를 구할 수 있도록 하였다. .predict에 pred_contrib=True를 부여하면 SHAP value를 구할 수 있다. 출력은 (표본수, 특성변수수+1) 2D로 마지막 column은 expected value이다. 그러나 leaf-wise 알고리즘 때문에 과대적합이 발생할 우려가 크다는 단점을 가지고 있다.

CatBoost는 범주형 데이터를 별도의 처리 없이 그대로 적용할 수 있는 장점이 있으나 범주형 특성변수의 범주수가 많을 때(이를 high cardinality를 가진 특성변수라고 한다), 의미 있는 순서통계량을 계산하기 위해서는 tree의 깊이가 깊어야 한다는 약점을 가지고 있다.

다음 데이터는 제15장에서 사용한 heart_disease 데이터로, 이 데이터를 이용하여 XGBoost, LightGBM, CatBoost의 초모수를 조율하고자 한다.

```
import warnings
warnings.filterwarnings('ignore')
import pandas as pd
df = pd.read_csv('heart_disease.csv')
df.head()
```

	age	sex	cp	trestbps	chol	fbs	restecg	thalach	exang	oldpeak	slope	ca	thal	target
0	63	1	3	145	233	1	0	150	0	2.3	0	0	1	1
1	37	1	2	130	250	0	1	187	0	3.5	0	0	2	1
2	41	0	1	130	204	0	0	172	0	1.4	2	0	2	1
3	56	1	1	120	236	0	1	178	0	0.8	2	0	2	1
4	57	0	0	120	354	0	1	163	1	0.6	2	0	2	1

특성변수 X와 목적변수 y를 다음과 같이 정의한 후, 범주형 목적변수의 범주 분포에 따라 교차검증을 하도록 StratifiedKFold()를 kfold로 객체화하고 있다.

```
X = df.iloc[:, :-1]
y = df.iloc[:, -1]
import numpy as np
from xgboost import XGBClassifier
from sklearn.model_selection import StratifiedKFold,GridSearchCV,RandomizedSearchCV
from skopt import BayesSearchCV
from sklearn.model_selection import cross_val_score
kfold = StratifiedKFold(n_splits=5, shuffle=True, random_state=2)
```

cross_val_score()를 이용한 XGBoost의 기본모형의 accuracy는 0.78로 제15장에서 논의한 random forest나 Gradient Boost의 기본모형보다 낮은 accuracy를 보이고 있다.

```
scores = cross_val_score(XGBClassifier(), X, y, cv=kfold)
print('Accuracy:', np.round(scores, 2))
print('Accuracy mean: %0.2f' % (scores.mean()))
```

```
Accuracy: [0.72 0.82 0.75 0.8  0.82]
Accuracy mean: 0.78
```

초모수 튜닝을 통한 XGBoost의 성능향상을 위해 다음과 같이 맞춤형 grid_ search_xg를 정의한다. 튜닝을 위한 모수 params와 모수 튜닝을 위해 GridSearchCV, Randomized SearchCV, 또는 BayesSearchCV를 사용할지를 통제하도록 random을 입력으로 정의하고 있다.

```
def grid_search_xg(params, search='random'):
    xgb = XGBClassifier(random_state=2,verbosity=0)
    repeatedkfold = RepeatedStratifiedKFold(n_splits=5,n_repeats=3,
                                            random_state=2)
    if search=='random':
        grid = RandomizedSearchCV(xgb, params, cv=repeatedkfold,
                                  n_iter=50, n_jobs=-1, random_state=2)
    elif search=='grid':
        grid = GridSearchCV(xgb, params, cv=repeatedkfold, n_jobs=-1)
    else:
        grid=BayesSearchCV(xgb,params,cv=repeatedkfold,n_iter=50,
                           verbose=0)
    grid.fit(X, y)
    #print(grid.cv_results_)
    best_params = grid.best_params_
    print("Best params:", best_params)
    best_score = grid.best_score_
    print("Best score: {:.5f}".format(best_score))
```

grid_search_xg에 n_estimators를 params로 입력하여 사용할 최적의 base learner의 수를 튜닝하고 있다. params는 dictionary 자료로 입력하며 n_estimators=50으로 튜닝하고 있다.

```
grid_search_xg(params={'n_estimators':[50,100, 200, 300]})
```

```
Best params: {'n_estimators': 50}
Best score: 0.78907
```

동일한 방법으로 learning_rate, max_depth, gamma, min_child_weight, subsample, colsample_bytree에 대해 GridSearchCV로 각 초모수를 튜닝하고 초모수의 범위를 줄인 후, BayesSearchCV를 적용하여 최종적으로 튜닝한 초모수는 다음과 같다. accuracy는 0.841로 기본모형보다 성능이 많이 좋아졌다는 것을 알 수 있다.

```
grid_search_xg(params={'n_estimators':Integer(30,100),
        'learning_rate':Real(0.03,0.07),'max_depth':Integer(1,3),
        'gamma':Real(0.3,1.5), 'min_child_weight':Integer(3,7),
        'subsample':Real(0.5,0.85),'colsample_bytree':Real(0.3,1.0)},
        search='bayesian')
```

```
Best params: OrderedDict([('colsample_bytree', 0.6072088980865906), ('gamma', 1.5),
('learning_rate', 0.07), ('max_depth', 1), ('min_child_weight', 6), ('n_estimators', 73),
('subsample', 0.5358775746626544)])
Best score: 0.84060
```

이제 데이터를 학습데이터와 시험데이터로 분류하여 학습데이터에 모형을 적합시키고, 모형의 과대적합 여부와 성능을 시험데이터로 측정하고자 한다.

```
from sklearn.model_selection import train_test_split
X_train, X_test, y_train, y_test = train_test_split(X, y, random_state=0)
```

지금까지 초모수를 튜닝할 때, 전체 데이터를 이용하였다. 그러나 이는 앞에서 설명한 바 있는 자료누출에 해당한다. 모형의 성능을 평가할 시험데이터도 초모수 튜닝에 이용되었기 때문이다. 시험데이터는 모형설정, 학습, 초모수 튜닝에 전혀 관여하지 않은 never-seen-before 데이터여야 한다. 그러므로 아래와 같이 학습데이터와 시험데이터로 분류하고 학습데이터를 다시 학습데이터와 검증데이터로 재분류한 후, 초모수를 검증데이터로 평가하여 튜닝해야 한다. 아래 프로그램은 검증데이터로 n_estimators를 결정하는 예를 보여주고 있다. model.fit에 입력으로 early_stopping_rounds=10을 지정함으로써, 검증데이터(eval_set)의 accuracy가 연속적으로 10번 증가하지 않으면(같은 의미로 logloss가 연속적으로 10번 증가하지 않으면) 학습을 멈추는 옵션을 주고 있다. 결과로 n_estimators=68일 때 가장 좋은 accuracy를 보이는 것으로 나타났다. 이와 같이 시험데이터를 제외한 학습데이터와 검증데이터로 모든 초모수를 조율하여야 한다. 아래의 출력은 출력의 일부분만 보여주고 있다.

```
X_train_p, X_val, y_train_p, y_val = train_test_split(X_train, y_train, random_state=2)
model=XGBClassifier(learning_rate=0.07,max_depth=1,gamma=1.5,
            colsample_bytree=0.61, min_child_weight=6,subsample=0.54,
                    random_state=2, n_estimators=5000,verbosity=0)
eval_set = [(X_val, y_val)]
model.fit(X_train_p, y_train_p,early_stopping_rounds=10, eval_set=eval_set)
print(f'best_iteration:{model.get_booster().best_iteration}')
```

```
[66]    validation_0-logloss:0.44437
[67]    validation_0-logloss:0.44438
[68]    validation_0-logloss:0.44156
[69]    validation_0-logloss:0.44165
[70]    validation_0-logloss:0.44300
[71]    validation_0-logloss:0.44345
[72]    validation_0-logloss:0.44390
[73]    validation_0-logloss:0.44388
[74]    validation_0-logloss:0.44394
[75]    validation_0-logloss:0.44258
[76]    validation_0-logloss:0.44347
[77]    validation_0-logloss:0.44413
best_iteration:68
```

튜닝된 최종 모형의 학습은 원래의 학습데이터 즉, X_train=X_train_p+X_val, y_train=y_train_p+y_val에 재적합하여 학습시킨다. 학습데이터가 많을수록 좋은 추정치를 갖게 되는 통계적 성질 때문이다. 이제 X_test를 이용한 XGBoost의 성능은 85.53%이며, 학습데이터의 accuracy가 87.7%로 약간의 과대적합이 있으나 통계적으로 허용되는 범위에 있는 것으로 판단된다.

```
from sklearn.metrics import accuracy_score
model_xg = XGBClassifier(n_estimators=68,learning_rate=0.07,max_depth=1,
               gamma=1.5,colsample_bytree=0.61,min_child_weight=6,
               subsample=0.54,random_state=2,verbosity=0)
model_xg.fit(X_train, y_train)
y_tpred=model_xg.predict(X_train)
accuracy_t=accuracy_score(y_train,y_tpred)
print('Train_accuracy',accuracy_t)
# make predictions for test data
y_pred = model_xg.predict(X_test)
# evaluate predictions
accuracy = accuracy_score(y_test, y_pred)
print("Accuracy: %.2f%%" % (accuracy * 100.0))
```

```
Train_accuracy 0.8766519823788547
Accuracy: 85.53%
```

다음은 LightGBM의 초모수를 조절하기 위한 맞춤형 grid_search_lgb() 함수를 정의하고 있다. XGBoost 초모수 튜닝을 위한 grid_search_xg와 비교하여 예측모형을 LGBMClassifier로 변경한 것과 학습데이터를 전체 데이터인 X, y 대신 X_train, y_train으로 대체한 것을 제외하면 같은 프로그램이다.

```
from lightgbm import LGBMClassifier

def grid_search_lgb(params, search='random'):

    lgb = LGBMClassifier(boosting_type='gbdt',random_state=2)

    kfold = StratifiedKFold(n_splits=5, shuffle=True, random_state=2)

    if search=='random':
        grid = RandomizedSearchCV(lgb, params, cv=kfold, n_iter=50,
                                  n_jobs=-1, random_state=2)
    elif search=='grid':
        grid = GridSearchCV(lgb, params, cv=kfold, n_jobs=-1)
    else:
        grid=BayesSearchCV(lgb, params, n_iter=50,cv=kfold)

    grid.fit(X_train, y_train)

    best_params = grid.best_params_
    print("Best params:", best_params)
    best_score = grid.best_score_
    print("Best score: {:.5f}".format(best_score))
```

grid_search_lgb를 반복적으로 적용하여 초모수의 범위를 줄인 결과는 다음과 같다.

```
grid_search_lgb(params={'n_estimators':[50,100,150],'learning_rate':[0.05,0.1],
                        'max_depth':[2,3,4], 'min_child_weight':[1,2,3],
                        'subsample':[0.4,0.5,0.6],'colsample_bytree':[0.75,0.80,0.85]},rando
                        m=True)
```

```
Best params: {'subsample': 0.6, 'n_estimators': 50, 'min_child_weight': 2, 'max_depth':
4, 'learning_rate': 0.1, 'colsample_bytree': 0.8}
Best score: 0.83275
```

early_stopping_rounds=10을 이용하여 최적 n_estimators=27이며 학습데이터와 시험데이터의 accuracy는 각각 90.3%, 84.21%로 과대적합이 발생하였다. 과대적합을 해소하기 위한 초모수 튜닝이 추가적으로 필요하여 보인다.

```
model = LGBMClassifier(learning_rate=0.1,max_depth=4,colsample_bytree=0.8,
                        min_child_weight=2,subsample=0.8, random_state=2,
                        n_estimators=5000)
eval_set = [(X_val, y_val)]
model.fit(X_train_p, y_train_p,early_stopping_rounds=10, eval_set=eval_set)
```

```
Early stopping, best iteration is:
[27]	valid_0's binary_logloss: 0.464891

LGBMClassifier(colsample_bytree=0.8, gamma=0, max_depth=4, min_child_weight=2,
               n_estimators=5000, random_state=2, subsample=0.8)
```

```
model_lgbc = LGBMClassifier(n_estimators=27,max_depth=4, colsample_bytree=0.8,
                            min_child_weight=2,subsample=0.6, random_state=2)

model_lgbc.fit(X_train, y_train)
y_tpred=model_lgbc.predict(X_train)
t_accuracy=accuracy_score(y_train,y_tpred)
print('Training accuracy',t_accuracy)
# make predictions for test data
y_pred = model_lgbc.predict(X_test)
# evaluate predictions
accuracy = accuracy_score(y_test, y_pred)
print("Accuracy: %.2f%%" % (accuracy * 100.0))
```

```
Training accuracy 0.9030837004405287
Accuracy: 84.21%
```

다음은 CatBoost의 초모수를 튜닝하기 위한 맞춤형 grid_search_cat() 함수이다. 이 함수와 early_stopping_rounds를 이용한 최종 초모수는 다음과 같다.

```
from catboost import CatBoostClassifier

def grid_search_cat(params, search='random'):
    cat = CatBoostClassifier(n_estimators=300,verbose=0,random_state=2)
    repeatedkfold = RepeatedStratifiedKFold(n_splits=5, n_repeats=3,
                                            random_state=2)
    if search=='random':
        grid = RandomizedSearchCV(cat, params, cv=repeatedkfold,
                                  n_iter=50, n_jobs=-1, random_state=2)
    elif search=='grid':
        grid = GridSearchCV(cat, params, cv=repeatedkfold, n_jobs=-1)
    else:
        grid=BayesSearchCV(cat, params,n_iter=50, cv=repeatedkfold)
    grid.fit(X_train, y_train)

    best_params = grid.best_params_
    print("Best params:", best_params)
    best_score = grid.best_score_
    print("Best score: {:.5f}".format(best_score))
```

```
model =CatBoostClassifier(max_depth=3,subsample=0.5,colsample_bylevel=0.7,
                          learning_rate=0.01, random_state=2, n_estimators=5000)
eval_set = [(X_val, y_val)]
model.fit(X_train_p, y_train_p,early_stopping_rounds=10, eval_set=eval_set)
y_pred = model.predict(X_test)
accuracy = accuracy_score(y_test, y_pred)
print("Accuracy: %.2f%%" % (accuracy * 100.0))
```

```
bestTest = 0.4488732298
bestIteration = 183

Shrink model to first 184 iterations.
Accuracy: 86.84%
```

튜닝된 CatBoost의 최종 accuracy는 학습데이터에서는 86.8%, 시험데이터에서는 85.53%로 과대적합은 일어나지 않은 것으로 보인다.

```
model_catc = CatBoostClassifier(n_estimators=183,max_depth=3,subsample=0.5,
                               colsample_bylevel=0.7,
                               learning_rate=0.01,random_state=2)

model_catc.fit(X_train, y_train)
y_tpred=model_catc.predict(X_train)

t_accuracy=accuracy_score(y_train,y_tpred)
print('Training accuracy',t_accuracy)
# make predictions for test data
y_pred = model_catc.predict(X_test)
# evaluate predictions
accuracy = accuracy_score(y_test, y_pred)
print("Accuracy: %.2f%%" % (accuracy * 100.0))
```

```
Training accuracy 0.8678414096916299
Accuracy: 85.53%
```

16.3 불균형자료(imbalance data)의 처리

목적변수가 분류일 때, 범주별 불균형자료에서 발생하는 문제를 2.4절에서 논의한 바 있다. XGBoost, LightGBM, CatBoost에서 이항분류일 경우에는 초모수 scale_pos_weight에 의해 불균형 자료 문제를 다룰 수 있다. 앞 절에서 설명하였듯 scale_pos_weight= $\frac{'0'\text{의 표본수}}{'1'\text{의 표본수}}$ 로 정의되며 이 값을 positive(즉, 목적변수값이 '1'인 표본)에 가중치로 곱하여 준다. 여기에서 곱해준다는 의미는 positive 값을 갖는 표본의 복제 수를 말한다. 예를 들어, scale_pos_weight=10이면 목적변수값이 1인 각 표본을 9번씩 추가로 복제하여 positive 값을 갖는 표본을 10배로 늘리게 된다. 결과적으로 positive 표본수: negative 표본수=1 : 1이 되도록 positive 표본을 과대표집(oversampling)한 것이다.

다음 데이터는 이미 다룬 바 있는 exoplanets.csv 데이터로 총 5,087개의 표본에서 오직 37개만 클래스 2이고 나머지 5,050개는 클래스 1인 극단적으로 불균형한 자료이다. 무조건 클래스 1(외행성)이라고 분류하더라도 accuracy가 99.27%가 되므로 모형의 성능측도로서의 accuracy는 의미가 없다고 할 수 있다. 모형성능의 핵심은 클래스 2를 얼마나 잘 예측하느냐에 있으므로 recall(모형에 의해 클래스 2를 클래스 2로 분류하는 비율)이 중요한 측도이다.

```
import warnings
warnings.filterwarnings('ignore')
import pandas as pd
df = pd.read_csv('exoplanets.csv')
df.head()
```

	LABEL	FLUX.1	FLUX.2	FLUX.3	FLUX.4	FLUX.5	FLUX.6	FLUX.7	FLUX.8	FLUX.9	...	FLUX.3188	FLUX.3189	FLUX.3190	FLUX.3191	FLUX.3192
0	2	93.85	83.81	20.10	-26.98	-39.56	-124.71	-135.18	-96.27	-79.89	...	-78.07	-102.15	-102.15	25.13	48.57
1	2	-38.88	-33.83	-58.54	-40.09	-79.31	-72.81	-86.55	-85.33	-83.97	...	-3.28	-32.21	-32.21	-24.89	-4.86
2	2	532.64	535.92	513.73	496.92	456.45	466.00	464.50	486.39	436.56	...	-71.69	13.31	13.31	-29.89	-20.88
3	2	326.52	347.39	302.35	298.13	317.74	312.70	322.33	311.31	312.42	...	5.71	-3.73	-3.73	30.05	20.03
4	2	-1107.21	-1112.59	-1118.95	-1095.10	-1057.55	-1034.48	-998.34	-1022.71	-989.57	...	-594.37	-401.66	-401.66	-357.24	-443.76

5 rows × 3198 columns

아래와 같이 exoplanets.csv 데이터를 학습데이터와 시험데이터로 나눈 후, XGBClassifier를 적용하고자 한다.

```
X = df.iloc[:,1:]
y = df.iloc[:,0]

from xgboost import XGBClassifier
from sklearn.metrics import accuracy_score,recall_score,confusion_matrix,classification_report
from sklearn.model_selection import train_test_split
X_train, X_test, y_train, y_test = train_test_split(X, y, stratify=y,random_state=0)
print(X_train.shape)
print(X_test.shape)
```

```
(3815, 3197)
(1272, 3197)
```

XGBoost를 학습시킨 후, 시험데이터의 confusion_maxtrix를 보면 1,272개 모든 표본이 클래스 1로 분류된 것을 볼 수 있으며, 이에 따라 클래스 2의 recall이 0.0인 것을 확인할 수 있다. 출력 결과는 생략하였지만 초모수를 튜닝한 후의 결과도 클래스 2의 recall=0.0으로 나타나 개선이 되질 않았다.

```
model = XGBClassifier(random_state=2)
model.fit(X_train, y_train)

y_pred = model.predict(X_test)
score = recall_score(y_test, y_pred, pos_label=2)
print(confusion_matrix(y_test, y_pred))
print(classification_report(y_test, y_pred))
print(score)
```

```
[[1263    0]
 [   9    0]]
              precision    recall  f1-score   support

           1       0.99      1.00      1.00      1263
           2       0.00      0.00      0.00         9

    accuracy                           0.99      1272
   macro avg       0.50      0.50      0.50      1272
weighted avg       0.99      0.99      0.99      1272

0.0
```

이러한 범주 간의 불균형을 해소하기 위해 아래 프로그램은 X_train과 y_train을 pd.merge를 이용하여 하나의 데이터 셋으로 만든 후, np.repeat()를 통해 클래스 2(df_train['LABEL']==2)의 각 표본을 80번 복제하여 28개인 클래스 2 표본수를 2,286개로 증가시키고 있다.

```
df_train = pd.merge(y_train, X_train, left_index=True, right_index=True)
newdf = pd.DataFrame(np.repeat(df_train[df_train['LABEL']==2].values,80,axis=0))
newdf.columns = df_train.columns
df_train_resample = pd.concat([df_train, newdf])

df_train_resample['LABEL'].value_counts()
```

```
1.0     3787
2.0     2268
Name: LABEL, dtype: int64
```

복제로 만든 학습데이터를 X_train_resample, y_train_resample로 정의한 후, 이 과대표집된 학습데이터에 적용한 결과는 아래와 같이 클래스 2 recall 관점에서 진전이 나타나지 않았다.

```
X_train_resample = df_train_resample.iloc[:,1:]
y_train_resample = df_train_resample.iloc[:,0]

model = XGBClassifier(random_state=2)
model.fit(X_train_resample, y_train_resample)

y_pred = model.predict(X_test)
score = recall_score(y_test, y_pred, pos_label=2)
print(confusion_matrix(y_test, y_pred))
print(classification_report(y_test, y_pred))
print(score)
```

```
[[1262    1]
 [   9    0]]
              precision    recall  f1-score   support

           1       0.99      1.00      1.00      1263
           2       0.00      0.00      0.00         9

    accuracy                           0.99      1272
   macro avg       0.50      0.50      0.50      1272
weighted avg       0.99      0.99      0.99      1272

0.0
```

다음 프로그램은 scale_pos_weight를 적용하기 위해 df['LABEL']=1인 것을 0으로 df['LABEL']=2인 것을 1로 변경하고 있다. scale_pos_weight는 positive를 1로 인식하기 때문이다.

```
df['LABEL'] = df['LABEL'].replace(1, 0)
df['LABEL'] = df['LABEL'].replace(2, 1)

df['LABEL'].value_counts()
```

```
0     5050
1       37
Name: LABEL, dtype: int64
```

아래와 같이 학습데이터(X_train1, y_train1)와 시험데이터(X_test1, y_test1)를 정의한 후, scale_pos_weight를 이용한 과대표집이 XGBoost, LightGBM, CatBoost의 성능에 미치는 영향을 맞춤형 scale_pos() 함수로 측정하고자 한다.

```
X1 = df.iloc[:,1:]
y1 = df.iloc[:,0]
X_train1, X_test1, y_train1, y_test1 = train_test_split(X1, y1, stratify=y,random_state=2)
def scale_pos(model):
    model.fit(X_train1, y_train1)
    y_pred = model.predict(X_test1)
    score = recall_score(y_test1, y_pred)
    print(confusion_matrix(y_test1, y_pred))
    print(classification_report(y_test1, y_pred))
    print(score)
```

scale_pos_weight를 이용한 positive 클래스의 과대표집은 개념적으로 앞에서 실행한 단순복제와 동일하므로 XGBoost, LightGBM, CatBoost의 positive 클래스의 recall은 모두 0.0으로 나타난 것을 볼 수 있다.

```
scale_pos(XGBClassifier(scale_pos_weight=80, random_state=2))
```

```
[[1262    1]
 [   9    0]]
              precision    recall  f1-score   support

           0       0.99      1.00      1.00      1263
           1       0.00      0.00      0.00         9

    accuracy                           0.99      1272
   macro avg       0.50      0.50      0.50      1272
weighted avg       0.99      0.99      0.99      1272

0.0
```

```
scale_pos(LGBMClassifier(scale_pos_weight=80, random_state=2))
```

```
[[1255    8]
 [   9    0]]
              precision    recall  f1-score   support

           0       0.99      0.99      0.99      1263
           1       0.00      0.00      0.00         9

    accuracy                           0.99      1272
   macro avg       0.50      0.50      0.50      1272
weighted avg       0.99      0.99      0.99      1272

0.0
```

```
scale_pos(CatBoostClassifier(n_estimators=300,scale_pos_weight=80, random_state=2))
```

```
[[1263    0]
 [   9    0]]
              precision    recall  f1-score   support

           0       0.99      1.00      1.00      1263
           1       0.00      0.00      0.00         9

    accuracy                           0.99      1272
   macro avg       0.50      0.50      0.50      1272
weighted avg       0.99      0.99      0.99      1272

0.0
```

scale_pos_weight는 이항분류(binary classification) 이외에는 사용할 수 없으며, 표본을 단순 복제하므로 복제한 표본의 특성변수에 잡음(noise)을 부여할 수도 없다. 복제를 하더라도 특성변수에 잡음이 추가되면 모형의 과대적합을 방지할 수 있다.

이 두 가지 문제를 모두 해결할 수 있는 방법이 2.4절의 SMOTE와 ADASYN이다. SMOTE와 ADASYN은 소수클래스(minority class)의 표본을 증가시키는 과대표집(oversampling) 방법이다. 자세한 논의는 2.4절을 참고하길 바란다. 다음과 같이 SMOTE와 ADASYN을 호출한 후, 모수 sampling_strategy=0.5를 지정하여 다수클래스(majority class) 표본수의 50%까지 소수클래스를 증가시키고 있다.

```
from collections import Counter
from imblearn.over_sampling import SMOTE, ADASYN

sm=SMOTE(sampling_strategy=0.5,random_state=2)
X_train_sm,y_train_sm=sm.fit_resample(X_train,y_train)
print(Counter(y_train_sm))

ada=ADASYN(sampling_strategy=0.5, random_state=2)
X_train_ada,y_train_ada=ada.fit_resample(X_train,y_train)
print(Counter(y_train_ada))
```

```
Counter({1: 3787, 2: 1893})
Counter({1: 3787, 2: 1890})
```

다음과 같이 맞춤형 over_sampling() 함수를 정의하여 SMOTE와 ADASYN에 의한 과대표집의 효과를 XGBoost, LightGBM, CatBoost로 측정한 결과, 모두 클래스 2에 대한 recall=0.0이 나와 과대표집의 효과가 없는 것으로 나타났다.

```
def over_sampling(model,sm=True):
    if sm:
        model.fit(X_train_sm, y_train_sm)
    else:
        model.fit(X_train_ada,y_train_ada)
```

```
y_pred = model.predict(X_test)
score = recall_score(y_test, y_pred, pos_label=2)
print(confusion_matrix(y_test, y_pred))
print(classification_report(y_test, y_pred))
print(score)
```

아래는 XGBoost를 SMOTE에 적용한 결과와 LightGBM을 ADASYN에 적용한 결과만 보여주고 있다.

```
over_sampling(XGBClassifier(random_state=2))
```

```
[[1261    2]
 [   9    0]]
              precision    recall  f1-score   support

           1       0.99      1.00      1.00      1263
           2       0.00      0.00      0.00         9

    accuracy                           0.99      1272
   macro avg       0.50      0.50      0.50      1272
weighted avg       0.99      0.99      0.99      1272

0.0
```

```
over_sampling(LGBMClassifier(random_state=2),sm=False)
```

```
[[1262    1]
 [   9    0]]
              precision    recall  f1-score   support

           1       0.99      1.00      1.00      1263
           2       0.00      0.00      0.00         9

    accuracy                           0.99      1272
   macro avg       0.50      0.50      0.50      1272
weighted avg       0.99      0.99      0.99      1272

0.0
```

과대표집(oversampling)으로 표본의 불균형 문제가 해소되지 않으면 소수클래스는 과대표집하고 다수클래스는 과소표집(undersampling)하는 것을 고려할 수 있다. 예를 들어, 소수클래스와 다수클래스의 비율이 1:10이 되도록 소수클래스를 과대표집한 후, 1:10의 비율이 1:2가 되도록 다수클래스를 과소표집하는 방법을 말한다.

아래 프로그램은 SMOTE나 ADASYN의 모수 sampling_strategy=ov으로 지정하여 소수클래스를 다수클래스 대비 ov×100%가 되도록 과대표집하고, RandomUnderSampler(sampling_strategy=und)로 다수클래스 대비 소수클래스의 비율이 under×100%가 되도록 다수클래스를 과소표집하는 맞춤형 over_under() 함수를 정의하고 있다. 이 함수 내에서

$$\text{oversampling} \rightarrow \text{undersampling} \rightarrow \text{model.fit}$$

이 순서대로 처리될 수 있도록 imblearn.pipeline.Pipeline을 이용하고 있다. sklearn.pipeline.Pipeline은 작동하지 않으므로 주의하여야 한다.

```
from imblearn.under_sampling import RandomUnderSampler
from imblearn.pipeline import Pipeline

def over_under(model,ov,und,sm=True):
    if sm:
        over=SMOTE(sampling_strategy=ov)
    else:
        over=ADASYN(sampling_strategy=ov)
    under=RandomUnderSampler(sampling_strategy=und)
    pipe=Pipeline([('over',over),('under',under),('model',model)])
    pipe.fit(X_train,y_train)
    y_pred = pipe.predict(X_test)
    score = recall_score(y_test, y_pred, pos_label=2)
    print(confusion_matrix(y_test, y_pred))
    print(classification_report(y_test, y_pred))
    print(score)
```

과대표집 ov=0.1, 과소표집 und=0.5로 부여하여 결과적으로 negative:positive=2:1이

되도록 표본을 조절해서 XGBoost를 적용한 결과, positive 클래스의 recall=0.22로 증가한 것을 볼 수 있다.

```
over_under(XGBClassifier(random_state=2),0.1,0.5)
```

```
[[1243   20]
 [   7    2]]
              precision    recall  f1-score   support

           1       0.99      0.98      0.99      1263
           2       0.09      0.22      0.13         9

    accuracy                           0.98      1272
   macro avg       0.54      0.60      0.56      1272
weighted avg       0.99      0.98      0.98      1272

0.22
```

LightGBM의 recall=0.11로 나타나 성능의 개선이 있지만, CatBoost에서는 여전히 recall=0.0으로 표본의 불균형문제에 자유스럽지 못한 것으로 나타났다.

```
over_under(LGBMClassifier(random_state=2),0.1,0.5)
```

```
[[1253   10]
 [   8    1]]
              precision    recall  f1-score   support

           1       0.99      0.99      0.99      1263
           2       0.09      0.11      0.10         9

    accuracy                           0.99      1272
   macro avg       0.54      0.55      0.55      1272
weighted avg       0.99      0.99      0.99      1272

0.11
```

```
over_under(CatBoostClassifier(n_estimators=300,random_state=2),0.1,0.5,sm=False)
```

```
[[1261    2]
 [   9    0]]
              precision    recall  f1-score   support

           1       0.99      1.00      1.00      1263
           2       0.00      0.00      0.00         9

    accuracy                           0.99      1272
   macro avg       0.50      0.50      0.50      1272
weighted avg       0.99      0.99      0.99      1272

0.0
```

연습문제

1 제15장의 연습문제에서 다룬 bank_marketing 자료의 imbalace 문제를 해결하라.

2 XGBoost, LightGBM, CatBoost의 초모수를 조절하고 recall이 가장 높은 모형을 제시하라.

Chapter 17

메타모형과 모형자동화

Meta model & Model automation

17.1 메타모형

17.2 모형의 자동화

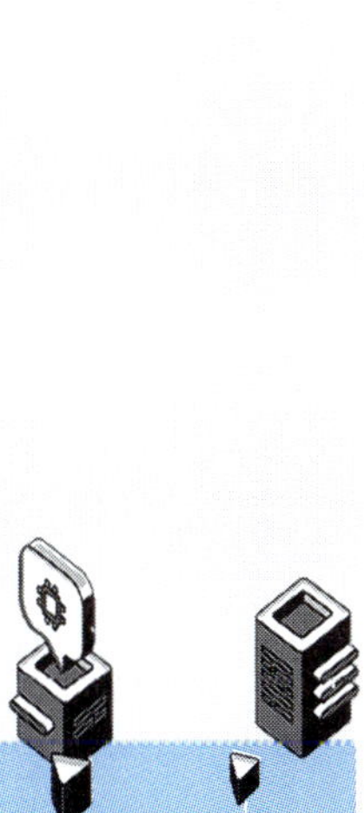

Kaggle은 데이터를 제공하고 모형의 성능을 경쟁하는 데이터분석 경연장이다. 이러한 이유로 Kaggle에서는 모형의 해석이나 진단보다는 오직 모형의 성능을 향상시키는 방법들이 제안되었다. 그중 하나가 제16장에서 논의한 평균인코딩(mean encoding) 또는 목표인코딩(target encoding)이다. 평균인코딩(또는 목표인코딩)은 범주형 특성변수의 범주를 범주별 목적변수의 평균으로 대체하는 것으로 정의한 바 있다. 그러나 평균인코딩은 이처럼 단순하게 계산되지는 않는다. 평균인코딩을 이해하기 위해 다음의 가상자료를 고려하여 보자. 특성변수는 범주형인 'animal'이고 목적변수는 이항(binary)값인 1 또는 0의 값을 갖는다.

```
import pandas as pd
import numpy as np
data=[['cat',1],['hamster',0],['cat',0],['dog',1],['cat',1],['dog',0],['hamster',1],
      ['dog',0],['cat',1],['dog',0]]
df_pd=pd.DataFrame(data,columns=['animal','target'])
print(df_pd)
```

	animal	target
0	cat	1
1	hamster	0
2	cat	0
3	dog	1
4	cat	1
5	dog	0
6	hamster	1
7	dog	0
8	cat	1
9	dog	0

sklearn에서는 TargetEncoding() 클래스로 평균인코딩을 실행할 수 있다. TargetEncoding이 호출되지 않으면

```
pip install —upgrade category_encoders
```

를 anaconda 프롬프트에서 실행하면 된다. 다음은 TargetEncoding() 클래스를 이용하여 특성변수 'animal_mean'을 생성한 것을 볼 수 있다.

```
from category_encoders.target_encoder import TargetEncoder
encoder=TargetEncoder(smoothing=1)
df_pd['animal_mean']=encoder.fit_transform(df_pd['animal'],df_pd['target'])
#df_pd=df_pd.drop('animal',axis=1)
df_pd
```

	animal	target	animal_mean
0	cat	1	0.738144
1	hamster	0	0.500000
2	cat	0	0.738144
3	dog	1	0.261856
4	cat	1	0.738144
5	dog	0	0.261856
6	hamster	1	0.500000
7	dog	0	0.261856
8	cat	1	0.738144
9	dog	0	0.261856

범주값 'cat'을 이용하여 위 프로그램 결과의 animal_mean이 계산되는 과정을 살펴보도록 하자. 총 10개의 관측치에서 목표변수의 전체평균은 5/10=0.5이다. 이 값은 각 범주가 가질 기댓값이며 이를 사전평균(prior mean)이라고 한다. 그런데 cat은 총 4번이 관측되었고 이 중 3개가 목표변수값이 1이므로 평균이 3/4=0.75가 된다. 이를 표본평균(sample mean)이라고 한다. 'animal_mean'은

$$w \cdot 0.5 + (1 - w) \cdot 0.75$$

로 계산되며 이를 사후평균(posterior mean)이라고 한다. 여기에서 w는 0 ~ 1 사이의 가중치로 베이지안 추론으로 계산되지만, 구체적인 방법은 이 책의 수준을 넘어서므로 생략한다. 위 프로그램에서 w는 약 0.047이며 smoothing은 w를 제어하는

값으로 smoothing× w로 정의된다. 그러므로 smoothing=0을 지정하면 아래와 같이 표본평균으로 평균인코딩이 된다.

```
encoder=TargetEncoder(smoothing=0)
df_pd['animal_mean']=encoder.fit_transform(df_pd['animal'],df_pd['target'])
df_pd
```

	animal	target	animal_mean
0	cat	1	0.75
1	hamster	0	0.50
2	cat	0	0.75
3	dog	1	0.25
4	cat	1	0.75
5	dog	0	0.25
6	hamster	1	0.50
7	dog	0	0.25
8	cat	1	0.75
9	dog	0	0.25

이처럼 사전평균과 표본평균의 가중평균으로 평균인코딩을 하는 이유는 자료누출(data leakage)을 방지하여 과대적합이 일어나지 않도록 하기 위함이다. smoothing (default=1)을 크게 할수록 자료누출이 낮아진다. 평균인코딩은 자료누출의 위험성이 존재하지만, 모형성능 향상에 기여하므로 Kaggle에서 범주형 특성변수의 수량화에 자주 사용한다.

모형성능 향상을 위해 Kaggle에서 가장 빈번하게 사용되는 기법은 메타모형(meta model)이다. 메타모형은 앙상블학습과 stacking이 있다. 메타모형에서 말하는 앙상블학습은 random forest나 XGBoost와 같은 앙상블모형을 의미하는 것이 아니라, 두 개 이상의 독립적인 예측모형들을 이용하여 제13장에서 설명한 hard voting이나 soft voting으로 최종예측을 하는 본래 의미의 앙상블학습을 말한다. stacking은 2개 이상의 예측모형들의 예측치를 입력특성변수로 하여 비교적 간단한 선형회귀모형이나 로지스틱 회귀모형으로 최종예측을 하는 기법을 말한다.

17.1 메타모형

회귀의 경우, 앙상블학습은 동일한 데이터에 서로 다른 N개의 예측모형을 적합하여 예측치를 구한 후, N개의 예측치의 평균이 최종예측치가 되며 sklearn의 VotingRegressor를 이용한다. 분류의 경우도 동일하게 N개의 서로 다른 예측모형을 이용하여 예측모형별로 클래스를 예측하고, 예측된 클래스 중 가장 높은 빈도의 클래스를 최종예측 클래스로 한다. 이를 hard voting이라고 한다. 한편, 예측모형별로 클래스의 확률을 예측한 후 이 확률을 합산하여 가장 큰 값을 갖는 클래스를 최종예측 클래스로 하는 것을 soft voting이라고 한다. sklearn의

```
VotingClassifier(voting='soft')
```

를 적용하여 구하며 default는 'hard'이다. 앙상블학습의 성능은 서로 간에 독립적인 N개의 예측모형을 어떻게 선택하느냐에 달려있다. 2개의 예측모형이 각 표본에 대해 동일한 예측결과를 출력하면 이 두 개의 예측모형은 사실상 같은 모형이 된다. 한편, 예측결과가 완전히 다르면서 두 모형 모두 성능이 낮다면 이 두 모형은 앙상블학습 모형의 성능에 악영향을 미치게 된다. 그러므로 앙상블학습에서 모형의 선택은 다음과 같은 절차를 일반적으로 따른다. 즉, 성능이 일정 수준 이상인 예측모형으로 예측치를 구한 후, 이 예측치들 간의 상관관계(correlation)를 구해 지나치게 큰 상관관계를 가진 예측모형을 제외한 모형들로 앙상블학습 모형을 구축하게 된다.

앙상블학습을 통한 메타모형을 실습하기 위해 다음과 같이 분류예측모형과 회귀예측모형을 호출한다.

```
import pandas as pd
import numpy as np
from sklearn.model_selection import cross_val_score
from xgboost import XGBClassifier, XGBRegressor
from lightgbm import LGBMRegressor,LGBMClassifier
from catboost import CatBoostRegressor, CatBoostClassifier
```

```
from sklearn.svm import SVC,SVR
from sklearn.discriminant_analysis import LinearDiscriminantAnalysis,
QuadraticDiscriminantAnalysis
from sklearn.ensemble import RandomForestClassifier
from sklearn.linear_model import LogisticRegression
from sklearn.model_selection import train_test_split, StratifiedKFold
from sklearn.metrics import accuracy_score
from sklearn.ensemble import VotingClassifier,VotingRegressor,StackingClassifier,
StackingRegressor
```

VotingClassifier를 이용한 메타모형을 적용하기 위해 sklearn에 내장되어 있는 breast_cancer 데이터를 호출한 후, return_X_y=True를 부여하여 numpy 데이터인 특성변수 X와 목적변수 y를 정의한다. 총 569개의 관측치가 있으며 범주 간의 불균형은 없는 것으로 보인다.

```
from sklearn.datasets import load_breast_cancer
X, y = load_breast_cancer(return_X_y=True)
print(X.shape)
print(y.shape)
#print(X[:5])
pd.DataFrame(y).value_counts()
```

```
(569, 30)
(569,)

1    357
0    212
dtype: int64
```

교차검증을 통해 모형의 성능을 측정하기 위해 맞춤형 classification_model() 함수를 다음과 같이 정의한다.

```
from sklearn.model_selection import StratifiedKFold
kfold = StratifiedKFold(n_splits=5)
def classification_model(model):
    scores = cross_val_score(model, X, y, cv=kfold)
    return scores.mean()
```

classification_model() 함수를 이용하여 총 11개 예측모형의 성능은 다음과 같다. booster='gblinear'를 이용한 XGBoost를 제외한 10개의 예측모형을 앙상블학습의 후보모형으로 사용하고자 한다.

```
classification_model(XGBClassifier())
classification_model(XGBClassifier(booster='gblinear'))
classification_model(XGBClassifier(booster='dart'))
classification_model(RandomForestClassifier(random_state=2))
classification_model(LogisticRegression(max_iter=10000))
classification_model(LinearDiscriminantAnalysis())
classification_model(QuadraticDiscriminantAnalysis())
classification_model(SVC())
classification_model(SVC(kernel='rbf'))
classification_model(LGBMClassifier())
classification_model(CatBoostClassifier())
```

```
0.977
0.706
0.977
0.966
0.950
0.959
0.957
0.912
0.912
0.970
0.971
```

다음 프로그램과 같이 X와 y를 학습데이터와 시험데이터로 나눈 후, 8개의 앙상블학습 후보모형들 간의 상관관계를 측정하기 위해 학습된 모형을 시험데이터에 적용하여 예측결과를 출력하도록 한다. 이를 위해 다음과 같이 맞춤형 y_pred() 함수를 정의하여 예측치(y_pred)를 반환하도록 하고 있다.

```
X_train, X_test, y_train, y_test = train_test_split(X, y, random_state=2)
def y_pred(model):
    model.fit(X_train, y_train)
    y_pred = model.predict(X_test)
    score = accuracy_score(y_pred, y_test)
    #print(score)
    return y_pred
```

아래와 같이 각 예측모형에 따른 예측치를 y_pred_gbtree, y_pred_dart, …, y_pred_cat으로 저장한다.

```
y_pred_gbtree = y_pred(XGBClassifier())
y_pred_dart = y_pred(XGBClassifier(booster='dart'))
y_pred_forest = y_pred(RandomForestClassifier(random_state=2))
y_pred_logistic = y_pred(LogisticRegression(max_iter=10000))
y_pred_lda=y_pred(LinearDiscriminantAnalysis())
y_pred_svl=y_pred(SVC())
y_pred_svrbf=y_pred(SVC(kernel='rbf'))
y_pred_qda=y_pred(QuadraticDiscriminantAnalysis())
y_pred_lgb=y_pred(LGBMClassifier())
y_pred_cat=y_pred(CatBoostClassifier())
```

아래 프로그램과 같이 np.c_를 이용하여 각 예측치를 column by column으로 붙인 후, 데이터의 형태를 보면 다음과 같다.

```
df_pred = pd.DataFrame(data= np.c_[y_pred_gbtree, y_pred_dart, y_pred_forest,
    y_pred_logistic, y_pred_lda,y_pred_qda, y_pred_svl, y_pred_lgb, y_pred_cat],
 columns=['gbtree', 'dart', 'forest', 'logistic', 'LDA', QDA','svm_l','svm_nl',
    'lgb','cat'])
df_pred.head()
```

	gbtree	dart	forest	logistic	LDA	QDA	svm_l	svm_nl	lgb	cat
0	1	1	1	1	1	0	1	1	1	1
1	0	0	1	1	1	0	1	1	1	1
2	1	1	1	1	1	1	1	1	1	1
3	0	0	0	0	0	0	0	0	0	0
4	1	1	0	0	1	1	1	1	1	1

예측치들 간의 상관관계는 corr() 함수를 이용하여 다음과 같이 구할 수 있다. 상관관계가 0.97 이상인 것을 제외하고 gbtree, forest, logistic, LDA, svm_l, lgb를 앙상블학습에 사용하고자 한다.

```
df_pred.corr()
```

	gbtree	dart	forest	logistic	LDA	QDA	svm_l	svm_nl	lgb	cat
gbtree	1.000000	1.000000	0.884584	0.914111	0.858738	0.942292	0.872446	0.872446	0.942396	0.943308
dart	1.000000	1.000000	0.884584	0.914111	0.858738	0.942292	0.872446	0.872446	0.942396	0.943308
forest	0.884584	0.884584	1.000000	0.943308	0.888392	0.913438	0.872446	0.872446	0.942396	0.943308
logistic	0.914111	0.914111	0.943308	1.000000	0.881768	0.914111	0.926302	0.926302	0.941715	0.970455
LDA	0.858738	0.858738	0.888392	0.881768	1.000000	0.888392	0.833199	0.833199	0.914541	0.911776
QDA	0.942292	0.942292	0.913438	0.914111	0.888392	1.000000	0.872446	0.872446	0.971408	0.943308
svm_l	0.872446	0.872446	0.872446	0.926302	0.833199	0.872446	1.000000	1.000000	0.898832	0.926302
svm_nl	0.872446	0.872446	0.872446	0.926302	0.833199	0.872446	1.000000	1.000000	0.898832	0.926302
lgb	0.942396	0.942396	0.942396	0.941715	0.914541	0.971408	0.898832	0.898832	1.000000	0.971073
cat	0.943308	0.943308	0.943308	0.970455	0.911776	0.943308	0.926302	0.926302	0.971073	1.000000

VotingClassifier의 입력이 tuple로 구성된 list 자료이므로 아래의 estimators=[ ]와 같이 list로 정의하고 .append()를 이용하여 각 예측모형을 tuple로 붙이기하고 있다.

```
estimators = []
logistic_model = LogisticRegression(max_iter=10000)
estimators.append(('logistic', logistic_model))
xgb_model = XGBClassifier(verbosity=0)
estimators.append(('xgb', xgb_model))
rf_model = RandomForestClassifier(random_state=2)
estimators.append(('rf', rf_model))
lda_model=LinearDiscriminantAnalysis()
estimators.append(('lda', lda_model))
qda_model=QuadraticDiscriminantAnalysis()
estimators.append(('qda', lda_model))
svml_model=SVC()
estimators.append(('svml',svml_model))
#svmnl_model=SVC(kernel='rbf')
#estimators.append(('svmnl',svmnl_model))
lgb_model=LGBMClassifier()
estimators.append(('lgb',lgb_model))
#cat_model=CatBoostClassifier()
#estimators.append(('cat',cat_model))
ensemble = VotingClassifier(estimators)
scores = cross_val_score(ensemble, X, y, cv=kfold)
print(scores.mean())
```

```
0.9754075454122031
```

위 출력 결과에서 볼 수 있듯이 성능이 0.975로 각 예측모형보다 더 좋은 성능을 보여주고 있다. 목적변수가 회귀인 경우, VotingRegressor를 이용하면 된다.

이제 stacking에 의한 메타모형을 논의하여 보자. stacking 메타모형은 다른 여러 예측모형의 예측치를 특성변수로 입력하여 최종예측치를 출력한다. 그러므로 비교적 간단하고 로버스트한 선형회귀모형(회귀의 경우) 또는 로지스틱 회귀모형(분류의 경우)을 메타모형으로 이용한다. 다음 프로그램은 breast_cancer 데이터를 이용한 StackingClassifier를 이용한 메타모형이다. VotingClassifier에서 논의하였듯 어느 정도 성능이 입증되고 서로 간에 상관관계가 지나치게 높지 않은 XGBoost, random forest, LDA, QDA, SVC, CatBoost를 입력모형으로 하고 LogisticRegression을 메타모형으로 적용한 결과, 0.977로 VotingClassifier의 성능과 거의 같은 수준을 보이고 있다.

```
base_models = []
base_models.append(('xgb', XGBClassifier(verbosity=0)))
base_models.append(('rf', RandomForestClassifier(random_state=2)))
base_models.append(('lda', LinearDiscriminantAnalysis()))
base_models.append(('qda',QuadraticDiscriminantAnalysis()))
base_models.append(('lgb', LGBMClassifier()))
base_models.append(('svc', SVC()))
#base_models.append(('cat',CatBoostClassifier(verbose=0)))
# define meta learner model
meta_model = LogisticRegression()
# define the stacking ensemble
clf=StackingClassifier(estimators=base_models,final_estimator=meta_model)
scores = cross_val_score(clf, X, y, cv=kfold)
print(scores.mean())
```

```
0.9771619313771154
```

17.2 모형의 자동화(model automation)

자료분석에서 가장 광범위하게 사용되는 tabular 데이터는 사전정리과정이 필수적이다. 결측치 대체, 이상치 처리, 범주형 자료의 수량화, 범주형 자료의 범주가 너무 많을 때 메모리 최소화, 특성변수의 선택 및 생성 등이 데이터의 사전정리과정에 포함된다. 이 과정 이후에는 tabular 데이터의 분석을 위해 XGBoost, LightGBM, 또는 CatBoost를 포함한 분석모형의 선택, 분석모형의 성능을 향상시키기 위한 초모수의 튜닝 등을 걸쳐 tabular 자료분석을 하게 된다. 산업현장과 같이 자료가 실시간으로 update되고 새로운 자료에 대한 예측이 실시간으로 요구되는 경우, 이러한 일련의 자료분석과정을 반복하기보다는 자동화하는 것이 좀 더 실용적일 것이다. 데이터의 사전정리과정을 실행하고 XGBoost, LightGBM, CatBoost의 초모수를 조절하여 가장 우수한 모형을 선택하는 과정을 차례로 논의하게 될 것이다. 실행된 데이터 사전정리과정을 맞춤형 클래스들로 정의하고 이러한 클래스들을 sklearn의 pipeline으로 연결하여 모형의 자동화 과정을 보여줄 것이다.

이를 구체적으로 구현하고자 student-por.csv라는 자료를 다음과 같이 읽는다. 여기에서 student-por.csv는 데이터의 구분이 ","로 구분되지 않고 ";"로 구분되어 있으므로 sep=';'를 지정하고 있다. sep=','가 default이므로 error가 없지만 자료가 읽히지 않으면 sep=';'을 지정하여 문제를 해결하자.

```
df = pd.read_csv('student-por.csv', sep=';')
df.head()
```

	school	sex	age	address	famsize	Pstatus	Medu	Fedu	Mjob	Fjob	...	famrel	freetime	goout	Dalc	Walc	health	absences	G1	G2	G3
0	GP	NaN	18.0	U	GT3	A	4	4	at_home	teacher	...	4	3	4	1	1	3	4	0	11	11
1	GP	F	NaN	U	GT3	T	1	1	at_home	other	...	5	3	3	1	1	3	2	9	11	11
2	GP	F	15.0	U	LE3	T	1	1	at_home	other	...	4	3	2	2	3	3	6	12	13	12
3	GP	F	15.0	U	GT3	T	4	2	health	services	...	3	2	2	1	1	5	0	14	14	14
4	GP	F	16.0	U	GT3	T	3	3	other	other	...	4	3	2	1	2	5	0	11	13	13

5 rows × 33 columns

다음과 같이 student-por.csv 데이터는 범주형과 실수형 변수로 구성되어 있다. 맨 마지막 G3는 목적변수로 학업성취를 나타내는 성적이다. G3 직전 열에 있는 G1과 G2는 1년 전, 2년 전 성적이지만, 인구사회학적 변수가 성적에 미치는 영향을 분석하기 위해 이 두 변수는 특성변수에서 제외할 예정이다. df.isnull.sum()을 통해 변수별 결측치가 있는지 점검한 결과 sex, age, guardian에서 각각 1개씩의 결측치가 발생하였다. 일반적으로 특성변수의 결측치 비율이 30% 이상이면 해당 변수를 제외하는 것이 좋다. 30% 이상의 결측치를 대체하면 특성변수의 분포를 왜곡시킬 가능성이 높아지게 되고, 이에 따라 이 특성변수가 목적변수에 미치는 영향이 왜곡되어 목적변수 예측성능에 부정적인 영향을 미치게 되기 때문이다.

```
df.info()
```

```
<class 'pandas.core.frame.DataFrame'>
RangeIndex: 649 entries, 0 to 648
Data columns (total 33 columns):
 #   Column      Non-Null Count  Dtype
---  ------      --------------  -----
 0   school      649 non-null    object
 1   sex         648 non-null    object
 2   age         648 non-null    float64
 3   address     649 non-null    object
 4   famsize     649 non-null    object
 5   Pstatus     649 non-null    object
 6   Medu        649 non-null    int64
 7   Fedu        649 non-null    int64
 8   Mjob        649 non-null    object
 9   Fjob        649 non-null    object
 10  reason      649 non-null    object
 11  guardian    648 non-null    object
 12  traveltime  649 non-null    int64
 13  studytime   649 non-null    int64
 14  failures    649 non-null    int64
 15  schoolsup   649 non-null    object
 16  famsup      649 non-null    object
 17  paid        649 non-null    object
 18  activities  649 non-null    object
 19  nursery     649 non-null    object
 20  higher      649 non-null    object
 21  internet    649 non-null    object
 22  romantic    649 non-null    object
 23  famrel      649 non-null    int64
 24  freetime    649 non-null    int64
 25  goout       649 non-null    int64
 26  Dalc        649 non-null    int64
 27  Walc        649 non-null    int64
 28  health      649 non-null    int64
 29  absences    649 non-null    int64
 30  G1          649 non-null    int64
 31  G2          649 non-null    int64
 32  G3          649 non-null    int64
dtypes: float64(1), int64(15), object(17)
memory usage: 167.4+ KB
```

결측치가 발생한 표본을 자세하게 살펴보기 위해

pd.options.display.max_columns=None

을 실행하면 긴 열로 구성된 데이터가 생략되지 않고 아래와 같이 모든 열이 화면에 나타나게 된다.

```
pd.options.display.max_columns = None
df[df.isna().any(axis=1)]
```

school	sex	age	address	famsize	Pstatus	Medu	Fedu	Mjob	Fjob	reason	guardian	traveltime	studytime	failures	schoolsup	famsup	paid	acti
GP	NaN	18.0	U	GT3	A	4	4	at_home	teacher	course	NaN	2	2	0	yes	no	no	
GP	F	NaN	U	GT3	T	1	1	at_home	other	course	father	1	2	0	no	yes	no	

아래 프로그램과 같이 실수값을 갖는 age는 -999로 결측치를 대체하고 범주형은 최빈수(mode)로 대체하고 있다. 범주형 결측치는 일반적으로 mode로 대체하지만, 결측치가 많으면(30% 미만의 결측치가 발생하였더라도) 분포를 왜곡할 수 있으므로 'unknown'이라는 별도의 범주를 만들어서 사용하는 것도 좋다. CatBoost에서는 실수형 특성변수의 결측치는 최솟값으로 자동으로 대체하지만, 범주형 특성변수는 결측치를 처리해주어야 한다.

```
df['age'] = df['age'].fillna(-999.0)
df['sex'] = df['sex'].fillna(df['sex'].mode())
df['guardian'] = df['guardian'].fillna(df['guardian'].mode())
df.head()
```

	school	sex	age	address	famsize	Pstatus	Medu	Fedu	Mjob	Fjob	reason	guardian	traveltime	studytime	failures	schoolsup	famsup	paid
0	GP	F	18.0	U	GT3	A	4	4	at_home	teacher	course	mother	2	2	0	yes	no	no
1	GP	F	-999.0	U	GT3	T	1	1	at_home	other	course	father	1	2	0	no	yes	no
2	GP	F	15.0	U	LE3	T	1	1	at_home	other	other	mother	1	2	0	yes	no	no
3	GP	F	15.0	U	GT3	T	4	2	health	services	home	mother	1	3	0	no	yes	no
4	GP	F	16.0	U	GT3	T	3	3	other	other	home	father	1	2	0	no	yes	no

아래 프로그램은 CatBoost를 적용하기 위한 특성변수 X_cat과 목적변수 y_cat을 정의하고 있다. CatBoost를 먼저 고려한 이유는 결측치가 없는 범주형 특성변수에 대한 별도의 사전정리과정이 불필요하기 때문이다. 목적변수 y_cat인 G3는 순서범주형(ordinary categorical) 자료이므로 분류보다는 회귀로 모형을 적합하고자 한다.

```
import numpy as np
from sklearn.model_selection import GridSearchCV
```

```
from sklearn.model_selection import cross_val_score, KFold
from sklearn.metrics import mean_squared_error as MSE
from catboost import CatBoostRegressor

y_cat = df.iloc[:, -1]
X_cat = df.iloc[:, :-3]
```

아래와 같이 CatBoostRegressor의 초모수 튜닝을 위한 맞춤형 grid_search_cat() 함수를 정의한다. dtype='object'인 모든 특성변수의 index를 cat_features에 지정하고 있다.

```
def grid_search_cat(params,
                    reg=CatBoostRegressor(cat_features=[0,1,3,4,5,8,9,10,11,15,16,17,18,
                    19,20,21,22])):
    grid_reg = GridSearchCV(reg, params, scoring='neg_mean_squared_error',
                cv=kfold_c)
    grid_reg.fit(X_cat, y_cat)
    best_params = grid_reg.best_params_
    print("Best params:", best_params)
    best_score = np.sqrt(-grid_reg.best_score_)
    print("Best score:", best_score)
```

아래 프로그램은 grid_search_cat() 함수를 적용한 한 예를 보여주고 있다.

```
grid_search_cat(params={'max_depth':[3, 4, 6,],
                        'n_estimators':[500,600,1000]})
```

```
Best params: {'max_depth': 4, 'n_estimators': 500}
Best score: 2.6616544605313166
```

최종적으로 grid_search_cat() 함수로 구한 초모수 튜닝결과는 다음과 같다.

```
grid_search_cat(params={'max_depth':[4],'subsample':[0.8,0.9,1],
                 'colsample_bylevel':[0.7, 0.8, 1], 'n_estimators':[500,1000]})
```

```
Best params: {'colsample_bylevel': 1, 'max_depth': 4, 'n_estimators': 500, 'subsample': 0.8}
Best score: 2.6616544605313166
```

이제 최적 초모수로 튜닝된 CatBoost 모형을 자동화하기 위해, 앞에서 논의한 결측치 처리과정을 맞춤형 클래스로 정의하여 보자. 결측치를 포함하여 자료의 변환은 변환을 위한 모형을 자료에 적합시키고 이 모형으로 자료를 변환하여야 한다. 이러한 과정을 위해 built-in으로 있는 TransformerMixin이라는 클래스를 부모클래스로 하여 맞춤형 클래스를 아래와 같은 형식으로 구성하면 된다. 아래 프로그램에서 y=None으로 한 이유는 자료변환이 특성변수 X에만 적용되기 때문이며 def fit()에서 return self로 한 이유는 자료변환 모형으로 부모클래스인 TransformerMixin에 있는 모형을 사용하기 때문에 아무것도 하지 못하도록 하기 위함이다.

```
class ClassName(TransformerMixin):
    def __init__(self):
        None
    def fit(self,X,y=None):
        return self
    def transform(self,X,y=None):
        —commend lines—
        return X
```

위의 형식에 따라 아래에서는 실수 및 범주형 자료의 결측치를 대체하는 맞춤형 NullValueImputer 클래스를 정의하고 있다.

```
from sklearn.base import TransformerMixin
class NullValueImputer(TransformerMixin):
    def __init__(self):
```

```
        None
    def fit(self, X, y=None):
        return self
    def transform(self, X, y=None):
        for column in X.columns.tolist():
            if column in X.columns[X.dtypes==object].tolist():
                X[column] = X[column].fillna(X[column].mode())
            else:
                X[column]=X[column].fillna(-999.0)
        return X
```

다음은 NullValueImputer와 CatBoostRegressor를 pipeline으로 연결하여 자동으로 실행될 수 있도록 한 프로그램이다. Pipeline은 tuple로 구성된 list 자료를 입력받아 자동화된 cat_pipeline을 정의하고 있다.

```
from sklearn.pipeline import Pipeline

cat_pipeline = Pipeline([('null_imputer', NullValueImputer()),
                ('cat', CatBoostRegressor(cat_features=[0,1,3,4,5,8,9,10,11,15,16,
                  17,18, 19,20,21,22], subsample=0.8, max_depth=4,
                  n_estimators=500))])
```

앞 프로그램에서 cat_pipeline으로 자동화된 모형을 데이터에 적용하고 성능을 측정하기 위하여 데이터를 학습데이터와 시험데이터로 분류하여 적용한 결과, 성능측도 RMSE=2.868로 계산된 것을 볼 수 있다.

```
from sklearn.model_selection import train_test_split
X_train_cat, X_test_cat, y_train_cat, y_test_cat = train_test_split(X_cat, y_cat,
random_state=2)
```

```
cat_pipeline.fit(X_train_cat,y_train_cat)
y_pred_cat=cat_pipeline.predict(X_test_cat)
rmse_cat = MSE(y_test_cat, y_pred_cat)**0.5
print(rmse_cat)
```

```
2.868052666117921
```

XGBoost와 LightGBM을 자동화하기 위해서는 범주형 자료를 수량화하여야 한다. 범주형 자료를 one-hot encoding하기 위해 pd.get_dummies()를 이용한 바 있다. 그러나 이는 단순한 함수로, 모형을 적합하고 변환하는 클래스가 아니므로 pipeline의 입력클래스가 될 수 없다. 그러므로 pipeline에서는 OneHotEncoder 클래스를 사용하여야 한다. sklearn의 과거 버전에서는 OneHotEncoder의 입력은 실숫값으로 한정되어 있었기 때문에, LabelEncoder를 사용하여 범주형 자료를 먼저 실수화해야 하였다. 그러나 현재 sklearn 버전은 중간단계 없이 바로 범주형 자료를 OneHotEncoder에 적용할 수 있도록 개선하였다. OneHotEncoder의 또 다른 특징은 one-hot encoding을 sparse 행렬로 저장한다는 것이다. one-hot encoding은 해당 범주에만 1이 부여되고 나머지 범주에는 0값을 주므로 메모리 공간을 많이 차지하여 알고리즘의 수렴속도를 늦추는 원인이 된다. sparse 행렬은 one-hot encoding에서 1이 있는 위치만 저장하기 때문에 저장공간을 근본적으로 줄이는 역할을 한다.

아래와 같이 df로 저장된 pandas 데이터 중 dtype='object'인 특성변수 이름을 list로 만들어 categorical_columns로 정의하고 OneHotEncoder를 적용한 결과는 아래와 같다. 출력을 보면 OneHotEncoder는 1이 있는 행렬의 위치가 저장되어 있고, 이러한 sparse 행렬은 .toarray()를 이용하여 원래의 one-hot encoding으로 변환할 수 있다.

```
categorical_columns = df.columns[df.dtypes==object].tolist()
from sklearn.preprocessing import OneHotEncoder
ohe = OneHotEncoder()
hot = ohe.fit_transform(df[categorical_columns])
```

```
hot_df = pd.DataFrame(hot.toarray())
hot_df.head()
```

	0	1	2	3	4	5	6	7	8	9	10	11	12	13	14	15	16	17	18	19	20	21	22	23	24	25	26	27	28	29	30	31	32	3
0	1.0	0.0	1.0	0.0	0.0	1.0	1.0	0.0	1.0	0.0	1.0	0.0	0.0	0.0	0.0	0.0	0.0	0.0	0.0	1.0	1.0	0.0	0.0	0.0	0.0	1.0	0.0	0.0	1.0	1.0	0.0	1.0	0.0	1.
1	1.0	0.0	1.0	0.0	0.0	1.0	1.0	0.0	0.0	1.0	1.0	0.0	0.0	0.0	0.0	0.0	0.0	1.0	0.0	0.0	1.0	0.0	0.0	0.0	1.0	0.0	0.0	1.0	0.0	0.0	1.0	1.0	0.0	1.
2	1.0	0.0	1.0	0.0	0.0	1.0	0.0	1.0	0.0	1.0	1.0	0.0	0.0	0.0	0.0	0.0	0.0	1.0	0.0	0.0	0.0	0.0	1.0	0.0	0.0	1.0	0.0	0.0	1.0	1.0	0.0	1.0	0.0	1.
3	1.0	0.0	1.0	0.0	0.0	1.0	1.0	0.0	0.0	1.0	0.0	1.0	0.0	0.0	0.0	0.0	0.0	0.0	1.0	0.0	0.0	1.0	0.0	0.0	0.0	1.0	0.0	1.0	0.0	0.0	1.0	1.0	0.0	0.
4	1.0	0.0	1.0	0.0	0.0	1.0	1.0	0.0	0.0	1.0	0.0	0.0	1.0	0.0	0.0	0.0	0.0	1.0	0.0	0.0	0.0	1.0	0.0	0.0	1.0	0.0	0.0	1.0	0.0	0.0	1.0	1.0	0.0	1.

```
print(hot)
```

```
(0, 0)      1.0
(0, 2)      1.0
(0, 5)      1.0
(0, 6)      1.0
(0, 8)      1.0
(0, 10)     1.0
(0, 19)     1.0
(0, 20)     1.0
(0, 25)     1.0
(0, 28)     1.0
(0, 29)     1.0
(0, 31)     1.0
(0, 33)     1.0
(0, 36)     1.0
(0, 38)     1.0
(0, 39)     1.0
(0, 41)     1.0
(1, 0)      1.0
(1, 2)      1.0
(1, 5)      1.0
(1, 6)      1.0
(1, 9)      1.0
(1, 10)     1.0
(1, 17)     1.0
(1, 20)     1.0
:       :
```

아래 프로그램 결과를 보면 hot은 11,033개의 값이 csr(compressed sparse row)로 저장된 것을 볼 수 있다. dtype='object'가 아닌 특성변수는 표준형식(standard format)이므로, 변환된 hot 데이터와 옆붙이기(hstack)를 하기 위해서는 저장 형식이 일치되어야 한다. 즉, crs 형식인 hot을 hot.toarray() 함수로 표준형식으로 바꾸거나, 표준형식의 특성변수를 crs 형식으로 바꾸어야 한다. 여기에서는 실습을 위해 후자의 경우를 고려하고자 한다.

```
hot
```

```
<649x43 sparse matrix of type '<class 'numpy.float64'>'
        with 11033 stored elements in Compressed Sparse Row format>
```

아래와 같이 표준형식의 특성변수를 df.select_dtypes() 함수를 이용하여 cold_df로 정의한다.

```
cold_df = df.select_dtypes(exclude=["object"])
cold_df.head()
```

	age	Medu	Fedu	traveltime	studytime	failures	famrel	freetime	goout	Dalc	Walc	health	absences	G1	G2	G3
0	18.0	4	4	2	2	0	4	3	4	1	1	3	4	0	11	11
1	-999.0	1	1	1	2	0	5	3	3	1	1	3	2	9	11	11
2	15.0	1	1	1	2	0	4	3	2	2	3	3	6	12	13	12
3	15.0	4	2	1	3	0	3	2	2	1	1	5	0	14	14	14
4	16.0	3	3	1	2	0	4	3	2	1	2	5	0	11	13	13

scipy.sparse.csr_matrix를 호출하여 cold_df를 csr 형식으로 바꾸고 이를 기존의 csr 형식 hot 데이터에 옆붙이기를 하고 있다.

```
from scipy.sparse import csr_matrix
cold = csr_matrix(cold_df)

from scipy.sparse import hstack
final_sparse_matrix = hstack((hot, cold))

final_df = pd.DataFrame(final_sparse_matrix.toarray())
final_df.head()
```

	0	1	2	3	4	5	6	7	8	9	10	11	12	13	14	15	16
0	1.0	0.0	1.0	0.0	0.0	1.0	1.0	0.0	1.0	0.0	1.0	0.0	0.0	0.0	0.0	0.0	0.0
1	1.0	0.0	1.0	0.0	0.0	1.0	1.0	0.0	0.0	1.0	1.0	0.0	0.0	0.0	0.0	0.0	0.0
2	1.0	0.0	1.0	0.0	0.0	1.0	0.0	1.0	0.0	1.0	1.0	0.0	0.0	0.0	0.0	0.0	0.0
3	1.0	0.0	1.0	0.0	0.0	1.0	1.0	0.0	0.0	1.0	0.0	1.0	0.0	0.0	0.0	0.0	0.0
4	1.0	0.0	1.0	0.0	0.0	1.0	1.0	0.0	0.0	1.0	0.0	0.0	1.0	0.0	0.0	0.0	0.0

	17	18	19	20	21	22	23	24	25	26	27	28	29	30	31	32	3
0	0.0	0.0	1.0	1.0	0.0	0.0	0.0	0.0	1.0	0.0	0.0	1.0	1.0	0.0	1.0	0.0	1.
1	1.0	0.0	0.0	1.0	0.0	0.0	0.0	1.0	0.0	0.0	1.0	0.0	0.0	1.0	1.0	0.0	1.
2	1.0	0.0	0.0	0.0	0.0	1.0	0.0	0.0	1.0	0.0	0.0	1.0	1.0	0.0	1.0	0.0	1.
3	0.0	1.0	0.0	0.0	1.0	0.0	0.0	0.0	1.0	0.0	1.0	0.0	0.0	1.0	1.0	0.0	0.
4	1.0	0.0	0.0	0.0	1.0	0.0	0.0	1.0	0.0	0.0	1.0	0.0	0.0	1.0	1.0	0.0	1.

지금까지 논의한 sparse 행렬을 pipeline에 연결하기 위해 다음과 같이 맞춤형 SparseMatrix 클래스를 정의한다. 아래 프로그램에서 final_csr_matrix는 현재 python 버전에서는 불필요하다. 그러므로 final_csr_matrix를 정의하지 않으면 return final_sparse_matrix로 수정하면 된다.

```
class SparseMatrix(TransformerMixin):
    def __init__(self):
        None
    def fit(self, X, y=None):
        return self
    def transform(self, X, y=None):
        categorical_columns= X.columns[X.dtypes==object].tolist()
        ohe = OneHotEncoder()
        hot = ohe.fit_transform(X[categorical_columns])
        cold_df = X.select_dtypes(exclude=["object"])
        cold = csr_matrix(cold_df)
        final_sparse_matrix = hstack((hot, cold))
        final_csr_matrix = final_sparse_matrix.tocsr()
        return final_csr_matrix
```

아래와 같이 student-por.csv를 읽고 학습데이터와 시험데이터로 나눈 후, NullValueImputer를 적용하여 결측치를 대체한다. 결측치를 대체한 데이터를 SparseMatrix에 입력하여 csr 형식의 데이터 X_train_transformed를 만든다.

```
df = pd.read_csv('student-por.csv', sep=';')
y = df.iloc[:, -1]
```

```
X = df.iloc[:, :-3]

from sklearn.model_selection import train_test_split
X_train, X_test, y_train, y_test = train_test_split(X, y, random_state=2)
```

```
from sklearn.pipeline import Pipeline
data_pipeline = Pipeline([('null_imputer', NullValueImputer()), ('sparse', SparseMatrix())])
X_train_transformed = data_pipeline.fit_transform(X_train)
```

다음 프로그램과 같이 early_stopping_rounds를 이용하여 최적의 n_estimators를 구하기 위해 X_train_transformed를 학습데이터와 검증데이터(validation data)로 나눈다.

```
X_train_2, X_test_2, y_train_2, y_test_2 = train_test_split(X_train_transformed, y_train,
random_state=2)
```

최적의 n_estimators를 구하기 위해 다음과 같이 맞춤형 n_estimators() 함수를 정의한 후,

```
def n_estimators(model):
    eval_set = [(X_test_2, y_test_2)]
    eval_metric="rmse"
    model.fit(X_train_2, y_train_2, eval_metric=eval_metric, eval_set=eval_set,
    early_stopping_rounds=10)
    y_pred = model.predict(X_test_2)
    rmse = MSE(y_test_2, y_pred)**0.5
    return rmse
```

XGBRegressor의 n_estimators=31로, 이때의 RMSE=3.09336으로 나타났다.

```
n_estimators(XGBRegressor(n_estimators=5000, missing=-999.0))
```

```
[31]    validation_0-rmse:3.09336

3.093361208225006
```

XGBRegressor의 초모수를 튜닝하기 위해 다음과 같은 맞춤형 grid_search() 함수를 정의한다.

```
kfold = KFold(n_splits=5, shuffle=True, random_state=2)
def grid_search(params, reg=XGBRegressor(missing=-999.0)):
    grid_reg = GridSearchCV(reg, params, scoring='neg_mean_squared_error', cv=kfold)
    grid_reg.fit(X_train_transformed, y_train)
    best_params = grid_reg.best_params_
    print("Best params:", best_params)
    best_score = np.sqrt(-grid_reg.best_score_)
    print("Best score:", best_score)
```

grid_search() 함수를 반복적으로 적용하여 최종적으로 튜닝한 XGBRegressor의 초모수는 다음과 같다.

```
grid_search(params={'max_depth':[1], 'min_child_weight':[3], 'subsample':[.8],
                    'colsample_bytree':[0.9], 'colsample_bylevel':[0.6, 0.7, 0.8, 0.9, 1],
                    'colsample_bynode':[0.6, 0.7, 0.8, 0.9, 1], 'n_estimators':[31]})
```

```
Best params: {'colsample_bylevel': 0.9, 'colsample_bynode': 0.8, 'colsample_bytree':
0.9, 'max_depth': 1, 'min_child_weight': 3, 'n_estimators': 31, 'subsample': 0.8}
Best score: 2.6619504031628205
```

최종적으로 XGBRegressor를 X_train_transformed에 적용하고 시험데이터로 모형의 성능을 측정하기 위해 앞에서 정의한 data_pipeline을 X_test에 적용하여 X_ test_Transformed를 만든다.

```
X_test_transformed = data_pipeline.fit_transform(X_test)
```

아래 출력결과를 보면 XGBoost의 튜닝된 초모수와 missing=-999로 지정한 XGBRegressor의 성능은 2.80으로 CatBoost보다 우수한 것으로 나타났다.

```
model = XGBRegressor(n_estimators=31,max_depth=1, min_child_weight=3,
                     subsample=0.8, colsample_bytree=0.9, colsample_bylevel=0.9,
                     colsample_bynode=0.8, missing=-999.0)
model.fit(X_train_transformed, y_train)
y_pred = model.predict(X_test_transformed)
rmse = MSE(y_pred, y_test)**0.5
rmse
```

```
2.8011212811396087
```

LightGBM에 대해서도 XGBoost와 동일한 방법으로 n_estimators() 함수로 최적의 n_estimators=26으로 나타났으며 이때의 RMSE=2.891로 나타났다.

```
from lightgbm import LGBMRegressor
n_estimators(LGBMRegressor(n_estimators=5000))
```

```
Early stopping, best iteration is:
[26]    valid_0's rmse: 2.89107      valid_0's l2: 8.35829

2.8910700529947704
```

LightGBM의 최적 초모수를 구하기 위해 맞춤형 grid_search_lgb()를 다음과 같이 정의한다.

```
def grid_search_lgb(params, reg=LGBMRegressor()):
    grid_reg = GridSearchCV(reg, params, scoring='neg_mean_squared_error', cv=kfold)
    grid_reg.fit(X_train_transformed, y_train)
    best_params = grid_reg.best_params_
    print("Best params:", best_params)
    best_score = np.sqrt(-grid_reg.best_score_)
    print("Best score:", best_score)
```

최종적으로 조율된 초모수를 가진 LGBMRegressor의 성능을 X_test_transformed 데이터로 측정한 결과 RMSE=2.796으로 XGBoost보다 우수한 것으로 나타났다.

```
model_lgb =LGBMRegressor(min_child_weight=3,n_estimators=26,subsample=0.7,
                         colsample_bytree=0.8)
model_lgb.fit(X_train_transformed, y_train)
y_pred = model_lgb.predict(X_test_transformed)
rmse = MSE(y_pred, y_test)**0.5
print(rmse)
```

```
2.7964780854242655
```

이제 가장 우수한 성능을 보인 LightGBM을 이용하여 앞에서 논의한 절차들을 모두 모아, 아래와 같이 최종적으로 자동화 모형으로 만들어 보자.

```
lgb_pipeline = Pipeline([('null_imputer', NullValueImputer()), ('sparse', SparseMatrix()),
    ('lgb',LGBMRegressor(min_child_weight=3,n_estimators=26,subsample=0.7,colsample_b
    ytree=0.8))])
```

위 프로그램에서 객체화된 자동화 모형 lgb_pipeline을 최초의 자료 (X,y)를 입력하여 적합시키고 X_test를 새로운 데이터로 가정하여 예측한 결과를 보여주고 있다.

즉, (X,y)는 실시간으로 update된 최근 데이터이고 X_test는 y가 관측되지 않은 데이터를 가정하고 있다.

```
lgb_pipeline.fit(X, y)
```

```
Pipeline(steps=[('null_imputer',
                 <__main__.NullValueImputer object at 0x000001709C5AF400>),
                ('sparse',
                 __main__.SparseMatrix object at 0x000001709C5AFA90>),
                ('lgb',
                 LGBMRegressor(colsample_bytree=0.8, min_child_weight=3,
                               n_estimators=26, subsample=0.7))])
```

```
np.round(lgb_pipeline.predict(X_test))
```

```
array([13.,  8., 12., 14., 12., 11., 14., 12., 12., 11., 12.,  9., 13.,
       12., 13.,  8.,  8., 11., 15., 11., 13., 13.,  6., 11.,  8.,  9.,
       11., 13., 14., 13., 12., 12., 15.,  9., 12., 14., 13., 10., 10.,
       13., 12., 12., 12., 14., 14., 15., 11., 12., 13., 11., 15.,  8.,
        6., 13., 16., 11., 13.,  9., 13., 13., 14.,  9.,  9., 13., 15.,
       12., 12., 13., 12.,  9., 12., 12., 13.,  9., 13., 11., 13., 13.,
       13., 10., 14.,  7., 12., 13., 14.,  9.,  9., 13., 14., 14., 11.,
       10., 14., 12., 13., 12., 13.,  9., 12., 14., 13., 10., 13., 12.,
       12., 14., 12., 11., 10., 14.,  8., 11., 13., 12., 14., 12., 13.,
       11., 12., 12., 13., 10., 13., 11., 14., 11., 14., 15., 13., 13.,
        9., 14.,  9.,  9., 12., 15.,  9., 13., 14., 13.,  9., 13., 12.,
       12., 12., 10., 14., 14., 13., 14.,  9., 11., 12.,  9.,  8., 12.,
       14., 14., 14., 10., 12., 12.,  9.])
```

만약 소수의 X_test(즉, y값이 관측되지 않은 특성변수만 있는 데이터) 데이터에 대한 성적을 예측하고 싶은 경우에는 주의를 기울여야 한다. 다음과 같이 error가 발생하기 때문이다. 아래 프로그램 ValueError:에서 볼 수 있듯이, 범주형 특성변수의 범주가 총 56개인데 비해, 오직 하나의 표본에는 30개의 범주만 관측되므로 SparseMatrix 클래스를 적용할 수 없기 때문이다.

```
print(model_lgb.n_features_)
single_row = X_test[:1]
print(np.round(new_model.predict(single_row)))
```

```
ValueError                                Traceback (most recent call last)
<ipython-input-78-d65da7178723> in <module>
      1 print(model_lgb.n_features_)
      2 single_row = X_test[:1]
----> 3print(np.round(new_model.predict(single_row)))

ValueError: Number of features of the model must match the input. Model n_features_
is 56 and input n_features is 30
```

이에 대한 해결책은 간단하다. 특성변수의 범주수가 56개를 확보할 수 있도록 기존의 데이터를 추가하면 되기 때문이다. X_test[1:25]를 기존데이터로 가정하고 예측하고 싶은 표본 하나를 concatenate하여 아래와 같이 single_row_plus를 만든 후, 원하는 예측치를 출력시키면 된다.

```
single_row = X_test[:1]
single_row_plus = pd.concat([single_row, X_test[1:25]])
print(np.round(new_model.predict(single_row_plus))[:1])
```

```
[13.]
```

연습문제

1 bank_marketing.csv 자료를 이용하여 meta model을 적용하고 제16장 연습문제의 전 과정을 pipeline으로 구현하라.

Chapter **18**

감성분석

Sentiment Analysis

인터넷의 메시지나 e-mail 등은 현대사회에서 가장 유용하고 빈번하게 사용되는 문자로 표현된 문서들이다. 자연어 분석(natural language processing)의 한 분야인 감성분석(sentiment analysis)은 이러한 문서로부터 문서 작성자의 의도나 의견을 머신러닝을 통해 분류하는 러닝기법이다. 문서는 단어로 구성되어 있고 문자뿐만 아니라 숫자, 이모티콘, HTML 표식 등의 수많은 조합으로 이루어져 있다. 머신러닝은 기본적으로 수많은 문서를 통해 학습하므로 문서(documents)가 표본이 되고 문서를 구성하는 단어가 특성변수(feature variable)가 된다. 즉, n개의 문서가 있을 때 이 n개의 문서에 포함된 유일한 모든 단어는 특성변수가 되므로 문서의 특성변수의 차원은 근본적으로 클 수밖에 없다. 당연하게 감성분석을 포함한 자연어 분석에서는 개인용 컴퓨터 저장용량으로 처리할 수 없을 정도의 크기를 가진 자료(big data)를 다루게 된다.

18.1 감성분석

자연어 분석의 핵심은 문서를 어떻게 특성변수로 변환할지이다. 쉽게 이해하기 위해 다음의 간단한 3개의 문서를 고려하여 보자.

"The building is mine"
"The car is running"
"The building is mine, the car is running, and I am richier"

자연어를 분석하기 위해서는 문장을 구성하는 문자(character)나 단어(word)를 수량화가 가능하도록 분리하여야 한다. 대부분의 자연어 분석에서는 단어를 수량화하므로 단어를 중심으로 설명하도록 한다. 주어진 세 개의 문서를 모두 소문자로 만든 후, 'the', 'building', 'is', 'mine', 'the', 'car', ..., 'am', 'rich'로 분리한다. 유일한 단어들만 모으면 {'am', 'and', 'building', 'car', 'is', 'mine', 'richier', 'running', 'the'}이 된다. 이를 1-gram bag-of-word라고 하며 bag을 쓴 이유는 집합이라는 의미를 강조하기 위함이다. 일반적으로 자연어의 이해나 번역을 위해서 단어의 순서가 매우 중요하지만 여기에서는 순서 정보를 완전히 무시한다는 의미에서 bag을 사용하고 있다. 자연어의 순서를 이용한 분석은 딥러닝에서 주로 다룬다. 단어를 'the', 'the building', 'building', 'building is', 'is', 'is mine', 'mine', 'the', 'the car', 'car', 'car is', ..., 'am', 'am rich', 'rich'로 분리한 후, 유일한 단어분리의 집합을 2-gram bag-of-word라고 한다. 그러므로 3-gram bag-of-word는 'the', 'the building', 'building', 'building is', 'the building is', 'is', 'is mine', 'mine', ...으로 단어를 분리한 후 유일한 단어분리의 집합으로 정의된다. 이러한 n-gram bag-of-word를 토큰화(tokenization)라고 한다. 3-gram 또는 4-gram bag-of-word가 스팸 메일을 걸러내는(spam-mail filtering) 데에 효과적이라고 알려져 있다. 그러므로 n-gram에서 n은 교차검증(cross-validation)을 통해 결정하여야 할 초모수(hyperparameter)이다. 다음으로 토큰화한 자료에 index를 부여하는 과정을 논의하자. 논의를 간단하게 하기 위해 1-gram bag-of-word={'am', 'and', 'building', 'car', 'is', 'mine', 'richier', 'running', 'the'}를 통해 살펴보자. 'am'에 index 1을, 'and'에 index 2를, 계속하여 차례대로 index를 부여하고 마지막으로 'the'에 index 9를 부여한다. 이제 각 문서별로 각 특성변수의 빈도로 구성된 array로 만든다. 즉,

$$\begin{array}{c}[0\quad 0\quad 1\quad 0\quad 1\quad 1\quad 0\quad 0\quad 1]\\ [0\quad 0\quad 0\quad 1\quad 1\quad 0\quad 0\quad 1\quad 1]\\ [1\quad 1\quad 1\quad 1\quad 2\quad 1\quad 1\quad 1\quad 2]\end{array} \tag{18.1}$$

예를 들어, 맨 마지막 열은 'the'의 빈도수를 나타내는 수로, 첫 번째 문서에서는 한 번, 두 번째 문서에서는 한 번, 세 번째 문서에서는 두 번 나타난 것을 보여주고 있다. 이와 같은 특성변수의 값을 raw term frequency라고 하며 $tf(t,d)$라고 표기한다. 즉, 문서 d에서 단어 t가 나타난 횟수를 말한다. 분석 시 문서 각각에 공통적으

로 자주 나타나는 단어[예를 들어 (18.1)에서 5번째 열의 'is', 마지막 열의 'the']들이 있다. 이러한 단어들은 문서의 특성을 파악하는 데 필요한 정보의 질이 높지 않을 경우가 많아서 가중치를 낮출 필요가 있다. 다음의 역문서빈도(inverse document frequency)를 식 (18.1)의 $tf(t.d)$에 곱하여 단어의 가중치를 조정한다.

$$idf(t,d) = \log \frac{n_d}{df(d,t)}$$

여기에서 n_d는 문서의 총수이고, $df(d,t)$는 단어 t를 포함하고 있는 문서의 수이다.

최종적으로 TFIDF(Term Frequency-Inverse Document Frequency), 즉

$$tf-idf(t,d) = tf(t,d) \times (idf(t,d)+1) \quad (18.2)$$

를 계산한다. 식 (18.2)에서 $idf(t,f)+1$을 한 이유는 $df(d,t) = n_d$이면 $idf(t,d) = 0$이 되기 때문이다. 식 (18.2)의 $idf(t,d)$ 대신

$$\log \frac{1+n_d}{1+df(d,t)} \quad (18.3)$$

로 수정하여 사용하기도 하며 식 (18.3)의 $idf(t,d)$를 smooth idf라고 한다. 세 번째 자료에서 'is'의 $tf = idf('is', d3)$를 구해보면, 문서의 총수 n_d=3이고 모든 세 개의 문서가 'is'를 포함하고 있으므로 $2 \times (\log \frac{1+3}{1+3} + 1) = 2$가 된다. 세 번째 문서에 대해 다른 단어에 대해서도 구해보면 $[1.69\ 1.69\ 1.29\ 2\ 1.29\ 1.69\ 1.29\ 2]$이다.

이를 L_2 노름 정규화(norm normalization)하면

$$\frac{[1.69\ 1.69\ 1.29\ 1.29\ 2\ 1.29\ 1.69\ 1.29\ 2]}{\sqrt{1.69^2 + 1.6^2 + 1.29^2 + 1.29^2 + 2^2 + 1.29^2 + 1.69^2 + 1.29^2 + 2^2}}$$

$$= [0.35\ 0.35\ 0.27\ 0.27\ 0.41\ 0.27\ 0.35\ 0.27\ 0.41]$$

이 된다(참고로 L_1 노름 정규화는 $\sum_{i=1}^{d}|x_i|$를 말한다). 이러한 L_2 노름 정규화는 첫 번째, 두 번째 문서에서도 동일하게 계산되며 결과적으로 식 (18.1)의 $tf(t,d)$는 td-idf로 9개의 특성변수의 값은

$$\begin{array}{l} [0 \quad 0 \quad 0.56 \quad 0 \quad 0.43 \quad 0.56 \quad 0 \quad 0 \quad 0.43] \\ [0 \quad 0 \quad 0 \quad 0.56 \quad 0.43 \quad 0 \quad 0 \quad 0.56 \quad 0.43] \\ [0.35 \quad 0.35 \quad 0.29 \quad 0.27 \quad 0.41 \quad 0.27 \quad 0.35 \quad 0.27 \quad 0.41] \end{array} \tag{18.4}$$

로 전환된다. 감성분석은 식 (18.1)에 정의된 $tf(t,d)$를 L_1 또는 L_2 노름 정규화한 특성변수를 이용하거나 식 (18.2)에 정의된 tf-idf를 식 (18.4)와 같이 L_1 또는 L_2 노름 정규화한 특성변수값을 이용한다.

18.2 파이썬을 이용한 사례 분석

이 절에서는 일부 프로그램과 해석이 추가되었으나 근본적으로 Raschka & Mirjalili(2017)의 프로그램을 큰 수정 없이 옮겨 놓은 것임을 밝혀둔다. 감성분석을 위해 50,000개의 영화 평론을 담은 internet movie database(IMDB)를 "http://ai.stanford.edu/~amaas/data/sentiment"로부터 내려받은 후 다음의 파이썬 프로그램을 수행한다.

```
import tarfile
tar=tarfile.open('C://Users//Desktop//aclImdb_v1.tar.gz','r:gz')
tar.extractall()
```

여기에서 path는 내려받은 aclImdb_v1.tar가 저장된 경로를 말한다. IMDB는 매우 큰 자료이므로 이 과정은 20~30분 정도가 소요된다. 다음은 자료의 다운로드와

자료를 행렬 형태로 바꾸기 위한 과정이다.

```
import pyprind
import pandas as pd
import os
basepath = 'C://Users//Desktop//acllmdb'
labels = {'pos':1, 'neg':0}
pbar = pyprind.ProgBar(50000)
df = pd.DataFrame()
for s in ('test', 'train'):
    for l in ('pos', 'neg'):
        path = os.path.join(basepath, s, l)
        for file in os.listdir(path):
            with open(os.path.join(path, file), 'r', encoding='utf-8') as infile:
                txt = infile.read()
            df = df.append([[txt, labels[l]]], ignore_index=True)
            pbar.update()
df.colums = ['review', 'sentiment']
```

위 프로그램도 10여 분 정도의 시간이 소요되며 행렬 형태로 정리된 자료를 df로 정의하였다. df의 행의 수는 50,000, 열의 수는 2개로 구성되어 있고 첫 번째 열은 영화에 대한 평론으로 다음 코딩결과로 볼 수 있듯이 상당히 긴 글로 구성되어 있다. 열의 두 번째 변수명은 review로 영화에 대한 평가 관련 변수이며 긍정(positive), 부정(negative)(긍정은 1 부정은 0)으로 범주화되어 있다. 또한 자료가 50,000개이므로 pbar를 50,000으로 부여하였다.

```
import numpy as np
np.random.seed(0)
df = df.reindex(np.random.permutation(df.index))
df.to_csv('C://Users//Desktop//movie_data.csv', index = False, encoding='utf-8')
```

위 프로그램은 IMDB가 'pos'와 'neg' 순으로 정리되어 있으므로, random permutation을 이용하여 자료의 순서를 임의로(random) 뒤섞을 필요가 있다. 실제 분석에서 이러한 사전정보가 없을 경우에도 사전적으로 자료의 뒤섞음(shuffle)하는 것을 권장한다. df.to_csv는 자료를 csv 형태로 저장하라는 명령어이며 path는 저장경로이다.

```
df=pd.read_csv('C://Users//Desktop//movie_data.csv', encoding='utf-8')
df.head(3)
```

```
(out)      0  In 1974, the teenager Martha Moxley (Maggie Gr...     1
           1  OK... so... I really like Kris Kristofferson a...     0
           2  ***SPOILER*** Do not read this, if you think a...     0
```

앞의 세 개의 관측치를 출력하여 살펴보면 sentiment는 1(긍정) 또는 0(부정)으로 구분되어 있고, review는 구체적인 영화 평론이 나열되어 있다.

문서를 bag-of-words 모형으로 전환하기 위해서는 불필요한 기호나 꺾쇠 또는 HTML 표식, 그리고 하나의 알파벳으로 이루어진 단어가 아닌 특수문자 등의 분류나 회귀를 위한 정보를 가지고 있지 않은 것으로 판단되는 것을 사전에 정리하는 것이 필수적이다. 따라서 다음의 코딩은 자연어 분석 시 가급적 실행할 것을 권장한다.

```
import re
def preprocessor(text):
    text=re.sub('<[^>]*>', '', text)
    emoticons=re.findall('(?::|;|=)(?:-)?(?:\)|\(|D|P)',
    text)
    text=(re.sub('[\W]+', ' ', text.lower())
    +' '.join(emoticons).replace('-', ''))
    return text
```

위 프로그램에서 re.sub(pattern, rl, string)의 형태는 string에서 pattern과 일치하는 text를 찾아서 rl로 바꾸라는 명령어로, 첫 번째 re.sub는 text에서 HTML 표식과 일치하는 것은 모두 빈 공간으로 대체하라는 말이다. 두 번째 re.sub에 있는 '[\W]+'는 단어가 아닌 모든 기호는 모두 빈 공간으로 대체하고, emoticons은 이 빈 공간 뒤에 배치하라는 명령어이다. text.lower()에 의해 text의 대문자는 모두 소문자로 전환하였는데, 대문자가 정보를 갖지 않을 것으로 판단하였기 때문이다. 모든 emotion은 일반적으로 정보를 가지고 있으므로 emoticons에 저장하여 문서 끝에 정리하고 있다.

```
df['review'] = df['review'].apply(preprocessor)
```

위에서 preprocessor(df['review'])를 사용하지 못하는 이유는 df['review']가 2D 텐서이기 때문이다. df['review']를 1개 행씩 preprocessor 함수에 적용하여야 하며 위와 같이 apply 함수를 적용하여야 한다. 문서의 사전정리과정을 위와 같이 실행하면 문서의 단어를 분류하는 작업에 들어가게 된다.

```
def tokenizer(text):
    return text.split()
tokenizer('runners like running and thus they run')
```

```
(out)        ['runners','like','running','and','thus','they','run']
```

Tokenizer 과정에서 유용한 기술 중의 하나는 변형해서 사용되는 단어의 원뿌리로 재표현해주는 word stemming이 있다. 예를 들어, 'runners'는 'runner'로, 'running'은 'run'으로 바꾸어 주는 과정을 말한다.

```
from nltk.stem.porter import PorterStemmer
porter=PorterStemmer()
def tokenizer_porter(text):
    return [porter.stem(word) for word in text.split()]
tokenizer_porter('runners like running and thus they run')
```

```
(out)      ['runner', 'like', 'run', 'and', 'thu', 'they', 'run']
```

nltk는 Natural language Toolkit의 약자로 실행 결과 runners는 runner로, running은 run으로, thus는 thu로 재정의되었음을 알 수 있다. nltk에는 또 다른 중요한 기능이 있다. 영어 문장에서 너무나 자주 쓰이는, 예를 들어 'and', 'is' 등 정보가 거의 없는 것으로 판단되는 소위 stopwords가 내장되어 있는데, 다음과 같은 code를 이용하여 stopword를 제거할 수 있다.

```
import nltk
nltk.download('stopwords')
from nltk.corpus import stopwords
stop = stopwords.words('english')
[w for w in tokenizer_porter('a runner likes running and runs alot')[-10:] if w not in
stop]
```

```
(out)      ['runner', 'like', 'run', 'run', 'alot']
```

이제 IMDB 자료를 이용하여 지금까지 설명한 tokenizer, stopword 등을 적용한 후 분류(즉, 영화에 대한 평가를 positive or negative로 분류)를 위한 머신러닝을 실시하여 보자. 자료의 크기가 크기 때문에 학습데이터와 시험데이터를 반씩 나누고자 한다.

```
X_train = df.loc[:25000, 'review'].values
y_train = df.loc[:25000, 'sentiment'].values
X_test = df.loc[25000:, 'review'].values
y_test = df.loc[25000:, 'sentiment'].values

from sklearn.model_selection import GridSearchCV
from sklearn.pipeline import Pipeline
from sklearn.linear_model import LogisticRegression
from sklearn.feature_extraction.text import TfidfVectorizer
```

```
tfidf = TfidfVectorizer()
param_grid = [{'vect__ngram_range': [(1,1)],'vect__stop_words':
['english', None],'vect__tokenizer': [tokenizer,tokenizer_porter,None],
                    'clf__penalty':['l2', 'none'],'clf__C': [1.0, 10.0, 100.0]}]
lr_tfidf = Pipeline([('vect', tfidf), ('clf', LogisticRegression(random_state=0))])
gs_lr_tfidf = GridSearchCV(lr_tfidf, param_grid, scoring='accuracy', cv=5, verbose=1,
n_jobs=1)
gs_lr_tfidf.fit(X_train, y_train)
```

위 프로그램은 bag-of-words 모형을 적용하기 위해 TfidVectoriger 클래스를 호출하여 실행하고 있다. TfidVectoriger 클래스는 특성변수의 값을 정의하기 위해 smooth-idf를 디폴트로 사용한다. 또한 idf의 표준화로 L_2 노름을 디폴트로 한다. smooth_idf=False로 지정하면 smooth-idf를 사용하지 않고, norm='l1'으로 지정하면 L_1 노름으로 정규화하며, norm=False로 지정하면 정규화(normalization)를 하지 않는다. 분류기법으로 로지스틱 회귀를 사용하고 bag-of-words 모형과 로지스틱 회귀의 초모수를 5개의 부분집합으로 구성해서 5-분할 교차검증(cross-validation)을 이용하여 초모수를 선택하고 있다.

pipeline은 Tfidf(bag-of-words 모형)에 vect라는 이름을 부여하였고, 로지스틱 회귀에는 clf라는 이름을 부여하였다. 이 두 개의 이름을 이용하여 TfidVectoriger와 LogisticRegression의 다양한 옵션을 param_grid에 지정하였고, 이 다양한 옵션 중에 최선의 조합을 GridsearchCV를 통해 찾을 수 있도록 하고 있다. param_grid에 지정된 다양한 옵션을 좀 더 살펴보도록 하자. 먼저 TfidVectorisger는 ngram_range=(1,1)으로 지정하여 1-gram 단어 분해(word split)를 하며 만약 2-gram 단어 분해를 원하면 ngram_range=(2,2)로 지정하면 된다. stop_words=stop이면 stopwords를 이용하여 stopword를 제거하겠다는 뜻이고, stop_words=None으로 지정하면 stopword를 제거하지 않는다는 뜻이다. stop_words=stop에서 stop은 이 프로그램 직전에 정의된 객체이므로 소환 가능(callable)하다는 것을 의미한다. stop으로 객체화된 것을 이용하고 싶지 않으면 stop 대신 위 프로그램과 같이 'english'로 param_grid에 지정하면 된다. tokenizer=tokenizer 또는 tokenizer_porter를 사용하여 단어의 원래 뿌리로 전환할 것인지를 지정할 수 있다. tokenizer는 callable이므로 자체적으로 def를 이용한 함수로 정의한 tokenizer와 tokenizer_porter를 불러서(called) 사용할 수 있다. tfid에 'vect'라는 이름을 부여하였으므로 이 모든 옵션 앞에 vect__를 덧붙여주어야 한다. LogistcRegression에 대한 옵션을 규제화(regularization)(penalty='l2' 또는 'none')와 규제화의 강도를 조절하는 C가 부여되어 있다. GridsearchCV의 결과는 아래와 같으며 이 모형의 학습데이터에서의 정밀도는 0.895이고 시험데이터에서는 0.897로 모형의 일반화에 문제가 없는 것으로 판단된다.

```
print('Best parameter set: %s' % gs_lr_tfidf.best_params_)
```

```
(out)    Best parameter set:
         {'clf__C': 10.0, 'clf__penalty': 'l2', 'vect__ngram_range': (1, 1),
           'vect__stop_words': None, 'vect__tokenizer': None}
```

```
print('CV Accuracy: %.3f' % gs_lr_tfidf.best_score_)
```

```
(out)    CV Accuracy: 0.895
```

```
print('Test Accuracy: %.3f' % gs_lr_tfidf.score(X_test, y_test))
```

```
(out)    Test Accuracy: 0.897
```

다음으로 동일한 데이터를 이용하여 앙상블러닝을 적용하여 보자. 먼저 특성변수와 목적변수 y를 아래와 같이 정의한 후,

```
X = df['review'].values
y = df['sentiment'].values
```

아래와 같이 TfidVectorizer 클래스를 객체화하여 1-gram, stop_words, tokennizer_porter를 적용하여 X_tok을 만들어 낸다. 아래 프로그램에서 볼 수 있듯이 특성변수의 수는 총 73,590개인 반면에 표본수는 50,000개로 특성변수가 표본수보다 더 많은 것을 볼 수 있다. 텍스트자료분석에서는 이와 같이 특성변수가 매우 큰 경우가 대부분이며 빅데이터의 전형적인 예에 해당한다. 좀 더 정밀한 모형을 만들어 내기 위해 단어(토큰)의 빈도수를 기준으로 특성변수를 줄여야 하지만, 딥러닝에서 구체적으로 논의하기로 하고 여기에서는 차원을 줄이지 않은 특성변수를 그대로 분석에 사용하고자 한다.

```
from sklearn.feature_extraction.text import TfidfVectorizer
tfidf_porter = TfidfVectorizer(ngram_range = (1,1), strip_accents = None,
                               lowercase = False, preprocessor = None,
                               stop_words = 'english', tokenizer = tokenizer_porter)
X_tok = tfidf_porter.fit_transform(X).toarray()
print(X_tok.shape)
```

```
(50000, 73590)
```

아래 프로그램과 같이 학습데이터와 시험데이터를 분리하여 보자.

```
# split train-test dataset (plain tokenizer)
X_train = X_tok[:25000]
X_test = X_tok[25000:]

# split train-test label
y_train = y[:25000]
y_test = y[25000:]

print(X_train.shape)
print(X_test.shape)
```

```
(25000, 73590)
(25000, 73590)
```

먼저 random forest 모형을 적용하여 보면 다음과 같다. 아래 프로그램에서 %%time 은 Jupyter magic이라는 명령어로 아래 프로그램 전체를 실행하는 데 소요되는 CPU time을 측정하여 준다. 그러므로 해당 프로그램 맨 위에 위치시켜야 한다. 한편, %time은 한 line을 실행하는 데 걸리는 시간을 측정해주는 Jupyter magic 명령어로 관심 있는 line의 앞에 입력하여 주면 된다. 교차검증을 하지 않은 상태에서 random forest 모형의 정밀도는 85.1%이고 과대적합은 심각하지 않은 것으로 보인다.

```
%%time
from sklearn.ensemble import RandomForestClassifier
clf_rf = RandomForestClassifier(random_state=0, n_jobs = -1,
                min_samples_split = 5, ccp_alpha = 0.0005, n_estimators = 500)
clf_rf.fit(X_train, y_train)
```

```
CPU times: user 2h 12min 41s, sys: 1.26 s, total: 2h 12min 43s
Wall time: 2min 14s

RandomForestClassifier(bootstrap=True, ccp_alpha=0.0005, class_weight=None,
                       criterion='gini', max_depth=None, max_features='auto',
                       max_leaf_nodes=None, max_samples=None,
                       min_impurity_decrease=0.0, min_impurity_split=None,
                       min_samples_leaf=1, min_samples_split=5,
                       min_weight_fraction_leaf=0.0, n_estimators=500,
                       n_jobs=-1, oob_score=False, random_state=0, verbose=0,
                       warm_start=False)
```

```
print('Random Forest Model Training Accuracy w/o CV: %.3f' % clf_rf.score(X_train, y_train))
print('Random Forest Model Test Accuracy w/o CV: %.3f' % clf_rf.score(X_test, y_test))
```

```
Random Forest Model Training Accuracy w/o CV: 0.876
Random Forest Model Test Accuracy w/o CV: 0.851
```

XGBoost classifier를 이용하여 감성분석을 실시하면, 아래와 같이 XGBoost의 정밀도는 0.853으로 random forest와 거의 동일한 성능을 보이지만 심각한 과대적합이 발생한 것을 볼 수 있다. 또한 앙상블학습 이전에 적용한 로지스틱모형(정밀도 0.897)과 비교하면 XGBoost의 성능이 오히려 낮다는 것을 알 수 있다. XGBoost classifier의 n_estimators(즉, *M*)을 증가시켜 정밀도를 높이는 동시에 초모수를 조절하여 과대적합을 해소할 필요가 있다.

```
from xgboost import XGBClassifier
clf_xgb = XGBClassifier(random_state=0)
clf_xgb.fit(X_train, y_train)
```

```
print('XGBoost Model Training Accuracy w/o CV: %.3f' % clf_xgb.score(X_train, y_train))
print('XGBoost Model Test Accuracy w/o CV: %.3f' % clf_xgb.score(X_test, y_test))
```

```
XGBoost Model Training Accuracy w/o CV: 0.947
XGBoost Model Test Accuracy w/o CV: 0.853
```

LightGBM은 XGBoost와 비슷한 성능이 예상되지만 GridSearch를 이용하여 초모수를 조절하여 그 성능을 비교하고자 한다. XGBoost에 GridSearch를 적용하면 결과를 구할 때까지 너무 많은 시간이 소요되기 때문이다.

```
from lightgbm import LGBMClassifier
clf_lgb = LGBMClassifier(random_state=0, n_jobs=-1)
clf_lgb.fit(X_train, y_train)
```

아래와 같이 0.860의 정밀도를 보여주고 있고 XGBoost에 비해 과대적합은 완화된 것으로 보인다.

```
print('LightGBM Model Training Accuracy w/o CV: %.3f' % clf_lgb.score(X_train, y_train))
print('LightGBM Model Test Accuracy w/o CV: %.3f' % clf_lgb.score(X_test, y_test))
```

```
LightGBM Model Training Accuracy w/o CV: 0.917
LightGBM Model Test Accuracy w/o CV: 0.860
```

아래 프로그램과 같이 GridSearch에서 선택할 초모수를 param_lgb로 지정하고 cv=5로 학습데이터로 5등분하여, LightGBM 모형의 성능을 가장 좋게 만드는 초모수는 아래와 같이 선택되었다. 그럼에도 불구하고 학습데이터의 정밀도는 100%에 도달하였지만, 모형의 정밀도는 88.2%로 과대적합이 심하고 로지스틱 모형의 정밀도에도 미치지 못하는 것을 알 수 있다.

```
param_lgb = [{'reg_alpha': [0.0, 0.25, 0.5, 0.75, 1.0],
              'reg_lambda': [0.0, 0.25, 0.5, 0.75, 1.0],
              'n_estimators': [100, 300, 500, 1000]}]

gs_lgb = GridSearchCV(LGBMClassifier(random_state = 0), param_lgb,
                      cv=5, verbose = 2, n_jobs = 16)
gs_lgb.fit(X_train, y_train)
```

```
print(gs_lgb.best_params_)
```

```
{'reg_alpha': 0.0, 'reg_lambda': 0.5, 'n_estimators': 1000}
```

```
print('LightGBM Model Training Accuracy with CV: %.3f' % gs_lgb.score(X_train, y_train))
print('LightGBM Model Test Accuracy with CV: %.3f' % gs_lgb.score(X_test, y_test))
```

```
LightGBM Model Training Accuracy with CV: 1.000
LightGBM Model Test Accuracy with CV: 0.882
```

끝으로, Catboost 모형을 적합하여 보면 아래와 같이 성능이 0.874로 앙상블학습 중 가장 우수하지만, 과대적합이 발생하고 있음을 볼 수 있다. 이러한 결과는 앙상블학습이 고전적 통계적 모형보다 항상 우수하다는 주장이 맞지 않다는 것을 보여 준다.

```
from catboost import CatBoostClassifier, Pool
train_dataset=Pool(data=X_train, label=y_train)
eval_dataset=Pool(data=X_test, label=y_test)
cat_cl=CatBoostClassifier()
cat_cl.fit(train_dataset,use_best_model=True, eval_set=eval_dataset)
```

```
print('CatBoost Training Accuracy w/o CV: %.3f' % cat_cl.score(X_train, y_train))
print('Random Forest Model Test Accuracy w/o CV: %.3f' % cat_cl.score(X_test, y_test))
```

```
CatBoost Training Accuracy w/o CV: 0.961
Random Forest Model Test Accuracy w/o CV: 0.874
```

연습문제

1 XGBboost, LightGBM, Catboost에서 발생한 과대적합문제를 해결하라.

참고문헌

1. Agnihotri, A. and Batra, N. (2002). Exploring Bayesian Optimization. https://distill.pub/2020/bayesian-optimization/
2. Atienza, R. (2018). *Advanced Deep Learning with Keras,* Packt
3. Ayyadevara, V. K. (2019). *Neural Networks with Keras,* Packt
4. Bruce, P. and Bruce A. (2017). *Practical Statistics for Data Scientists: 50 essential concepts.* O'REILLY
5. Buduma, N. (2017). *Fundamentals of Deep Learning.* O'REILLY
6. Burkov, A. (2019). *The Hundred-Page Machine Learning Book.*
7. Chollet, F. (2018). *Deep Learning with Python.* Manning
8. Ciaburro, G. (2018). *Keras 2.X,* Packt
9. Geron, A. (2023). *Hands-On Machine Learning with Scikit-Learn, Keras & TensorFlow.* 3rd ed. O'REILLY
10. Goodfellow, I., Bengio, Y., and Courville, A. (2016). *Deep Learning,* The MIT Press
11. Hastie, T., Tibshirani, R., and Friedman J. (2009). *The Elements of Statistical Learning-Data mining, Inference, and Prediction,* 2nd ed., Springer
12. Huyen, C. (2022). *Designing and machine Learning Systems,* O'REILLY
13. Jain, A. (2016). Complete Guide to Parameter Tuning in XGBoost with codes in Python.
14. Jain, A., Fandango, A., and Kapoor, A. (2018). *TensorFlow Machine Learning Projects,* Packt
15. Lapan, M. (2018). *Deep Reinforcement Learning Hands-on*, Packt
16. McKinney, W. (2022). *Python for Data Analysis,* O'REILLY
17. Mclnnes, L., Healy, J., and Astels, S. (2018). *hdbscan Documentation: Release 0.8.1*
18. Moolayil, J. (2019). *Learn Keras for Deep Neural Networks,* Apress

19. Morgan, P. (2018). *Data Science from Scratch with Python: step by step guide,* AI Science
20. Murphy, K. P. (2012). *Machine Learning: A Probabilistic Perspective*, The MIT press 21 Patterson, J. and Gibson, A. (2017). *Deep Learning*, O'REILLY
22. Murray, W. Gill, P. and Wright, M. (1981). *Practical Optimization*, Academic Press
23. Pathak, M. (2018). *Using XGBoost in Python.*
24. Pattanaya, S. (2017). *Pro Deep Learning with TensorFlow: a mathematical approach to advanced artificial intelligence in Python,* Apress
25. Raschka, S. and Mirjalili, V. (2017). *Python Machine Learning: machine learning and deep learning with Python, scikit-learn, and tensorflow,* 2nd ed., Packt
26. Rashid, T. (2018). *Make Your Own Neural Network*, Columbia
27. Rokhlin, V., Szlam, A., and Tygert, M. (2009). A randomized algorithm for principal component anaylsis, SIAM Journal on Matrix Analysis and Application, 31(3), 1100-1124
28. Roweis, S. T. and Saul, L. K. (2000). Locally linear embedding, *Science 290,* 2323-2326
29. Shalev-Shwartz, S. and Ben-David, S. (2014). *Understanding Machine Learning: from theory to algorithm,* Cambridge university press
30. Sugiyama, M. (2015). *Statistical Reinforcement Learning,* CRC press
31. Tipping, M. E. and Bishop, C. M. (1999). Probability principal component analysis. *MicroResearch*
32. VanderPlas, J. (2017). *Python Data Science Handbook: essential tools for working with data,* O'REILLY
33. Young, B. (2019). *Deep Learning with Keras from Scratch.*
34. Wade C. (2020). *Hands-on Gradient Boosting with XGBoost and scikit-learn,* Packt

연습문제 해설

제1장

- type I error와 type II error는 recall로 설명할 수 있다. 그러므로 통계학에서 검정문제는 분류문제에 해당한다.
- cdf를 $F(y_i) = P(Y \leq y_i) = \frac{i}{n}$으로 정의하여 표본을 분리하여야 한다.

제2장

- plt를 이용하여 그림을 그려서 k가 늘어남에 따라 class의 경계가 어떻게 변하는지를 살펴보아야 한다. 작은 k로부터 증가시켜서 분류에 영향을 주는지 살펴보아야 한다.
- 8×8픽셀로 표현된 손글씨이므로 중앙에 위치한 변수가 선택되는가를 보아야 한다. 가장자리에는 글자가 없으므로 선택되지 않은 것이 당연하기 때문이다. 그리고 chi2와 F는 통계적으로 같은 성격(large sample에서는 F가 chi2로 수렴하기 때문)을 가지고 있기 때문에 실제로 이러한 경향이 있는지를 살펴보아야 한다. F를 ANOVA라고 표현한 것은 잘못된 것이다. ANOVA에서 F분포를 쓰기 때문에 이렇게 보는 것 같지만 F는 회귀모형에서도 다양하게 쓰기 때문에 F와 ANOVA를 동일시하는 것은 잘못 배운 것이다.
- 변수선택은 데이터의 사전정리과정(preprocessing)이다. 변수선택이 잘 되었는지 여부를 모형에 적합시켜 판단하지 말아야 한다. 특히, 선형모형에 적용하면 F나 Chi2가 당연하게 좋을 것이고 비선형모형에 적용하면 mutual_info가 좋게

나오게 된다. 데이터의 사전정리는 모형과 관계없이 실행되어야 한다.

제3장

생략

제4장

- bandwidth가 커질수록 smoothing이 강해진다(이는 histogram의 width와 같은 원리임). 그러므로 bandwidth가 너무 적으면 자료분포에 대한 정보가 없고 너무 크면 분포가 뭉개지므로 이 또한 자료분포에 대한 정보를 얻을 수 없다.
- 일반적으로 KNN의 weight는 distance가 uniform보다 통계적으로 합리적이다.
- 일반적으로 epanechnikov나 gaussian kernel을 사용하는 것이 자료분포를 파악하는 데 좋은 것으로 알려져 있다.
- KDE에 사용하는 kernel의 비교는 아래에 주어진 kernel weight의 형태에 따라 설명해야 한다.

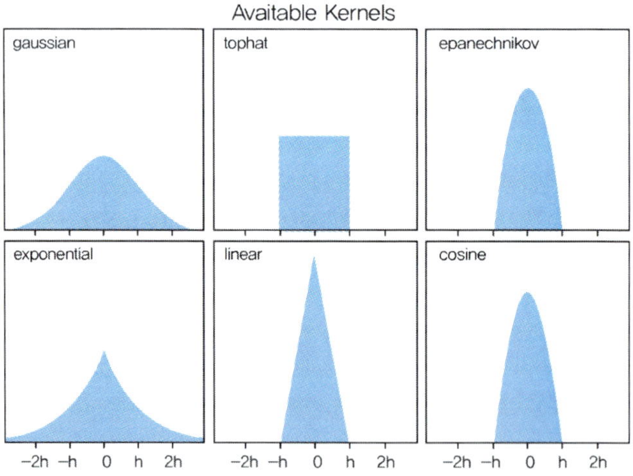

제5장

- 모형의 정밀도와 손실값을 최소로 하는 궁극적인 목표는 특성변수의 계수를 추

정하여 output에 대한 영향을 아래와 같이 해석하고 설명하는 것이다.

[One versus Rest]

```
Logit = LogisticRegression(C=1e2, random_state=1,multi_class='ovr')
l_1=Logit.fit(X_train_std, y_train)
y_train_pred = Logit.predict(X_train_std)
y_test_pred = Logit.predict(X_test_std)
print(l_1.intercept_)
print(l_1.coef_)
```

[output]

```
[ -5.43052179  -1.03374577 -12.21594409]
[[-2.27467146  2.04221619 -4.01937844 -3.46372044]
 [-1.2777746  -0.93618002  3.53177076 -2.24098008]
 [-0.31117851 -2.10556199  9.51791722  8.48747802]]
```

[추정된 sigmoid 함수]

$x_1 = sepal\_ \leq ngth \quad x_2 = sepal\_width \quad x_3 = petal\_ \leq ngth$

$x_4 = petal\_width$

(1) $$\hat{P}(Y_{setosa} = 1) = \frac{1}{1 + \exp(5.43 + 2.27x_1 - 2.04x_2 + 4.02x_3 + 3.46x_4)},$$

$$Y_{setosa} = \begin{cases} 1, & setosa \\ 0, & versicolor \text{ or } virginica \end{cases}$$

(2) $$\hat{P}(Y_{versicolor} = 1) = \frac{1}{1 + \exp(1.03 + 1.28x_1 + 0.94x_2 - 3.53x_3 + 2.24x_4)},$$

$$Y_{versicolor} = \begin{cases} 1, & versicolor \\ 0, & setosa \text{ or } virginica \end{cases}$$

(3) $$\hat{P}(Y_{virginica} = 1) = \frac{1}{1 + \exp(12.22 + 0.31x_1 + 2.11x_2 - 9.52x_3 - 8.49x_4)},$$

$$Y_{virginica} = \begin{cases} 1, & virginica \\ 0, & setosa \text{ or } versicolor \end{cases}$$

[해석]

(1) 특성변수 x1, x3, x4가 증가하면 class가 versicolor or virgnica에 대비해 setosa일 확률이 감소한다.

(2) 특성변수 x1, x2, x4가 증가하면 class가 setosa or virginica에 대비해 verisicolor일 확률이 감소하고, x3가 증가하면 증가한다.

(3) 특성변수 x1, x2가 증가하면 class가 setosa or versicolor에 대비해 virginica일 확률이 감소하고, x3, x4가 증가하면 증가한다.

[multinomial]

```
Logit = LogisticRegression(C=1e2, random_state=1,multi_class='multinomial')
l_1=Logit.fit(X_train_std, y_train)
y_train_pred = Logit.predict(X_train_std)
y_test_pred = Logit.predict(X_test_std)
print(l_1.intercept_)
print(l_1.coef_)
```

[output]

```
[ 0.60193841  6.1076602  -6.70959861]
[[-2.48710159  2.4086907  -5.41565289 -4.83270107]
 [ 1.46232628 -0.12532899 -2.35281482 -2.01137917]
 [ 1.02477531 -2.28336172  7.76846772  6.84408024]]
```

[추정된 softmax 함수]

$$x_1 = sepal\_ \leq ngth\ x_2 = sepal\_width\ x_3 = petal\_ \leq ngth\ x_4 = petal\_width$$

$$\beta_1 = (0.60,\ -2.48,\ 2.41,\ -5.42,\ -4.83)^T,\ x_i = (1,\ x_{i1},\ x_{i2},\ x_{i3},\ x_{i4})^T$$

$$\beta_2 = (6.11,\ 1.46,\ -0.13,\ -2.35,\ -2.01)^T$$

$$\beta_3 = (-6.71,\ 1.02,\ -2.28,\ 7.77,\ 6.84)^T$$

$$\hat{P}(Y=k) = \frac{\exp(\beta_k^T x_i)}{\exp(\beta_1^T x_i) + \exp(\beta_2^T x_i) + \exp(\beta_3^T x_i)},\ k = 1,2,3,$$

$$Y = \begin{cases} 1, & setosa \\ 2, & versicolor \\ 3, & virginica \end{cases}$$

[해석]

(1) k=1일 때, class가 {setoas,versicolor,virginca} 중 setosa일 확률이 x2가 증가하면 증가하고, x1,x3,x4가 증가하면 감소한다.

(2) k=2일 때, class가 {setoas,versicolor,virginca} 중 versicolor일 확률이 x1가 증가하면 증가하고, x2,x3,x4가 증가하면 감소한다.

(3) k=3일 때, class가 {setoas,versicolor,virginca} 중 virginica일 확률이 x1,x3,x4가 증가하면 증가하고, x2가 증가하면 감소한다.

제6장

- LDA, QDA, NB의 정밀도의 결과에 따라 판별분석 모형가정의 타당성을 점검하고 비교해야 한다.
- 그러므로 특성변수에 대한 정규분포 가정이 타당한 것인지, 분산의 동질성이 있는지, 서로 간에 독립(최소한 uncorrelated)인지를 논의해야 한다.
- 구글의 해석을 그대로 옮기지 말아야 한다. 데이터의 size와 관계없이 동일한 accuracy(test 데이터 기준)를 가지고 있으면 추정모수가 가장 작은 모형이 가장 우수하다. 예를 들어, 모두 동일한 accuracy이면 NB가 가장 좋다. 모형이 간단할수록 모형의 generalization 측면에서 우수하기 때문이다.
- multinomial NB는 특성변수가 모두 count 데이터일 때 사용하기 때문에 wine_data에 사용할 수 없다.
- test 데이터의 accuracy는 test 데이터의 크기가 작을 때 test 데이터의 선택에 의존하므로 유의해야 한다. 이러한 경우, cross-validation을 이용해야 한다(제10장 참조).
- 판별함수를 쓰고 해석하라고 하지 않았으므로 판별함수를 제시하고 해석할 필

요가 없다. 과제에서 명시적으로 추정된 함수를 제시하라고 하지 않는 한 판별 함수를 쓸 필요는 없다.

제7장

- depth를 증가시키면서 test data의 accuracy와 overfitting을 논의해야 한다.
- 의사결정나무는 표준화가 필요하지 않다. 이를 앙상블학습에서 자세하게 다룬다.
- 초모수의 선택과 모형의 선택은 test data의 accuracy를 높이면서 overfitting이 발생하지 않도록 하는 것이다.

제8장

- 선형 SVM에서 c가 커지면 오차를 허용하지 않으므로 분류선의 band가 좁아지게 된다. 이 결과로 support vector의 수는 줄어들고 과대적합이 발생한다.
- 비선형 SVM에서 kernel=rbf이면 gamma가 클수록 분산이 작은 bell-shape의 정규분포모형의 비선형 적합이 된다. 반대로 gamma가 작아질수록 분산이 큰 정규분포(넓게 퍼져있는 정규분포이므로 관측치는 거의 선형이 됨) 모형의 비선형 적합이 된다. 그러나 분산이 매우 큰 정규분포는 거의 선형이므로 실제적으로 rbf는 선형과 같게 된다.
- poly와 sigmoid는 gamma가 클수록 비선형성이 강해진다.
- 비선형 SVM에서 gamma가 클수록 분류선이 비선형이 강해지므로 training 데이터에 매우 유연하게 적합되어 과대적합이 발생하게 된다.

제9장

- 차원축소의 목적은 특성변수의 차원을 축소하여 새로운 특성변수를 만드는 것이다. 즉, 차원축소는 unsupervised learning 기법이다. 그러나 차원축소된 새로운 특성변수는 차원축소 이전의 특성변수가 가지고 있는 정보를 가능한 한 유지하는 것이 목적이다.

- 그러므로 차원축소는 전체 데이터(training data와 test data 구분 없이)에 차원축소기법을 적용해야 한다. 이런 이유로 MDS와 TSNE는 test data에 대한 transform 함수가 제공되지 않는다.
- 차원축소 모형을 적용할 때 training data와 test data에 각각 fit_transform을 적용하면 두 데이터 셋에 다른 모형을 적용한 것이 된다. 이렇게 적용하면 완전히 틀린 것이다.
- 차원축소기법을 전체 데이터에 적용하여 차원축소된 특성변수를 가지고 특정 모형, 예를 들어 logistic regression을 돌린 후, 이 결과를 원래의 특성변수로 동일한 모형을 적용하여 두 결과를 비교해야 한다. 즉, 원래의 특성변수로 구현한 모형의 성능에 가장 근접한 결과를 보이는 것이 가장 우수한 차원축소기법이 된다.
- 물론 차원축소기법의 초모수는 최대한 원래의 모형(원래의 특성변수)의 성능에 가깝도록 조율해야 한다.
- perplexity는 accuracy 비교뿐만 아니라, scatter plot으로 비교하여 평가해야 초모수 perplexity에 대한 감각을 가질 수 있다.

제10장

- nested cross-validation에서 GridSearchCV와 cross_val_score를 이용하여 test data의 accuracy나 loss의 불편 추정치를 구하게 된다. 이 말을 좀 더 자세하게 풀어쓰면 다음과 같다.
- GridSearchCV에 의해 각 outer loop 내 inner loop에서 가장 우수한 초모수를 선택하므로, nested cross-validation의 test data의 성능의 평균은 가장 우수한 초모수에서 측정된 test data 성능의 불편추정량이 된다.
- 예를 들어, cross_val_score의 cv를 5로 했을 경우, GridSearchCV에 의해 validation data의 성능을 최상으로 하는 각 모수조합(각 outer loop에서 1개, 그러므로 총 5개의 모수조합)에서 구한 score가 1개 나오고, outer loop의 5개이므

로 이 5개의 평균이 test data의 accuracy나 loss의 불편추정량이 된다.

- cross_val_score가 GridSearchCV를 추정모형으로 지정하여 결과를 산출할 때 오직 test data의 score만 출력하므로 GridSearchCV에서 추정된 모수나 score를 위한 best_params_나 best_score 속성은 작동하지 않음.
- traing data를 GridSearchCV에 적용하여 구한 가장 좋은 초모수 조합은 선택한 training data에 의존한다. 즉, traing data가 어떻게 선택되느냐에 따라 초모수 조합은 다르다는 것을 의미한다.
- 그래서 실제 데이터분석에서는 training data을 GridSearchCV에 적용하여 최상의 초모수를 구한 후, traing data의 accuracy(또는 loss)를 nested cross-validation에 의해 구한 test data의 평균 accuracy(또는 loss)와 비교하여 overfitting 여부를 판단하고 test data의 평균 accuracy(또는 loss)가 해당 모형의 성능이 된다.
- ```
  gs=GridSearchCV(...)
  gs.fit(x_train, y_train)
  scores=cross_val_score(gs, ...)
  ```

  위 프로그램에서 gs.fit(x_train, y_train)은 nested cross-validation과는 어떤 연관성도 없다. 즉, gs.best_params_은 nested cross-validation과는 관계가 없이 오직 training data에 의존하여 구한 초모수에 불과하다. 그러므로 gs.best_params_가 nested cross-validation에서 구한 가장 우수한 초모수라는 해석은 틀린 것이다.
- Kfold의 shuffle=True와 StratifiedKfold는 선택의 문제이지, 성능이 좋고 나쁨의 문제가 아니다. shuffling 없이 구한 성능이 shuffle=True의 성능보다 우수하더라도 shuffle=True가 맞는 성능이며, StratifiedKfold의 성능이 Kfold보다 낮더라도 목적변수가 분류이면 StratifiedKfold에서 구한 성능이 맞다. 통계적으로 shuffle한 것이 옳고, 분류일 경우에는 표본을 층화추출(stratified random sampling)하는 것이 옳기 때문이다.
  ```

제11장

- RANSAC은 robust regression이므로 RANSAC의 회귀계수와 linear regression의 회귀계수와 비교하여 회귀계수의 변화가 큰 특성변수에서 outlier가 발생했다는 의미가 된다.
- 동일하게 SVM의 계수도 비교하여 SVM 회귀계수도 변화가 있는지를 보고 SVM도 outlier에 영향을 받는 특성변수를 논의할 수 있다.
- RANSAC과 비교하여, 비교적 SVM의 회귀계수의 차이가 linear regerssion보다 작으므로 SVM이 linear regression보다 outlier에 대한 저항성이 크다고 할 수 있다.
- outlier가 있을 때 MSE의 비교는 큰 의미가 없다.
- 단지, training data의 MSE에 비해 test data의 MSE가 지나치게 크게 나타나면 linear regression에서는 outlier를 의심해야 한다.
- RANSAC도 5번의 현상이 일어날 수 있다. 그 이유는 data size가 크지 않을 때 RANSAC의 성능이 좋지 않기 때문이다.
- SVM에서 epsilon이 커지면 점차적으로 support vector의 숫자가 줄어들어 실제적으로 회귀계수를 추정하는 관측치가 줄어들게 된다. 그러므로 지나치게 큰 epsilon은 과소적합의 원인이 된다.
- 반대로 epsilon이 작아지면 support vector가 커지고 이는 관측치가 늘어나게 된다는 의미가 되고 너무 작은 epsilon은 training data에 과대적합의 원인이 된다.

제12장

- DBSCAN에서는 eps와 min_sample을 변화시켜 군집에 미치는 영향과 의미를 논의해야 한다.
- HDBSCAN에서는 min_sample를 변화시키고 군집에 미치는 영향과 의미(또는 이유)를 밝혀야 한다.

제13장

생략

제14장

- KNN, 회귀나무, SVM, 회귀모형, GBM, XGBoost, LightGBM, Catboost를 적용하여야 한다.
- 최소한 3개 모형의 partial dependency를 그려보고 모형에 따라 특성변수의 목적변수에 대한 dependency가 다르다는 사실을 논의하여야 한다.

제15장

- bank_markrting.csv는 여러 종류가 있으나 41,188개의 표본을 가진 데이터를 이용하여야 하며 SVM은 데이터의 크기가 커지면 적용하기가 어렵다는 것을 논의하여야 한다.
- bank_marketing.csv 자료의 변수를 설명하여야 하고 목적변수(변수명: y)를 포함하여 텍스트자료의 one-hot encoding을 우선적으로 처리하여야 한다.

제16장

- oversampling과 undersampling의 비율을 조절하여 적용 모형의 recall의 변화를 논의해야 하며 최종 선택된 모형의 특성변수의 importance와 partial dependency를 그림으로 제시하여 목적변수에 대한 특성변수의 기여도를 해설해야 한다.

제17장

- 두 가지 meta model을 적용하여야 하며 meta 모형의 효과에 대한 논의가 이루어져야 한다. pipeline은 imbalance, 텍스트자료의 수량화, 그리고 최종 모형적용을 최소한 포함해야 한다.

제18장

- XGboost에서는 eta, max_depth, lambda, alpha, min_child_weight, e_estimators 등을 조절하여 과대적합을 해결해야 한다.
- LightGBM에서는 learning_rate, max_depth, min_data_in_leaf, lambda, n_estimators 등을 조절해야 한다.
- Catboost에서는 depth, l2_leaf_reg, learning_rate, n_estimators, min_data_in_leaf, one_hot_max_size 등을 조절해야 한다.

찾아보기

ㅇ

ㅈ

ㅎ

기타

a

b

c

파이썬을 이용한
통계적 머신러닝 제4판

저 자 박유성
발 행 인 김지영
발 행 처 자유아카데미
주 소 경기도 파주시 회동길 37-42
파주출판도시
전 화 031-955-1321
팩 스 031-955-1322
홈페이지 www.freeaca.com
전자우편 main@freeaca.com (대표)
editor@freeaca.com (편집)
crm@freeaca.com (영업)
등 록 제406-2003-017호, 1980. 7. 12
제4판1쇄 2023년 10월 25일 발행

ISBN 979-11-5808-534-6 93000